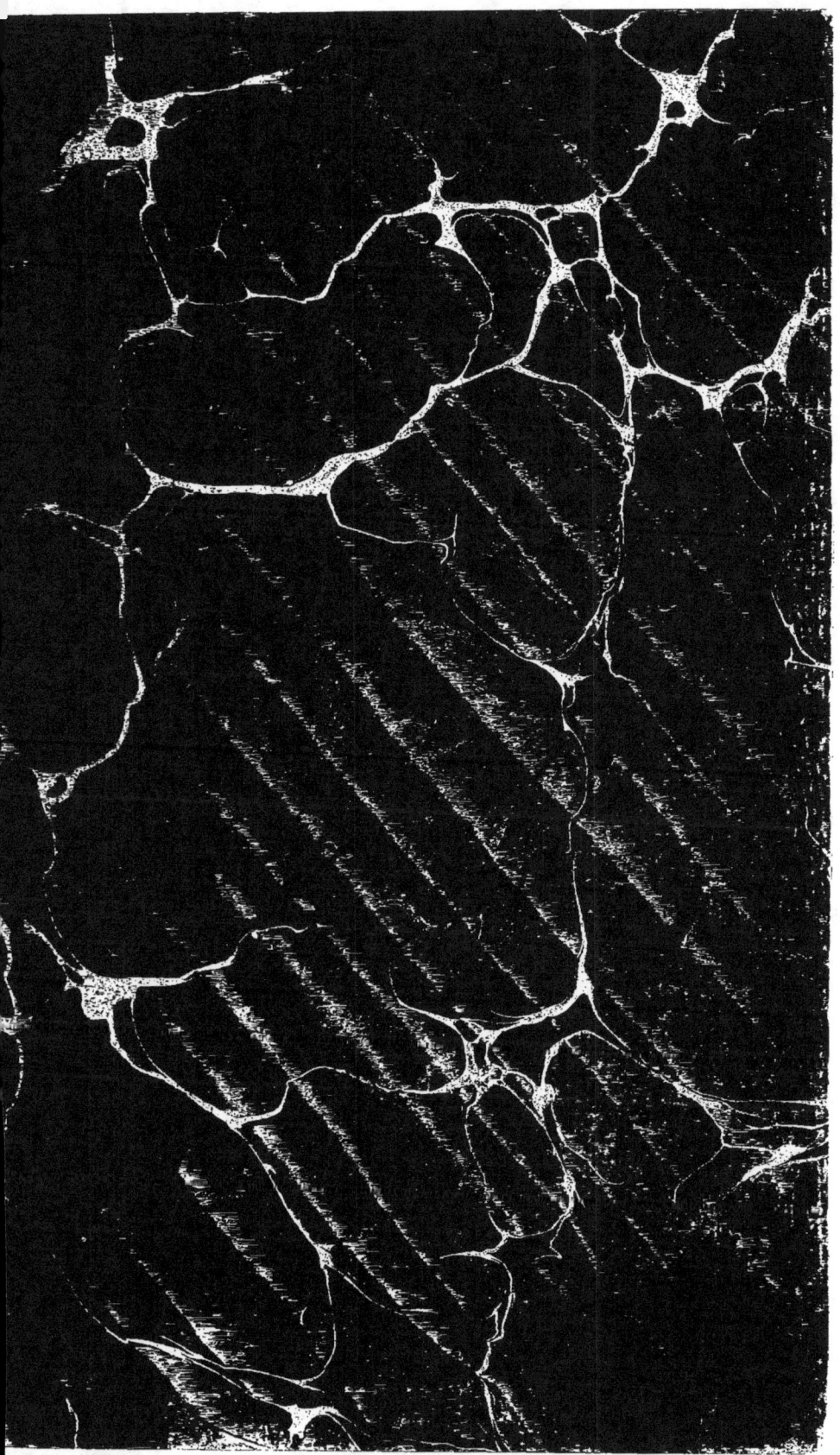

HISTOIRE DU DROIT

DANS

LES PYRÉNÉES.

HISTOIRE DU DROIT

DANS

LES PYRÉNÉES

(COMTÉ DE BIGORRE),

PAR M. G. B. DE LAGRÈZE,

CONSEILLER À LA COUR IMPÉRIALE DE PAU.

PARIS.

IMPRIMÉ PAR ORDRE DE L'EMPEREUR

A L'IMPRIMERIE IMPÉRIALE.

M DCCC LXVII.

INTRODUCTION.

Tous les esprits sérieux comprennent aujourd'hui l'intérêt que doit exciter l'histoire du droit. La curiosité et la science trouvent leur compte à pénétrer chaque jour plus avant dans les détails des mœurs et des vieilles coutumes de nos pères. La connaissance du passé et l'expérience des peuples peuvent servir puissamment à l'explication des origines et au perfectionnement des lois modernes.

Lorsque, au commencement du xixe siècle, apparurent nos codes immortels, monument élevé par la main du génie sur les ruines d'une législation disparue, on put croire un instant que les avenues de l'étude du droit allaient être déblayées. On enveloppait dans une même indifférence dédaigneuse tout ce qui touchait à un régime désormais proscrit; on imaginait une rupture radicale entre le droit ancien et le droit nouveau. A quoi bon demander aux idées d'un autre temps l'interprétation d'un code qui était en contradiction avec ces idées!

Le passé ne ressemblait plus au présent et n'avait plus de lumière à lui fournir. Le législateur moderne, en substituant l'unité la plus parfaite à la diversité la plus étrange, en réduisant à leur plus simple expression les dispositions nécessaires, en les classant par numéros, en les ramenant à des formules succinctes, avait mis la loi à la portée de toutes les intelligences. Les premiers commentaires furent mal accueillis, comme s'ils avaient dû gâter un chef-d'œuvre de simplicité et de clarté. Ne suffisait-il pas, pour interpréter un texte si précis, d'un peu de bon sens, et, pour l'appliquer au fait, d'un peu de logique?

Il y a tant de gens qui ont intérêt à restreindre l'essor de la science et à l'empêcher de franchir les bornes de leur esprit étroit! Des hommes dont la parole fait autorité triomphèrent de ces hautaines prétentions de l'ignorance.

Ils comprirent que, si les révolutions changent les formes des gouvernements, elles ne peuvent du moins changer les règles de la justice naturelle, base immuable de la justice civile. Aussi, après avoir rendu hommage au génie des législateurs modernes, M. Nicias Gailhard[1] ajoutait-il : « L'excellence de leur œuvre était le fruit « de la sagesse avec laquelle ils avaient su discerner ce « qu'il était nécessaire d'abolir de ce qu'il était utile de « conserver. »

---

[1] *Revue de législation*, par M. Wolowski, t. IV. p. 402.

« Nous avons fait, disaient les rédacteurs du Code, « une transaction entre le droit romain et les coutumes[1]. »

Notre législation contemporaine est donc l'héritière des vieilles coutumes françaises et de la sagesse des jurisconsultes romains. Elle doit être trop fière de ses origines pour les dédaigner.

C'est un éloge usé que de louer notre siècle de la rénovation des études historiques. Cependant, il faut le dire, tandis que l'histoire de France était l'objet d'investigations savantes, l'histoire du droit était encore négligée et restait dans l'ombre. Parmi les protestations que souleva cet oubli, il n'en fut pas de plus éloquente que celle d'un magistrat de province, qui depuis a su s'élever à la hauteur de toutes les fonctions éminentes où son génie devait l'appeler. M. Troplong[2], un des premiers, proclama la nécessité de restaurer la science historique appliquée au droit français, et contribua puissamment par ses écrits à renouer l'antique alliance du droit avec l'histoire.

Dans la préface de son traité de la Vente, après avoir rendu justice à notre Code civil, il sommait toutes les gloires du passé d'apporter leur tribut au pied du chef-d'œuvre des législations modernes; il invoquait la critique, l'histoire, la coutume; il les appelait à con-

---

[1] Discours préliminaire du premier projet du Code civil.
[2] *De la nécessité de restaurer les études historiques applicables au droit français*, par M. Troplong, président à la cour de Nancy. (*Revue de législation*, t. 1, p. 1.)

courir à l'agrandissement de la science, et, se plaignant enfin des esprits énervés qui laissent le droit dans l'isolement des autres études, il s'écriait : « En voulez-vous « la preuve ? C'est que nous n'avons pas encore une seule « histoire interne du droit français! Et cependant, je le « dis après avoir sondé la profondeur d'un tel sujet, il « n'en est pas de plus digne d'un grand talent, ni de « plus capable de faire revivre au xixe siècle les grands « athlètes du xvie! »

Cet appel éveilla des échos dans de nobles intelligences. Plusieurs histoires du droit français furent aussitôt et presque simultanément annoncées en France et à l'étranger[1]. Toutes n'ont point paru. L'une a été interrompue par la mort prématurée d'un estimable auteur; l'autre a été abandonnée, soit que, pour arriver au but, le génie de l'écrivain fût insuffisant, soit que la route ne fût pas encore assez largement frayée.

Plus heureux, M. Laferrière a achevé sa tâche. Mais la destinée lui a refusé le temps de revoir son œuvre et de la corriger lui-même. M. Laferrière, dont la perte est si regrettable, ne manquait ni du talent de l'écri-

---

[1] M. Klimrath publiait son *Programme d'une histoire du droit français* dans la *Revue de législation*, t. II, p. 81, et, dans le tome III, p. 161, de la même revue, M. Granier de Cassagnac faisait paraître l'introduction de son *Histoire du droit en France*. En 1846, M. Giraud annonçait l'*Histoire du droit français* par M. Warnkœnig. M. Pouhaër, en 1849, publia son *Essai sur l'histoire générale du droit*, 1 vol. in-8°. Enfin, M. Laferrière, de 1836 à 1858, a mis au jour 6 volumes in-8°, sous le titre : *Histoire du droit français*.

vain, ni des vues élevées de l'historien, ni de la science du jurisconsulte. Ce qui lui a manqué, ce sont les matériaux : il est entré trop tôt dans la carrière ; il a marché trop vite ; s'élançant dans des voies nouvelles, il a pu laisser derrière lui tous ses devanciers, Fleury, Bernardi, Silberrard ; mais les travaux préparatoires n'étaient pas assez avancés, les archives judiciaires de l'Empire n'étaient pas suffisamment explorées, les coutumes provinciales étaient encore trop peu connues, et plus d'un coin de la France restait à fouiller. Aussi devait-il fatalement se heurter contre des écueils que nul phare ne lui signalait, et retomber dans des erreurs séculaires dont la critique moderne a, depuis lors, fait justice.

L'histoire du droit français devra donc être recommencée. Parmi ceux qui ont attaché leur nom à cette noble entreprise, plusieurs déjà nous ont été ravis par la mort. MM. de Pastoret, Pardessus, Klimrath, Beugnot, nous ont légué des documents d'un prix inestimable. Ils ont laissé aussi de dignes successeurs ; car, dans notre belle patrie, aucune gloire littéraire ou scientifique n'est destinée à s'éteindre. Sans énumérer tous les précieux travaux déjà publiés, je rappellerai ceux de Rapetti, de Rozières, de Laboulaye, de Léopold Delisle, de Giraud, de Troplong.

Les investigations locales se sont multipliées, et de nombreuses coutumes ont été exhumées de l'oubli. Toutes ces publications malheureusement n'ont pas été accomplies avec autant de science et de conscience que celles que nous devons à M. le conseiller Moullié.

Ce n'est qu'après avoir fait quelques pas en avant que l'on aperçoit les difficultés de la route. A mesure qu'on découvrait de nouveaux documents, on sentait mieux l'absence de ceux qui manquaient. Les acquisitions faites ne servaient qu'à révéler l'importance de celles qui restaient à faire. Ainsi les hommes que leur capacité destinait à embrasser le mieux l'œuvre entière n'osaient plus en étudier qu'une partie. M. Giraud dit en tête d'un livre qui restera : « Je n'écris pas une histoire « du droit français, mais je réunis des matériaux pour « ceux qui la voudront écrire. Je ne sais pas, en effet, « si les sources et les monuments originaux sont assez « explorés pour entreprendre un ouvrage de cette im- « portance [1]. »

De nos jours, on a entrepris de faire la collection complète des lois, des règlements, des statuts de tous les siècles et de tous les pays du monde. Cette idée grandiose appartient à la Russie. M. le sénateur Hubé a parcouru les pays les plus lointains, à la recherche des monuments législatifs anciens et modernes. Il s'est présenté chez moi, sous les auspices de M. Laferrière, et l'importance qu'il attachait à recueillir les fors des Pyrénées m'a fait mieux comprendre que ce serait une œuvre pieuse et nationale de ne pas les laisser s'égarer et disparaître.

[1] *Essai sur l'histoire du droit français au moyen âge*, t. I, p. v.

Déjà Du Cange, « dont toute la terre connaît l'érudi-
« tion, » disait Leibnitz, Du Cange, dans une préface aux
Établissements de saint Louis, à la suite de Joinville, proposait de publier les textes primitifs de nos lois et de les
réunir dans un vaste recueil, « travail qui, suivant ses
« expressions, serait si utile au public et à ceux qui font
« profession de la jurisprudence française. »

L'Académie des inscriptions et belles-lettres, en donnant un puissant élan à l'étude des antiquités nationales,
n'a pas négligé nos antiquités juridiques. N'est-ce pas à
ce corps illustre que devrait être confiée, comme le com-
plément de sa belle publication des Ordonnances de nos
rois, l'exécution du projet de Du Cange, la réunion des
statuts, des franchises, des priviléges, des fors, des coutumes, enfin de tout ce qui fut la loi vivante de nos pères ?

En attendant que ce vaste monument s'élève, et pour
y contribuer dans la mesure de mes forces, je présente
ici quelques matériaux, recueillis d'une main moins
habile que patiente. Ces matériaux ne pouvaient être
exploités que sur les lieux mêmes.

Les grandes cités seules voient s'élever dans leur sein
les chefs-d'œuvre de l'architecture ; mais comment le
génie de l'artiste pourrait-il donner naissance à ces mer-
veilles, si d'obscurs manœuvres n'avaient d'avance, dans
les contrées lointaines et désertes, fouillé les rochers
stériles, les forêts sauvages, les mines profondes, pour
en extraire les marbres éblouissants, les bois rares, les
métaux précieux ?

C'est parmi les humbles ouvriers de la science que j'ai aspiré à prendre place. Je viens offrir une pierre pour un monument encore inachevé.

Notre grand historien, Henri Martin, a dit avec raison : « Ce n'est qu'avec les riches détails qu'offrent les « travaux spéciaux qu'on peut arriver à des notions « vraies sur les faits dont l'histoire générale donne le « tableau. »

Ainsi M. Laferrière a fait une très-belle étude des fors de Béarn, parce que ces fors avaient été publiés et traduits par des hommes de mérite, commentés par de savants jurisconsultes, appliqués par le parlement de Navarre. Il n'a consacré que peu de lignes, renfermant beaucoup d'erreurs, aux fors de Bigorre, parce que ces fors, épars, égarés, non encore recueillis, avaient manqué d'interprètes initiés aux mœurs, à la langue, aux traditions locales.

C'est une page inédite de l'histoire du droit français que j'ai entrepris d'écrire. J'ai puisé presque tous mes documents à des sources inexplorées, et, comme recueil de faits inédits, mon livre, je l'espère, ne péchera point par la stérilité.

Après avoir insisté sur l'utilité des monographies comme fondement de l'histoire générale du droit, nous avons cherché à nous mettre en garde contre les abus de cette méthode.

Des hommes très-disposés à attaquer l'érudition des autres pour dissimuler leur propre ignorance se sont plu à mettre au jour des documents suspects avec la prétention d'être crus sur parole. Ils ont jeté ainsi des pièces douteuses dans des débats importants, et l'esprit de parti à qui ils prêtaient des armes s'est empressé de s'en servir sans les vérifier. Une défiance prudente est devenue une condition essentielle de la vraie science. Nous nous sommes méfié des chartes venues on ne sait d'où, et dont le contrôle est impossible. Cependant, en cherchant à éviter un écueil, il ne fallait pas se heurter contre un autre : je veux dire le scepticisme. Tant de titres originaux ont péri que nous avons été heureux de les remplacer par des copies anciennes, après nous être assuré que le caractère personnel autant que l'habileté paléographique du copiste offraient des garanties contre toute possibilité d'erreur volontaire ou involontaire.

Obligé de nous appuyer presque toujours sur des documents inédits, nous aurons soin d'indiquer où nous les avons trouvés. Lorsqu'une preuve nous paraîtra isolée ou insuffisante, nous ne manquerons pas d'en montrer le côté faible et d'invoquer, pour la corroborer, l'analogie des traditions locales ou des usages des pays étrangers.

Un autre péril sur lequel nous sommes loin d'avoir fermé les yeux, c'est de réduire ce qu'il y a de moral et d'élevé dans l'histoire aux minces proportions d'un recueil d'anecdotes et de curiosités judiciaires. En recherchant les coutumes d'une province, nous n'avons pas perdu de vue que notre but était de fournir des matériaux à un travail d'ensemble.

L'histoire a pour base l'observation et les faits. Lorsque les faits ont été constatés avec soin, il appartient à l'homme supérieur d'éliminer ou de choisir ceux qui, par leur importance ou leur caractère, méritent de former la trame du récit continu, ce qui constitue la vraie science historique. Au-dessus plane la philosophie, qui des annales de tous les peuples déduit la loi supérieure, la grande synthèse de l'humanité.

Avant que le génie entreprenne un de ces grands tableaux complets où il puisse faire ressortir les traits saillants, en disposant les choses avec art et méthode, il faut que tout soit connu, et aucune partie de notre patrie ne doit être laissée dans l'ombre par ignorance ou par dédain.

En choisissant le comté de Bigorre pour le sujet principal de mon travail, je n'ai pas entendu cantonner mes investigations dans les étroites limites de cette province. J'ai pris sa législation comme un type auquel j'ai comparé les législations des Pyrénées françaises et espagnoles. J'en ai étudié les analogies et les dissemblances. Souvent même, pour éclairer un point douteux et controversé de notre droit local, ai-je poussé la curiosité jusqu'à consulter au loin les coutumes des peuples étrangers. J'ai espéré que ces digressions, dont j'ai dû me montrer sobre, me seraient pardonnées si elles rendaient la lecture de mon livre moins aride, et si elles fournissaient quelques faits nouveaux à l'histoire générale.

Ce qui a servi de base à mon livre, c'est la *Coutume de Baréges*, publiée à la fin du siècle dernier; c'est le *For de Bigorre*. J'ai recherché avec ardeur les fors particuliers et les priviléges des diverses communes et vallées. Ces chartes, dirai-je avec MM. Guizot et Troplong, arrachées par la force ou concédées volontairement, ne furent, en grande partie, que de petits codes civils et criminels, destinés à régler les rapports élémentaires d'une société respirant pour la première fois l'air de la liberté.

Les statuts des vallées, les règlements spéciaux, les cartulaires des châteaux et des abbayes, les registres des anciens notaires, m'ont fourni des renseignements ignorés et tellement anciens qu'ils auront l'attrait de la nouveauté. Dans mes longues recherches à la découverte des monuments de notre vieux droit pyrénéen, il m'est arrivé, je l'avoue, de douter de mes forces et de l'utilité de mon œuvre; j'ai senti mon courage faillir et mes pas chanceler dans les rudes sentiers où je m'étais engagé sans guide. Des encouragements venus de haut[1] ont excité mon zèle, et le désir de m'en rendre digne a ranimé mon ardeur. J'ai compris que la faveur accordée à mes essais s'adressait plus au choix du sujet qu'à la ma-

---

[1] Quelques pages relatives à la féodalité dans les Pyrénées ont obtenu les honneurs d'une lecture à l'Académie des sciences morales et politiques. Quelques chapitres sur le droit de la Bigorre m'ont valu la médaille d'or du concours général de l'Académie de législation de Toulouse.

nière dont il était traité : aussi ai-je remis sur le métier ce qui était déjà fait, et quelques découvertes ont récompensé la patience avec laquelle je les avais poursuivies.

Avant de m'engager dans les détails, peut-être serait-il utile d'indiquer la route que je me suis proposé de parcourir, et de donner une esquisse du plan que je me suis tracé.

Mon premier livre est consacré à l'organisation politique et judiciaire de la Bigorre.

L'étude de la féodalité doit être placée parmi les préliminaires indispensables de l'étude du droit au moyen âge. L'heure est venue de rendre justice à la féodalité, si diversement appréciée par nos historiens. Je ne saurais considérer comme une ère d'anarchie une époque où je trouve l'origine de tous les pouvoirs. Là prend naissance une hiérarchie qui unit tout par les liens du vasselage.

Le roi de France, si éloigné des Pyrénées, voit son autorité décroître lorsque, dans des temps de troubles et d'invasions, il ne peut plus étendre sa protection jusque dans nos montagnes. Mais, à mesure que l'ordre reparaît, sa puissance se relève et grandit. Son éloignement même ajoute à son prestige, et le peuple aime à se donner à un souverain qui peut lui octroyer des priviléges.

Après le roi venait le duc; mais le duc de Gascogne disparaît de bonne heure de l'histoire locale, où il laisse peu de traces.

Le vrai maître du pays, celui qu'on appelle *le sei-*

gneur, c'est le comte de Bigorre. Il semble réunir en lui tous les attributs de la souveraineté. Il redoute les rivalités armées et les coalitions de ses puissants vassaux, les vicomtes, les barons, beaucoup plus que les développements des franchises populaires.

Dans ces temps d'inégalité, la société féodale était distribuée en castes différant entre elles de fortune et d'autorité, d'intérêts et d'instincts ; chacune, depuis la plus élevée jusqu'à la plus humble, aspirait à obtenir des priviléges spéciaux.

Les classifications sociales, si nombreuses jadis, sont d'autant plus curieuses à étudier que presque toutes aujourd'hui sont absolument effacées de nos mœurs, et que la mémoire même en est perdue.

La noblesse était divisée en catégories que j'indiquerai. Peut-être ai-je été trop long dans mes recherches sur les abbés *lays* des Pyrénées, ces vaillants défenseurs de la frontière, dont la noble race a été toujours féconde en héros.

Peut-être ai-je été trop court en parlant du clergé, de l'évêque de Bigorre, si puissant dans la contrée, des abbés de monastères, si considérés par le peuple, des prêtres de campagne, si influents au sein d'une population éminemment catholique. De peur de tomber dans des redites, je me suis exposé au reproche d'avoir laissé des lacunes. C'est que j'avais déjà raconté et expliqué ailleurs l'action exercée par le christianisme sur les lettres, les mœurs, la législation des populations pyrénéennes. Dans ce pays de déserts, de forêts, de montagnes, les moines se répandirent en grand nombre dans les vastes solitudes dont le charme les attirait. Ils acquirent des territoires considérables dans un temps où l'importance sociale de la terre n'était pas comprise ; ils se livrèrent à des défrichements immenses, à une époque où ces entreprises étaient plus coûteuses que productives. Ils créèrent des hameaux qui devinrent des villages et même des villes. Ils appelèrent autour d'eux les populations dans l'intention de les moraliser par la religion et par le travail. Ils rallumèrent le foyer des lumières dans ces régions écartées.

L'abbé devint l'égal du seigneur le plus puissant. Les moines, recrutés dans les rangs de la noblesse et du peuple, cherchèrent à concilier ceux que les institutions séparaient, mais qui étaient des frères devant Dieu. Ils passaient les actes de transaction privée et rédigeaient les fors, qui n'étaient souvent que des actes de transaction politique.

Ce qui nous étonne surtout de nos jours, ce sont les distinctions qui existaient dans les dernières classes. Je retracerai la condition des serfs, des ceysaux, des questaux, des francaus, des cagots, des paysans, des commerçants, des bourgeois.

La distinction la plus énergiquement affirmée par les fors était celle que la loi traçait entre l'étranger, l'habitant et le voisin. Je me suis attaché à bien faire ressortir les prérogatives du voisin (*vicinus*), l'homme du vie, et à préciser les caractères du voisinage, le *jus civitatis* du moyen âge.

De nos jours on s'est occupé beaucoup de la condition politique et privée de la femme. Comme l'a très-bien dit M. Charles Vergé, c'est un de ces problèmes qui sont éternellement à l'étude et n'auront jamais de solution; mais, en même temps que surgissent les difficultés d'appréciation, s'élève pour les esprits généreux et attentifs le besoin d'élucider le passé et de préparer, dans les limites du possible, toutes les réformes après lesquelles notre époque aspire. Deux mémoires, ou, pour mieux dire, deux bons livres ont été couronnés par l'Académie des sciences morales : l'un sur la condition politique de la femme, par M. Édouard Laboulaye ; l'autre sur sa condition privée, par M. Paul Gide. J'étudierai la question sous ce double aspect, et je montrerai la divergence notable qui existe, à cet égard, entre les coutumes des Pyrénées et celles du reste de la France.

Parmi les prérogatives dont jouissait la femme en Bigorre, le for accorde à ceux qui se réfugiaient sous sa protection le droit d'asile, dont les sanctuaires et les choses sacrées avaient le privilège. Nous avons recueilli d'autres faits qui sont moins connus et qui ne sont pas moins curieux.

Si en France la question de l'incapacité politique de la femme n'est guère sortie encore de la paisible enceinte d'une illustre et savante assemblée, à l'étranger elle a été débattue à la tribune nationale et a pénétré jusque dans la loi. Le droit de suffrage a été concédé aux femmes dans un État de l'Ouest de la grande république américaine, et, s'il a été refusé au mois de mai 1867 en Angleterre, ce n'est pas sans avoir été vivement discuté dans la presse, et sans avoir passionné les esprits à la Chambre des communes[1]. En Bigorre, tous les *voisins* et toutes les *voisines* jouissaient également du droit de vote. Je produirai à ce sujet un document ancien, que j'ai le premier mis au jour. J'ajouterai ici en note un autre document plus récent, découvert par M. Eugène Cordier. La persistance des vieux usages dans nos montagnes est telle que, sous la Révolution, les femmes jouirent, comme au moyen âge, de la liberté de délibérer avec les hommes sur les questions de partage des biens communaux, questions des plus graves chez un peuple pasteur[2].

Le droit politique est en relation si intime avec le droit civil qu'on ne peut les isoler l'un de l'autre.

---

[1] M. Mill avait proposé que le droit de vote fût accordé aux femmes. Sa motion, après une vive discussion, a été repoussée par 196 suffrages contre 73. (Voir *le Moniteur* du soir du 28 mai 1867.)

[2] Voici ce qu'on lit dans une courte, mais très-remarquable étude de M. Eugène Cordier, *le Droit de famille aux Pyrénées* (Durand, Paris, 1859, p. 73) : « Le 17 germinal an II, dans l'église d'Aucun, tous les indi-
« vidus de la commune ont été assemblés à la réquisition de l'agent national
« pour délibérer sur le partage des biens communaux... L'assemblée a été
« tumultueuse et orageuse... L'agent national a obligé les citoyens d'avoir
« à délibérer sur ledit partage... Mais les hommes n'en veulent pas.
« Voyant que les femelles n'avaient point délibéré, ledit agent national est
« monté à la tribune et a observé les mêmes règles pour les femmes,
« lesquelles, au nombre de cinquante-six, ont passé du côté indiqué pour
« vouloir le partage, et quarante-six sont restées en place. »

Le droit politique de la Bigorre avait peu fixé l'attention des historiens; nous avons essayé d'en retrouver les traces dans l'histoire des états généraux du pays, dont nous avons rappelé les origines, la constitution, les attributions, et dont nous avons raconté l'influence sur les affaires politiques, sur l'administration, sur les lois.

L'organisation de la justice devait être un des premiers sujets de nos investigations. Il est difficile, dans un pays peu avancé, de ressaisir, au milieu des obscurités du moyen âge, les premières lueurs qui éclairent la naissance et les essais d'un système judiciaire dont la formation a été lente et progressive. Les fors des vallées formulent en langage énergique les devoirs des magistrats et la sainteté de leur mission sociale. Si l'appréciation des qualités morales nécessaires pour être bon juge ne change pas, l'appréciation des conditions exigées pour la bonne administration de la justice varie souvent. Ainsi l'inamovibilité de la magistrature nous paraît aujourd'hui la meilleure sauvegarde de son indépendance, la plus sûre garantie de son impartialité. Jadis au contraire, en Bigorre, la courte durée des fonctions de juge était réclamée par le peuple comme une garantie contre l'abus qu'on pouvait en faire. Le peuple voulait être jugé par ses pairs, et le for général interdit à ceux qui étaient trop haut placés pour être responsables de leur décision, au comte et à l'évêque, le droit de juger.

Des cartulaires que j'ai eus le premier à ma disposition m'ont permis de reconstruire la hiérarchie et de définir la nature des pouvoirs des officiers de justice, depuis le sénéchal jusqu'au sergent. Nul n'avait pu faire encore ce travail pour les Pyrénées; or souvent, dans des contrées voisines, le même nom était donné à des magistrats dont les attributions étaient différentes. Souvent aussi un titre ancien avait été conservé, quoiqu'il eût perdu dans le cours des âges son importance et sa dignité primitives.

Mon deuxième livre est consacré aux lois civiles. Quel ordre devais-je suivre? L'ordre chronologique des fors et coutumes? Dans les chartes du moyen âge, droit politique, droit civil, procédure civile et criminelle, droit pénal, droit féodal, tout est mêlé, confondu, et, dans ce chaos de dispositions disparates, il serait difficile de faire pénétrer la lumière. J'ai préféré classer tous les textes anciens, souvent puisés à des sources diverses, selon le plan adopté par nos codes. Cette classification nous est familière. Je ne m'y suis pas cependant rigoureusement astreint, de peur de former des cadres qu'il faudrait laisser vides, les coutumes locales ne fournissant pas les matériaux nécessaires pour les remplir.

Au commentaire, quelquefois aride, qui ne s'adresse qu'à la réflexion, j'ai cru pouvoir joindre le récit animé, qui intéresse l'imagination à ces coutumes du temps passé. Cependant je n'ai rien sacrifié de l'exactitude que réclame l'histoire au vain désir de piquer la curiosité et d'avancer des nouveautés.

Je commencerai donc par la publication des lois, qui étaient promulguées à son de trompe, et par les effets de la loi, qui n'admettait pas toujours le principe de la non-rétroactivité. Quant aux actes de l'état civil, on s'étonne de voir le législateur s'occuper si tard de régulariser leur constatation. Au moyen âge, tout ce qui tenait à la formation de la famille avait tant d'intérêt pour elle, tant de notoriété pour tous, qu'on ne sentait pas la nécessité de consigner dans un écrit authentique des faits accomplis au grand jour de la plus éclatante publicité. Aux baptêmes, aux mariages, aux enterrements, la foule des amis et des parents accourait souvent si nombreuse qu'il fallut, par des règlements locaux, mettre des bornes à ces démonstrations sympathiques exagérées. Dans ces actes solennels, la religion intervenait pour donner ses bénédictions, le pouvoir féodal pour exiger quelque tribut. La loi s'en occupait assez peu; néanmoins, il n'est pas sans quelque intérêt de curiosité de recueillir ce qui reste, dans la tradition et dans les usages, des cérémonies anciennes spéciales au pays.

Nous rechercherons ensuite les caractères du domicile sous le régime féodal. Des conditions étaient imposées à celui qui aurait voulu souvent changer de résidence pour changer de seigneur.

La position des bâtards en Bigorre offre des singularités qui choquent nos mœurs actuelles. Nous parlerons aussi de la puissance paternelle, qui malheureusement, négligée par le législateur moderne, tombe en décadence.

La distinction des biens, si simplifiée dans nos codes, était fort compliquée à une époque où l'égalité que nous aimons à trouver partout n'existait encore nulle part. Aux origines de la féodalité, la terre, au lieu d'être possédée par l'homme, semblait le posséder et lui imprimer son caractère. L'état des terres comparé à l'état des personnes a été admirablement étudié au point de vue général. Je vais en faire l'objet d'une étude rapide, circonscrite à un point de vue spécial, inaperçu de nos historiens, au point de vue des mœurs pyrénéennes.

« La loi civile, a dit Montesquieu, est le palladium de la propriété. » Qu'était la propriété au moyen âge, et comment fut-elle protégée par la loi?

La propriété territoriale avait été acquise ou envahie par les hommes seuls capables de la défendre, par les seigneurs féodaux. Lorsque l'ordre commença à renaître, le peuple revendiqua sa part de la propriété, qui lui fut restituée ou cédée, mais à certaines conditions. Le motif qui avait fait imposer ces conditions finit par tomber dans l'oubli, et l'on murmura contre les entraves dont la liberté des terres était surchargée.

Les fors des Pyrénées se montrèrent de bonne heure favorables à l'indépendance de la propriété; ils accordèrent comme un privilége ce qui nous paraît aujourd'hui un principe de raison et de justice; ils allèrent si loin dans la voie des idées civilisatrices et progressives, que l'on dirait parfois qu'ils ont été littéralement traduits par le législateur moderne, notamment dans la disposition qui ne permet l'expropriation qu'à l'utilité publique et avec indemnité préalable.

La civilisation romaine n'avait pas rencontré de résistance en pénétrant dans les Gaules, mais elle arriva lentement au fond des Pyrénées, et ne parvint point, surtout dans les vallées et les hautes montagnes, à déraciner les vieilles habitudes nationales. Le chapitre relatif aux successions offrira des particularités remarquables sur le droit de famille.

Strabon[1] cite comme un fait très-singulier que, chez les Cantabres, c'est l'homme qui apporte une dot à la femme, c'est la fille qui est héritière, c'est elle enfin qui marie ses frères. Il ajoute que c'est une sorte de suprématie féminine, de *gynécratie*, fort peu conforme aux principes d'un État bien organisé.

Les Cantabres sont devenus les Basques. Les coutumes d'origine euskarienne, encore vivantes au moyen âge, ne sont pas un des exemples les moins frappants de la persistance des anciennes mœurs dans les Pyrénées. Ainsi nous retrouvons en Bigorre le droit de primogéniture admis sans distinction de sexe; la fille héritière considérée comme le chef de la famille, mariant ses frères, appelés par la loi esclaves (*esclaus, esclabes*), et les obli-

---

[1] Ce passage de Strabon nous a paru mériter d'être textuellement reproduit : ... παρὰ τοῖς Καντάβροις τοὺς ἄνδρας διδόναι ταῖς γυναιξὶ προῖκα· τὸ τὰς θυγατέρας κληρονόμους ἀποδείκνυσθαι· τούς τε ἀδελφοὺς ὑπὸ τούτων ἐκδίδοσθαι γυναιξίν· ἔχει γάρ τινα γυναικοκρατίαν. Τοῦτο δ'οὐ πάνυ πολιτικόν. (Στράβωνος Γεωγραφικά, Didot, 1853, t. III. c. IV. p. 137.)

geant, jusqu'à l'époque de leur mariage, à consacrer tout leur travail à l'accroissement du patrimoine.

Dans nos vallées, la conservation de la maison passait avant la conservation de la famille, et la femme était regardée comme plus propre que l'homme à conserver la maison. C'est la maison qui avait un nom et qui l'imposait à l'homme que la femme y recevait. Cet usage séculaire vit encore dans nos villages, d'où il sera difficile de le faire entièrement disparaître.

J'ai retrouvé, sur les testaments, les donations, les divers contrats et notamment sur le contrat de vente, des détails, des singularités locales, des formalités symboliques qui méritaient de paraître au jour. Je parlerai de la signature des actes ou plutôt de la manière de remplacer la signature, dans un temps d'ignorance, où si peu de personnes savaient écrire. J'ai omis de citer un étrange usage, en vigueur surtout dans les Pyrénées. Mabillon[1] en mentionne de nombreux exemples tirés des chartes du monastère de Saint-Sever. On attachait à l'acte une lanière de cuir, et, au lieu de signer l'acte, on faisait à la courroie un nœud de sa façon[2]. M. Rabanis[3] dit que les témoins nouaient au lieu de signer et qu'on les appelait noueurs, *nodatores*. Je crois que c'est une erreur. Les noueurs et les témoins étaient bien dis-

---

[1] Mabillon, *De re diplomatica libri VI*, p. 587 et 632.
[2] Chez les anciens habitants du Pérou existait une écriture formée de nœuds de cuir.
[3] *Revue historique du droit*, t. VII. p. 478.

tincts. Cela résulte d'une charte de donation consentie vers 1130 par Fortaner, vicomte de Sault. Il est dit que le vicomte, que son frère Bruno, que plusieurs barons ont fait des nœuds. Puis on cite à la fin, et séparément, ceux qui ont servi de témoins instrumentaires, l'évêque d'Aire notamment[1].

En Bigorre les monastères étaient nombreux et les moines bons calligraphes. J'ai retrouvé beaucoup de chartes parties ou *chartæ indentatæ*. Deux copies de l'acte, écrites sur une même feuille, étaient séparées par de grandes lettres, que l'on coupait en ligne droite ou dentelée comme on le fait encore aux souches des inscriptions de rente.

La condition du débiteur dans les Pyrénées n'avait guère été étudiée. Des documents que j'ai découverts m'ont permis de raconter comment le débiteur mort insolvable pouvait, par une procédure posthume, être relevé de l'excommunication.

Le troisième livre embrasse les lois de la procédure civile et de l'instruction criminelle, deux choses aujourd'hui distinctes et autrefois confondues.

Les formes élaborées de la procédure écrite furent lentes à s'introduire dans nos vallées. On remarquera

---

[1] Voici le texte de la charte de Fortaner : «Horum nec non signo do-«norum ipse Fortanerius nodum in hoc corrigio primus fecit, et alium «nodum Bruno de Saltu, frater ejus; alios deinceps nodos idonei ba-«rones... Hujus rei testes fuerunt Bonus Homo, Adurensis episcopus.»

notamment la forme simple et naïve de citation à l'usage de nos montagnards illettrés : elle se réduisait à une simple croix tracée sur leur porte.

Nous n'avons pas dédaigné de rechercher ce qui restait, dans les chartes du pays, des jugements de Dieu, des épreuves de l'eau bouillante, des combats judiciaires.

Ces procédures de l'épée et du hasard nous paraîtraient inexplicables, si nous pouvions oublier qu'elles étaient en parfaite harmonie avec le régime d'un temps d'ignorance, où la force dominait. Proclamer que *bataille n'était pas voie de droit*, qu'une décision, au lieu d'être livrée au sort des armes, devait être basée sur le raisonnement et la loi, c'était forcer les seigneurs féodaux, qui ne savaient que combattre, à émigrer peu à peu des cours de justice, et à laisser la place à des légistes recrutés dans les rangs populaires. Les fors de Bigorre se montrent partout hostiles au combat judiciaire; ils cherchent, quand ils ne peuvent pas le supprimer, à en diminuer les dangers, et finissent par lui substituer la preuve testimoniale.

La justice des juges et des consuls était paternelle comme celle qui se rend en famille. Les sentences étaient prononcées, non dans des palais, il n'y en avait pas dans ces pauvres régions, mais à l'ombre d'un chêne, sur la place publique, ou dans le cloître de l'abbaye, en présence du peuple et devant l'image de Dieu.

La procédure participait de la simplicité des mœurs

du pays. Les mesures d'humanité prises par le Code en faveur du débiteur saisi existaient aussi dans nos coutumes, et les coutumes avaient déjà adopté, ce que le législateur moderne cherche encore, des dispositions exceptionnelles pour rendre la justice économique et prompte, lorsqu'il s'agit d'affaires peu importantes et concernant les pauvres.

Les fors, en évitant que l'appel ne devînt un moyen de prolonger indéfiniment le litige, favorisèrent son introduction, dans un temps où le pouvoir seigneurial repoussait cette institution, qui tendait à l'amoindrir.

Le quatrième livre contient les lois pénales. On a eu raison de reprocher à M. Laferrière d'avoir exclu le droit criminel de son *Histoire du droit français.* « N'est-ce pas « là, dirons-nous avec M. Nypels, une des phases les « plus importantes de la vie sociale, et le droit criminel « n'exprime-t-il pas plus fidèlement peut-être qu'aucune « autre partie de la science les progrès successifs que « fait l'idée de la justice dans l'histoire de l'humanité? »

L'énumération des peines en usage en Bigorre démontrera qu'en général elles étaient moins cruelles qu'ailleurs. S'il en est qui nous paraissent barbares, il ne faut pas oublier qu'elles ont été en vigueur dans tout le Midi; tel était l'horrible supplice qui consistait à enterrer vivant le meurtrier, attaché au cadavre de sa victime.

Les peines étaient presque toujours arbitraires (*penas*

arbitradoras), et la loi s'en remettait pour leur fixation à la sagesse du juge (*à la conexensa deu iutge*). Le peuple ne s'en plaignit jamais. Il trouvait raisonnable de confier au magistrat le soin de mesurer le châtiment à la faute et de tempérer à son gré la rigueur de supplices souvent écrits dans la loi comme moyen d'intimidation. Ainsi j'aime à douter, malgré les dispositions formelles des fors de Béarn, qu'aucune cour ait jamais fait planter un titre faux avec des clous sur le front du faussaire.

Les priviléges des Pyrénées multiplient les dispositions protectrices de la liberté individuelle et admettent avec la plus sage réserve les détentions préventives.

Les crimes de lèse-majesté divine, punis, dans le Midi surtout, avec une véritable cruauté, étaient réprimés avec plus de douceur dans la Bigorre catholique que dans le Béarn, où les protestants ne se piquaient guère de tolérance. Les crimes contre les personnes étaient précisés avec soin. Des dispositions qui n'ont pénétré dans notre Code pénal que dans la révision du 13 mai 1863 semblent avoir été empruntées à nos fors les plus anciens.

Des lois fort remarquables sont celles qui tendaient, en Bigorre, à rendre les réconciliations forcées, en obligeant les particuliers à pardonner et les communes voisines à vivre en bonne harmonie.

Ce qui étonne, ce que la grossièreté des mœurs d'un temps d'ignorance explique à peine, c'est l'indécence des châtiments imaginés précisément pour protéger la décence publique. Nous montrerons comment ces châtiments se sont moralisés et adoucis à mesure que les mœurs elles-mêmes se perfectionnaient.

Les attentats contre la propriété entraînaient des punitions plutôt exemplaires que cruelles. Nos contrées étaient si attachées à leur vieux système pénal, comme à toutes les anciennes coutumes, qu'il fallut un arrêt du parlement de Toulouse, du mois de juin 1785, pour proscrire l'usage de promener dans les rues le voleur portant sur lui un échantillon de l'objet volé.

Les règlements municipaux, les statuts des vallées, nous offriront surtout une peinture curieuse des mœurs populaires, faite pour ainsi dire d'après nature.

Le cinquième livre est consacré à ce que j'appellerai les *lois féodales*. On s'est peu préoccupé jusqu'ici de rechercher les droits et devoirs féodaux dans les Pyrénées. Est-ce que les historiens du pays n'auraient pas été fâchés de se persuader que la liberté s'était réfugiée dans nos vallées, tandis que le despotisme féodal faisait peser son joug partout ailleurs? Ou bien l'absence de documents certains serait-elle la cause de leur silence? De précieux cartulaires, que l'on ne connaissait plus et que le hasard m'a fait retrouver, m'ont permis de combler cette lacune historique. Sans doute le peuple des montagnes a conservé peut-être plus longtemps que la population de la plaine son indépendance et sa fierté; mais plus longtemps aussi, dans son castel féodal bâti sur la crête d'un rocher comme l'aire d'un aigle, le seigneur montagnard a pu continuer les exigences de la puissance seigneuriale. L'importance et le caractère des redevances variaient suivant les pays. En Bigorre, un peuple pasteur aimait mieux payer l'impôt en nature qu'en argent. Quelquefois les redevances s'acquittaient au son du violon et au milieu des danses.

Nous dirons tout, nous flétrirons les excès; nous justifierons les coutumes qui, bonnes à l'origine, ne devinrent des abus que dans la suite des temps.

A l'occasion des excès les plus détestables de la féodalité, nous nous poserons deux graves questions : Est-il vrai qu'en Bigorre aient jamais existé deux révoltants abus, les *massipia* et le droit du seigneur?

Est-il vrai que des gentilshommes, qui d'ailleurs se permettaient tant de choses, se soient permis, en vertu d'une coutume criminelle, connue sous le nom de *massipia*, de prendre par-devant notaire une femme pour un nombre d'années déterminé, et de l'adjoindre à l'épouse légitime, en lui promettant la survivance?

Est-il vrai que le droit du seigneur ait été exercé dans les Pyrénées?

J'avais déjà traité ces deux questions avec une impartialité qui m'a valu des éloges que je suis jaloux de mériter. J'ai découvert des documents nouveaux, qui m'ont servi à compléter mon travail.

La question du droit du seigneur, si vivement agitée il y a quelques années, n'est pas encore résolue et reste ouverte à la controverse. En Bigorre, nous n'avons pas trouvé de textes formels comme en Béarn, mais nous y avons rencontré toujours vivantes des traditions si positives, que nous n'hésiterons pas à conclure que cet odieux abus a existé dans ce pays, s'il a existé ailleurs. Aussi, après avoir interrogé en France les Archives de l'Empire et les manuscrits de la Bibliothèque impériale, avons-nous porté au loin nos investigations, en Espagne, en Allemagne et dans diverses parties de l'Europe.

A la fin de l'ouvrage nous ajouterons le texte de chartes inédites, de coutumes ignorées : ce sera le couronnement et peut-être le principal ornement de notre œuvre.

La France ne doit pas négliger le trésor de ses vieilles lois. Elle est jalouse de ses richesses matérielles et intellectuelles. Les moins précieuses ne sont pas celles que la sagesse de ses anciens légistes lui a léguées. Elle n'a rien à répudier de cet héritage, et ce qu'elle en a déjà recueilli doit lui donner le désir de n'en rien laisser perdre.

Après avoir parcouru la carrière que nous nous sommes tracée, nous indiquerons les sources bibliographiques où nous avons puisé nos documents et le lieu où leur vérification pourra se faire. A défaut d'autre mérite, on ne nous refusera pas, je l'espère, le don de la patience dans les recherches.

Dois-je, en finissant, insister sur les services que

l'histoire a rendus au droit et sur ceux que le droit peut rendre à l'histoire?

L'heureuse influence de l'école historique sur le progrès de la jurisprudence moderne n'a plus besoin d'être démontrée. L'histoire, en remontant à la fondation des institutions anciennes, met à découvert les fondements des institutions modernes. En nous enseignant d'où vient la loi, elle nous en raconte la filiation et nous en révèle l'esprit. En renouant au présent la chaîne du passé, elle prépare les améliorations de l'avenir.

Il me paraît évident encore que, si l'histoire est utile au droit, le droit peut être utile à l'histoire.

M. Granier de Cassagnac a dit : « De même que, pour « embrasser toutes les lignes et tous les détails d'une « étendue, on se place au sommet de l'éminence la plus « élevée, de même nous croyons que, pour saisir et « ramener à soi d'un coup d'œil toutes les masses de « l'histoire de France, le droit est le pic dont il faut « gravir la cime. »

C'est sur les hauteurs du droit que je me suis placé pour chercher à embrasser les détails inaperçus des mœurs pyrénéennes.

La loi, qu'elle se nomme *usage* ou *coutume*, prend l'homme à son berceau, le suit dans toutes les périodes de la vie et ne l'abandonne que lorsque sa tombe est fermée. La loi est une manifestation du développement de l'humanité. Elle s'obscurcit dans les temps d'ignorance; elle reprend son éclat aux rayons du progrès;

elle n'est jamais parfaite, la perfection étant refusée à toute œuvre humaine; mais elle est toujours perfectible comme l'homme lui-même. Elle ne reste étrangère ni au bien, ni au mal, soit qu'elle régularise l'un, soit qu'elle réprime l'autre; elle ne peut traverser les différents âges sans garder comme une teinte de leurs idées et de leurs préjugés, même longtemps après que ces idées et ces préjugés ont à jamais disparu avec le siècle qui les avait vus naître.

L'histoire du droit est donc l'histoire des mœurs d'un pays.

« Le moyen âge n'est encore guère connu, » a dit un de nos savants qui le connaissent le mieux[1]. Il ne sera bien connu que lorsque, dans toutes les parties de la France, aujourd'hui si unies, jadis si divisées, on aura sérieusement recherché, dans les chartes, dans les coutumes, l'empreinte qui leur est restée des vieux usages populaires. Ces usages, dans chaque contrée, offrent un caractère spécial, et chaque pays les marque de son cachet; ainsi dans les Pyrénées j'ai cru y trouver un parfum des douces vallées où la vie s'écoule obscure et paisible, un souffle de l'air pur des hautes montagnes, où l'homme, dans les sereines solitudes, garde plus de liberté et de fierté.

Dans mes longues et laborieuses recherches, j'ai récolté une riche moisson de faits inédits. Puissent-ils être

---

[1] *Étude sur les conditions de la classe agricole en Normandie au moyen âge*, par Léopold Delisle. p. 36.

utilisés par une main plus habile que la mienne, au profit de la science du droit et de celle de l'histoire!

Heureux au moins si mon œuvre modeste peut servir à prouver une fois de plus quel espace immense nous avons parcouru en peu de temps dans la voie de la civilisation et du progrès!

HISTOIRE DU DROIT

DANS LES PYRÉNÉES.

LIVRE PREMIER.

ORGANISATION POLITIQUE ET JUDICIAIRE.

CHAPITRE PREMIER.

I. La Féodalité. — II. Le Comte. — III. L'Hommage. — IV. L'Ost ou service militaire. — V. Le Pouvoir judiciaire.

I.

LA FÉODALITÉ.

Le pouvoir judiciaire était une partie intégrante du pouvoir féodal. Pour bien apprécier la loi et son esprit, il est nécessaire de comprendre l'autorité qui l'a formée, les mœurs qui l'ont inspirée, les traditions qui l'ont maintenue, les événements qui l'ont modifiée.

La province de Bigorre formait un comté. Quelles furent les origines de ce petit État féodal, ses antiques limites, son organisation politique? Quel rôle a-t-il joué dans l'histoire de la France? C'est ce que j'ai déjà dit ailleurs et que je n'ai pas besoin de redire ici[1]. Je me bornerai à rappeler que le premier comte connu, Donat Loup, remonte à Louis le Débonnaire; le dernier fut Henri IV.

La Bigorre, séparée par ses hautes montagnes du reste du royaume, et j'oserai presque dire de la civilisation, avait un caractère spécial d'originalité. Le peuple avait quelque chose de fier et d'indépendant. Il ne savait pas d'où lui venaient ses us et coutumes. L'opinion vulgaire les faisait remonter aux premiers temps du monde.

Le trop fameux Bertrand Barère de Vieuzac avait commencé un livre pour prouver que le peuple était plus libre sous le règne du despotisme que sous celui de la liberté. De nos jours, certains écrivains se sont peut-être trop préoccupés de faire ressortir les franchises dont jouissaient les tribus pyrénéennes, et n'ont pas assez pris garde qu'au prix des abus de la force brutale, mêlés à ces franchises, elles nous paraîtraient, dans notre état de civilisation avancée, bien chèrement achetées. C'est cependant une curieuse étude que celle des développements successifs de la puissance seigneuriale luttant contre les libertés populaires ou transigeant avec elles. Le régime féodal a pénétré partout, mais avec des nuances qui variaient dans chaque localité. Aussi est-il intéressant de l'étudier dans chaque province. Le moyen âge est le monde de la diversité.

Je ne veux pas m'ériger en apologiste ou en critique. A défaut d'autre mérite, je recherche celui d'être vrai en tout. L'impartialité en histoire est une qualité précieuse, et ceux qui ont écrit sur la féodalité ont cédé trop souvent au désir d'accommoder les faits à leurs idées.

La féodalité, M. Michelet l'avoue, fut populaire à sa nais-

---

[1] Voir mon *Histoire religieuse de la Bigorre*, Hachette, 1863.

sance. Je me garderai de nier qu'elle fut à son déclin l'objet d'une aversion instinctive et presque générale. Tant qu'elle a cherché à se survivre à elle-même, les peuples n'ont cessé de la maudire. Aujourd'hui qu'elle a péri sans que sa résurrection soit à craindre, le moment favorable est venu d'en faire une étude sérieuse et impartiale. Les travaux historiques entrepris à ce sujet par l'abbé Dubos, Mably et Montesquieu, ont été recommencés de nos jours par MM. Guizot, Thierry, Troplong, Laboulaye, avec autant d'élévation dans les jugements et une recherche plus attentive des documents originaux.

Nous n'avons pas à raconter ici la naissance de la féodalité, qui fut le résultat, pour ainsi dire inévitable, de l'invasion des barbares, du morcellement du pouvoir central et de la désorganisation de toutes les institutions politiques.

Si la loi qui, en abolissant le régime féodal, a proclamé l'affranchissement des terres et des personnes est un des grands progrès de l'humanité, il ne faut pas se montrer injuste pour un passé qui ne fut pas sans gloire. La féodalité s'est implantée en Europe lorsque tous les liens sociaux semblaient rompus. Elle donna naissance à des usages qui atténuèrent insensiblement son caractère le plus détesté, l'arbitraire; et, par les qualités propres à l'aristocratie qu'elle avait fondée, elle exerça une influence incontestable sur le développement de notre grandeur nationale. La noblesse sauva la France sur les champs de bataille. Les moines sauvèrent les lettres en leur donnant asile dans les couvents. Les femmes créèrent dans les châteaux cette urbanité, cette délicatesse de sentiment et d'honneur qui est devenue un des traits distinctifs du caractère français. Les croisades contribuèrent à la formation de notre langue et au perfectionnement de notre droit. Ce sont là de brillants souvenirs qu'il n'est pas permis de répudier. Mais à la période de grandeur et de gloire la féodalité vit bientôt succéder celle de la décadence. Elle cessa de rendre des services pour ne retenir que des priviléges et des exigences rendus intolérables par les progrès des lumières et l'apparition d'une nouvelle puissance, l'opinion publique. Elle dut disparaître alors, et sa résistance ne fit que rendre plus douloureuse la transition à une ère nouvelle.

Après avoir approfondi le régime féodal, M. Guizot se demande : « Qu'ai-je vu dans ces cinq siècles, berceau de l'Europe « moderne? Le chaos... Les publicistes ont pu, je le comprends « sans peine, trouver dans cet état social tout ce qu'ils ont « voulu... » Je tâcherai de ne montrer dans les vieux usages du moyen âge que ce qui s'y trouve. Mais M. Guizot a bien raison : si j'étais arrivé avec un système préconçu, j'aurais pu invoquer à l'appui de mon idée, dans les chartes de Bigorre comme dans les chartes du reste de la France, les franchises les plus étendues ou les priviléges les plus tyranniques, les mœurs les plus pures ou les désordres les plus honteux, les lois les plus sages ou les règlements les plus bizarres.

Montrons la vérité telle qu'elle est et non telle que nous aurions voulu qu'elle fût.

II.

LE COMTE.

César, en parlant des Sotiates, dont nous avons cherché la patrie dans nos montagnes [1], raconte ce que c'étaient que les *soldures*. C'était le dévouement d'un guerrier à un guerrier, une véritable fraternité d'armes, une association à vie d'honneurs et de dangers. Les traditions romaines et les vieilles mœurs germaniques survécurent à l'invasion des Francs. Les

---

[1] Voir ma *Chronique de Lourdes*, 2ᵉ édition, 1866.

rois des deux premières races concédèrent à leurs compagnons de guerre des récompenses territoriales. Ces bénéfices, d'abord personnels et révocables, furent le prix du service militaire qui était dû par le vassal au seigneur. Lorsque Charlemagne traversa nos contrées, il organisa un système de défense des frontières. Il concéda des inféodations de dîmes à ceux qui avaient repoussé l'invasion étrangère : c'est l'origine des *abbés lays* de Bigorre. Lorsque l'illustre empereur eut laissé les rênes de son empire à des mains trop faibles pour les tenir, ceux qui avaient reçu des titres ou des bénéfices temporaires les gardèrent comme un patrimoine. Le délégué du roi, le comte, usurpa sur sa terre des droits de souveraineté, abusant ainsi de l'éloignement et de l'impuissance de son maître. Les vassaux du comte cherchèrent à l'imiter plutôt qu'à contester son autorité. Ils sentaient la nécessité de s'unir et de se défendre mutuellement dès que la protection du pouvoir royal ne leur était plus suffisamment assurée. Enfin Charles le Chauve sanctionna par son fameux capitulaire de Kiersy ces usurpations, en permettant de disposer des bénéfices en faveur des enfants ou des proches.

Le comte de Bigorre reconnut pour son suzerain tantôt le roi de France, tantôt le roi d'Aragon. Ces deux rois ayant fait, en 1258, un traité sur la mouvance des fiefs enclavés dans leurs États respectifs, la suzeraineté immédiate de la Bigorre fut définitivement attribuée à la France.

L'autorité comtale grandit surtout lorsque les Normands désolèrent nos contrées et qu'il fallut une vaillante épée pour défendre les populations lointaines, que les faibles successeurs de Charlemagne n'avaient plus la puissance de protéger. C'est à l'époque de ces invasions que remonte la première mention historique des vicomtes de Lavedan, qui, après avoir aidé le comte à chasser l'étranger, l'aidèrent à réparer les désastres de la guerre. Dans plusieurs actes du xe, du xie et du xiie siècle, nous trouvons que le seigneur de Bigorre substitue au titre de comte celui de consul (*consul Bigorritanus*). Le vicomte, ce qui est plus rare dans le Midi, prend le titre de *proconsul*. Ainsi le contrat de mariage de don Ramire, roi d'Aragon, qualifie le vicomte de Lavedan de *proconsul Levitanensis*.

A cette époque la féodalité avait pris une telle expansion que les comtes et les vicomtes, après avoir usurpé les droits du souverain, ne craignirent pas de porter atteinte aux droits du peuple qui avaient précédé la monarchie et survécu à la conquête. Ils échangèrent leur ancien titre seigneurial contre le titre des magistrats populaires. Était-ce parce qu'en détruisant en réalité le pouvoir municipal et l'ancien ordre de choses, ils avaient voulu en conserver le nom et l'apparence?

Le comte est le seigneur du pays. Ce n'est qu'à lui que ce titre de *seigneur* s'adresse quand il est employé seul. Pour les autres barons ou gentilshommes, il est toujours accompagné du nom de la terre. Comme souverain, le comte réunit sur sa tête la puissance militaire, civile et fiscale. Cette accumulation de tous les pouvoirs dans les mains d'un homme irresponsable a quelque chose d'effrayant. L'histoire cependant ne rappelle le nom d'aucun seigneur de Bigorre qui ait abusé de sa force d'une manière tyrannique. L'autorité comtale fut successivement restreinte, et des bornes lui furent imposées par les fors et franchises du peuple, par les progrès de la royauté et de la civilisation. C'est ce que nous allons montrer.

III.

L'HOMMAGE.

Le comte avait le droit d'exiger foi et hommage de ses vassaux, mais il s'engageait, en recevant leur serment de fidélité, à remplir des devoirs envers eux.

Cette promesse de fidélité du vassal envers le seigneur féodal se nommait « foi » et « hommage » (*homagium, hominium, hominatgium*). Marca dit qu'il a remarqué dans les anciens titres de la Chambre de Paris trois sortes d'hommages : celui du vassal envers le seigneur, celui de fidélité envers son protecteur, celui de paix pour l'assurance réciproque des parties qui ont eu des guerres ou des procès.

Il y avait encore des hommages de dévotion. Ainsi le comte de Bigorre rendait hommage de sa terre et payait une redevance à Notre-Dame du Puy-en-Velay.

A son avénement à la couronne comtale, le seigneur convoquait ses vassaux dans son château féodal. Là, dans la grande salle, se réunissaient les barons et les gentilshommes, l'évêque et les abbés, les députés des bourgs, vallées et lieux. Le comte, levant la main droite, promettait et jurait, au nom de Dieu, sur les saints Évangiles, d'être fidèle aux Bigorrais, de rendre justice au pauvre comme au riche, sans acception de personne, de ne leur faire tort ni préjudice en leurs corps ni en leurs biens, et de les maintenir et garder en leurs fors et coutumes. Il faisait confirmer son serment par celui de quatre nobles, et fournissait quatre cautions, deux à la vallée du Lavedan et deux à celle de Baréges.

Les gentilshommes et députés, appelés ensuite à haute voix, tête nue, le genou à terre, sans armes, la main droite levée, prêtaient à leur tour hommage et serment de fidélité, « homenadge et sacrament de fidelitat. »

Toutes ces formules se ressemblent. Nous traduisons littéralement l'acte d'hommage prêté le 6 juin 1490 par messire Charles de Bourbon, vicomte de Lavedan, à la reine Catherine de Navarre, comtesse de Bigorre. « Ledit monseigneur, « étant à genou et tenant nos mains dans les siennes, sur le « livre de messe et le *Te igitur* et vraie croix dessus posée, a

« fait et prêté, tant pour lui que comme mari et procureur
« fondé de sa femme, hommage et serment de fidélité pour
« la baronnie et seigneurie de Lavedan, reconnaissant la
« tenir de nous en hommage, et il a juré tant pour lui que
« pour sa femme qu'il sera bon, fidèle et loyal sujet et vassal,
« qu'il défendra notre vie et notre corps (*vita et membre*),
« notre juridiction, nos droits, autorité et prééminence; qu'il
« nous évitera tous dommages, et nous donnera, quand on lui
« en demandera, de bons conseils selon son savoir; qu'il ne
« révélera aucun de nos secrets; que s'il apprend ou vient à
« découvrir qu'il se trame quelque chose de préjudiciable, de
« mauvais ou de honteux contre notre personne, nos biens
« ou notre famille, il nous en informera, soit par lui-même,
« soit par un de ses serviteurs, et qu'enfin il remplira tous
« les autres devoirs accoutumés. »

Le contrat passé entre le seigneur et le vassal était synallagmatique. Le vassal rendait hommage et le seigneur lui jurait d'être bon et loyal seigneur, et de le préserver de tout préjudice ou acte de violence, « e lo gardaram de tort et de force. »

A chaque mutation de seigneur, l'hommage devait être renouvelé. Le comte se transportait, pour le recevoir, tantôt dans un de ses châteaux, tantôt dans un lieu consacré par l'usage. Ainsi il recevait sous l'ormeau de Lourdes la redevance d'un épervier et l'hommage du vicomte d'Aster, qui eût été aussi près de Tarbes, résidence comtale, que de la ville de Lourdes.

La forme de l'hommage variait selon les lieux et les personnes. Dans notre Monographie de Saint-Savin (p. 108), nous avons rapporté qu'une jeune fille, marchant en tête de la procession d'Argelès, allait à la rencontre de l'abbé de Saint-Savin et lui rendait hommage, en présence du chapitre, en lui offrant un baiser et une corbeille de fleurs.

Le baiser était un signe d'hommage. Dans un acte d'hommage rendu au comte d'Armagnac, en 1319[1], on lit : « Et in « signum amoris inter ipsos osculum intervenit. » Lorsque le vassal ne trouvait pas le seigneur dans son manoir, il était tenu de baiser le verrou de la porte. Les feudistes, à l'occasion de cette prescription inscrite dans la coutume de Berri[2], ont décidé que cette forme d'hommage devait être maintenue comme n'ayant rien de déshonnête, « attendu que Prusias, roi « de Bithynie, entrant au sénat romain, baisait le seuil de la « porte. »

Les archives de la préfecture de Tarbes conservent un registre notarié de la prise de possession des places monacales de l'abbaye de Larreule. Le religieux qui n'avait pas au-devant de son nom la particule nobiliaire, au commencement de l'acte, la recevait dès qu'il avait pris possession de sa charge par l'attouchement du verrou de la porte de l'église et le baisement de l'autel[3].

Ainsi que le mot *hommage* l'indique, le vassal devenait l'homme du seigneur. Une charte locale porte que Marquèze de Baréges est femme du comte, « es femne deu comte. »

Cet assujettissement personnel du vassal, qui devenait l'homme du seigneur, fut flétri de bonne heure par l'Église, toujours jalouse de défendre la dignité humaine. Les jurisconsultes, et notamment Dumoulin, se récrièrent avec énergie contre ce vestige de l'ancienne servitude.

Rien, en général, n'imprimait à la vassalité en Bigorre le caractère dégradant qu'elle put avoir en certains pays. Le comte prêtait serment le premier et consentait à ajouter des garanties à sa parole. Ce qui est encore très-remarquable dans le for, c'est que, lorsque dans la plaine les nobles seuls étaient

---

[1] *Glanages*, t. VI, p. 28.
[2] Titre *Des fiefs*, art. 3.
[3] *Histoire religieuse de la Bigorre*.

admis à prêter le serment de fidélité, tous les habitants des vallées y étaient indistinctement admis : « De vallibus vero tam « milites quam pedites accipere » (art. 2). C'est que, comme le dit M. Béchard[1], dans ces hautes montagnes, couvertes de vastes pâturages mélangés avec des prairies, l'air de la liberté était plus vif que dans les plaines.

IV.

L'OST OU SERVICE MILITAIRE.

Le premier devoir du comte était de défendre ses sujets contre les invasions. Il avait le droit de faire la paix ou la guerre, et d'exiger l'*ost* et la *cavalcade*.

L'*ost* ou *host* (*hostis*) était le service militaire dû au seigneur par ses vassaux et ses sujets. Dès que le comte avait publié son ban ou proclamation de guerre, chaque vassal était obligé de se rendre à cette convocation. Il arrivait accompagné de ses hommes d'armes, qui avaient chacun, outre les valets, deux cavaliers pour le servir, armés l'un d'une arbalète, l'autre d'un arc ou d'une hache. Autour des barons du pays se pressaient les simples gentilshommes. Duco (p. 21) dit en parlant de Bernard de Laloubère, seigneur, en 1260, de la vallée d'Azun : « Plusieurs gentilshommes relevaient de lui, savoir : « les damoiseaux de Gaillagos, d'Arras, d'Ourout, d'Aysac, qui « étaient obligés de le suivre à la guerre. » En principe, ce droit d'ost et de cavalcade était réservé au comte seul. Dans le censier de Bigorre de 1429 (fol. 115) le vicomte de Lavedan est reconnu seigneur de la vallée d'Azun, et cependant il est expliqué que les habitants doivent ost et cavalcade au comte s'ils sont convoqués par lui ou son député : « Far au « comte ost et cabalgade, si e quant son per lui mandatz ou « son deputat. » Une exception à la règle était faite pour les

---

[1] *Droit municipal au moyen âge*, t. II, p. 107.

habitants de Sireix, village d'Azun; ils ne pouvaient être appelés que par le vicomte de Lavedan, seigneur de Beaucens, quoique le comte fût haut justicier dans ce village : « No son « tenguts sino au senhor de Beaucens ni son mandats sino per « lodit senhor, nonobstant que ladite senhorie e juridictio haute « s'aperthia e expecta au comte. »

Ce pouvoir exorbitant de lever des troupes et d'arracher les paysans à leurs travaux pour les mener au combat reçut des bornes et fut assujetti à des règles qui variaient assez peu dans les diverses contrées pyrénéennes.

En général, le comte ne pouvait faire à son gré le choix des hommes; il ne pouvait en fixer le nombre; il ne pouvait prolonger la durée du service, ni dépasser certaines frontières. Le patriotisme de nos montagnards ne s'étendait guère au delà des limites de leur vallée.

Dans plusieurs chartes communales comme dans les priviléges de Lourdes (art. 14), le comte laisse à la discrétion des juges et des gardes de la ville, « relinquitur arbitrio ju- « dicum et custodum villæ, » l'élection et la fixation du nombre d'hommes à désigner pour le service. L'article 34 du for de Bigorre porte que celui qui aura reçu l'ordre de se rendre à une expédition légitime est obligé d'obéir, et, s'il refuse, il est condamné à payer 65 sous au comte; il n'est passible que d'une amende de 5 sous si de son côté il combat l'ennemi. La durée et l'époque du service sont précisées d'avance et réglées par la loi de chaque localité. A Lourdes, principale forteresse du pays, le comte pouvait réclamer l'ost trois fois l'an, depuis la Toussaint jusqu'à Noël, depuis Noël jusqu'au premier jour de carême, et depuis Pâques jusqu'à la Saint-Jean. Chacun était tenu de faire provision de pain pour neuf jours; l'ordre de la marche était prévu et réglé. Le transport des bagages était à la charge du seigneur.

Daniel rapporte dans son Histoire de la milice française que les milices communales n'étaient astreintes au service militaire à leurs frais que jusqu'à une certaine distance de la ville. Il y en avait même, comme celle de Rouen, qui n'étaient obligées de s'éloigner de leur domicile que d'une demi-journée, de manière à pouvoir y rentrer le jour même. L'article 51 de la coutume de Guiserix porte que nul habitant ne peut être forcé de suivre, avec armes ou sans armes, le seigneur ou ses troupes, hors de la vallée, pour cause de guerre, si ce n'est un jour seulement, de sorte qu'il puisse rentrer avant la nuit dans sa maison, à moins que de sa propre volonté il ne consente à aller plus loin.

Il est assez rare que l'ost ne fût dû que pour un jour. La durée ordinaire de la campagne était de neuf à dix jours. L'article 34 des statuts des quatre vallées s'exprime ainsi : «Quand le seigneur de la terre ou ses officiers appelleront les «hommes pour aller à la guerre en Aragon, ou ailleurs, ou «pour une cause quelconque, il n'appellera qu'un homme de «chaque maison; et ils ne sont tenus de suivre le seigneur «que jusqu'au port d'Aragon et au pas de Rebeil, jusqu'à Les-«pinblanc et au port de Baréges du côté de Bigorre, pen-«dant neuf jours, à leurs propres dépens, et cela pour la dé-«fense de la vallée d'Aure.»

Une charte de 1313[1] rapporte une sentence arbitrale rendue par Ramon des Angles, prieur de Saint-Orens, où il est dit : «Si le seigneur va en Bigorre et Lavedan, il doit être «accompagné dix jours en armes ou sans armes; mais pour le «Béarn, il doit rentrer au bout de huit jours.»

Lorsque le roi de France eut des armées régulières, les états de Bigorre furent chargés du *répartiment* des hommes

---

[1] *Glanages*, t. VI, p. 42.

nécessaires. On lit dans un dénombrement du xvi⁰ siècle, passé devant Salvat d'Iharse, évêque de Tarbes, pour la réception des hommages et la reconnaissance des droits féodaux en la comté de Bigorre : «Article 1ᵉʳ. Disent (les habitants de Ba-«réges) qu'ils sont hommes naturels et sujets de Sa Majesté; «qu'ils sont tenus de lui faire ost et cavalcade suivant le ré-«partiment fait par les états du pays de ladite comté. »

Les états réclamèrent toujours la conservation de ce privilége. Par arrêt du 8 février 1692, le roi défendit à tous capitaines et autres de prendre par force les gens pour aller servir, et enjoignit aux consuls d'y tenir la main. Le maréchal de Montrevel rendit dans ce sens une ordonnance qui resta déposée au *coffre* de Luz.

V.

LE POUVOIR JUDICIAIRE.

Le droit de rendre la justice et de créer des juges avait toujours été un attribut de la souveraineté royale ou populaire. Les rois de France de la première et de la deuxième race conservèrent le pouvoir judiciaire, mais au moyen âge ce pouvoir tomba dans le domaine des simples particuliers, et le seigneur féodal en jouit comme d'un produit de sa terre.

Jules César[1] dit que les Gaulois pendant la paix n'ont pas de magistrats, et qu'ils confient aux principaux du pays le soin de juger les procès et de vider les différends. Cette coutume de nos pères s'est longtemps conservée dans nos montagnes. Le comte, simple lieutenant du roi, dont il usurpa la puissance, jugeait lui-même ou faisait juger par des hommes de son choix les contestations de ses sujets.

Les souverains quelquefois ne dédaignèrent pas d'être juges.

---

[1] *Guerre des Gaules*. l. VI.

Tacite[1] raconte qu'un accusé, qui redoutait les préventions populaires, demanda à être jugé par Tibère lui-même, parce qu'il le supposait au-dessus de toute influence. Claude voulut être juge dans sa propre cause pour prouver que, s'il était impartial envers sa personne, il le serait envers les autres[2].

Les anciens rois de France aimaient à rendre la justice. Louis le Débonnaire siégeait une fois par semaine[3]. On sait que saint Louis, après la messe, allait écouter les plaideurs sous le chêne de Vincennes. Charles V, surnommé *le Sage* par l'histoire, était appelé *l'Avocat* par ses détracteurs, à cause de sa trop grande assiduité au parlement.

Les grands vassaux de la couronne voulurent s'ériger en petits souverains. Ils se rendirent les juges de leur terre. Les rois tolérèrent d'abord ces abus par faiblesse et les consacrèrent ensuite par intérêt.

Comment s'opéra cette usurpation du pouvoir judiciaire par de simples particuliers?

Cette question historique a été l'objet de doctes controverses entre de nombreux auteurs. «Leurs divers systèmes, «dit M. Henrion de Pansey[4], sont trop connus pour qu'il soit «nécessaire d'en présenter ici l'analyse; la manière d'approcher «le plus près de la vérité serait peut-être de réunir les prin-«cipaux, et de dire que l'usurpation, les concessions, la forme «du gouvernement et les émoluments de la justice, connus «sous le nom de *fredum*, émoluments alors considérables, ont «concouru à la formation des justices seigneuriales.»

Dalrymple, feudiste anglais, fait une observation qui mérite d'être citée. «C'est une chose remarquable, dit-il, que,

---

[1] *Annales*, c. x.
[2] Suétone, *Claude*, c. v.
[3] *Historiens de France*, t. VI, p. 443.
[4] *Dissertations féodales*, 1789, in-4°, t. I, p. 531.

« chez toutes les nations féodales, à la propriété de chaque
« territoire était attaché le pouvoir d'en juger les habitants. »

Plusieurs raisons particulières ont concouru à former cet usage. En voici une générale : les anciennes nations n'étaient pas encore parvenues à ce point de police et d'harmonie qui propage la voix du législateur dans toutes les parties d'un vaste empire. Ces hommes qui portaient la liberté jusqu'à la licence, et ce qu'on appelle les vertus guerrières jusqu'à la férocité, ne voulaient obéir qu'à celui qui pouvait plus promptement les punir. Il était nécessaire de déposer entre les mains de chaque capitaine une autorité qui eût été sans effet dans celle du roi.

M. Laferrière se trompe, selon nous, lorsqu'il dit[1] : « Dans
« la juridiction civile ou féodale, le comte, bien que très-
« supérieur à ses vassaux, ne peut juger personnellement ;
« il semble que le droit de justice personnelle soit réservé dans
« les idées du moyen âge au roi lui-même, représentant de
« Dieu sur la terre. » Le savant auteur avait en vue l'article 38 du vieux for de Bigorre, qui porte : *nunquam judex sit comes,* « que le comte ne soit jamais juge. »

En France, les comtes étaient juges dans les villes. Charlemagne leur prescrit de tenir le plaid à jeun, « ut placitum « comes non habeat nisi jejunus. » Louis le Débonnaire leur recommande, en rendant la justice, « justitia facienda, » de se montrer devant Dieu et devant les hommes les dignes auxiliaires du roi, les protecteurs du peuple, les défenseurs de la veuve et de l'orphelin, la terreur enfin de ceux qui troublent par le crime la tranquillité publique [2].

En Bigorre, si le comte n'avait pas usé et abusé peut-être du droit de rendre justice lui-même, la charte des priviléges accor-

---

[1] *Histoire du droit*, t. V, p. 458.
[2] *Capitulaires*, l. II, c. vi.

dés au pays n'aurait pas eu besoin de l'en dépouiller. Loiseau s'exprime ainsi[1] : « Donc les ducs et les comtes, afin de rendre « leurs dignités et fonctions héréditaires, au lieu qu'elles étaient « auparavant cohérentes à leurs personnes comme simples offices « et partant se perdaient avec leurs personnes, les annexaient « adroitement avec leur domaine et seigneurie, et ainsi, comme « leur domaine était après leur mort transféré à leurs héritiers, « aussi fut désormais leur dignité et fonction, qui était prin- « cipalement de rendre la justice. » Le comte de Bigorre réunissait en effet tous les pouvoirs, militaires, judiciaires et fiscaux. Il convoquait à son conseil les personnages importants, non-seulement lorsqu'il voulait avoir leur avis sur les affaires du pays, mais encore lorsqu'il avait à juger quelque contestation considérable, même entre de simples particuliers. Il réunissait sa cour dans son château comtal ou dans tel autre château plus rapproché des parties. Nous avons déjà raconté, dans notre Monographie de Saint-Pé, le procès relatif à la sépulture du chevalier de Bartrès. Ce procès s'agitait entre les religieux de Saint-Pé et l'évêque de Tarbes. Le comte Centulle, homme d'une haute sagesse, fixa le délai dans lequel l'évêque et l'abbé seraient tenus de comparaître devant la cour des grands (*majorum*), chargés d'examiner les griefs des parties et de prononcer sur ce débat. Au jour désigné, un nombre aussi considérable qu'on put en réunir d'ecclésiastiques et de laïques s'assemblèrent au château de Lourdes en présence du comte, en 1083. Nous avons aussi rapporté, dans notre Monographie de Saint-Savin (p. 72), qu'en l'année 1131 l'abbé et les habitants d'Azun eurent un procès qu'ils soumirent au jugement du comte et des hommes probes de la vallée de Lavedan : « Ad judicium ante dominum comitem et probos homines Le- « vitanicæ vallis. »

---

[1] *Abus des justices de villages*, p. 2.

ORGANISATION POLITIQUE ET JUDICIAIRE.

Montesquieu a raison de dire[1] que le comte ne jugeait pas seul et ne rendait pas la justice comme les pachas en Turquie; il assemblait, pour juger les affaires, des espèces de plaids ou d'assises où les notables étaient convoqués.

Cependant l'autorité excessive qui résultait de la réunion sur une même tête de la double puissance civile et militaire, la prépondérance que donnait au chef d'un petit État la présidence d'une cour de justice, parurent redoutables à la liberté, et l'article 38 du vieux for de Bigorre fut un remède à ces abus et une satisfaction donnée aux alarmes du peuple.

Nous disons que le droit de juger fut enlevé au comte; Larcher pense au contraire que le comte, devenu maître de la province, y renonça volontairement pour ne s'occuper que d'agrandir les limites de son territoire. L'interdiction si nettement formulée dans la loi du pays est évidemment dictée plutôt en faveur des franchises populaires qu'en faveur de la dignité comtale.

Le comte resta toujours le directeur souverain de la justice. Dans les premiers temps il n'avait d'autre règle que sa volonté pour le choix et pour le nombre des personnages appelés à composer la cour de Bigorre (*curia Bigorræ*). Ces jurats ou juges de la cour (*judices, jurati curiæ*) étaient pris parmi les notables du pays (*cum principibus terræ suæ*), dit la charte d'union de Saint-Savin à Saint-Victor de Marseille, en 1080.

La cour comtale, qui réglait toutes les affaires importantes, la paix, la guerre, les lois, les impôts, fut successivement organisée d'une manière régulière. Des barons, des gentilshommes, des abbés, devinrent jurats à vie, et c'est par l'élection qu'il fut pourvu aux places vacantes.

Le comte, qui ne pouvait plus être juge, continua à dé-

---

[1] *Esprit des lois*, l. XX, c. XXIII.

férer le pouvoir de juger à des personnes de son choix. Une grave contestation s'était élevée entre l'abbé de Saint-Savin et plusieurs communautés de la vallée. Une belle charte du 29 janvier 1290 nous apprend qu'Arnaud de Lavedan et autres seigneurs furent constitués, « constituits, » par le comte de Bigorre, qui leur donna pleine puissance, « tota plena « puxansa, » d'aller en son nom faire maintenir les fors, priviléges, statuts et ordonnances; de remédier aux querelles et débats, « remediar a las querelas, debats et dissensions; » de défendre le faible contre le fort, le pauvre contre le riche, l'homme sincère contre le menteur, « per deffendre lo simple « deu fort, lo praube deu riche, lo veritable deu mentidou [1]. »

Le droit de justice finit par être entièrement séparé du droit de rendre justice. Au xiie siècle, le pouvoir judiciaire cessa d'être concentré dans la main des seigneurs. Les villes et les communes s'émancipèrent et voulurent avoir leur part dans l'administration de la justice. Dès que la société commença à se former, l'étude des lois devint une science. Il ne fut plus possible, comme au temps de César, de laisser aux plus sages du lieu le soin de terminer tous les procès. L'arbitrage fut toujours en faveur dans nos vallées, mais des officiers de justice furent créés, des tribunaux établis, et au-dessus de ces tribunaux dominèrent le parlement de Paris et plus tard celui de Toulouse.

Les comtes de Bigorre donnèrent toujours l'exemple du respect dû à la justice. L'article 35 du for de Béarn portait que le seigneur était obligé de faire exécuter les jugements contre les parties et contre lui-même. Une autre disposition du même for, qui ne se trouvait pas dans le vieux for de Béarn, défendait aux juges de laisser retarder le cours

---

[1] *Glanages*, t. XXII, p. 241.

de la justice, lors même que le seigneur le demanderait par lettres missives. Il est facile de tromper la religion du souverain et d'abuser de sa bienveillance. La précaution prise en Béarn ne se retrouve pas en Bigorre, mais elle était écrite dans la loi romaine et dans un capitulaire de 560.

CHAPITRE II.

Le Clergé. — L'Évêque de Bigorre.

L'égalité devant la loi est une des plus précieuses conquêtes de l'esprit humain. Ce principe était entièrement méconnu par la législation du moyen âge. Quel était l'état des personnes en Bigorre? Les documents certains me manqueraient si je voulais remonter vers les temps très-reculés pour tracer les différences que dut établir parmi les habitants du pays une origine gauloise, franque ou barbare. Il est des obscurités historiques que l'on peut essayer d'éclairer par des conjectures, mais qu'on doit désespérer de dissiper entièrement. L'état des personnes dans les Pyrénées a varié selon les lieux et a été profondément modifié selon les temps.

La hiérarchie féodale ne fut pas, dès l'origine, aussi bien établie qu'on voulut plus tard l'organiser.

Sous l'ère féodale, l'influence de l'évêque de Tarbes, qui, primitivement, porta le titre d'*évêque de Bigorre,* fut grande et utile. Il joua un rôle considérable dans les affaires du pays. Le comte sollicita souvent ses bons offices; souvent il usa de son intervention pour terminer pacifiquement de sanglantes querelles avec ses vassaux et pour les faire rentrer dans le devoir. Dans les siècles d'ignorance et de foi, l'évêque avait une double influence résultant de la supériorité des lumières et de l'empire sur les âmes. Il dut avoir quelquefois le courage de résister au comte. Quelquefois aussi il eut la faiblesse de céder à ses sollicitations. Un évêque, un

jour, se rendit coupable d'une complaisance illicite envers le seigneur du pays, et il en accepta la récompense. C'est lui-même qui nous a conservé le souvenir de sa faute en même temps que celui de son repentir. « Dieu, dit-il, veut que cha-
« cun expie son crime : c'est pourquoi moi Amélius, évêque
« indigne, j'avoue que j'ai péché en donnant mes conseils et
« mon consentement à Louis, comte de Bigorre, et à sa femme
« Amerne, qui se sont mariés malgré les liens du sang qui les
« unissaient. A raison de ce péché, de ma transgression aux
« ordres du souverain pontife, et de plusieurs autres crimes,
« je fais don à Dieu et à Saint-Orens de tous les biens que
« j'avais acceptés du comte Louis et de sa femme Amerne [1]. »

L'évêque fut plus souvent du côté du peuple que de celui du seigneur féodal. C'est lui qui intervenait pour obtenir des franchises, pour rédiger les coutumes et pour les sanctionner. Dans le for de Bigorre, l'évêque est nommé avant le vicomte de Lavedan.

Dans les temps antérieurs au XIe siècle [2], les rois de France se faisaient assister dans l'exercice de leur pouvoir judiciaire par des personnages éclairés et puissants, et particulièrement par des prélats, auxquels ils déléguaient momentanément une portion de l'autorité royale. Le comte dut agir comme le roi et se faire remplacer quelquefois, pour des affaires importantes, par l'évêque de Bigorre. Ce prélat abusa-t-il de son influence sur les juges en gardant la présidence? Le for de Bigorre lui enlève ce pouvoir, qui pouvait devenir redoutable. L'article 18 porte : « Nunquam judex sit comes aut episcopus nisi episco-
« pus de salvandis animabus. »

Plusieurs de nos coutumes étonnent par la sagesse de leurs dispositions. Le clergé était le dépositaire des lettres et des

---

[1] *Livre vert de Bénac.*
[2] *Olim*, t. 1, p. XXVII.

sciences; il se trouve associé aux progrès de la jurisprudence comme à tous les autres progrès. Saint Bernard se plaint vivement au pape de la passion avec laquelle les moines s'occupent des lois de Justinien plus encore que de celles de Dieu. Les nombreux monastères de la Bigorre furent les seuls foyers de lumière de nos vallées. Si, sous certains rapports, on peut reprocher aux religieux de nos abbayes d'avoir eu de nombreux procès, les légistes doivent se féliciter au contraire que, dans des siècles d'ignorance et de barbarie, les hommes les plus éclairés et les plus empreints des idées libérales du christianisme se soient occupés du perfectionnement de la science des lois.

L'Église avait acquis des propriétés d'une vaste étendue. Elle peupla et cultiva d'immenses déserts. En faisant le bien du pays, elle accumula, dans la suite des temps, des richesses considérables. Entrée, au xe siècle, dans l'organisation féodale, elle recevait à titre de fief; elle inféodait directement et par reprise. L'évêque et l'abbé étaient devenus seigneurs et vassaux.

L'égalité régnait dans les cloîtres, lorsqu'elle était inconnue ailleurs. Là se réfugiaient un si grand nombre d'esclaves et d'affranchis, que les capitulaires de nos rois durent prendre des mesures afin que les terres des particuliers ne fussent pas désertées par ceux qui les devaient travailler [1].

« L'Église, du vi^e au viie siècle, apparaît peuplée d'esclaves, » dit M. Guizot. C'est surtout parmi ses propres esclaves, parmi les serfs ou les colons de ses domaines, qu'elle se recrute, et cette circonstance n'est peut-être pas une de celles qui ont le moins contribué aux efforts de l'Église pour améliorer la situation des serfs. Beaucoup de clercs en étaient sortis, et, indé-

---

[1] Baluze, t. I, col. 725.

pendamment du sentiment religieux, ils en connaissaient les misères, ils portaient quelque sympathie à ceux qui y étaient plongés.

Si l'évêque et l'abbé ont souvent, en Bigorre, appartenu à la noblesse la plus distinguée, quelquefois cependant ce n'est pas à la naissance, mais au mérite, qu'ils ont dû leur élévation. Toujours du moins ils ont vécu au milieu de moines appartenant aux classes inférieures, et ils ont été habitués à les regarder comme des frères.

Le clergé, composé d'éléments divers, d'éléments aristocratiques et d'éléments démocratiques, pouvait donc utilement intervenir pour rapprocher la noblesse et le peuple, si profondément séparés par la féodalité. Aussi son action fut-elle constamment utile, bienfaisante, et contribua beaucoup, en Bigorre, à l'abolition du dernier reste de la servitude païenne. Nous verrons les affranchissements se multiplier comme des actes de piété, et le rachat des captifs devenir l'œuvre des saints.

Il n'est pas de concession libérale faite par un seigneur féodal où n'apparaisse un prélat, un moine, pour l'approuver ou la rédiger. L'action du clergé ne fut jamais abusive en Bigorre : aussi y fut-elle toujours populaire.

Au moyen âge, la noblesse, qui disposait de la force, occupait le premier rang dans les états des pays. Dans l'enquête faite en Bigorre par ordre de Philippe le Bel, en 1300, le clergé n'est mentionné qu'après les barons et les gentilshommes. La noblesse précédait encore le clergé dans les états de 1301 et dans l'assemblée de 1380. Plus tard l'importance de la dignité épiscopale grandit à mesure que celle du pouvoir féodal s'affaiblissait. Le clergé prit la préséance sur les barons et les gentilshommes. Le sénéchal, qui avait conservé, comme représentant du comte, la présidence des états, fut enfin obligé, dans les derniers temps, de la céder à l'évêque de Tarbes.

CHAPITRE III.

I. La Noblesse. Hiérarchie. — II. Les Barons de Bigorre. — III. Les Gentils-hommes. *Personers*. — IV. Les Abbés lays. — V. Limites du pouvoir seigneurial.

I.

LA NOBLESSE. — HIÉRARCHIE.

La noblesse au moyen âge fut puissante en Bigorre. Existait-il une hiérarchie entre les nobles? D'après M. Laferrière[1], les vassaux du comte de Bigorre dépendaient de lui primitivement au même degré et au même titre. « Ce n'était point « comme en Béarn, dit-il, où les fors indiquent trois degrés « de noblesse : les *domengers* ou seigneurs particuliers, les *ca-* « *vers* ou chevaliers, les *barons* de Béarn. »

Nous ne sommes pas de l'avis de M. Laferrière, et nous croyons que la même hiérarchie existait dans les deux contrées voisines. Sans doute les distinctions entre les divers rangs de la noblesse ne sont point nettement établies dans les anciens actes, où les personnages qui s'y trouvent mentionnés sont souvent classés sans ordre et sans qualification précise. Cependant un examen attentif du vieux for de Bigorre y fait découvrir la même classification qu'en Béarn.

Le comte qualifie de *proceres terræ suæ* ceux qui l'ont exhorté par leurs conseils. Ces *proceres*, nommés ailleurs *principes terræ suæ*, sont évidemment les barons du pays. De puissants seigneurs portaient déjà à cette époque le titre de

---

[1] *Histoire du droit*, t. V, p. 463.

vicomte et de *baron*. Le comte cite ensuite les nobles, *nobiles*, qui peuvent lui servir de caution. Nous retrouvons là les *domengers* ou seigneurs ordinaires. Enfin plusieurs articles mentionnent les chevaliers, *milites*, qui sont les *cavers* de Béarn.

II.

LES BARONS DE BIGORRE.

Nous avons remarqué des qualifications analogues dans des chartes très-anciennes. Marca (p. 844), rappelant l'enquête du comté de Bigorre faite par ordre du roi de France, s'exprime ainsi : « Il y avait, en cette année 1300, douze barons, « dont les noms sont contenus en cet ordre dans l'enquête, « sans qu'il soit observé qu'ils doivent tenir entre eux ce rang « ni aucun autre : Arnaud de Lavedan, Arnaud de Barbazan, « Bos de Bénac, Raymond de Basilhac, Thibaut d'Ez-Angles, « Arnaud Raymond de Castelbajac, Péregrin de Lavedan, « Contebo d'Antin, Pierre et Raymond d'Esparros, Pierre de « Castelbajac, Bernard d'Aster; où il faut remarquer que les « puînés de Lavedan, de Castelbajac et d'Esparros sont entre « les barons aussi bien que leurs aînés. De sorte que les mai- « sons qui ont la dignité de baronnie sont réduites à huit avec « celle d'Esparros. Il y a quatre-vingt-quinze gentilshommes « appelés dans l'enquête *domicelli*, parmi lesquels il y en a « quelques-uns qui étaient chevaliers, *milites*. »

Un rôle des états de Bigorre en 1635 [1] énumère ainsi les barons : « Lo senhor de Labedan, de Barbaza, d'Antin, de Ba- « silhac, de Castelbaïac, Deus-Angles, de Benac; lo viconte « d'Aster. Lo senhor de Luc, érigé en baronnie par le roy « Henri IIII en l'an 1599, et adjousté en ce roolle par déli- « bération des estats du 28 février 1601. »

---

[1] *Bulletin d'Auch*, t. I, p. LXVI.

Un cahier inédit des états, à la date du 17 mai 1675, donne la même liste, si ce n'est que le sieur de Barbazan-Debat, reçu en 1658, figure entre le vicomte d'Aster et le seigneur de Luc. On y trouve aussi le sieur de Castelvieilh, créé baron par lettres patentes de Henri IV, en 1596.

Dans ces rôles, le nombre de gentilshommes ayant entrée aux états est à peu près le même qu'en 1300.

La Bigorre était un comté; le comte ne pouvait donc tolérer un titre supérieur ou égal au sien. Il y eut plusieurs vicomtes, mais le vicomte de Lavedan prend souvent le simple titre de baron, et le vicomte d'Aster est classé parmi les barons au dernier rang. Le nom de *baron* dérive du mot germanique *bar* (vir), « homme par excellence. » Autrefois il n'y avait en France que trois baronnies, mais le titre de baron était commun à tous les grands du royaume, soit qu'ils fussent ducs, comtes ou même évêques[1]. Le titre de baron était si estimé que les fils de France aimaient souvent à le porter. En 1272, Isabelle, comtesse de Forêt, supplie son très-cher seigneur et haut baron Robert, duc de Bourgogne, de recevoir son fils en l'hommage de sa terre.

III.

LES GENTILSHOMMES. — *PERSONERS.*

Dans plusieurs chartes, les barons prennent seulement le nom de la terre. Les simples gentilshommes ajoutaient à leur prénom le titre de « seigneur » ou *personer* de tel lieu. Dans quelques actes on trouve *posnarie* ou *personarie* pour « seigneurie. » Souvent les noms sont précédés de la particule *en*, *ena* ou *na*. On lit dans des actes : « En Ramon Deus-Angles, « n'Arnaut de Labeda, madaune na Arnaute, sa molher, et

---

[1] *Mémoires* d'Amelot. t. I, p. 266.

« madauna na Benatridz, filha que es deudit n'Arnaut. » En latin on disait *domnus, domna;* on dit en espagnol *don, dona.* L'affixe *en,* très-fréquemment adopté au moyen âge dans les chartes des Pyrénées, ainsi que l'ont remarqué avant moi Scaliger et Marca, n'est jamais employé, suivant Roquefort, dans l'ancien français. En Provence on disait *na,* même au masculin, et l'*a* s'élidait devant une voyelle. Dans le manuscrit d'Orderic Vital, édité par le regrettable Auguste le Prévost, Aymar, évêque du Puy, est appelé n'*Aimarus.*

IV.

LES ABBÉS LAYS.

Parmi les nobles nous placerons les *abbés lays* des Pyrénées. Au dernier siècle on en comptait encore quarante-trois en Bigorre.

Quelle est leur origine? *Abbé* et *laïque* sont deux expressions antithétiques, qu'on s'étonne de rencontrer ensemble. Le mot *abbé* a pris de nos jours un sens différent de celui qu'il avait primitivement. *Abba,* expression hébraïque ou plutôt syriaque, signifiait *père.* Saint Paul et saint Marc l'ont employée en l'accompagnant de l'interprétation latine, *pater.* C'est de là que dérivent, *abbé* en français, *abbot* en anglais, *abad* en espagnol, *abbate* en italien, etc. Ce titre, d'abord simple titre d'affection, devint plus tard un titre de dignité. Les ecclésiastiques se sont attribué la possession exclusive de cette qualité. On trouve dans des chartes que des ducs et des comtes étaient jadis appelés *abbés,* et qu'on nommait *abbayes* des duchés et des comtés. Ménage, après Fauchet, a remarqué que plusieurs gentilshommes, autres que des religieux, avaient pris ce titre. Des rois, des ducs d'Orléans, des ducs d'Aquitaine, se sont fait honneur de le porter. Dans un traité conclu, en 1307, entre Charles roi de Sicile et la république de Gênes le premier magistrat génois est qualifié *abbas populi*, « abbé du peuple. »

On retrouve dans le Nord des *abbates laici, abbates milites*. Voici ce que rapporte un écrivain du xiie siècle [1] : « Plusieurs « églises de diverses contrées d'Angleterre ont des abbés laïques. « Il est résulté de l'usage et d'une détestable coutume que des « hommes puissants dans la paroisse, tels que des économes ou « plutôt les anciens patrons de l'église, choisis pour défendre « les droits du prêtre, ont fini par les usurper par esprit de « cupidité. Ils se sont attribué toutes les terres et toute l'au- « torité extérieure, ne laissant que l'autel, la dîme et les of- « frandes au curé, presque toujours pris parmi leurs fils ou « leurs proches. C'est pourquoi de tels défenseurs ou plutôt « destructeurs des églises se font appeler *abbés*, afin de s'em- « parer de tout, du nom et de la chose, aussi injustement de « l'un que de l'autre. »

Dans divers temps et dans divers pays il a pu y avoir des abbés laïques émanant d'origines différentes, quoique une similitude de nom et de priviléges offrît entre eux quelques traits de ressemblance.

Marca, dans son Histoire de Béarn [2], pense que l'inféodation des églises de Béarn fut faite par Charlemagne et par Louis le Débonnaire, pour obliger la noblesse à continuer la guerre sur la frontière, contre les Sarrasins d'Espagne, ce qui était un des motifs du pape Zacharie pour consentir à ces aliénations des biens ecclésiastiques. Marca ajoute que les possesseurs de ces dîmes prirent la qualité d'abbé, « à l'exemple des « seigneurs de France, lesquels, à raison des abbayes dont ils « jouissaient, prenaient le titre d'abbé, que Gerbet nomme en « ces termes *abba comites*; d'où ces gentilshommes qui possé-

---

[1] Silvester Giraldus, *Itiner. Cambr.* l. II, c. iv.
[2] L. 1, c. xxviii, xix.

« daient le bien de l'Église furent portés à croire qu'il leur
« était aussi loisible de se qualifier abbés. »

Cette opinion me paraît facile à appuyer. Aimoin [1] rapporte que Charlemagne établit dans toute l'Aquitaine des comtes, des *abbés* et plusieurs autres grands vassaux près de la nation franque. Il confia à leur courage et à leur sagesse la défense des frontières et le gouvernement du pays.

La mission guerrière donnée à ces abbés me fait penser, avec Cujas, que ce devaient être des hommes d'épée plutôt que des hommes du clergé. Dans les premiers siècles, les églises n'avaient pas le droit d'acquérir sans autorisation; elles s'enrichirent rapidement dès que les legs pieux furent permis et favorisés par les lois et les idées du temps. Saint Chrysostome, saint Augustin, saint Jérôme, se plaignent d'un accroissement trop considérable de richesses, qui occasionne une diminution des vertus chrétiennes. Charles Martel, qui était assez fort pour braver le clergé, ne craignit pas de le dépouiller. Les guerres contre les Sarrasins lui offraient d'ailleurs le moyen d'excuser, par la sainteté du motif, ce que la spoliation des abbayes avait d'odieux.

« Charles Martel, dit un de nos vieux historiens [2], poussant
« avec vigueur les guerres qu'il avait à soutenir, réprima les
« petits tyrans qui dans toute la France s'étaient arrogé l'em-
« pire; la nécessité le détermina à enlever aux ecclésiastiques
« un grand nombre de domaines; il les réunit au fisc et les
« partagea ensuite à ses guerriers. » Montesquieu et Guizot admettent ce fait comme certain et citent la lettre des évêques à Louis le Germanique en 858, dans laquelle se trouve racontée une étrange légende de saint Euchère. Cet évêque d'Orléans, dans une vision, aurait trouvé Charles Martel livré

---

[1] *Vita Ludovici pii*, l. V, c. 1.
[2] *Chronicon Centulense*. t. III, p. 252.

aux tourments de l'enfer pour avoir dérobé les biens de l'Église. Le premier chapelain du pape, averti par le saint prélat, courut visiter le tombeau de Charles et vit le sépulcre tout noirci en dedans, comme s'il eût été consumé. Montesquieu et Guizot ont oublié de dire que saint Euchère avait précédé de plusieurs années Charles Martel dans la tombe.

Cette fabuleuse invention du clergé prouve l'irritation que lui causait la perte des terres qui lui avaient été ravies.

Charlemagne, dans un de ses capitulaires de l'an 803, promit de ne plus partager les terres du clergé aux gens de guerre; les donations existantes furent reconnues valables par les évêques à la condition qu'il serait à l'avenir interdit aux rois d'en faire de nouvelles.

Voici ce qu'un bénédictin de Saint-Savin, dont je possède les manuscrits anciens, raconte en s'appuyant sur l'autorité du R. P. Yeper[1]. Lorsque les Maures se furent rendus maîtres des Espagnes, le peu de noblesse qui échappa au fer des conquérants et qui voulut garder la foi se répandit dans les Pyrénées, cherchant un refuge sur ces monts inaccessibles. Un grand nombre de religieux expulsés de leurs cloîtres les y suivirent. A côté de la maison de l'homme de guerre le moine éleva sa chapelle. Ces petites abbayes se multiplièrent d'une manière considérable. Dom Yeper en a compté près d'une centaine dans les Asturies. L'auteur du manuscrit que j'analyse pense qu'il devait y en avoir autant dans les Pyrénées.

Telle est, selon lui, l'origine des abbés lays. Charlemagne, frappé des désordres qui pouvaient s'introduire dans cette foule innombrable de petites abbayes isolées, les supprima pour fonder de grands monastères. C'est ainsi qu'il fonda ou qu'il agrandit le couvent de Saint-Savin. Il voulut aussi récompenser les

---

[1] *Annales*, vol. III, an 817.

braves défenseurs de nos frontières, les guerriers qui avaient refoulé les Sarrasins en Espagne et fermé nos montagnes aux invasions. Il leur conféra à titre de bénéfice les abbayes et ermitages abandonnés.

Nos abbés lays des Pyrénées remontent-ils à Charles Martel ou à Charlemagne? Ce qu'il y a de certain, c'est qu'il n'existe pas de trace d'une origine plus récente. Ils figurent dans les plus anciens monuments de l'histoire locale. Ils sont toujours considérés comme ayant eu la mission de défendre les armes à la main l'entrée des Pyrénées.

Ce qu'il y a de remarquable, c'est la persistance de ces vieilles races et leur fidélité à conserver leurs anciens titres. Il existe encore beaucoup de familles du nom de *Fabas, Habas, Abbadie*. C'est d'une des plus anciennes maisons du val d'Azun, de la famille des d'Abbadie de Sireix [1], qu'est sortie la mère de Bernadotte, l'illustre fondateur de la dynastie régnante de Suède.

Les abbés lays possédaient la dîme du village et le droit de présentation à la cure. Sous le règne de Jeanne d'Albret, les abbés, devenus protestants, continuèrent à jouir du droit de présenter le curé catholique. Leur maison, ordinairement rapprochée de l'église, passait pour noble et était exempte de la taille, ainsi que les terres, anciennes dépendances des *abbadies*. Ils touchaient les revenus de l'église, mais ils étaient tenus des frais d'entretien de l'édifice et du salaire des prêtres. Lorsqu'ils gardaient toute la dîme pour eux, les paroissiens étaient soumis à une redevance nommée *pacquère* pour subvenir aux dépenses du curé.

Ces abbés, comme laïques, pouvaient se marier et laisser des filles héritières de leurs droits.

---

[1] Voir aux archives du château de Pau les pièces relatives à cette maison.

Pour ne pas scinder ce que nous avons à dire sur cette catégorie de nobles, nous publierons ici un document qui aurait peut-être dû être renvoyé au chapitre des successions.

Si l'on en croit un vieux titre en latin[1], dont la traduction fut déposée en la chancellerie de Navarre, les abbés lays de Béarn et de Bigorre auraient présenté, au commencement du xiii° siècle, au comte Gaston, une requête dont voici l'analyse :

De temps immémorial, disaient-ils, il a existé une coutume inviolablement observée qui frappe d'inaliénabilité les biens nobles et avitins des abbés lays. Ces biens sont soumis à des substitutions fidéicommissaires perpétuelles. Le chef de la famille ne peut en disposer par donation, testament, vente, échange ou aliénation quelconque, sans l'exprès commandement de l'héritier, qui doit prononcer un refus si l'aliénation projetée n'a pas pour but évident l'avantage et l'amélioration notable de la maison. Ce vieil usage local a force de loi, depuis surtout qu'il a été reconnu par le comte Bernard, auteur du for de Bigorre, notamment pour les vallées de Lourdes ou des frontières du Béarn. Cette défense de diminuer l'héritage au préjudice du successeur futur est le seul moyen de sauver les fortunes des dissipations de la prodigalité, surtout dans les pauvres pays de la montagne, où les meilleures familles tombent bien vite si on n'y avise.

Gaston, faisant droit à cette requête, siégeant dans sa cour de justice, convoquée à Tarbes et composée de juges barons, chevaliers et autres nobles de sa terre, assemblés pour délibérer sur les affaires de ses sujets, sur les intérêts et soulagement du peuple bigorrais, tant en particulier qu'en général, déclare que, voulant conserver entières les maisons et familles des abbés lays, il les maintient dans leurs priviléges, hon-

---

[1] Cette pièce existe aux archives de Pau, et nous ne cacherons pas qu'elle pourrait prêter à bien des critiques.

neurs, us et coutumes, «afin, dit-il, qu'il leur soit plus facile «de venir en aide aux souverains du pays en cas de guerre.» Le principe de l'inaliénabilité des biens sans le consentement de l'héritier et hors le cas d'utilité pour la maison est maintenu, et n'admet que les exceptions suivantes : 1° pour legs pie afin d'assurer le salut de son âme; 2° pour sortir de prison; 3° pour fournir à sa famille les aliments nécessaires, nécessité qui doit être constatée par le comte et la cour de Bigorre, afin d'éviter le dol et la fraude; 4° pour marier des filles qui courraient risque de se mal conduire; 5° enfin pour combattre sous les drapeaux de la foi contre les infidèles et les Sarrasins. Les cas d'exception devaient être expliqués et précisés. D'autres droits, et notamment des droits de pacage anciennement concédés sont reconnus aux abbés lays.

Cet acte, passé à Tarbes, en pleine cour et dans la maison comtale, porte la date du 4 des ides de mai 1214.

V.

LIMITES DU POUVOIR SEIGNEURIAL.

Tous les nobles de Bigorre relevaient du comte, l'aidaient à la guerre et l'assistaient au conseil. L'histoire du pays rapporte plus souvent des insurrections des vassaux contre le seigneur que des actes d'oppression du seigneur contre ses vassaux et ses sujets. Les abus d'autorité étaient d'ailleurs prévus par le for. Celui qui a à se plaindre de son seigneur doit commencer par porter sa plainte au seigneur lui-même. S'il n'en obtient pas justice, il peut s'adresser au comte, qui est tenu de lui choisir un autre seigneur et de l'admettre à justifier sa plainte. Le noble qui reproche au comte de lui avoir causé un préjudice doit s'adresser d'abord au comte lui-même, par l'intermédiaire des secrétaires de sa maison, pour le supplier de réparer le dommage. S'il n'est pas fait droit à sa requête, il a recours à ses pairs, les vassaux du comte, qui par deux fois réclameront la réparation de l'injustice. Si nul de ces moyens ne réussit, il exposera ses souffrances à l'assemblée du pays et attendra quarante jours. Ce délai expiré et l'enquête faite régulièrement, s'il veut quitter son suzerain, il en a le droit. Plus tard vient-il à recevoir satisfaction et à rentrer dans le pays, le comte doit le recevoir dans son vasselage, le tenir quitte de tout le dommage qu'il aurait pu faire pour se venger du déni de justice, lui restituer ses biens et lui rendre ses bonnes grâces.

Si le noble avait des garanties contre le comte, le paysan en avait contre le noble. Le seigneur était obligé de jurer fidélité aux fors, us et coutumes, et, s'il paraissait vouloir oublier son serment, le peuple savait le lui rappeler.

Nous croyons intéressant de citer à ce sujet une charte relatée à la fin du for inédit d'Azun.

Le 24 mai 1427, le noble et puissant seigneur, Mgr Arnaud de Lavedan, seigneur de Lavedan et de Beaucens, se transporta en personne au territoire d'Azun, dans les prairies de Pahus, où se rassembla tout le peuple, convoqué trois jours d'avance et réuni selon l'usage. Le peuple se plaignit au seigneur de ses officiers et de son baile, qui ne se conformaient pas à la loi pour les fiefs, amendes, quêtes et autres droits à percevoir. Le peuple rappela au seigneur que celui-ci avait juré de maintenir les fors, coutumes et priviléges antiques observés de tous les temps du monde : « acos- « tumada en la terra d'Azu e asso de totz los temps del mon « ab antich; » en conséquence il lui demandait et le requérait d'avoir à respecter et faire respecter ses priviléges, que le très-grand, très-redoutable et haut prince Charles, roi de France, avait lui-même confirmés et revêtus du sceau royal : « Lodit « pople requerans et demandans audit senhoo que eth los « thienca et fassa tenir losdits privileges et costumas. »

Ledit seigneur de Lavedan répond audit peuple de la terre d'Azun qu'il apprécie et considère les raisons invoquées auprès de lui; qu'il trouve juste et raisonnable d'acquiescer aux demandes et réquisitions du peuple; qu'il est prêt à tenir les serments prêtés par lui aux habitants lorsque la vallée lui fut concédée par le comte; qu'en conséquence, de son plein gré et volonté, en pleine connaissance de cause, sans être poussé par la crainte ou par la force, ni séduit par aucun artifice, il voulait que les vieux fors fussent religieusement observés, comme ils l'avaient été de tous les temps. Il tient quitte tout habitant et toute habitante de la vallée de ce qui peut lui revenir, moyennant 5 sous *morlàas*, valant 30 blancs, en comptant 3 *jacquès* par blanc. Après avoir donné des garanties et hypothéqué ses biens pour sûreté de ses engagements, le noble vicomte jure sur les quatre Évangiles qu'il respectera le présent acte.

CHAPITRE IV.

I. Le Peuple. Les Roturiers. — II. Les Serfs. — III. Les Ceysaux. — IV. Les Questaux. — V. Les Francaus. — VI. Les Cagots. — VII. Le Paysan. — VIII. Le Bourgeois. — IX. Le Commerçant.

I.

LE PEUPLE. — LES ROTURIERS.

Sous l'ancien régime, tout ce qui n'était pas noble était roturier. On sait que ce mot vient du latin barbare *ruptuarius* (*qui rumpit terram*). Dans les beaux jours de la république romaine, le dictateur victorieux, déposant l'épée pour la charrue, ne craignait pas de déroger en cultivant de ses mains le champ de ses pères. Lorsque le luxe eut détruit la noble simplicité de mœurs des Cincinnatus et des Fabricius, les citoyens de Rome, enrichis par la conquête du monde, regardèrent les pénibles travaux de la terre comme une œuvre servile et l'abandonnèrent à des esclaves, qui furent attachés à la glèbe sous le nom de *coloni, censiti, inquilini, adscriptitii*.

Les seigneurs du moyen âge laissèrent aux roturiers les profits de l'agriculture, du commerce et des arts. Ils réservèrent pour eux l'honneur de porter l'épée et de verser leur sang dans les batailles.

Il y eut dans les rangs du peuple, ainsi que dans ceux de la noblesse, des degrés différents. Comme, à mesure que la législation a marché, le peuple a grandi, et que les dernières classes se sont effacées, commençons par les serfs.

II.

LES SERFS.

Le servage a existé en Bigorre : on essayerait en vain de le nier. Le servage n'est pas une invention de la féodalité; il lui est antérieur et provient du colonat gallo-romain. Dans les temps reculés, le premier qui, au lieu d'immoler le vaincu, l'attacha à sa personne, fit faire un progrès à l'humanité[1]. La transformation de l'esclavage ancien en servitude de la glèbe fut un nouvel et important progrès. C'est au moyen âge qu'il faut reporter la disparition des serfs et le commencement de l'émancipation populaire.

Le christianisme, en proclamant l'égalité des âmes devant Dieu et la fraternité de tous les enfants du même Créateur, effaçait en principe toute distinction entre l'homme libre et l'esclave. Sans imposer à la société antique l'abolition de l'esclavage, il a travaillé sans cesse à l'accomplissement de ce grand dessein. L'esclave, relevé dans sa dignité d'homme, fut associé à toutes les consolations que la religion peut donner; il participait aux combats des martyrs; il jouissait des hommages rendus aux saints. L'affranchissement des esclaves, le rachat des captifs, étaient regardés comme des œuvres agréables à Dieu. Le poëte Fortunat, en faisant l'éloge de saint Germain, raconte que les esclaves espagnols et gascons accouraient au nom du saint, assurés qu'ils étaient d'obtenir de lui leur délivrance[2]. Il est inutile de rappeler l'im-

---

[1] «Servitus autem est constitutio juris gentium qua quis dominio alieno contra «naturam subjicitur; *servi* autem ex eo adpellati sunt quod imperatores captivos «vendere, ac per hoc *servare*, non occidere solent.» (Just. l. 1, tit. III, *De jure personarum*, S 2, 3, 4.)

[2] «*Vita sancti Germani*, auctore Venantio Fortunato in eccl. sancti ord. Sancti Benedicti,» t. 1, p. 224.

mense action du christianisme sur l'abolition de l'esclavage. « C'est le christianisme, dit Janoski[1], qui a tracé, entre l'escla« vage ancien et l'esclavage qui a subsisté plusieurs siècles en« core après la propagation des idées chrétiennes, une ligne de « démarcation profonde, en reconnaissant à l'esclave des droits « dans la société, en le déclarant *homme*, si nous pouvons. « nous exprimer ainsi, en un mot, en le faisant passer de « l'état de chose à l'état de personne. » Il reste en Bigorre, dans les monuments historiques, très-peu de traces de l'esclavage païen. Dans le pays on distinguait deux sortes de serfs, les *ceysaux* et les *questaux*.

III.

LES CEYSAUX.

Le mot *ceysal* est généralement traduit par *censitaire*. On lit dans une note des fors de Béarn (p. 82) : « Le censitaire « (*ceysal*) est franc en ce qu'il a reçu certaines franchises, en « ce qu'il n'est pas serf (*questal*). » Cette assimilation du ceysal avec le censitaire est une erreur. L'article 218, dans la note et le commentaire, distingue d'abord l'homme ceysal et questal, et le met en opposition avec l'homme *franc*. Loin d'être de simples censitaires, les ceysaux avaient plus de rapport avec la servitude ordinaire. « Ils étaient, nous apprend Mourot[2], « dans le commerce, indépendamment du fief ou de la glèbe, « tandis que les questaux y étaient tellement attachés, qu'ils le « suivaient comme un accessoire nécessaire. » Dans les chartes de Bigorre, que nous aurons occasion de citer, on remarquera que les *ceysaux, seessaus*, sont toujours nommés avant les questaux, mais qu'ils figurent sur la même ligne. La

---

[1] *De l'abolition de l'esclavage au moyen âge*, in-8°, 1860.

[2] M. Mourot, savant jurisconsulte béarnais, n'a laissé que des œuvres manuscrites, mais son opinion fait autorité.

même rubrique du vieux for de Béarn traite des *ceysaux* et des *questaux*.

IV.

LES QUESTAUX.

Les questaux sont définis par Ragueau *homines colonariæ conditionis et domino addicti multis servitiis*. Ainsi que le colon chez les Romains, le questal payait un droit à son maître. « Ce droit, dit Mourot, fut appelé *queste*, du mot latin *quæstus*, « parce que cette redevance était un véritable gain pour le « maître, et telle est évidemment la source du nom de *ques-* « *taux* donné aux serfs dans quelques coutumes et en parti- « culier dans cette province. »

Les questaux acquéraient ce titre soit par la naissance, soit par la simple possession de terres questales. Les uns ne pouvaient se dégager de cette servitude, à la fois réelle et personnelle, que par l'affranchissement; les autres, en abandonnant les biens asservis, reprenaient toute leur liberté.

Quelles furent les rigueurs du servage en Bigorre? Elles varièrent selon les temps. Le maître avait le droit de revendiquer partout où il le trouvait le serf qui lui avait échappé par la fuite. Voici ce que Grégoire de Tours raconte [1] : « Un « serf d'Amelius, évêque de Tarbes (vers la fin du vi° siècle), « se mit à parcourir le monde, exploitant la foi populaire par « une fausse piété et de fausses reliques. Il fut arrêté à Paris. « Il allait encourir un châtiment sévère, lorsque Amelius le « reconnut pour un de ses serfs fugitifs et le sauva en le ré- « clamant pour le ramener dans son pays. »

Le serf n'était plus, comme l'esclave, un *instrument de ménage*, selon l'expression d'un ancien. C'était un immeuble par

---

[1] *Histoire*, l. IX, c. vi, p. 396.

destination, un accessoire de la terre, et il était vendu avec elle. Ainsi, quand on lit dans plusieurs chartes de Bigorre, notamment dans l'acte de fondation de Saint-Pé, au xie siècle, qu'une terre est concédée *cum appendiciis*, cela voulait dire avec tous les serfs qui en formaient une dépendance. Souvent le titre s'explique plus clairement. On lit dans un acte[1] : « En « Pelegri de Benqué, du consentement de Blanquefort, sa « femme, vend à Notre-Dame de Lescaladieu tout ce qu'il pos- « sède à Benqué, savoir : *tous les hommes et femmes*, cens, questes, « bois, entrées, issues et moulins. »

Le maître pouvait détacher de sa terre les serfs et les donner en détail pour la culture d'un autre domaine. Dans le titre de fondation de Saint-Orens de Larreule (p. 6), on voit que des serfs détachés de diverses terres sont concédés à l'abbaye naissante : « Dedit tres boves et unam vaccam; ipse vero cum om- « nibus fecit guerpicionem de illius villa et omni dominio, Deo « et Beato Orientio dedit duos homines in Styriaco (Estirac) « duosque in Pontaco (Pontac). » On lit dans le cartulaire de Saint-Pé (p. 387) : « Oriolus Centulli, miles Bearnensis, dedit « Beato Petro duas villas et unum pagensem vocatum Adem- « pons. » Le même cartulaire (p. 400 et suiv.) reproduit plusieurs donations de ce genre : « Dedit unum pagensem in area « vocatum Subervielo, unum pagensem in Vilambista. » Ces dons, faits à un monastère, de trois bœufs, d'une vache, de deux hommes, paraissent aujourd'hui avoir quelque chose de dégradant pour la dignité humaine, et cependant, dans ces chartes de libéralités pieuses, on voit qu'au lieu de donner à l'Église des serfs (*homines pagenses*), on se donnait souvent soi-même (*dedit semetipsum, dedit semetipsam*).

Beaumanoir[2] prétend qu'un excès de dévotion fit beaucoup

---

[1] Voir ma *Monographie de Lescaladieu*, p. 34.
[2] *Somme rurale*, p. 254.

de serfs. Nous répondrons avec M. Michelet : « Qui pourrait
« blâmer ces donations? Tout le monde désirait être serf de
« l'Église, parce que c'était une sorte d'affranchissement. »

La grande pensée de la fraternité chrétienne avait une immense action sur nos populations bigorraises, essentiellement religieuses. Ce fut dans nos contrées la plus abondante source d'affranchissement. C'est pour obtenir le pardon de leurs péchés que les plus redoutables seigneurs affranchissent leurs hommes moyennant une indemnité. On trouve dans le Livre vert de Bénac : « Exempla patrum sequentes et multorum sce-
« lerum indulgentiam petentes, ego Guilhermus, vicecomes, et
« nepos meus Raimundus Garsias, vicecomes, propter peccata
« patrum nostrorum et nostrarum, et fratrum et filiorum nos-
« trorum, et quinquaginta solidos et decem modios vini quos
« in manus accepimus, *redigimus in libertatem* locum et honorem
« Sancti Orientii de valle Caprasia. »

Souvent un seigneur, dans son château fort, bravait son suzerain et opprimait ses sujets; mais il arrivait un jour où la voix du moine de l'abbaye arrivait jusqu'à son âme troublée et l'avertissait que, s'il se croyait indépendant de tout, il dépendait de sa conscience et de Dieu. Alors il faisait le bien pour réparer le mal qu'il avait à se reprocher, et, pour le remède de son âme (*ad remedium animæ suæ*), il affranchissait les serfs et ne rougissait pas de faire constater, dans des actes publics, qu'il demandait pardon de tous les maux et dommages qu'il avait causés ou pu causer. Nous citerons un curieux exemple de ce fait dans une charte de donation des terres de Trescroutz, près de Saint-Pé. Cet acte, de 1281, existait en original aux archives de Pau, d'où un extrait en fut tiré, le 2 novembre 1597, par M. de Cachalon. Voici le sens de cet acte : Le noble baron Gaston, par la grâce de Dieu vicomte de Béarn, traite avec l'abbaye de Saint-Pé, représentée par les religieux, et avec la *vésiau* de Geyres, commune de Saint-Pé, représentée par les bourgeois. Il leur donne toute la terre de *Trescroutz,* ainsi nommée parce qu'elle était limitée par trois croix, afin qu'ils puissent en jouir en toute franchise, comme d'un bien à eux propre, «francament « com lor propi per tot temps. » Les religieux et bourgeois, tant pour eux que pour le monastère et pour toute la vésiau, promettent au donateur, en témoignage de reconnaissance, qu'ils lui feront chanter une messe de *Requiem,* pour lui et ses ancêtres, tous les ans, à perpétuité, le troisième jour de la Toussaint. De plus, ils lui accordent remise pleine et entière, absolution et pardon, ainsi qu'à tous ses prédécesseurs, pour les maux et dommages qui leur ont été faits par eux ou par leur ordre. «Et acquetz medix monges et bourgés, per lor et « per tote la besiau de Geyres, absolven et quitten, et perdonan « livrata et affranquitz lodit mossen en Gaston et sues anteces-« sors de totz los maux et domnatges losquaus etz et autres « per lor et per lor mendament. »

Un nombre infini d'actes de libéralités pieuses envers nos églises constatent que les terres sont données franches et libres de toute servitude mauvaise, «ingenuam atque liberam ab « omni servitio malo. » Ces expressions se trouvent notamment dans une donation de 1074 faite par Centulle, comte de Bigorre, à l'abbaye de Saint-Pé [1].

Diverses causes contribuèrent, en Bigorre, à multiplier les affranchissements. Gaston IV de Béarn fut un des héros les plus illustres des croisades. Un grand nombre de seigneurs bigorrais combattirent à ses côtés; ils étaient pauvres en général; leurs montagnes n'offraient de ressources que pour la vie pastorale, et le pays était entièrement dépourvu de commerce et d'industrie. Pour subvenir aux dépenses d'un long

---

[1] *Cartulaire de Saint-Pé,* p. 375.

et périlleux voyage, ils devaient se procurer des sommes considérables. Aussi trouve-t-on souvent dans les chartes qu'ils donnaient, en partant, leurs biens en gage. « Willelmus Fuert « d'Aysac dedit in pignus... abiens in Hierusalem [1]. » A leur retour ils ne pouvaient pas toujours les reprendre : ils devaient transiger. D'autres fois, avant de commencer l'expédition, animés par le besoin de se procurer de l'argent et par un sentiment de charité qui n'était pas désintéressé, ils affranchissaient leurs serfs, parce que le cens imposé au censitaire était toujours plus élevé que la capitation du questal.

Les guerres incessantes de nos chevaliers contre les Maures en Espagne et contre les Anglais en France leur occasionnèrent les mêmes sacrifices que les croisades, et la même cause produisit les mêmes effets.

Les seigneurs féodaux qui résidaient dans leur castel sentirent la nécessité de cultiver avec plus d'intelligence et de soin leur domaine, quelquefois d'une étendue immense. Pour faire produire à des terres longtemps demeurées incultes des moissons inconnues, il leur fallut offrir des avantages plus grands qu'ailleurs. La construction d'un nouveau château exigeait aussi la création d'une population nouvelle. Ainsi le comte Esquivat affranchit des droits de queste et d'autres servitudes, si ce n'est d'une redevance de deux sous morlàas par chaque maison, tous ceux qui voudraient fixer leur demeure dans le lieu de Vidalos, où ses prédécesseurs avaient fait bâtir un château.

Le servage ne doit pas avoir eu en Bigorre les mêmes rigueurs qu'ailleurs, ou bien les rigueurs primitives avaient été singulièrement adoucies par le temps et les mœurs du pays. Le cartulaire de Saint-Savin (p. 47) nous a conservé un acte de 1313 qui me paraît fort curieux. L'abbé du monastère,

---

[1] Cartulaire de Saint-Savin.

ayant voulu changer la position de l'ancienne ville de Cauterets, convoqua les voisins et voisines, et leur demanda s'ils consentaient au déplacement projeté, et s'ils voulaient s'obliger, pour eux et leurs descendants, à être *ceysaux* et *questaux* et de *serve* condition, dans le nouveau village comme dans l'ancien : « Que si obligassent per lor et per totz los successoos « esser sessaux et questaux deldit mossenhor de Sent-Sébi, « de dreyt et de ley, de compre et de fedessos et de serve con- « dicioo, loquaus mudads sien o fossen layoos en semans con- « dicioo que eds et los predecessoos eren et aven estads, estan « en la viele qui ara est de Cautarets. »

Ce passage prouve que les ceysaux, comme les questaux, étaient de serve condition; que cependant ces serfs avaient la qualité de *voisin*, que nous expliquerons plus loin; qu'ils pouvaient s'assembler et délibérer de leurs affaires, et qu'on ne pouvait les déplacer sans leur demander de s'obliger eux-mêmes à rester dans les liens de la questalité héréditaire.

Le servage finit par ne plus exister que de nom. Il était devenu si doux dans nos contrées qu'on ne faisait aucun effort pour en sortir. En 1377, Gaston Phébus ordonna à des commissaires de se transporter sur les lieux pour vérifier le nombre de questaux que l'on comptait dans chaque localité. Le comte leur faisait offrir la liberté et leur demandait ce qu'ils voulaient payer pour leur affranchissement. Ils devaient se décider avant Noël.

Cette proposition leur sourit très-peu, parce qu'en se dégageant jusqu'à un certain point de la servitude du seigneur, ils perdaient aussi quelques droits à la protection seigneuriale, parce qu'enfin ils ne comprenaient pas qu'il y eût un grand avantage pour eux à payer à titre de cens une somme plus forte que celle qu'ils payaient à titre de queste.

Ce tribut de queste se conserva longtemps en Bigorre; mais

il arriva qu'en quelques lieux il était payé non par chaque serf, mais par la *vésiau,* c'est-à-dire par la communauté entière.

Sous Henri II, roi de Navarre et comte de Bigorre, les questaux n'étaient guère assujettis qu'à obtenir une autorisation du seigneur soit pour quitter la terre de la questalité, soit pour se marier ou entrer dans les ordres. Le seigneur, de son côté, s'ils n'avaient pas assez de terre à labourer, devait leur en donner. La queste ne pouvait autoriser la saisie des bœufs ni des instruments aratoires.

Dans l'Histoire manuscrite du Béarn par l'abbé Bonnecaze, on trouve ce fait curieux : Henri II, roi de Navarre, ayant voulu anoblir un questal par lettres patentes du 23 décembre 1578, l'avocat domanial et le procureur général de la cour majour s'opposèrent à l'enregistrement dudit anoblissement, disant : « qu'on ne pouvait ternir l'ordre de la noblesse
« en y introduisant des affranchis (Ne libertinis hominibus con-
« taminaretur ordo patriciorum); que la qualitat deus questaux
« es autant bile et abjecte que deus susdits, et que per tal
« moyen l'ordi de la noblesse debiénéré mesprisable, attendu
« que la qualitat de questau est de plus basse condicioo que
« nou soun communement los autres subjets de Sa Magestat
« non nobles, que son tiencuts de far servici de goytères (du
« guet), » etc. Cependant le roi défendit de lui faire des remontrances et ordonna d'enregistrer la patente qui relevait le questal de la questalité, et l'anoblit avec entrée aux états du Béarn.

Henri II fit bien d'insister : ce questal anobli est devenu le chef d'une famille aujourd'hui titrée et considérable.

V.

LES FRANCAUS.

Les questaux affranchis payaient quelquefois un droit de

francau, souvent mentionné dans les chartes de Bigorre. Faut-il considérer ce droit comme le prix du rachat ou de l'acquisition de la liberté? Ce serait une erreur.

Le comte ne se réservait jamais le droit de francau pour les terres qu'il affranchissait, et il le percevait au contraire sur les terres où les personnes étaient affranchies par d'autres seigneurs.

Le questal, après avoir obtenu la liberté, était souvent embarrassé pour la conserver. En perdant un maître, il avait perdu un protecteur. Le seigneur, en abusant de sa puissance, pouvait lui faire regretter la servitude ou l'y replonger; alors, pour s'assurer une haute protection, il se mettait sous l'égide du comte en lui payant une redevance, connue sous le nom de *dret de francau*; c'était le prix de la protection accordée par le souverain à ses sujets affranchis.

Ce droit était principalement personnel et ne s'étendait sur les biens que par voie d'accessoire. Le savant Mourot professe cette opinion, et il cite un arrêt qui décide que ce droit ne pouvait regarder que le propriétaire du manoir et ne pouvait atteindre tous les possesseurs des fonds anciennement dépendants du manoir. «Cette décision, dit Mourot, ne serait pas «conforme à la nature de ce droit, si l'on considérait le fran-«cau comme le prix de l'affranchissement de la questalité, «attendu que, quoique cette servitude fût personnelle sous «certains rapports, elle était aussi réelle, puisqu'elle était «imprimée aux biens et que de là elle se communiquait aux «personnes libres ou affranchies qui acquéraient cette qualité «par la possession de biens de cette nature.»

Nous ferons remarquer une particularité assez curieuse, c'est que généralement les droits de francau se payaient en cochons, tandis que toutes les autres redevances s'acquittaient en argent, en grains ou autrement. «Voulait-on, dit Mourot,

« conserver par là le souvenir de l'avilissement de l'ancien état
« des questaux, en les assujettissant à payer avec les animaux
« les plus vils un droit qui y prenait sa source? »

VI.

LES CAGOTS.

Entre le serf et l'homme libre, entre celui qui se trouvait dans un triste état de sujétion et celui qui jouissait de sa liberté, il existait dans nos contrées une race qu'on a classée parmi les races maudites, celle des *cagots*. Ce n'est pas le lieu d'ajouter ici une hypothèse de plus à toutes celles qui ont été faites sur l'origine si controversée de ces tribus nomades qui se répandirent au loin, sans jamais se mêler aux populations indigènes. Nous ne nous occupons ici que de l'état des personnes. Or les cagots étaient dans une position très-singulière : ils étaient plus couverts d'ignominies que les serfs ceysaux et questaux; ils jouissaient de plus de priviléges, sous certains rapports, que les nobles.

Ainsi, d'un côté, ils étaient, en quelque sorte, séquestrés de la société, qui les repoussait avec dédain. Ils ne pouvaient s'unir par mariage ou autrement à des personnes étrangères à leur race, sous peine de mort[1]. Ils ne pouvaient se promener sans faire sonner des cliquettes pour avertir de leur approche. Il leur était défendu de porter des armes; il leur était ordonné d'avoir sur eux une marque distinctive, ignoble, une patte de canard. Même en 1640, un arrêt du 10 décembre leur défend de porter bottes, manteau, épée, « ni autrement s'habiller « qu'ainsi qu'il convient à leur position. » La justice, lorsqu'elle permettait de se purger d'un crime par le serment des conjurateurs, exigeait trente cagots, tandis que sept personnes des

---

[1] Archives de Pau.

autres classes suffisaient. L'Église enfin, qui s'ouvre également pour tous les enfants du même Dieu, avait une porte, un bénitier, une enceinte à part pour les cagots. Il ne leur était point permis, soit dans les temples, soit dans les processions, de se mêler au reste des fidèles[1].

D'un autre côté, tandis que le noble était assujetti à des hommages et à des redevances, les cagots ne devaient rien à personne. L'ancien for de Béarn leur donne le nom de *chrestiàas* (chrétiens), terme qui, dans des temps de foi, ne pouvait être un terme de mépris. S'il a fallu dans le dernier siècle de nombreux arrêts pour contraindre les simples artisans à les admettre parmi eux, ils avaient le monopole de certaines professions. Les plus beaux châteaux construits ou réparés par Gaston Phébus, comme le château de Pau et la tour de Montanes, furent l'œuvre de cagots, ainsi que le constatent les traités passés avec eux. Enfin ils étaient dispensés du payement de la taille et de toute sorte de devoirs et de servitudes.

VII.

LE PAYSAN.

L'état des classes agricoles ne fut pas aussi misérable en Bigorre qu'ailleurs. Le paysan (*rusticus*) était traité avec faveur dans nos contrées, où l'on ne connaissait guère d'autre ressource que l'agriculture. Le vieux for a des dispositions remarquables en faveur de l'homme des champs. « (Rusticus « semper habeat pacem) porte l'article 9; que le paysan ait « toujours la paix; qu'on ne puisse prendre en gage ou saisir « ses bœufs ni ses instruments aratoires; qu'il ne soit obligé « de suivre le comte en expédition militaire que lorsque des « étrangers menacent d'envahir le pays. »

[1] Voir, dans mon *Histoire religieuse de la Bigorre*, comment un évêque chercha à détruire la répugnance qu'inspiraient les cagots.

L'histoire locale mentionne beaucoup de révoltes des seigneurs contre le comte, mais très-peu de ces révoltes de paysans, sanglante protestation des classes rurales contre l'oppression des classes supérieures.

Les moines protégeaient les agriculteurs. Ils étaient presque tous fils d'agriculteurs eux-mêmes. Ils prêchaient l'égalité chrétienne et ils en donnaient l'exemple. Les chartes de Saint-Savin proclament que les habitants du lieu jouissent d'immunités, de franchises et de libertés, « sunt immunes, franchi et « liberi. »

VIII.

LE BOURGEOIS.

Le bourgeois (*borgés*) était l'habitant du bourg ou de la ville. Toutes les villes étaient fermées; celle qui avait le plus d'importance militaire avait le plus de priviléges. Les populations voisines ne tardaient pas à réclamer les mêmes faveurs, et il fallait bien finir par les accorder pour éviter les émigrations et les jalousies.

Le titre de bourgeois devint un titre d'honneur. A Toulouse, le droit de le prendre officiellement était accordé aux anciens capitouls comme une faveur. A Perpignan il existait une classe distinguée de *citoyens* ou *bourgeois nobles*[1]. On est allé jusqu'à soutenir, avec le président Hénaut, qu'une ordonnance de Charles V accordait la noblesse à tous les bourgeois de Paris; cette ordonnance[2], du 9 août 1371, leur concède l'autorisation d'acheter des fiefs et d'acquérir des lettres de noblesse. Si un statut de 1480 défendit ailleurs en France

---

[1] *Recherches historiques sur la noblesse de citoyens honorables de Perpignan et de Barcelone connus sous le nom de* CITOYENS NOBLES, *pour servir de suite au Traité de la noblesse de De la Roque*, par l'abbé Joseph Xaupi, 1763, in-12.

[2] *Ordonnances des rois de France*, t. V, p. 418.

aux nobles de se faire recevoir bourgeois d'une ville sous peine d'être exclus des tournois, ce statut ne fut jamais pratiqué dans nos vallées. Un des plus puissants barons de Bigorre, le vicomte d'Aster, était fier d'ajouter à tous ses titres celui de *premier bourgeois de Bagnères*[1]. Nous avons déjà cité et nous citerons encore des chartes où le *borgés* traite avec les grands seigneurs presque d'égal à égal.

IX.

LE COMMERÇANT.

Les commerçants appartenaient tous à la classe roturière. Le noble ne pouvait exercer le négoce sans déroger. Le commerce fut peu florissant dans nos contrées au moyen âge. La féodalité, qui s'étendait sur tout, entravait la liberté commerciale. Elle la gênait par des péages, par des impôts, par le monopole de certaines ventes dont les seigneurs se réservaient les profits, par la fixation limitée du nombre des marchands, enfin par le peu de considération qui leur était accordé.

Au milieu d'une population essentiellement agricole, un petit bourg, Ossun, se faisait remarquer par l'humeur vagabonde et l'esprit mercantile de ses habitants, que je suis porté à regarder comme les descendants des derniers Sarrasins réfugiés dans les Pyrénées françaises[2].

Les artisans, les ouvriers, les marchands adonnés à une même industrie sentirent le besoin de se rapprocher et de s'unir. Ils se placèrent sous le patronage d'un saint; ils formèrent des associations de secours mutuels qui se nommèrent *confréries*. En racontant les mœurs de nos montagnards, nous avons déjà signalé le nombre considérable de ces confréries,

---

[1] *Glossaire*, t. 1, p. 83.
[2] *Histoire religieuse de la Bigorre*.

qui existent encore, à Lourdes notamment[1]. « La fraternité
« (je prie de remarquer que c'est Louis Blanc qui parle) fut
« le sentiment qui présida à la formation des communautés
« de marchands et d'ouvriers constituées sous le règne de saint
« Louis. Dans ce moyen âge qu'animait le souffle du christia-
« nisme, mœurs, coutumes, institutions, tout s'était coloré de
« la même teinte ; le style même des statuts se ressentait de
« l'influence dominante de l'esprit chrétien. L'Église était le
« centre de tout. »

Je suis persuadé que, dans nos hautes montagnes surtout,
en consultant les confréries qui existent encore dans plusieurs
paroisses, on retrouverait une tradition vivante des vieux statuts
du moyen âge.

[1] *Chronique de Lourdes.*

CHAPITRE V.

I. L'Étranger. — II. L'Habitant. — III. Le Voisin. — IV. La Vésiau.

I.

L'ÉTRANGER.

S'il existait des distinctions au moyen âge entre le comte et les barons, les barons et les gentilshommes, les gentilshommes et les diverses classes de roturiers, dans ce temps d'inégalité une distinction de personnes fort remarquable, en Bigorre surtout, était faite entre l'étranger, l'habitant et le voisin.

Les étrangers chez les anciens peuples étaient vus avec méfiance et défaveur. Les Scythes les immolaient et les mangeaient ensuite. Jadis chez les Romains *étranger* et *ennemi* étaient synonymes : «peregrinus, dit Cicéron, antea dictus « est hostis. » Les Grecs les appelaient *barbares*. On a célébré comme un acte glorieux d'Alexandre le Grand un édit qui déclare que les gens de bien sont parents les uns des autres, et que les méchants seuls doivent être considérés comme des étrangers.

Au moyen âge les *aubains* ou *forains,* ainsi qu'on nommait les étrangers, étaient considérés par certaines coutumes comme une épave jetée sur la terre féodale et appartenant au seigneur. «Dans ce temps-là, dit Montesquieu, les hommes « pensèrent que les étrangers ne leur étaient unis par aucune « communication du droit civil; ils ne leur devaient d'un côté « aucune sorte de justice, et de l'autre aucune sorte de pitié. » Si quelques rois, et notamment Henri IV, adoucirent la dure condition des étrangers, le droit d'aubaine, qui attribuait la succession au domaine royal, a continué à persister jusqu'à la loi du 6 août 1790.

La condition des étrangers devait primitivement être bien dure en Bigorre, car le vieux for les prend sous sa protection et leur promet la paix : « Peregrini pacem ubique habeant. » Plusieurs priviléges semblent reconnaître la nécessité de recommander aux juges les étrangers et les voyageurs.

Voici ce que les statuts de Luz prescrivaient lorsqu'un étranger venait à paraître dans cette vallée, jadis fermée aux voyageurs par les hautes montagnes, et aujourd'hui si fréquentée à raison des établissements célèbres de Baréges et de Saint-Sauveur : la cloche devait convoquer sur la place publique tous les habitants, et celui qui aurait donné l'hospitalité gratuite, ou loué un appartement à un étranger sans le consentement du peuple assemblé, était puni d'une amende de deux écus, de la valeur de 27 sous tournois.

N'est-il pas curieux que nulle part, autrefois, en Bigorre, les étrangers ne fussent reçus avec plus de répugnance que dans les vallées où on les attire aujourd'hui avec le plus d'empressement? Cette espèce d'hostilité a persévéré longtemps. Une délibération de Luz, du 9 mars 1686, défend encore de loger des étrangers sans le consentement des consuls, sous peine de 10 écus d'amende.

L'étranger ne pouvait vendre que les jours de foire; il ne pouvait s'arrêter dans une ville sans payer un droit d'entrée. Comme une faveur, les priviléges de Lourdes, de Bagnères et de Maubourguet l'exemptent de tout tribut, si, passant à cheval (*cabaliant*), il ne descend que pour faire politesse à un voisin ou à une voisine.

L'étranger qui avait des démêlés avec un habitant de Lourdes était obligé de faire affirmer sa plainte par un voisin, et, à défaut, de fournir une caution juratoire. Il ne pouvait, s'il était débiteur d'un habitant ou voisin, établir sa libération par le témoignage d'un autre étranger; il ne pouvait la prouver que par la présence d'un voisin à la libération ou par la constatation d'un acte public.

A Bagnères, si un étranger tuait un habitant de la ville, il pouvait être tué par le premier voisin venu, s'il osait paraître en aucun temps dans les limites du territoire, « nulhs temps « dents los dex de Banheras. »

Les priviléges de Lourdes, dans l'intérêt du commerce, portent que le seigneur garantira aux étrangers les achats qu'ils auront faits jusqu'à ce que les marchandises aient pu être portées en lieu sûr.

II.

L'HABITANT.

La plupart des chartes de priviléges commencent par ces mots : « Damus et concedimus habitatoribus et vicinis dictæ « villæ. » L'habitant n'était plus l'étranger; ce n'était pas encore le voisin; il ne participait pas aux honneurs de la cité, et n'avait pas voix dans les assemblées.

On a prétendu que le mot *habitator* devait se traduire par « étranger. » Nous trouvons dans nos chartes une distinction évidente entre l'étranger (*extraneus, peregrinus*) et l'habitant (*habitator*). Ce mot désignait les personnes du peuple (*plebs*) qui n'avaient pas le *jus civitatis*. C'était l'ancienne distinction dans les municipes romains entre les simples habitants et les citoyens véritables[1].

L'étranger accueilli dans une commune, après avoir été pendant un certain temps admis au nombre des habitants,

[1] Telle est l'opinion de M. Léon Clos. (*Mémoires de l'Académie des inscriptions et belles-lettres*, 2ᵉ série, t. XXI, p. 458.)

pouvait jouir des avantages attribués au *voisin*. Il était souvent nécessaire d'attirer les populations dans les bourgs dévastés par la guerre ou dans les villages nouveaux que l'on bâtissait sous le nom de *bastides*.

L'article 3 des priviléges de Lourdes porte que ceux qui, pendant un an et un jour, auront établi leur résidence dans la ville, manifesté l'intention de s'y fixer, et mené une vie irréprochable, auront droit à la protection des voisins et à la faveur d'être jugés comme eux par les juges du lieu.

D'après l'article 11 des priviléges de Montfaucon, l'étranger qui venait habiter la commune pendant un an et un jour, acquérait la faveur d'être, comme les anciens voisins, protégé contre tout acte de violence, et de plus défendu. Voici le texte même :
« Si quis homo extraneus sive aliunde oriundus velit venire et
« habitare in dicto loco seu ejus pertinentiis, ex quo ibidem
« per unum annum et diem moram traxerit, ex hoc ab omni
« vi et violentia, sicut unus de aliis antiquis vicinis, custodiatur
« et etiam defendatur. »

C'était sans doute une grande faveur pour l'habitant d'être jugé par les juges du lieu et d'être protégé contre la violence ; il pouvait obtenir plus encore, il pouvait devenir *voisin*.

On lit dans les priviléges de Maubourguet : « Nous accor-
« dons et octroyons à la ville que, si un homme s'y fixe pour
« devenir voisin (*que si negun homi hi bien per besin ester*), et
« qu'il se montre dans la vésiau comme voisin, et qu'il passe
« un an sans être l'objet d'aucune réclamation, il soit consi-
« déré comme voisin, et qu'il obtienne aide et assistance. »

III.

LE VOISIN.

Que faut-il entendre par *voisin* en Bigorre ?

Le mot voisin, *vicinus*, *bési*, avait la même signification que *civis* dans d'autres régions du Midi. Cette expression *bési* semblerait appartenir à l'idiome local, où elle est encore fort usitée dans le sens restreint de « voisin. » Cependant en Picardie et en Normandie, plusieurs lieux se nomment *Bézin*, *Basin*, *Baisin*, qui paraissent pouvoir s'interpréter par « habitation. » *Vecino* en espagnol se traduit par « habitant. » *Vecinus*, *vicinus*, « l'homme « du vic, » est un mot qui tire évidemment son étymologie de *vicus*[1]. Si l'on prononce *Bési* au lieu de *vési*, c'est que dans les Pyrénées le *v* se prononce souvent *b*, comme le constate la jolie remarque de Scaliger : « Beati populi quibus *vivere* est « *bibere*. » En Bigorre le droit de voisinage était le *jus civitatis*, « droit de cité. » Les voisins seuls traitaient, discutaient, administraient en assemblée publique les affaires de la vésiau ou communauté; seuls ils jouissaient de certains avantages, notamment de coupes de bois sur les biens communaux.

On lit dans un mémoire d'un jurisconsulte béarnais : « Les « communautés furent dans les premiers temps des associations « particulières, d'abord sans propriété; plus tard elles firent « des acquisitions aux dépens des membres qui les composaient. « La corporation ou association une fois formée et les acqui-« sitions faites, celles-ci et les droits y attachés ne pouvaient « appartenir qu'à elle, et elle ne pouvait être forcée d'y admettre « quiconque s'y présentait. » Aussi ce droit de voisinage ne s'acquérait qu'en payant certaine contribution, ou bien c'était une récompense accordée à des citoyens distingués qui avaient rendu quelque service éminent à la communauté. Les droits de réception au voisinage dans la ville de Pau s'élevaient à 500 livres pour les bourgeois et à 50 livres pour les paysans. En 1774 les droits furent portés, pour la bourgeoisie, à 1,000 livres. Le for de Béarn, dans sa rubrique *Qualitaz*

---

[1] *Vicus* vient du grec οἶκος, qui signifie directement habitation; ἡ οἰκεία (sous entendu γῆ), le propre pays de chacun.

de personnes (art. 2 et 3) prescrit de se conformer à l'usage des lieux pour la réception des voisins.

Les anciens foristes du pays se sont beaucoup occupés de questions de voisinage. Un arrêt du parlement de Pau du 17 mars 1707 permet aux voisins de jouir du droit de voisinage dans une ville quoiqu'ils soient habitants d'une autre. Dans un autre arrêt du 17 mai 1734, on trouve qu'un nommé Pédarrieu était en même temps voisin de Pau et de Gélos. Dans les villes, le titre de voisin était un droit personnel attaché au sang et à la famille; il était inaliénable[1]. Il était transmis à l'héritier le plus proche en ligne directe et même collatérale[2]. L'étranger devenu voisin par son mariage avec l'héritière d'un voisin conservait son titre, quoiqu'il se fût remarié[3]. Dans les villages, le droit de voisinage était un droit réel, inséparable de la maison, malgré la réserve expresse que le vendeur aurait pu en faire pour lui[4]. Il n'était transféré qu'avec le sol de la maison[5]. Enfin le droit de voisinage pouvait être la récompense de services rendus au pays. Il était alors conféré par ordonnance rendue sur requête et suivie de réception; souvent cette réception était contestée. Un arrêt du 4 décembre 1706 débouta les jurés de Pau de leur opposition à la réception du sieur Guicharnaud, nommé voisin par ordonnance de 1663, en récompense de services extraordinaires.

En Bigorre, au moyen âge, il ne fallait pas toujours tant de formalités. La possession des priviléges du voisinage était accordée par divers fors à ceux qui étaient établis dans une ville depuis un an et un jour, sans aucune réclamation et avec l'intention formelle d'y fixer leur demeure. Jusque dans le der-

[1] Arrêt du 20 février 1710.
[2] Arrêt du 20 mars 1716.
[3] Arrêt du 4 février 1664.
[4] Arrêt du 25 janvier 1666.
[5] Arrêt du 19 février 1707.

nier siècle le titre de voisin ne fut concédé qu'à certaines conditions. L'indemnité imposée au récipiendaire était arbitrairement fixée. J'ai souvent occasion de citer les manuscrits de Larcher. Je trouve aux archives de Vic-en-Bigorre, que, lorsque Larcher arriva de Picardie dans nos contrées, il voulut d'abord se fixer à Vic, où il fut chargé du secrétariat de la ville. Pour être reçu voisin, on ne lui imposa d'autres obligations que de planter deux croix, l'une à la Montjoie du chemin de Rabastens, l'autre au chemin de Tarbes, du côté de Camalès.

IV.

LA VÉSIAU.

La réunion des *bésis* formait la *bésiau* ou *vésiau*, communauté des habitants. Plusieurs communes des Pyrénées conservent encore le *cam vésiau* à la place où jadis se réunissaient les assemblées populaires. Souvent des villages qui avaient des bois et des pâturages indivis délibéraient ensemble sur les intérêts communs. Ainsi on trouve dans nos montagnes un lieu nommé le *Champ des quatre vésiaux*.

Le but de ces réunions était de traiter sur la place publique, en assemblée générale, les affaires de la communauté, de les communiquer à tous les voisins et de les régler selon l'avis de la majorité. Ainsi on lit dans un titre de Saint-Pé, du mois de mai 1541 [1] : « Personalmentz constituits en la ville de Senct « Pé de Générès, en la plaça publique de ladite ville, ound la « vésiau de acquère se acostuma tenir et assamblar, per tratar, « communicar et ordenar des afferes publiqs de ladite ville. »

Lorsque les affaires n'étaient pas urgentes et méritaient quelques réflexions, une convocation était faite trois jours à l'avance pour avoir à se rendre au lieu accoutumé consacré aux réunions populaires.

[1] Archives de Pau.

On lit dans une charte des archives de Tarbes : « Tot lo
« pople d'Azu ensemps ab lodit senhoo mandatz et iornatz
« per tertz dias ayxi com es acostumat de fer per causas sem-
« lantes mayors o menors, amassatz, congregatz lodit pople o
« besiis com melho sia dit. »

Le lieu où s'assemblait le peuple était déterminé par l'usage :
tantôt c'était devant l'église, tantôt sur la place publique,
tantôt aux pieds d'un chêne ou d'un ormeau.

La cloche du village annonçait l'heure de la convocation.
Ce n'étaient pas seulement les petites affaires de la commune,
c'étaient quelquefois les grandes affaires du pays qui étaient
soumises à la délibération du peuple.

Esquivat, comte de Bigorre, avait institué pour son héritière Laure, vicomtesse de Turenne. Gaston de Béarn prétendit que sa fille tenait de sa mère, comtesse de Bigorre, des
droits légitimes qu'un testament ne pouvait lui ravir. Constance prétendait que sa cause devait être vidée « par le juge-
« ment de ses pairs, selon l'usage du pays. »

Les vésiaux des villes et des vallées furent appelées à délibérer sur les prétentions de Laure et de Constance. C'est en
faveur de cette dernière qu'elles se prononcèrent. La vallée
d'Azun s'assembla sur la place du marché d'Argelès, « in loco
« mercadii de Argelerio, in valle de Lavedano. » Arnaud Garsias de Castelnau d'Arras et plusieurs gentilshommes y assistaient avec une grande multitude de personnes qui disaient
être venues là pour représenter les communautés d'Azun, « cum
« magna multitudine hominum qui dicebant se ibi esse cum
« communitatibus villarum et locorum de Arras et Gaillagos. »
La vallée de la rivière de Saint-Savin eut son assemblée à Lau,
« in loco vocato podium de Los. » Plusieurs gentilshommes s'y
trouvèrent avec les représentants de la communauté, « cum ma-
« gna multitudine hominum ripariæ monasterii Sancti Savini,

« qui dicebant se ibi esse pro universitate prædictæ ripariæ. » La vallée de Baréges s'assembla dans l'abbaye de Saint-Savin, « apud Sanctum Savinum. » Plusieurs nobles et habitants s'y étaient transportés en leur nom et au nom des autres habitants de la vallée : « plures alii de dicta valle de Bareges qui ibi « dixerunt venisse pro se et pro aliis hominibus dictæ vallis. »

Ces assemblées du peuple ou des voisins, comme on trouvera mieux de dire, « pople o besiis com melho sia dit, » avaient cela de remarquable que le peuple était consulté comme un pouvoir dont il était nécessaire de recueillir l'opinion dans les grandes affaires du pays.

Le vieux for de Bigorre constate qu'il a été arrêté avec le consentement du peuple. Voici le préambule des coutumes inédites d'Azun : « *In nomine Domini, amen!* Comme il est chose « claire, certaine, notoire et manifeste que, dans le pays « d'Azun, il existe des fors et coutumes anciennement concédés « par le seigneur et par ceux qui sont venus après (*autreyats* « *ab antich per lo senhor et per los autres qui sun venguts après*); « que ces fors et coutumes ont été confirmés par le peuple « d'Azun (*per lo pople d'Azun*), maintenus et conservés par tous, « et qu'ils règlent le mode dont la justice s'administre selon « l'usage dans la cour d'Azun; attendu que ces fors avaient été « mis par écrit sur du papier que le temps a consumé ou « gâté; sur quoi tout le peuple d'Azun, ou du moins la partie « la plus saine et la meilleure (*tot lo pople d'Azun o la maior* « *part et la plus sane*) s'est assemblée au lieu nommé l'Ormeau « d'Aucun, en la cour d'Azun, où ledit peuple est accoutumé « de tenir ses réunions. Et ceci fut fait le jour 29⁰ du mois de « juin 1497. »

Quelques années auparavant, le seigneur de Lavedan avait fait un règlement important pour « les bailie et fiefs d'A-« zun, » avec toutes les communautés de la vallée. L'acte du 24 mai 1427 porte que «le noble et puissant seigneur «Mgr Arnaud de Lavedan...» s'est transporté dans le territoire d'Aucun et que tout l'honorable peuple d'Azun s'est réuni à lui, «tot lo honorable pople d'Azun ensemps ab lui.»

Le comte de Foix, vicomte de Béarn, ayant repris le comté de Bigorre sur les Anglais, s'aperçut qu'à la faveur des troubles qui avaient agité ce pays les ecclésiastiques, la noblesse et les communautés avaient usurpé ce qui était à leur convenance et avaient empiété sur les droits du comte. Il chargea, le 15 mai 1429, trois commissaires de parcourir le pays en assemblant partout les bailes, consuls et autres habitants chefs de maisons, pour leur demander de déclarer, sous la foi du serment, tous les droits féodaux dont ils étaient redevables. «La bonne foi et la candeur, dit Larcher[1], régnaient «alors, et l'on n'oserait pas aujourd'hui risquer pareille véri- «fication. Les bonnes gens déclarèrent tout.»

Les abbés convoquaient souvent les assemblées populaires, soit dans le cloître, comme à Saint-Savin, soit sur la place publique, comme à Saint-Pé.

Des règlements de police devinrent nécessaires pour maintenir le bon ordre dans ces grandes assemblées populaires. Dans les temps anciens, c'était au seigneur qu'il fallait prescrire le respect du peuple. Dans les derniers temps, c'était au peuple surtout qu'il fallait commander le respect des autorités.

Les priviléges de Mun, canton de Pouyastruc (Hautes-Pyrénées), portent : «*Item*, il est de for et coutume et dans les «usages de la ville de Mun, que le seigneur de Mun ne doit «prendre, ni battre, ni insulter personne, lorsque la vésiau «est assemblée (*en besiaü amassade*).»

---

[1] *Glossaire*, au mot *Bigorre*, p. 780.

Voici ce que nous copions dans les statuts de Luz[1] : « Ad-
« venu le 28ᵉ jour du mois de mars de l'an 1611, dans la mai-
« son commune de ladite ville de Luz, président le sʳ Fonta-
« nier de Gastiot, consul, assisté de vingt et une personnes, du
« conseil prinses, au nombre de trois de chaque *tanque*, a été
« remontré l'abus qui se commet aux assemblées publiques,
« en ce que le peuple qui se trouve dans lesdites assemblées
« ne rend pas aux consuls l'honneur qui leur appartient. Sur
« quoi il a été ordonné que dores en avant lesdits consuls,
« comme juges et magistrats, seront honorés et respectés par
« le peuple, notamment dans lesdites assemblées du conseil,
« et que ceux qui se trouveront audit conseil témoigneront le
« respect qu'ils doivent auxdits consuls, parlant la tête décou-
« verte avec telle modestie que nul n'interrompra le propos de
« l'autre. Mais quand un aura commencé de parler, soit pour
« faire quelque proposition ou dire son avis, il continuera son
« discours jusqu'à la fin, usant de la plus grande bienveillance
« qu'il sera possible, et chacun à son tour, ou suivant qu'il en
« sera requis, dira ce qu'il jugera devoir être su par l'assem-
« blée du conseil, tant pour le bien public que particulier de
« la ville, sans user d'aucun tumulte ni crierie, sous peine
« d'une livre de cire payable tout à l'instant par celui qui
« donnera trouble ou qui refusera d'obéir au consul quand il
« impose silence, ou qui fera ou dira quelque chose offensive
« contre quelqu'un des assistans. »

Celui qui manquait aux assemblées de la vésiau sans excuse
légitime était passible d'une peine. « Lorsque, portent les sta-

---

[1] Que l'on ne s'étonne pas de l'étrangeté et de l'incorrection de style des statuts
et des règlements que nous aurons à citer. Les Bigorrais avaient leur langue particulière et ils la parlaient constamment. Lorsque le français leur fut imposé, ce ne
fut qu'avec répugnance et avec bien peu d'habileté qu'ils firent usage de la langue
officielle.

« tuts d'Arrens, le cas exigera que les consuls convoquent des
« assemblées générales de la communauté, ils pourront pigno-
« rer chaque particulier commandé par les dix anciens, et qui
« y manquera, de 15 sous; comme aussi ils puniront de la
« même peine chaque particulier qui, après avoir énoncé ses
« raisons dans l'assemblée, ne voudra se taire, sur le com-
« mandement des consuls, pour laisser parler d'autres particu-
« liers, et ceux qui, pour troubler les assemblées, changeront
« de place. Les consuls dresseront procès-verbal de chaque
« pignoré, les feront signifier par le *patrouillon* avec serment de
« jugement, et, si les particuliers pignorés se refusent à payer
« la pignore et frais du verbal, les consuls, assistés de deux
« patrouillés, pourront se saisir des meubles du particulier
« pignoré et les pourront vendre sur la place commune, tout
« comme pour les dernières raisons, sans autre formalité. »

Une peine était appliquée *au défaillant à la vésiau*. Cette peine variait selon la localité. Celle qui se trouve édictée dans les statuts de Luz n'est pas la moins curieuse : « *Item*, il a été
« ordonné qu'à toute heure et jour qu'on sonnera la cloche
« pour assembler le peuple au conseil communément appelé
« *vésiau*, pour affaires et nécessités publiques, chacun chef de
« famille de la ville de Luz se rendra tout incontinent audit
« conseil, s'il n'a excuse légitime, sous peine d'un quart de
« vin applicable sur-le-champ à ceux qui seront au conseil, et
« un quart de cire à l'œuvre de l'église de Luz. »

Dans les premiers temps, tous les voisins étaient convoqués; plus tard on n'appela que les chefs de maison (*cap d'oustau*). Enfin, lorsque la population se fut accrue et que les libertés populaires furent restreintes, on prit prétexte du tumulte de ces réunions si nombreuses, et de la multiplicité des opinions contraires qui s'y débattaient sans mesure, pour faire modifier les anciens usages.

Ces assemblées générales furent supprimées, surtout dans les villes. Une ordonnance royale du 19 septembre 1761 est ainsi conçue : «...Considérant l'abus des assemblées générales « des habitans, qui, quoique convoquées pour y traiter des af- « faires les plus importantes, sont communément ou tumul- « tueuses ou peu éclairées sur les véritables intérêts de la « communauté, elle en interdit pour toujours l'usage dans la « ville de Lourdes. » Un conseil politique, composé de dix-huit conseillers nommés à vie par le roi, remplace les assemblées populaires et est chargé d'élire les divers magistrats de la ville.

A Saint-Savin, on décida qu'il était impossible au milieu de la foule de faire entendre raison à certains esprits; que chaque village élirait trois ou quatre hommes ou tant qu'il voudrait parmi les plus sages comme représentants de la commune, avec pleine autorité de traiter ou de conclure toutes les affaires aussi bien que la réunion entière des habitants.

Le mode d'élection des représentants de la commune fut quelquefois assez curieux. Voici une pièce que nous copions sur un registre authentique de la commune de Macaye : « L'an « 1739 et le premier jour du mois de janvier, en la paroisse « de Macaye et sous le couvert de l'église paroissiale d'icelle, « lieu accoutumé pour tenir les assemblées, et notamment « celles qui se tiennent pour la nomination de l'abbé et jurats « de ladite communauté, se sont assemblés (suit une longue « série de noms), tous manans et habitans de ladite paroisse « de Macaye, et capitulairement assemblés en la manière ac- « coutumée. Après que tous lesdits abbé et jurats se sont dé- « mis de leurs charges, tous les habitans se sont rangés en « quatre rangs et chacun avec ceux de son quartier. Il leur a « été distribué dans chaque quartier autant de grains de mil- « let qu'il y a de maîtres de maison, et ayant pour chaque

« quartier un grain noir, suivant le règlement fait par lesdits
« habitans le 3 janvier dernier, autorisé par arrêt de la cour
« dudit mois de janvier 1758; et ceux à qui lesdits quatre
« grains noirs sont tombés par le sort, ayant nommé quatre
« députés, ont rapporté à l'assemblée avoir nommé et choisi,
« conformément audit règlement, pour abbé Joannes d'Etche-
« pare, pour jurat..... »

Cet usage, ainsi que le prouvent les registres, s'est continué jusqu'à l'époque de la Révolution.

Les assemblées générales des vésiaux n'avaient été supprimées en Bigorre que dans certaines localités et pour certaines affaires. Les désordres qui se glissèrent dans ces assemblées tumultueuses finirent par les décréditer. On lit dans l'article 14 des règlements d'Arrens : « L'expérience nous apprend
« que les affaires ne peuvent que très-difficilement se traiter
« et se terminer dans les assemblées générales nombreuses de
« la communauté, parce que dans ce grand nombre il y a des
« inquiets, et souvent ceux qui n'ont presque rien à perdre
« troublent les assemblées. »

C'est ainsi que les habitants d'Azun, si jaloux au moyen âge de faire respecter les franchises populaires, en faisaient bon marché à la veille de la Révolution de 89.

CHAPITRE VI.

La Femme. — Condition civile et politique de la femme au moyen âge dans les Pyrénées.

L'Académie des sciences morales et politiques a couronné, il y a quelques années, un beau travail de M. E. Laboulaye sur la condition civile et politique des femmes. M. Mignet fit ressortir, avec l'autorité qui s'attache à sa parole, l'importance des recherches relatives aux successions féminines dans le moyen âge et au caractère civil et politique que ces successions ont tour à tour présenté dans les diverses législations.

C'est une remarque de M. Michelet que les anciennes coutumes sont en général peu favorables à la femme. Si c'est là une règle, les coutumes des Pyrénées y font de curieuses exceptions. Elles traitent la fille aussi bien et quelquefois mieux que le fils de famille. Nous sommes forcé de répandre dans le cours du livre ce que nous avons recueilli de singulier sur la capacité civile de la femme dans nos contrées. Nous aurons souvent occasion de faire ressortir les avantages et les préférences qui lui étaient accordées dans la famille de son père, et surtout lorsque, héritière, elle recevait chez elle son mari. Nous démontrerons aussi que les fors les plus anciens étaient, dans les Pyrénées, les plus disposés à étendre les droits des femmes, et que ces droits ont plus tard été restreints, lorsque la législation du pays a subi l'influence de la législation générale de la France.

Après avoir essayé de définir la capacité politique des diverses classes de personnes en Bigorre, il nous a paru utile de rechercher quelle était la capacité politique de la femme.

Personne n'ignore que dans l'antiquité les femmes étaient sévèrement exclues de la vie publique. Si dans le plus beau siècle de la Grèce et dans la plus brillante de ses républiques les femmes acquirent un moment une importance considérable, ce ne fut que par une exception passagère et au détriment des vertus de leur sexe. Et cependant la femme semblait plus près que l'homme de la Divinité; sous les titres divers de *sibylle, pythonisse, vestale,* elle était l'intermédiaire obligé entre le ciel et la terre. Les Germains, les Gaulois, l'entouraient d'une vénération toute particulière. Ils allaient chercher auprès d'elle le courage de vaincre et de mourir pour la patrie. Le nom de Velléda rappelle toute la puissance de leur héroïque ascendant.

Le vieux for de Bigorre accorde aux femmes le droit d'asile qui était attribué aux choses sacrées. Le coupable qui se réfugiait auprès d'elles était en sûreté : il était affranchi de toute peine, et n'était tenu qu'à la réparation du dommage causé. L'article 9 est ainsi conçu : « Omni tempore pax « teneatur dominabus... ita quod si quis ad dominam con- « fugerit, restituto damno quod fecerit persona salvetur. »

En Aragon, si un homme se permettait d'en frapper un autre devant une femme noble, il était condamné à se rendre auprès d'elle, accompagné de douze hommes, de lui demander pardon et de lui baiser les pieds[1]. Ce respect des dames, devant lesquelles on ne pouvait sans crime commettre un acte brutal, cette peine du baisement des pieds, annoncent une remarquable courtoisie envers la femme dans les montagnes d'Aragon comme dans celles de Bigorre.

---

[1] For 3, *De injuriis.*

Le rang suprême participait jadis, jusqu'à un certain degré, au commerce avec les dieux; aussi les femmes, réputées incapables des plus humbles fonctions, étaient-elles appelées au trône sans que les récits des temps reculés signalent leur avénement comme une anomalie. Leurs noms figurent parmi ceux des plus illustres monarques dont l'histoire de l'antiquité nous ait conservé le souvenir. Est-ce la tradition inaperçue de ces idées qui a fait respecter jusqu'à notre temps la transmission de la couronne aux filles de rois? Faut-il rechercher dans les nécessités de la conquête et de la féodalité, qui la suivit de près, la règle exceptionnelle qui a fait exclure en France les femmes de la succession au trône? Cette question prêterait peut-être à d'intéressants développements; mais ils ne sauraient trouver ici leur place. La loi salique ne fut pas admise dans les Pyrénées, et tous les fiefs du Midi furent des fiefs féminins. Le comté de Bigorre a souvent appartenu aux femmes. On peut citer, en 1080, Béatrix Ire; en 1138, Béatrix II; en 1187, Stéphanie; en 1199, Pétronille, qui épousa successivement cinq maris et dont la succession fut longtemps disputée par quatre prétendants. Les reines de Navarre, les dames souveraines du Béarn, les Marguerite de Valois, les Catherine, les Jeanne d'Albret, sont trop connues dans l'histoire pour que nous ayons à rappeler la part qu'elles ont prise à l'administration de leurs États.

En Béarn, lorsque l'héritière de la vicomté était nubile, son mari était élu à la majorité des voix par les états du pays[1].

Les dames nobles jouissaient de tous les droits de seigneurie. Le vieux for de Bigorre s'intéresse au sort de la femme dont le mari est mort à la guerre. Aucun procès ne doit lui être

---

[1] Voir nos recherches à ce sujet, *Château de Pau*, 4e éd. Hachette.

intenté jusqu'à ce qu'elle soit remariée ou que ses enfants soient en âge de porter les armes. Elle est enfin affranchie de l'*ost* ou service militaire.

La femme avait comme l'homme le droit de voisinage (*jus civitatis*). Les chartes de nos vallées constatent que les voisines (*bésies*) étaient convoquées aussi bien que les voisins (*bésis*) aux assemblées de la vésiau; elles y avaient voix délibérative et participaient à l'administration des affaires locales.

Dans un bail à fief, consenti par l'abbé de Saint-Savin, en 1316, nous voyons que les voisins et voisines de Cauterets (*bésis et bésies de Cautarès*) furent assemblés sous le porche de l'église pour savoir s'ils voulaient accepter de l'abbé un autre emplacement pour la ville et le bourg, moyennant certaines redevances féodales. «Les susdits voisins et voisines, «porte l'acte, ensemble et individuellement, présents et con-«sentant, n'étant ni trompés, ni séduits, ni entraînés par d'ar-«tificieuses promesses, ni violentés par la force, mais de leur «plein gré et volonté, en toute connaissance de cause, ont dé-«claré donner leur approbation unanime, EXCEPTÉ GAILHARDINE «DE FRÉCHOU : *tots, exceptat la dite Gailhardine del Frexo*[1]. »

C'est ainsi que dans les montagnes de la Bigorre s'exerçait, dans sa plus large extension, le suffrage universel, et que la femme jouissait des droits qu'elle ne possède plus aujourd'hui.

---

[1] *Cartulaire de Saint Savin*, f. 47.

CHAPITRE VII.

I. Les États de Bigorre. — II. Origine des états. — III. Le For de Bigorre. Ancienneté des fors. — IV. Constitutions urbaines. Républiques. — V. Composition des états. — VI. Procès-verbaux des délibérations. — VII. Convocation. Lettre de Henri IV. — VIII. Présence du souverain aux états. — IX. Don au roi. Titre d'*Excellence* conféré à Catherine de Navarre. — X. Ouverture de la session. — XI. Droits de présence : *tailluquet*. — XII. Attributions analogues à celles du Conseil général. — XIII. Attributions analogues à celles du Corps législatif. La loi en Bigorre. L'armée.

I.

LES ÉTATS DE BIGORRE.

De graves auteurs ont prétendu que chaque province avait jadis des états, c'est-à-dire le droit de s'assembler, en vertu d'un ordre royal, pour régler les affaires locales et voter les contributions qu'elles s'imposaient pour les besoins du royaume. Ces états, composés de trois ordres, opposèrent souvent une vive résistance à l'autorité du roi, qui, pour se mettre à l'abri de leurs remontrances, les abolit presque partout. Peu de provinces conservèrent ce privilége. De sérieux travaux [1] nous ont fait récemment connaître les états de Béarn. J'ai fait des recherches sur l'histoire ignorée des états de Bigorre. J'ai trouvé assez peu de documents, mais j'en ai trouvé encore beaucoup trop pour pouvoir les développer dans le simple chapitre qu'il m'est permis de consacrer ici à cette intéressante étude.

---

[1] *Notices sur l'intendance en Béarn et sur les états de cette province*, par M. Paul Raymond, 1865, in-4°, Paris, P. Dupont. Savant et curieux ouvrage. — *Les Libertés provinciales en Béarn*, par M. Louis Lacaze, 1865, in-8°, Paris, Ad. Lainé.

On n'est pas d'accord sur l'origine des états provinciaux. Les origines de nos vieilles institutions sont toujours difficiles à dégager des ténèbres du moyen âge. On ne retrouve d'abord qu'une ébauche imparfaite et confuse, qui ne revêt des formes régulières que par le progrès des temps.

Il faut ensuite juger chaque province par ses mœurs. Telle institution peut être très-ancienne dans une contrée, et très-récente dans la contrée voisine, où elle n'a été introduite souvent que par imitation.

II.

ORIGINE DES ÉTATS.

Pendant la durée des invasions, si désastreuses, surtout pour la Bigorre, à raison de son voisinage de l'Espagne et de son éloignement de la capitale de la France, dans des temps de guerres, de désordres, de calamités, le chef dont l'épée savait le mieux faire respecter les personnes et les biens était le plus considéré et le plus puissant. Il ne reconnaissait que Dieu au-dessus de lui.

Lorsque nos paisibles contrées respirèrent, délivrées de la crainte des Sarrasins et des Normands, les pouvoirs commencèrent à se régulariser. Le développement de l'autorité comtale parut excessif : il devint nécessaire de le réduire et de le contenir dans de justes limites.

La nécessité de former une charte constitutionnelle et l'utilité de mettre l'harmonie dans tout ce qui faisait la force du pays finirent par se faire sentir à ceux qui tenaient à la paix et à la prospérité de la Bigorre.

Lorsque les droits n'étaient pas bien définis, le seigneur eut souvent à compter avec un vassal trop puissant. La force seule faisait loi. L'histoire locale rapporte des luttes sanglantes entre le comte et les vicomtes de Labarthe et de Lavedan.

L'intérêt du comte était donc d'empêcher des conflits et des coalitions qui compromettaient sa puissance.

Les vassaux avaient avantage aussi à ce que les pouvoirs du suzerain fussent régulièrement tracés et qu'il ne dépendît pas de l'arbitraire de les étendre sans mesure.

Le peuple commençait à revendiquer ses droits. Il comprenait qu'on ne pouvait se passer de lui, et il marchandait son concours lorsque des princes ennemis se disputaient la Bigorre. Il tenait à ses antiques coutumes, et la moindre modification à ses usages excitait ses murmures et ses révoltes. Plusieurs chartes constatent ce fait énergiquement formulé dans un titre de Centulle, vers 1113 : « Per mudanza de cos-« tumas sol lo pople murmurar et sol arrancurar contre sos « capdets. »

On a tant et si bien écrit sur l'affranchissement des communes en France, qu'il n'est point utile de revenir ici sur la diversité d'origine et de mode d'organisation municipale qu'on remarque dans le Midi et dans le Nord, ni sur l'histoire des modifications successives du régime municipal de l'ère gallo-romaine, ni sur la transition de la municipalité carlovingienne à la commune du moyen âge.

Nous nous bornerons à dire que, s'il existe des différences entre le consulat de l'ère féodale et le municipe romain, on ne peut contester qu'il existe de très-grandes ressemblances entre ces deux régimes.

Rome avait jadis des consuls annuels, un sénat, l'assemblée du peuple. Le municipe se composait de magistrats électifs annuels, de la curie ou sénat, de l'assemblée populaire. En Bigorre nous retrouvons des consuls électifs annuels, une cour (*curia*), la *vésiau*, assemblée des *bésis* ou citoyens.

La province, dans son ensemble, avait une constitution politique en harmonie avec celle de la commune. Le comte prenait quelquefois même le titre de *consul*. La cour du pays se composait des *proceres terræ* et ressemblait à un sénat. Le clergé avait une autorité grande dans ces temps de foi, et c'est surtout par ses lumières qu'il devait jouer un rôle dans l'État, en exhortant les grands et en apaisant les opprimés. Enfin le peuple des communes et des vallées affranchies prétendait être consulté sur les affaires du pays, comme il l'avait été de temps immémorial. Voilà évidemment, selon moi, l'antique origine des états de Bigorre, dont on retrouve des traces dans un des monuments les plus intéressants de l'histoire locale, le for de Bigorre.

III.

LE FOR DE BIGORRE. — ANCIENNETÉ DES FORS.

Cette charte est bien connue, et cependant elle a besoin d'être éclairée encore par des documents qui n'avaient pas été explorés. Elle a 43 articles, qui, presque tous, trouveront leur place dans notre travail.

Dans les temps antiques, du temps de Solon, de Lycurgue, de Numa, la loi n'avait rien de local. On empruntait son code ou son législateur à des nations étrangères. Ainsi Rome s'adressait à Athènes. Chez nous, au contraire, les coutumes ne furent pas l'œuvre d'un souverain, mais d'un peuple. C'était presque une production spontanée du sol, un reflet des mœurs de chaque localité. Aussi de tous les monuments de la période féodale il n'en est pas de plus curieux pour l'historien, comme peinture fidèle des idées et de la société féodale, que ces us et coutumes, lois non écrites, maintenues et religieusement observées de génération en génération. Ce sont des lois qui ne sont pas les mêmes pour toutes les contrées soumises au même seigneur et qui souvent varient, en Bigorre, dans la même ville, d'une rue à l'autre. Ce sont des lois dont l'origine est tellement ignorée, que le peuple se figure qu'elles ont existé de «tous les «temps du monde,» expression souvent répétée dans divers fors des Pyrénées, notamment dans ceux d'Azun : «*Item* mes «abem en nostre foo et costuma de totz temps del mon.»

Ces coutumes et ces usages locaux triomphèrent à dater surtout du ixe siècle. Ils n'avaient rien de fixe ni d'arrêté ; ce n'est que vers la fin du xie siècle qu'on commença à les écrire. Les premières chartes de ce genre furent les Usages de Barcelone, rédigés par ordre de Raymond le Vieux, en 1060. Vingt ans plus tard, sous Guillaume le Conquérant, l'évêque de Londres et l'archevêque d'York écrivirent de leur main les Coutumes des Anglo-Saxons. Les Assises de Jérusalem datent d'environ l'an 1099; les Fiefs de Milan, de 1150. Le plus ancien original de droit d'Allemagne ne remonte qu'à l'année 1220. En France on attribue l'affranchissement des communes à Louis le Gros, qui régnait en 1108. Je n'ai donné ces précisions que pour faire ressortir l'ancienneté de nos vieux fors, dont la rédaction a devancé celle de presque toutes les coutumes de l'Europe. Les fors de Béarn furent *confirmés* par Gaston IV, en 1088[1]. C'est à peu près à la même époque que parut le for de Bigorre, dont la date, généralement fixée en 1097, ne peut être reculée au delà de 1105, ainsi que l'a judicieusement démontré M. Deville fils dans ses savantes Études sur Tarbes (p. 14). Le for a le caractère d'une loi générale. Son principal objet paraît être la consécration des anciennes coutumes : «consuetudinum antiquarum descriptionem fieri «præcepit.»

Le comte rétablit les vieux usages, afin de bien gouverner la terre de ses ancêtres, de défendre et de soulager le pauvre, «pauperes defenderet et recrearet.»

---

[1] Marca, p. 336.

Sans doute le seigneur de Bigorre ne se déclare pas indépendant de la couronne de France comme le seigneur de Béarn, qui prenait pour devise, « Gratia Dei sum id quod sum; » cependant il est à remarquer qu'il ne fait nullement mention du roi son suzerain. Il agit sous l'inspiration divine, « inspiratione « divina. » Il ne demande qu'à sa conscience et à Dieu ses inspirations. C'est que le comte se regardait comme l'élu de Dieu même, prétention qu'il proclame en termes formels dans une charte de 1062[1] : « Bigorrensis comitatus ab ipso auctore Deo, « qui cuncta disponit regna mundi, comes prelectus. »

Le comte, avant d'arrêter une résolution importante, a consulté la noblesse, car il a écouté ses exhortations, ses avertissements, ses conseils : « terræ suæ procerum commonitione « adhortatus. »

Enfin il éprouve le besoin de ne se prononcer qu'après avoir obtenu le consentement de tout le clergé et du peuple : « consensu totius cleri et populi. »

Nous retrouvons là, si je ne me trompe, l'indication primitive des états de Bigorre, qui furent plus tard organisés et régularisés par le pouvoir royal.

IV.

CONSTITUTIONS URBAINES. — RÉPUBLIQUES.

Le for de Bigorre fut suivi de plusieurs fors particuliers. Chaque bourg voulut avoir ses priviléges. Les constitutions urbaines furent les premières à s'organiser ou à se réorganiser. Les villes les mieux fortifiées étaient les plus convoitées. Les rois de France et d'Angleterre, les souverains légitimes et les conquérants étrangers s'empressaient à l'envi de les doter de priviléges nouveaux ou d'augmenter leurs priviléges anciens.

[1] Marca, p. 810.

M. Thierry, dans son introduction aux Monuments inédits de l'histoire du tiers état (p. xxv), a considéré avec raison l'action des villes sur les campagnes comme l'un des grands faits sociaux du XIIe et du XIIIe siècle. La liberté municipale à tous ses degrés découla des uns sur les autres par l'influence de l'exemple et la contagion des idées. Les franchises des villes fermées furent étendues à de simples petits bourgs comme Maubourguet, à de simples villages nommés *lieux* (locqs), comme Montfaucon. Plusieurs communes s'étaient données au roi de France pour en obtenir des priviléges. Ainsi Charles V octroya des fors à Montfaucon, dont je viens de parler, et ce village, au lieu d'un seigneur, eut un maire héréditaire, qui jouissait de l'entrée aux états.

Les vallées formèrent une agrégation territoriale, une réunion de villages et de hameaux qui composèrent de petites républiques. Le nom existait aussi bien que la chose : ainsi huit paroisses formaient le pascal de Saint-Savin, « ex antiqua « consuetudine ordinatæ et titulatæ ad pascale Sancti Savini. » Cette association de divers villages, qui, au point de vue religieux, se nommait *pascal,* au point de vue politique, se nommait *république* (respublica). De nos jours encore, au point de vue des intérêts communaux, elle se nomme *syndicat de la vallée de Saint-Savin.* Il en était à peu près de même des autres vallées : chacune avait ses lois, ses mœurs et ses priviléges.

Le comte s'était réservé la seigneurie des villes importantes. Sa domination était souvent préférée à celle d'un petit seigneur, et l'on se donnait à lui ou au roi.

Dans quelques vallées, comme, par exemple, dans celle de Saint-Savin, la féodalité et la démocratie semblaient avoir passé un pacte ensemble, et la liberté populaire vivait de bon accord avec le pouvoir seigneurial. D'un côté, l'abbé était le seigneur, et à ce titre percevait certains droits; d'un autre côté les habitants se proclamaient francs et libres, « immunes, franchi et liberi. » L'abbé leur prêtait serment de les garder et maintenir dans leurs fors, usages, priviléges et libertés, et de n'y contrevenir d'aucune façon : « Juravit foros, consuetudines, « privilegia et libertates ipsis tenere et in eisdem ipsos manu « tenere et conservare, et in nullo modo contravenire. »

Les amendes et droits seigneuriaux se partageaient par égales parts entre l'abbé et la république. « Pagara un escut « petit, applicable, la meitat au seignor abbat et l'autre à la « republica. » Dans d'autres chartes on lit : « Applicable la- « dita pene, la meitat au seignor abbat et l'autre meitat par la « reparation de la republica deu loc[1]. »

Les vallées conservèrent une importance comme réunion de communes ayant le caractère d'un être collectif.

V.

COMPOSITION DES ÉTATS.

Les états, dans leur organisation définitive, se composèrent de trois ordres.

Le clergé (*la gleyse*) était puissant en Bigorre, par le nombre, la richesse, les lumières. Il était représenté par l'évêque de Tarbes, qui finit par obtenir la présidence, par six abbés de monastères considérables, par un commandeur de Saint-Jean de Jérusalem, par le prieur de Saint-Orens, jadis abbaye importante.

Nous ne dirons pas les noms de tous les *vocables* pris dans noblesse. Cette énumération devrait être faite siècle par siècle, et, fort intéressante pour l'histoire des familles, elle le rait très-peu pour l'histoire du droit.

Un rapport d'intendant, dont M. Raymond a publié de

---

[1] Voir ma *Monographie de Saint-Savin* et les pièces justificatives.

curieux extraits (p. 103), propose d'adapter aux états de Béarn le règlement fait, par arrêt du conseil du 16 avril 1752, pour les états de Bigorre, et de n'admettre parmi les nobles que de véritables gentilshommes, et non tous les anoblis de quelque manière que ce soit. « Si l'on réduisait aujourd'hui, ajoute-t-il, « le droit des entrées parmi la noblesse aux seuls vrais gen- « tilshommes dans le sens que cette qualité a partout ailleurs, « il n'y aurait peut-être pas dix familles existantes qui pussent « se trouver dans le cas de la conserver. »

Entre les barons et les simples gentilshommes, je n'ai pas retrouvé, en Bigorre, ce qu'on appelait en Béarn des *rebuffe-barons*, c'est-à-dire des nobles qui repoussaient (*rebuffaban*) les barons, pour se faire faire une place à côté d'eux avant les autres gentilshommes.

Le tiers état se composait de vingt-neuf représentants des villes, lieux et vallées. Les villes n'étaient qu'au nombre de sept : Tarbes, Bagnères, Lourdes, Vic, Rabastens, Ibos et Maubourguet. Ibos, ou, comme l'écrivent les chartes, Ivos, est descendu aujourd'hui au rang de simple village.

Dans les cahiers des états que j'ai pu retrouver, j'ai remarqué que le clergé et la noblesse étaient moins pressés de se rendre aux assemblées de la province que les représentants du peuple. Dans la session du 15 août 1584, il est constaté que de l'Église il ne comparut que le délégué de l'évêque, et de la noblesse qu'Aimé de Bourbon, vicomte de Lavedan, et le seigneur d'Artagnan. Les députés du tiers étaient nombreux.

VI.

PROCÈS-VERBAUX DES DÉLIBÉRATIONS.

Je n'ai retrouvé des procès-verbaux des délibérations que du xvie siècle. En existait-il auparavant et se sont-ils perdus? Au xviie siècle, ces procès-verbaux sont détaillés, rédigés avec soin et copiés d'une magnifique écriture. Au xviiie siècle seulement ils sont imprimés[1].

Je n'ai pas ici à faire l'analyse de tous les documents épars dans diverses archives, mais je voudrais pouvoir donner une idée nette et précise des attributions, du caractère, de la physionomie de nos assemblées provinciales.

VII.

CONVOCATION. — LETTRE DE HENRI IV.

Je ne citerai pas une lettre autographe que François Ier leur adressait[2], mais je ne puis résister au désir de reproduire des lettres patentes de notre bon Henri. J'aurais voulu en donner le texte béarnais[3]; pour la commodité de plusieurs, en voici la traduction littérale :

« Henri, par la grâce de Dieu roi de Navarre, seigneur
« souverain de Béarn, comte de Bigorre, à notre aimé et fidèle
« conseiller en notre conseil privé, sénéchal de notre comté,
« le seigneur de Bénac, salut et affection (*dilection*). L'une
« des choses que nous aurions le plus désirées pour la tran-
« quillité, le bien et le soulagement de nos sujets, c'eût été
« d'aller nous-même entendre à l'assemblée des états les récla-
« mations que nos sujets auraient à nous faire, afin de porter
« remède à leurs maux et de venir à leur secours autant que
« cela dépendrait de nous. Toutefois nous reconnaissons, à
« notre très-grand regret, que nous ne pouvons nous rendre
« en notre comté, comme nous l'aurions désiré, à cause des

---

[1] « Il a été décidé que les délibérations seraient imprimées en précis, en nombre
« d'exemplaires suffisant pour chacun de MM. les vocables aux états, et deux exem-
« plaires à chacun des vallées, villes et lieux, lesquels seront tenus d'en déposer un
« dans les archives de la commune à leur retour. » (*Procès des délibérations des états du pays et comté de Bigorre*, 1784, Tarbes, Roquemaurel, imprimeur.)

[2] Archives du séminaire d'Auch, série I, n° 4.

[3] Archives de la préfecture de Tarbes.

« grandes affaires qui nous retiennent ici, ainsi que cela est
« notoire pour nos sujets. Souhaitant cependant les secourir
« et les soulager en leur accordant la réparation de leurs
« griefs (*gruges*), plaintes et doléances, nous avons avisé (*ad-
« visat*) de faire convoquer et assembler les gens des trois états
« de notredit comté, et d'y députer, pour y assister et repré-
« senter notre personne, quelque personnage dont la vertu et
« l'intégrité nous fussent de longue main connues. Ne pou-
« vant faire un meilleur choix de personnage sur lequel nous
« voulions, pour l'acquit de notre conscience, nous reposer
« d'une telle charge que sur vous, dont nous connaissons
« grandement le zèle particulier, le dévouement affectueux
« (*affectionade boulountat*) que vous portez au bien de notre ser-
« vice, ainsi que votre fidélité, probité, prudence, sagesse et
« activité, qui nous inspirent pleine confiance; par ces causes
« et autres bonnes considérations, nous vous avons commis,
« commandé, députe, et par ces présentes nous vous commet-
« tons, commandons et députons pour vous transporter en
« notre ville de Tarbes le 25 juillet prochain, et là étant,
« vous ferez entendre aux gens des trois états de notre comté,
« vous leur direz et déclarerez les motifs de la convocation,
« ainsi qu'ils vous ont été plus longuement expliqués, et puis
« vous prendrez telles conclusions qui vous paraîtront les plus
« convenables pour notre service, et vous ferez décider, accor-
« der et arrêter tout ce que nous aurions voulu et pu faire
« faire si nous avions été présent en personne; vous promet-
« tant de bonne foi, avec parole de roi (*paraule de rey*), avoir
« pour agréable et tenir pour ferme et stable tout ce qui par
« vous sera fait, ordonné, arrêté, résolu et négocié.

« Donné à Montauban, le 18ᵉ jour de mars 1581.

« Henri. »

N'y a-t-il pas quelque chose du cœur de Henri dans ces lettres patentes, dans ces expressions si vives du désir de *soulager* son bon peuple de Bigorre?

VIII.

PRÉSENCE DU SOUVERAIN AUX ÉTATS.

Ce regret du roi de ne pouvoir se rendre en personne au milieu de ses sujets, ce soin d'excuser son absence sur les grandes affaires qui le retenaient ailleurs, ne prouvent-ils pas que les comtes de Bigorre avaient jadis l'usage de venir eux-mêmes dans les assemblées du pays écouter les plaintes de leurs sujets?

Dans le petit royaume de la basse Navarre, resté au Béarn, les états ne voulaient reconnaître d'autre président que le roi. Les Béarnais, au contraire, trouvaient que la présence du seigneur ne pouvait être que très-gênante. On lit dans leurs remontrances [1] : «Il y a plus de dix siècles que les états de «cette province ont été convoqués et ont tenu leurs assemblées «chaque année... Mais ni le prince ni ses lieutenants n'ont «jamais assisté à l'assemblée des états, lesquels ont toujours «travaillé et délibéré sur leurs affaires sans l'intervention ni «l'assistance d'aucune personne étrangère à leur corps.»

Lorsque les comtes de Bigorre furent devenus rois de France, le sénéchal ou un commissaire du roi représentèrent ce souverain dans l'assemblée.

IX.

DON AU ROI. — TITRE D'EXCELLENCE CONFÉRÉ À CATHERINE DE NAVARRE.

Dans la session du 15 août 1584, «le sénéchal, est-il dit, «releva la protection que le roi de Navarre avait toujours ac-

---

[1] M. Paul Raymond, *Notices sur l'intendance en Béarn*, etc. p. 98.

« cordée au pays de Bigorre et combien il désirait d'en soulager
« les habitants; mais il marqua que, se trouvant, par la mort
« de Monsieur, frère du roi, la seconde personne du royaume
« pour la proximité de la couronne d'icelui, ses domaines ne
« suffisant pas, il avait besoin du secours de ses sujets. »

Le syndic du pays, Pierre de Lacaze, demanda qu'avant de délibérer sur le don à faire au roi on eût d'abord égard aux griefs qu'il présentait contre les magistrats, officiers et membres de la justice et des finances. On alloua au roi 8,000 livres, à sa sœur Catherine 1,000 livres, et, après délibération, sur la demande du sénéchal, le titre d'*Excellence* fut conféré à cette princesse.

Henri, en s'adressant avec tant de cœur aux états de Bigorre, ne négligeait pas plus ses intérêts que ceux de ses sujets, et, pour exciter leur générosité, il ne manquait pas de leur faire raconter ses embarras financiers.

Lorsqu'il fut monté sur le trône de France il n'oublia pas les Bigorrais. Il comprit leur misère, dont il avait été témoin, et il tint sa promesse de la soulager. Dans des lettres patentes, enregistrées le 27 août 1608, il prend en considération « que
« son ancien domaine de Bigorre est pauvre, stérile et sujet
« à diverses incommodités de grêle, gelée et autres accidents,
« par sa proximité des montagnes; et que la plupart d'icelui,
« étant dans les monts Pyrénées, est obligé à de grandes dé-
« penses et veilles continuelles pour la conservation de la fron-
« tière contre les ennemis de l'État. »

N'est-ce pas plaider une cause en avocat qui connaît et qui aime son client?

Sous la monarchie absolue, la Bigorre conserva les états. En ouvrant la session le 10 mars 1636, le sénéchal parle au nom du souverain. Après la liste des membres de l'assemblée, le procès-verbal porte : « En présence desquels ledit sénéchal a

« représenté comme d'ancienneté et de louable coutume ledit
« pays s'est maintenu *en la liberté qu'il a toujours eue* de se
« pouvoir assembler annuellement en corps d'État composé de
« gens des trois ordres. »

X.

OUVERTURE DE LA SESSION.

Je voudrais pouvoir rendre la physionomie de ces assemblées, si chères à la Bigorre.

Jadis elles furent convoquées, dans certaines circonstances graves, au château de Lourdes [1]; Tarbes fut le lieu définitivement choisi pour leur réunion.

Au jour indiqué, les gens des trois ordres se rendaient en corps chez le commissaire du roi; ils allaient le prendre pour l'accompagner en cérémonie à la messe solennelle du Saint-Esprit, qui était célébrée à l'église des Cordeliers. Ils se réunissaient ensuite dans le *grand auditoire* du château comtal de Tarbes.

Rien n'indique dans les procès-verbaux la place occupée par les divers députés. Dans un manuscrit des archives de Pau, M. de Sallenave, subdélégué général, raconte que les trois états sont dans la même salle, le clergé et la noblesse ensemble, le tiers état derrière, sur des bancs. Il ajoute : « En assistant à ces
« différents états, il faut y prêter la même patience, politesse
« et douceur, et dans le commencement faire entrevoir l'auto-
« rité, que l'on démontre de plus en plus selon les besoins. »

Souvent les séances des Bigorrais, fiers montagnards un peu rudes, furent très-orageuses. Pour apaiser les tempêtes, pour arrêter court les orateurs que rien n'avait pu faire taire, il suffisait d'un coup de sonnette; dès que la petite cloche

---

[1] Voir ma *Chronique de Lourdes*, 2ᵉ édition.

comtale annonçait que l'heure du dîner avait sonné, chacun s'empressait de sortir[1].

La séance s'ouvrait à neuf heures du matin; puis à midi elle était suspendue jusqu'à trois heures de relevée.

La durée de la session fut longtemps illimitée. En 1612, on déclara qu'elle serait réduite à six jours, plus tard à quatre. Cependant j'ai retrouvé des sessions plus longues.

XI.

DROITS DE PRÉSENCE : *TAILLUQUET*.

Les membres des états avaient droit à une indemnité, et « le « payement en était fait à proportion du travail et des séances « que chacun avait vaqué pendant lesdits quatre jours, et non « autrement. » Si le service du roi ou le bien du pays exigeaient des assemblées extraordinaires dans le courant de l'année, aucun supplément d'honoraires n'était dû.

En Béarn, les députés recevaient des *tailluquets*. « Le taillu-« quet, dit M. Lacaze (p. 25), ne représentait dans le principe « qu'une indemnité analogue à ce que nous appelons aujour-« d'hui *jetons de présence*. On voit, aux fréquentes réclamations « des députés, au XVIe siècle, contre des réunions trop fréquentes « et aux époques où les travaux des champs les réclamaient, « que cette indemnité était modeste et ne prêtait pas encore « à la spéculation; plus tard le tailluquet prit le caractère d'une « gratification. »

Le mot *tailluquet*[2] ne se retrouve pas dans les procès-verbaux des états de Bigorre, mais nous y retrouvons la chose. Dans le *verbal* de 1636 on lit :

« Pour gages du syndic de la noblesse........ 150 l.

---

[1] Voir dans la *Chronique de Lourdes*, 2e édition, le récit d'une séance orageuse.

[2] Le mot *tailluquet* en béarnais signifie « petit morceau; » c'était une petite part du budget que les états se réservaient pour eux.

« Pour gages du syndic de robe longue....... 100 l.
« Pour gages du secrétaire 50
« Pour gages des collecteurs............... 500
« Pour le trompette de Tarbes qui gardait la porte. 3
« Pour *défray* des sieurs de l'Église et de la no-
« blesse, qui ont vaqué six jours.......... 750
« Pour *défray* des sieurs députés du tiers ordre.. 312 »

D'après M. Louis Lacaze (p. 27), les états de Béarn au xviie siècle ne rappelaient à aucun degré nos assemblées constitutionnelles, parce qu'ils ne participaient au pouvoir législatif que par le vote de l'impôt. On ne peut non plus les comparer, suivant lui, à nos conseils départementaux, parce qu'on ne connaissait guère, à cette époque, ce que nous appelons les services publics, comme l'instruction primaire ou les voies de communication.

Je retrouve au contraire dans les états de Bigorre toutes les attributions de nos conseils généraux actuels et même celles du Corps législatif.

XII.

ATTRIBUTIONS ANALOGUES À CELLES DU CONSEIL GÉNÉRAL.

En lisant les délibérations de nos pères, je croyais relire les délibérations de notre conseil général actuel : la forme souvent en était plus soignée. Tous les intérêts du pays étaient étudiés avec zèle et ne différaient guère des intérêts qui nous préoccupent en ce moment. Je ne sais quel était le service public laissé en souffrance.

Les voies de communication, quoique moins perfectionnées que de notre temps, n'étaient point négligées. Les états tenaient à s'en occuper eux-mêmes; ils supprimèrent en 1615 la charge et office de maître particulier des chemins, ports et passages dans la province de Bigorre. Ils se réservaient la surveillance de l'entretien des ponts et routes. Le service hydraulique était plus avancé qu'on ne le croirait, et, malgré leur incontestable habileté, nos ingénieurs du jour pourraient trouver de bonnes idées sur les projets, non encore réalisés et anciennement étudiés, de l'encaissement de l'Adour et des rivières de Bigorre.

La question thermale, depuis longtemps, était considérée comme très-importante dans un pays si riche en sources minérales justement renommées.

Je ne pourrais énumérer tous les documents relatifs aux haras et au perfectionnement de l'espèce chevaline, tant ils sont nombreux.

Les questions philanthropiques étaient aussi à l'ordre du jour. L'extinction de la mendicité fut plusieurs fois agitée; une délibération de 1653 porte que chaque paroisse doit nourrir ses pauvres[1]. Des mesures étaient prises pour empêcher la traite des grains et défendre aux bouchers de donner de la viande malsaine. Après s'être occupés de ces choses, les états, en 1584[2], taxent les objets de première nécessité, savoir : la livre de mouton, 4 sous et demi; la livre de bœuf, 9 liards; l'huile d'olive, 4 sous 6 deniers; la livre de chandelle de suif, 4 sous.

Les idées de civilisation et de progrès se font jour peu à peu, et, si les états sont obligés de reconnaître qu'il n'y a pas dans la province des hommes très-savants, ils en font venir d'ailleurs. Il y a plus d'un siècle qu'une délibération fut prise, sur la demande du syndic de la noblesse, pour qu'un homme capable fût chargé de la recherche et de la copie des titres originaux du pays[3]. Ce précieux travail nous a conservé d'ines-

---

[1] Archives du séminaire d'Auch, M⁴, 40.
[2] Archives de Tarbes. — *Glossaire*, au mot *Bigorre*, p. 976.
[3] Séminaire d'Auch, K 2.

timables trésors historiques ; il n'est pas terminé, tous les matériaux existent : quel conseil général aura l'honneur d'en prescrire l'achèvement ? C'est aux états que l'on doit la création de la première imprimerie à Tarbes et plusieurs mesures pour la diffusion de l'instruction dans les classes populaires.

Le budget des recettes et des dépenses était discuté avec ardeur. Les recettes se composaient de divers droits, presque tous affermés. On affermait les bailies, les notairies, les sergenteries, etc. En 1654 on établit un droit sur le vin et sur le sel débités dans la province. Aussitôt ces droits furent affermés par le sieur de Barzun, moyennant 130,000 livres la première année, et 165,000 pour chacune des quatre années suivantes. Les villes payaient des redevances pour certaines ressources qui leur étaient laissées : Vic payait pour ses salines, qui n'existent plus, Bagnères pour ses tavernes, ses *palomières*, etc.

Les états pour leurs dépenses prenaient, autant que possible, des abonnements. Ils s'abonnaient avec le roi pour la confirmation des priviléges, pour la somme annuelle à lui offrir, pour la nourriture des troupes envoyées dans la province.

L'entretien des forteresses, notamment de celle de Lourdes, l'entretien du palais comtal, l'entretien de la maison du bourreau à Tarbes, étaient à la charge du pays. Les états payaient aussi les frais de leurs assemblées. En 1597 cette somme fut fixée à 325 écus. Ils payaient les frais de justice, les gages du sénéchal, les gages du juge, le salaire du médecin chargé d'assister aux informations judiciaires, de soigner les pauvres et de veiller à la salubrité publique, la nourriture des prisonniers, fixée ordinairement à un sou de pain par jour, enfin l'entretien des instruments de supplice.

XIII.

ATTRIBUTIONS ANALOGUES À CELLES DU CORPS LÉGISLATIF. — LA LOI EN BIGORRE. — L'ARMÉE.

Les états de Bigorre n'avaient-ils qu'un simple droit de remontrance ou n'étaient-ils pas associés au pouvoir législatif?

Notre organisation politique actuelle est trop différente des constitutions du moyen âge et de l'ancien régime, pour que je veuille chercher entre elles des rapports identiques de comparaison. Nos populations pyrénéennes tenaient à leurs us et coutumes, à leurs fors et priviléges. La représentation des diverses classes de la société avait mission surtout d'empêcher qu'il ne fût porté atteinte aux franchises locales. Dans un règlement pour le royaume de Navarre nous lisons : « C'est un « usage autant ou plus ancien que la monarchie en Navarre, « celui d'assembler les états chaque an pour se plaindre de « quelque brèche faite aux libertés et franchises publiques par « le roi ou par ses lieutenants généraux. »

En Bigorre on pensait de même. Les trois ordres voulaient être et furent toujours consultés dans toutes les grandes affaires politiques. Lorsque Henri, en montant sur le trône de France, étouffa le feu des discordes civiles, c'est au milieu des états, solennellement convoqués, que la paix fut proclamée, aux cris de *vive le roi!* Le clergé, la noblesse et le peuple avaient été consultés pour la rédaction du vieux for de Bigorre, au xie siècle; ils furent consultés encore, au xviiie siècle, pour la rédaction des coutumes du pays.

On sait qu'au moment où l'Europe se mettait à formuler par écrit les usages locaux, les lois de Justinien, vieilles de six siècles, en partie abolies par les Basiliques et d'autres codes postérieurs, s'imposèrent tout à coup et comme par enchantement, sans le concours de l'autorité ecclésiastique ou civile, à des nations qui n'avaient jamais été soumises à la législation de l'empereur d'Orient. Les coutumes s'effacèrent devant le droit romain, ou se retrempèrent à cette source. Le droit romain prévalut dans une partie de la Bigorre; le droit coutumier se conserva dans l'autre.

D'après une attestation du sénéchal de Bigorre, faite en 1704, le pays « est composé, partie de la plaine, partie des « coteaux de Rustan et partie des vallées et montagnes de « Lavedan, baronnie des Angles, marquisat de Bénac, Ossun, « Adé, Saux et Rivière-Ousse, observant le droit commun; « en sorte que, pour les successions, donations, institutions, « legs, codicilles, substitutions, matières féodales, servitudes, « ventes, permutations, sociétés, partages et autres contrats, « les habitants de la plaine y vivent et sont jugés suivant le « droit romain et les ordonnances, édits et déclarations de nos- « seigneurs rois, et les arrêts du parlement de Toulouse. Pour « lesdits pays des vallées de Lavedan, baronnie des Angles, « Rivière-Ousse et marquisat de Bénac, ils vivent et sont ré- « gis et jugés suivant la coutume non écrite. »

M. Laferrière ne paraît avoir connu que cette partie de l'attestation, car il tombe dans une erreur évidente lorsqu'il dit que le sénéchal, en parlant de coutume *non écrite*, n'a pas voulu parler de coutume *non rédigée*. « La distinction, dit-il [1], « faite par le sénéchal se trouvait conforme aux règles du droit, « qui distinguent la loi et la coutume, le *jus scriptum* et le *jus* « *non scriptum*, et opposent aux lois romaines, appelées *droit* « *écrit*, le droit coutumier, appelé *droit non écrit*, bien que les « coutumes fussent quelquefois rédigées. »

Cette explication est ingénieuse, mais ne s'accorde pas avec la partie, ignorée sans doute, de l'attestation où le sénéchal

---

[1] *Histoire du droit*, t. V. p. 465.

déclare que la coutume a été si connue et si inviolablement observée, «qu'il n'a jamais paru nécessaire de la faire *rédiger* «*par écrit,* ainsi que la vallée de Baréges fut obligée de le «faire il y a environ quarante ans.»

Ces coutumes de Baréges furent-elles primitivement écrites dans la langue du pays? En existait-il des copies anciennes? Nous n'en avons rien pu savoir. Nous avons déjà cité les fors inédits d'Azun, monuments curieux, qui nous guideront dans plusieurs questions intéressantes. Ces fors furent rédigés sur soixante-cinq pages de parchemin, en 1497, en présence de l'assemblée entière des habitants, qui formait comme les états du pays. Il est fait mention qu'on les renouvelle parce qu'ils avaient été écrits, bien des années auparavant, sur du *papier gâté et consumé par le temps.*

La féodalité avait tout rendu local, les lois comme la puissance. Les usages variaient selon chaque localité, et l'usage faisait loi. Les Romains aussi disaient : «Ex non scripto jus «venit quod usus comprobavit[1].»

Ces vieux usages de Bigorre d'origines diverses, celtibérienne ou aquitanique, romaine ou escualdunaise, étaient revêtus de la sanction des siècles. S'ils parurent céder à la loi romaine, ce ne fut qu'à regret. La Bigorre était réputée pays de droit écrit malgré ses fors nombreux, comme Toulouse malgré une coutume très-étendue, parce que le droit romain était admis dans tous les cas non prévus par le droit coutumier.

Avant d'entrer dans l'étude des diverses dispositions légales en vigueur dans nos contrées, nous avons déjà dit que le peuple fut toujours consulté lorsqu'il était question de toucher à ses us et coutumes, de les modifier, de les rédiger, de les convertir en loi.

---

[1] *Inst.* l. I, tit. II, § 5.

Les états représentaient le pays. Ils participaient au pouvoir législatif; ils participaient aussi au pouvoir judiciaire. Ils payaient les gages des officiers de justice, et portaient leurs doléances au roi si les magistrats ne remplissaient pas convenablement leur devoir.

Enfin ils participaient encore à l'administration de l'armée. Nous avons vu, en parlant de l'ost ou service militaire, que très-anciennement le répartiment des hommes de guerre était fait par les trois états.

Les gens des états tenaient au maintien de ce droit. Cependant ils furent souvent embarrassés pour trouver du crédit lorsqu'il fallut pourvoir à des dépenses extraordinaires pour l'entretien des troupes. On aimait mieux leur prêter personnellement qu'au pays. C'étaient des hommes notables, qui offraient plus de garanties et qu'on pouvait plus facilement forcer au payement. Ils n'hésitèrent pas, dans un intérêt patriotique, d'engager quelquefois leur fortune individuelle.

En temps de guerre, ils se montrèrent toujours empressés à contribuer à la défense de leur petite, mais chère patrie. En temps de paix, lorsque, en raison peut-être de la douceur du climat, on leur envoyait une garnison trop forte passer chez eux le quartier d'hiver, ils se plaignaient avec amertume des inconvénients que la présence des soldats étrangers entraînait pour la moralité publique.

Les archives de Tarbes contiennent plusieurs documents qui prouvent ce que nous venons de dire du généreux dévouement des députés à acquitter de leurs deniers la dette du pays, et de la gêne que causait le séjour de troupes trop nombreuses.

Nous ne citerons que des lettres patentes de Louis XIV, accordant un délai de six mois aux gens composant les trois états de Bigorre pour le remboursement de sommes considérables qu'ils avaient été obligés d'emprunter en leurs propres et privés noms, dans le but de pourvoir aux dépenses des gens de guerre placés en quartier d'hiver dans le pays.

Ces dépenses étaient très-fortes. Huit régiments de cavalerie et quatre d'infanterie séjournèrent huit mois en Bigorre et dépensèrent 9,000 livres par jour.

CHAPITRE VIII.

I. Magistrats et officiers de justice. — II. Nomination. Vénalité des charges. — III. Magistrature temporaire. — IV. Juge du pays, juge étranger; installation, devoirs des juges.

I.

MAGISTRATS ET OFFICIERS DE JUSTICE.

Au moyen âge le même fonctionnaire cumulait les attributions les plus disparates. Ces attributions, mal définies, essentiellement variables, furent, selon les temps, singulièrement augmentées ou amoindries. Il arriva que certains officiers qui étaient jadis au sommet de la hiérarchie descendirent au dernier degré en conservant toujours le même titre.

Nous nous occuperons surtout ici des attributions judiciaires des fonctionnaires divers.

Rien de confus comme l'ordre de juridiction sous l'ère féodale. Le comte, le sénéchal, le juge comtal, le juge mage, le juge d'*appeaux,* le juge seigneurial, le baile, le procureur comtal, les consuls, les jurats, concouraient à l'administration de la justice avec des pouvoirs qui furent bien différents selon les temps et selon les lieux.

Loiseau avait bien raison de dire qu'en France la confusion des justices n'était guère moindre que celle des langues à la tour de Babel.

Il serait donc très-difficile de poser des règles générales bien nettes sur la hiérarchie des magistrats de l'ordre judiciaire au moyen âge, sur la nomination des juges, leurs droits et leurs devoirs.

II.

NOMINATION. — VÉNALITÉ DES CHARGES.

Tantôt le seigneur nommait les officiers de justice; tantôt le peuple assemblé était chargé de les élire; tantôt la nomination était un privilége attaché à un domaine; tantôt enfin la charge était vénale et s'acquérait à prix d'argent. La vénalité des charges, dans les derniers temps surtout, fit des progrès.

Cette vénalité, qui paraît si choquante à nos idées du jour, fut-elle, sous l'ancien régime, un bien, fut-elle un mal? Je n'oserais approuver un expédient fiscal qui attribuait la mission si délicate de bien juger, non au plus digne, mais au plus offrant. Je n'oserais blâmer cette hérédité de fonctions qui rendit héréditaires dans certaines familles les traditions d'austère vertu, de profond savoir, de noble indépendance, et qui, en les mettant à l'abri des caprices du pouvoir absolu, forma ces grands magistrats, l'éternel honneur de la France.

Nous ferons remarquer ici que les possesseurs des charges judiciaires en Bigorre n'en exerçaient pas ordinairement eux-mêmes les devoirs. Un noble seigneur achetait une *bailie*, une *notairie*, une *sergenterie*, ou plus souvent il l'affermait pour trois, six, neuf ans, comme un champ ou une maison, et puis il se faisait remplacer par un sous-baile, par un substitut de notaire, par des sergents. Aussi ne doit-on pas être étonné de voir les vieux fors exiger des garanties de capacité pour les suppléants et souvent n'en réclamer aucune pour les titulaires.

Les priviléges de Tarbes portaient que la bailie de cette ville s'affermait chaque année, le soir de la Saint-Jean, au plus offrant et dernier enchérisseur.

Celui qui demeurait adjudicataire nommait aussitôt un sous-baile (*sos-bayle*), et tous deux, après avoir pris le règlement du trésorier de Bigorre, prêtaient serment, entre les mains des juges, gardes et conseillers de la ville, d'être bons et loyaux au seigneur et à la ville, « de estar bons et loyaus au senhor o a « la ville, » de maintenir avec fermeté et de garder religieusement les libertés, fors et coutumes du lieu. Les priviléges de Tarbes ajoutent que les fermiers de la bailie étaient trop souvent des gens insuffisants et peu animés du bien de la ville, « trop be- « gadas lodiit arrendement de bailie se fe a d'auguns menhs suf- « ficient que no anime lo bien de ladite ville. » Aussi est-il recommandé que, par injonctions et par des châtiments, il soit pourvu contre les bailes et sous-bailes qui feraient des faveurs et qui se montreraient incapables ou négligents à remplir leurs devoirs. Ces devoirs consistaient notamment à convoquer les juges pour les audiences, à veiller à ce qu'ils siégeassent trois jours au moins par semaine et chaque fois que c'était nécessaire.

Le comte regardait le droit de justice comme une propriété seigneuriale productive de revenus. Ce droit, il l'affermait, il le donnait, il le vendait.

On lit dans des griefs présentés en 1578 par les états de Bigorre au chancelier de Navarre : « Le pays d'Azun voulait « être *de mensa comitali*, mais le comte Johan, *proavus* de la « reine qui est à présent, donna au seigneur de Lavedan, pour « aucuns services qu'il avait faits, ladite terre d'Azun *cum lege* « *bassa et reservatione legis altœ*, et ès dites terres aliénées *a mensa* « si est ladite terre d'Azun ainsi qu'il est dit. Le comte ou son « trésorier, la veille de Saint-Jean-Baptiste, a accoutumé de « vendre à la chandelle, au plus offrant, et arrenter les exploits « de la justice et de la loi *major* du bailliage d'Azun. Ledit « bailliage comme comtal se mettait à la chandelle et se livrait « au plus et dernier enchérisseur [1]. »

Dans les derniers siècles les comtes, devenus rois, se mon-

---

[1] *Glanages*, t. II, p. 335.

trèrent plus faciles pour vendre même la haute justice, qu'ils étaient anciennement jaloux de conserver.

Nous voyons au xviie siècle l'abbé de Saint-Savin se rendre adjudicataire à l'extinction de trois chandelles, pour la somme de 2,520 livres, de la justice haute, moyenne et basse de la rivière de Saint-Savin, vendue par le roi aux enchères.

III.

MAGISTRATURE TEMPORAIRE.

L'inamovibilité des magistrats, qui de nos jours nous paraît une garantie précieuse de leur indépendance, n'était pas considérée ainsi au moyen âge. Plusieurs chartes municipales, notamment les fors de Bagnères, accordent comme un privilége que les juges doivent être changés tous les ans, « dam per « for que totz ans se cambien judges. » Un jugement de la cour d'Azun, de l'an 1467, inséré à la suite des fors de cette vallée, est relatif à une instance entre le pays et le baile, « lodit pays et « lodit bayle entran en pleyt en la cort d'Azu. » Les juges, siégeant en jugement, « sedens en iutyament, » après avoir pris de bons conseils, « agut bons conseilhs, » après avoir délibéré entre eux et d'autres hommes savants qu'ils s'étaient adjoints, « deli- « berat entre lor et d'autrs saves ab lor ajustats, » après avoir examiné les priviléges concédés par le roi de France, priviléges et lettres reconnus par le noble et puissant seigneur Arnaud de Lavedan, décidèrent que le pays (*lo pays*) n'était pas tenu d'accepter comme baile ou lieutenant celui qui aurait exercé ces fonctions à Azun pendant trois ans sans interruption.

L'élection annuelle des juges se faisait un jour férié. Le censier de Bigorre (fol. 800) porte qu'à Bagnères les juges étaient élus le jour de la Saint-Jean. On se livrait, à cette occasion, à des réjouissances publiques. Jeanne d'Albret donna des fonds destinés à augmenter l'éclat de ces fêtes.

Les magistrats étaient tenus de prêter un serment que nous aurons soin d'indiquer en déterminant les obligations de chacun d'eux.

C'était un privilége accordé par divers fors, comme celui de Bagnères, de ne pouvoir être distrait de ses juges naturels : « Deu estar judyat et determinat per los judges dels borgs de « Banheras et dens las cadenas dels ditz borgs. »

IV.

JUGE DU PAYS, JUGE ÉTRANGER. — INSTALLATION. DEVOIRS DES JUGES.

Les juges en général ne pouvaient être choisis que parmi les gens du pays. Une charte des archives de Bagnères nous apprend cependant que, l'an 1326 et le samedi après l'Assomption de la Vierge, Pierre Fius, jurat de la ville, présenta une requête à P. d'Abbadie, baile royal, afin que le lieutenant du sénéchal établît en son absence un lieutenant qui ne fût ni natif ni habitant de Bagnères. D'Abbadie désigna son frère, qu'il fit préconiser à son de trompe. Ce mode d'installation était le plus usité et le plus simple dans un temps où nos montagnards ne connaissaient pas d'autre moyen de publicité.

Les souverains du pays nous ont laissé de belles recommandations adressées aux juges pour leur rappeler leurs devoirs. Plusieurs chartes leur font une obligation de protéger le pauvre contre le riche, le faible contre le fort, l'homme sincère contre le menteur. On lit dans les fors d'Azun : « Premièrement, que « le sénéchal, les juges et tous autres officiers de Bigorre, « présents et à venir, se montrent les protecteurs des églises, « des commerçants, des gens du pays, des étrangers et de tous « les hommes honnêtes qui traverseront la contrée; qu'ils « leur fassent rendre justice; qu'ils les défendent autant qu'il « sera en leur pouvoir contre l'oppression, les injures, les « vexations des hommes méchants; qu'ils expulsent de la terre

7

« de Bigorre tous les malfaiteurs; qu'ils fassent publier partout, « de la part du roi, la défense formelle de donner asile aux « brigands et aux bannis, sous peine d'exil et de confiscation « des biens; qu'ils ne recherchent jamais que la vérité; qu'ils « obligent les personnes qui auraient recélé des hommes dan-« gereux à les chasser, pour être fidèles à leur serment envers « le roi et pour éviter d'encourir une grave responsabilité. »

CHAPITRE IX.

I. Le Sénéchal. — II. Le Viguier. — III. Le Baile. — IV. Les Consuls. — V. Les Juges et les Jurats. — VI. Le Procureur du roi et le Procureur comtal. — VII. Le Trésorier de Bigorre. — VIII. Les Avocats. — IX. Les Notaires et leurs Substituts. — X. Les Sergents. — XI. Les Châtelains.

I.

LE SÉNÉCHAL.

La province de Bigorre formait une sénéchaussée. Dans un temps où les attributions n'étaient pas définies, où l'administration n'était pas créée, où les juridictions diverses étaient confuses, le sénéchal, qui représentait le comte à la guerre, le représentait aussi pour tout. C'était le premier magistrat du pays. Il avait la présidence de la noblesse et le commandement des troupes, en même temps qu'il figurait en tête de ceux qui avaient mission de faire droit et justice au peuple. C'est au XIIIᵉ siècle que les premiers sénéchaux du Languedoc furent établis par Simon de Montfort. C'est en 1283 que l'histoire fait mention d'Osset d'Argelès, premier sénéchal de Bigorre.

Le nom de *sénéchal*[1], d'après Pasquier[2], serait un mot corrompu, mi-latin, mi-français, signifiant *vieux chevalier.* « Ces « estats, ajoute-t-il, estoient donnés à de vieux gentilshommes « et chevaliers, et en estoit la porte fermée aux advocats et « légistes. » Dans l'origine, le sénéchal ne pouvait pas avoir des lieutenants de robe longue. « Comme toute république,

---

[1] Du Cange fait dériver *sénéchal* du mot latin *senex*, « vieux, » et du mot germanique *schalck*, « chef, maître. »

[2] *Recherches sur la France*, p. 112.

« dit Pasquier (p. 906), prend son commencement par les
« armes et fin par l'écritoire, » les Français, sous les deux
premières races et bien avant sous la troisième, n'eurent que
des juges militaires, « voire que la plupart de leurs causes cri-
« minelles se vidoient non par la pointe de leurs plumes, ains
« de leurs épées. » Plus tard les lois se ressentirent des progrès
du temps. Nos coutumes, nos vieux usages, reçurent comme
partout l'influence de la résurrection du droit romain. « Nous
« lui avons des obligations, dit Pasquier, par les belles proposi-
« tions que nous lui avons empruntées, sur lesquelles toutefois
« nous avons par malheur enté une infinité de chicaneries. »

L'administration de la justice, en devenant plus compliquée, exigea des magistrats des connaissances plus étendues. Les juges élus dans les villes furent obligés de se faire aider par des jurisconsultes. Les archives de Bagnères de Bigorre [1] conservent une sentence rendue le 24 mars 1567, par Dupac, président du conseil du roi de Navarre, portant que les juges de Bagnères ne seraient plus aussi nombreux, « avec défense de
« juger aucune affaire sans l'assistance d'un assesseur possédant
« le droit et expérimenté dans le maniement des affaires. »

Divers priviléges du pays obligent le seigneur à tenir des juges *prud'hommes et capables*[2]. Le sénéchal conserve l'épée et finit par se faire remplacer par un lieutenant portant la robe. Le for d'Azun lui prescrit de choisir pour son lieutenant un homme bon et capable. « Lo soberdit senescau que fassa son
« loctenant un bon homme et sufficient. » Son autorité diminua à mesure que le pouvoir du parlement grandit et que le nombre des justices seigneuriales se multiplia. Il cessa de rendre la justice lui-même, mais il conserva seul le titre de sénéchal.

Le for d'Azun lui prescrit encore l'obligation d'avoir un

[1] L. XII, n° 32.
[2] *Statuts des quatre vallées.*

sceau aux armes de France, mais moins grand que le sceau royal. Ce sceau devait être apposé sur tous les actes publics du sénéchal et de ses lieutenants.

II.

LE VIGUIER.

Avant de parler du sénéchal, peut-être aurions-nous dû parler du viguier, dont l'institution était plus ancienne. Cassiodore rapporte que Théodoric, roi des Goths, avait établi dans les Gaules Gemellus vicaire de tous ses gouverneurs pour administrer la justice : « constituit Gemellum in Galliis « vicarium præfectorum ad exercendas justitias. »

M. Laferrière[1] dit que la Bigorre comprenait sept *vics* ou districts dans l'état qui fut dressé, en 1300, par les officiers du roi, quand cette province fut réunie à la France. Il aurait dû dire que la division eut lieu en sept vigueries (*begarias*), car quelques-unes de ces vigueries, comme celle de Baréges, furent subdivisées en plusieurs *vics*. Le for de Béarn parle aussi de *begarias*. Marca (p. 261) explique les fonctions des anciens viguiers, par la formule du serment qu'ils prêtaient au roi d'Aragon, et par un acte d'hommage du viguier de Sauve au roi de France. Ils juraient de se comporter selon les lois envers le peuple de leur viguerie, de protéger et de défendre les biens du clergé, de secourir la veuve et l'orphelin, de veiller à la sûreté des routes, de conserver la paix et la trêve, de rendre la justice selon les coutumes, de saisir et châtier les malfaiteurs, de publier et de faire observer les mandements pour la levée des gens de guerre, et de mener les troupes aux lieux assignés.

Marca parle ensuite de la décadence de ces fonctions. Elles

---

[1] *Histoire du droit*, t. V, p. 460.

furent singulièrement amoindries en Béarn : « De sorte, dit-il,
« qu'il ne reste aujourd'hui aucune fonction de cet office,
« sinon en ce que les assignations que l'on donne aux nobles
« pour comparaître en justice sont défendues aux bailes et
« sergents ordinaires et réservées aux seuls béguers; les in-
« sinuations des donations ou des achats de biens nobles se
« font par-devant les jurats *bégarie* ou vicairie, et les décrets
« sur cette nature de biens sont poursuivis par eux, à l'instance
« et sur les assignations des béguers, sous peine de nullité. »

En Bigorre les viguiers perdirent peu à peu leur première importance. Ils ne retinrent guère de leurs anciennes fonctions que la modeste mission d'arrêter les coupables, et de faire exécuter les ordres de la justice. Ils tombèrent même au-dessous des bailes. Le for d'Azun leur défend de faire aucune saisie sans le mandement du baile, ni de rien toucher sans le baile, avec lequel ils doivent régler leurs comptes trois fois l'an. C'était le baile qui faisait les saisies, et le viguier les ventes à l'encan.

Les anciennes vigueries continuèrent à appartenir à de puissants seigneurs, mais la fonction de viguier descendit à celle de nos huissiers actuels. Un acte de 1600 nous paraît assez curieux à rapporter. « Reconnaît le sieur d'Ossun tenir à foi et
« hommage la bégarie de Baréges, consistant en la troisième
« partie des droits et émoluments de la bailie de Baréges, qui
« lui appartiennent, et iceux perçoit comme béguier susdit, et
« outre a accoutumé de lever, de toute la communauté de Ba-
« réges et des habitants, chacun an, en la fête de Toussaint, en
« deniers comptants, 45 sous bons, faisant 3 livres 7 sous 6 de-
« niers tournois, et a pouvoir de mettre audit lieu un homme
« qui exerce ladite bégarie quant aux exécutions et exploits de
« justice, ayant ledit béguier même pouvoir de ce faire que
« le baile comtal, et outre fait les encans des biens, meubles

« et immeubles, saisis d'autorité de justice, et prend les émo-
« luments et seulement pour raison de ce dû, sans préjudice
« des droits appartenant audit baile comtal. Davantage, comme
« béguier susdit, il possède une vieille muraille de maison
« ruinée et, tout tenant icelle, une grange couverte de paille,
« et deux jardins. Il a le droit de lever *carnal* sur tout le bétail
« étranger qui passe dans sa rue, de mettre soixante *baccades*
« dans la montagne, de toucher de plus diverses redevances :
« lesquels droits valent de rente et revenu annuel, allant cas
« fortuit, 75 livres tournois [1]. »

III.

LE BAILE.

Le nom de *baile*, comme celui de *viguier*, avait une noble origine, et il était aussi bien déchu. Le mot de *baile*, synonyme de celui de *bailli*, fut emprunté par Charlemagne à l'empire grec, où l'expression de *bajule* [2] signifiait *protecteur*, titre donné aux fils de prince. Le sénéchal était, en Bigorre, ce qu'on nommait ailleurs le *grand bailli*. Les fors de Bigorre, comme ceux de Béarn, font souvent mention des bailes. Ils avaient des attributions assez difficiles à limiter, car ils empiétaient sur toutes les juridictions et ils dépendaient tantôt du comte, tantôt d'un seigneur particulier.

Le for d'Azun contient de nombreuses dispositions sur le

---

[1] *Glanages*, t. III, p. 3.

[2] Des auteurs modernes font dériver *baile* de *beli*, mot celtique conservé en Bretagne et signifiant *pouvoir*, *dignité*. Le baile n'était pas le représentant, mais le délégué du pouvoir. Dans les Pyrénées *baile* s'écrit *bayle*, et *bay* se prononce dans *bayle* comme dans *Bayonne*. L'orthographe et la prononciation de ce mot excluent toute analogie avec *beli*. Dans les chartes latines de la Bigorre *bayle* se traduit par *bajulus*; or *bajulus* vient évidemment du grec βαίουλος, « maître, » expression employée ainsi par Sophocle : Παιδαγωγὸς καὶ παιδοτρίβης ὁ λεγόμενος βαίουλος. (*Ajax*, v. 551.)

baile. Ce magistrat, dans chaque bailliage, était obligé de tenir une cour à des époques périodiques et de rendre justice à ceux qui venaient l'en requérir. Il devait donner connaissance d'avance du jour où il voulait siéger. Il était assujetti à des règles qui lui prescrivaient l'exactitude aux heures d'audience. Si un plaideur de son ressort déclinait la compétence de la cour d'Azun et appelait son adversaire à Tarbes ou devant une autre cour, le baile devait l'y suivre pour le ramener à son tribunal, si l'objet du litige ne dépassait pas la valeur de 65 sous morlàas et s'il ne s'agissait pas d'un crime. Le baile ne pouvait refuser de recevoir lui-même, lorsqu'il en était requis par les parties, ce qui était dû pour amende, plaintes, contumaces, pour son droit de baile et frais de jugement; s'il employait en ce cas le ministère des *bégués*, il encourait la peine du parjure. Il était de for et coutume de tous les temps du monde (*foo et costuma de tots temps del mon*) que le baile ne devait ni ne pouvait arrêter personne sans le consentement du seigneur majeur, mandement par écrit, scellé du sceau de la cour du sénéchal ou du comte. Lorsqu'une partie contre laquelle une plainte était portée remettait un gage ou fournissait caution, le baile devait s'abstenir. Aucun sergent comtal, royal ou quel qu'il fût, ne pouvait opérer de saisies de biens ou exercer de contraintes par corps sans le concours du baile, qui, durant vingt et un jours, veillait à ce que les objets livrés en nantissement ne fussent pas détournés de la bailie. S'il s'agissait de dette fiscale, comme de *questes*, cens, amendes, il était défendu au baile de faire des traités de gré à gré, et il était forcé de faire toutes les ventes à l'encan. Lorsqu'un homme se plaignait d'un autre et le faisait saisir, si le saisi fournissait caution et s'adressait à la cour avant que le baile ou le viguier eussent touché le gage (*tocat lo gatge*), la saisie était suspendue et il fallait attendre la sentence de condamnation. Le baile ne pouvait lever de loi majeure que lorsque la plaie avait la dimension légale, ou dans les cas prévus et bien précisés en matière immobilière. Le for d'Azun fixe les émoluments dus pour actes de donation, d'échanges ou de vente. Le baile, pour exécutions faites dans le lieu de sa résidence, ne recevait qu'un denier *tholozan*, même salaire que celui qui était alloué à un simple sergent. Il ne pouvait recevoir plusieurs amendes pour le même crime. Il lui était défendu de prendre une part dans les émoluments des notaires ordinaires. Enfin une mission délicate lui était confiée, c'était de faire observer les fors, coutumes et ordonnances relatifs à la vente du pain, du vin et de la viande dans tout le territoire d'Azun.

A côté du baile comtal figure souvent un baile seigneurial, lorsque la haute justice appartenait au comte et la basse au seigneur du lieu. Cela résulte notamment d'une enquête sur la justice en Bigorre, faite, en 1505, par ordre du roi et de la reine de Navarre, comte et comtesse de Bigorre[1]. Dans un document inédit, on déclare que le comte de Bigorre donna au vicomte de Lavedan la vallée d'Azun, en se réservant la juridiction haute. En vertu de cette réserve, un baile comtal exerça cette juridiction avec les juges du lieu, et «ont accoutumé de tenir «ceps pour les malfaiteurs.»

De son côté, le vicomte de Lavedan mettait un baile dans la vallée pour l'exercice de la loi basse, tandis que le baile du comte «levait et cueillait la loi majeure.»

D'après le for de Béarn, les bailes devaient savoir lire et écrire. Leur déclaration de *clam, man* et *ban*, affirmée par serment, faisait foi en justice. Leur déclaration ne faisait pas foi en toute autre matière, notamment s'ils affirmaient qu'un individu s'était reconnu caution d'un autre. Ils étaient obligés

---

[1] *Glanages*, t. X.

d'agir, à la première réquisition, contre les magistrats les plus élevés aussi bien que contre les moindres particuliers.

Dans un cartulaire sans date, intitulé *Las Trobas*, ou règlement fait par la *bésiau* de Tarbes, on trouve un résumé des devoirs des bailes.

« Art. 99. — Il est du devoir du baile de chasser de sa « bailie ceux qui exercent des arts défendus et *los gretges*.

« Art. 100. — Il est tenu de maintenir autant qu'il le « pourra les droits du roi et d'empêcher qu'on ne les fraude.

« Art. 101. — Il est tenu de mettre à exécution par lui-« même ou par son lieutenant les ordonnances ou mande-« ments qui lui sont adressés.

« Art. 102. — Il aura attention que les juges inférieurs « établis dans la bailie rendent bonne et prompte justice à « tous les plaignants qui auront commise devant eux.

« Art. 103. — Il ne pourra rien entreprendre par haine « ni passion, ni ressentiment, ni user d'aucune vexation, pour « raison de son office, contre aucun de ses justiciables.

« Art. 104. — Dans l'administration de la justice, il sera « égal et affable envers toutes les parties, et il n'aura pas plus « d'égards pour les unes que pour les autres, sans qu'il puisse « faire distinction de personnes.

« Art. 105. — Il se contentera des droits et amendes fixés « et accoutumés, sans qu'il puisse rien exiger au delà.

« Art. 106. — Pendant le cours de sa bailie, il tiendra « exactement ses audiences conjointement avec les juges, tant « en faveur des petits que des grands.

« Art. 107. — Il ne fera volontairement tort ni violence à « aucune personne, soit habitant, soit voisin, ou du quartero-« nage, pour raison de sa charge, et il ne pourra rien exiger des « parties au delà de ce qu'elles lui donneront volontairement « ou qui sera réglé par les juges.

« Art. 108. — Il ne fera ni ne souffrira qu'il soit fait « aucune demande frauduleuse aux habitants, ni voisins de la « ville ou du quarteronage.

« Art. 109. — Il ne pourra faire aucun accord particulier « avec les bouchers, cabaretiers, cordonniers, boulangers, ni « marchands, au préjudice des voisins, si ce n'est en présence « de juges. »

Enfin l'article 110 leur prescrit d'observer les fors, coutumes et priviléges de la ville, sans pouvoir jamais aller contre volontairement.

IV.

LES CONSULS.

Le titre romain de *consul* était resté en honneur en Bigorre. Dans les chartes du xi° siècle, le seigneur du pays a échangé son titre de *comte* contre celui de *consul* (consul Bigorritanus), et les vicomtes se sont intitulés *proconsuls*. Les magistrats municipaux conservèrent le nom de *consuls* jusqu'au moment de la Révolution. Le consulat était conféré par l'élection populaire; sa durée était limitée à un an. Il était indépendant de l'autorité seigneuriale. Ce triple caractère s'induit de chartes trop nombreuses pour qu'il soit possible de les citer toutes. « Sian elegits en lodict loc, cascun an, tres « cossos per la communautat deudit loc, segon que es acos- « tumat[1]. » Le principe d'élection est partout reconnu, non comme un droit nouveau, mais comme une coutume observée de temps immémorial. Il fut respecté durant des siècles, et ce n'est que sous Louis XV que, dans plusieurs communes de Bigorre, l'élection des consuls fut retirée au peuple pour être conférée à un conseil politique. Le suffrage universel,

---

[1] *Coutumes de Guizerix.*

qui avait existé dans nos montagnes sous le gouvernement féodal, n'a fini par s'éteindre que la veille même de la révolution de 89.

L'article 26 des priviléges de Lourdes, après avoir dit que les consuls sont élus par la communauté le jour de la fête de l'Assomption, ajoute que le seigneur doit faire procéder à leur réception et à la prestation de leur serment, pourvu toutefois qu'ils soient capables. « Dominus debet facere eos reci-« pere et jurare dummodo sint sufficientes. »

Les consuls, magistrats populaires, étaient cependant indépendants de l'autorité seigneuriale. L'article 44 de la coutume de Guizerix porte qu'ils ont juridiction jusque sur la famille du seigneur, excepté sur ses enfants naturels et son juge ordinaire. Leurs décisions devaient être exécutées sans contradiction. « *Item* que losdits cossos poscan coneysse de tots exces « cometuts per la familia deu senhor, exceptat sos filhs naturaüs « et son judge ordinari; et las sententias dadas executar sens « deguna contradictioo a lor coneyssensa et ordonnansa. »

Ce qu'il y avait même de remarquable, c'est que certaines coutumes, après avoir interdit au seigneur de faire des *statuts*, *ordonnances*, *constitutions*, sans le consentement des consuls, permettaient à ceux-ci de faire, avec le simple consentement du baile, des statuts en matière pénale et non pénale : « Poscan « fe estatuts penaus et no penaus [1]. »

Quels étaient le pouvoir et les attributions de ces élus du peuple? C'étaient les chefs, les représentants et les tuteurs de la communauté. Ils étaient chargés de la rédaction et de l'exécution des règlements de police. Ils convoquaient les assemblées générales et proposaient les points sur lesquels devaient porter les délibérations.

---

[1] *Coutumes de Guizerix*, articles 18 et 43.

Les consuls n'étaient pas seulement chargés de veiller au maintien de l'ordre, à la salubrité et à la sécurité publiques; dans nos constitutions urbaines du moyen âge, ils étaient encore de véritables juges, *consules seu judices*, disent plusieurs chartes.

Il serait difficile de définir d'une manière absolue et générale l'étendue du pouvoir judiciaire du consulat bigorrais. Il faut tenir compte des vicissitudes du temps, de la diversité des mœurs des différentes localités, de la concession de certains priviléges spéciaux.

Tantôt les consuls n'avaient attribution que pour les petites affaires, tantôt ils allaient jusqu'à prononcer la peine de mort. Ainsi à Guizerix ils avaient la juridiction haute, basse et moyenne. Ils pouvaient connaître de toutes les affaires civiles et criminelles. Ils avaient seuls le droit, refusé au seigneur, de faire mettre l'accusé à la question et de régler le mode de torture.

La cour des consuls, souveraine en certains lieux, n'était ailleurs qu'un tribunal de simple police.

Par lettres patentes du 29 mars 1577, confirmatives d'un règlement de 1573, Henri de Navarre ordonne « que les con-
« suls connoistront de toutes causes civiles ez matières légères,
« de peu d'importance, faciles à juger, excepté de matières féo-
« dales ni rigueur ou *debitis*[1], ni faire clausion, ni ordonner
« enqueste secrète; ains les témoins seront ouïs sur-le-champ
« en audience, et l'appointement ou sentence prononcé ver-
« balement, sans que les consuls puissent prendre, en telles
« matières légères, aucun salaire, ni, en matières graves, plus

---

[1] « *Debitis*, terme de chancellerie, qui s'appliquait à un mandement général « obtenu pour contraindre les débiteurs, par saisie, vente et exploitation de leurs « biens, à payer leurs dettes. » (Chéruel, *Dictionnaire des institutions de la France*, t. I, p. 262.)

« grand salaire que le greffier, qui est six liards pour chaque
« témoin et deux sous pour audition de parties ou réponse ca-
« tégorique où sera question du fait des parties. Elles seront
« ouïes en jugeant du fait par leur bouche. Toutes les procé-
« dures criminelles qui se faironr et instruiront par les con-
« suls et leur assesseur se faironr à leurs dépens, ensemble la
« poursuite des appellations interjetées en la cour de parle-
« ment de Toulouse, sauf à se faire rembourser les frais de
« justice sur les biens des condamnés, au préalable les amendes
« préférées. Comme aussi pourront lesdits consuls connoistre
« par prévention de toutes causes criminelles comme des ci-
« viles des habitans dudit Baréges. »

Ces lettres de Henri furent confirmées par de nouvelles lettres, enregistrées à la sénéchaussée de Bigorre le 18 juillet 1584 ; il y est dit que les consuls ne pourront connaître que « des matières concernant les aliments, médicaments et autres « semblables provisionnelles, et de toutes autres n'excédant que « deux écus d'or en principal, qui est dix livres tournois. »

Le parlement de Toulouse, par arrêt en date du 3 février 1606, dûment signifié, permit aux consuls d'exercer la justice criminelle avec la civile concernant la police, salaire des serviteurs, provisions d'aliments et autres affaires de peu d'importance, jusqu'à ce que autrement en eût été ordonné, avec défense aux officiers de Tarbes d'y porter empêchement, à peine de 500 livres.

Les consuls avaient un costume mi-parti rouge et noir, en drap.

Henri II, roi de Navarre et comte de Bigorre, permit, en 1577, aux consuls de Baréges de porter, comme les autres consuls du pays, chaperons et livrées.

Leurs gages variaient suivant les lieux. A Lourdes, ils recevaient cent livres tournois pour salaire, trente livres pour des flambeaux qu'on avait coutume de leur offrir et une somme indéterminée pour achat du chaperon.

Anciennement les deux premiers consuls prenaient le titre de *gardes*, parce qu'ils étaient plus spécialement chargés de la recette et de la garde des deniers communaux.

A l'expiration de leurs fonctions, les consuls devaient rendre compte de leur administration.

Les consuls avaient sous leurs ordres des agents subalternes connus sous divers noms, selon les localités : *patrouillers* en Azun, *messiers* en Baréges. On lit, dans les anciens titres de Campan et dans un dénombrement de 1776, que la communauté est en droit de nommer un valet appelé *manamenté*, qui porte pour marque de sa charge un bâton tordu en forme de caducée, pendant à sa ceinture. Il prête serment entre les mains des consuls, fait payer les impositions royales, arrête et amène en prison les rebelles.

Campan nommait encore deux autres valets appelés *hisances*. Ils étaient chargés de l'exécution des mandats de police, et surtout de la vente à l'encan des biens saisis faute de payement des tailles. Ils ne prenaient aucun salaire pour les encans des biens des habitants, et cinq sous seulement pour chaque encan des biens des étrangers.

V.

LES JUGES ET LES JURATS.

En Béarn anciennement les juges prenaient le titre de *ju rats*, «jurés,» à cause du serment qu'ils étaient obligés de prêter. On disait : *les jurats de la cour majour, les jurats de Vic*. Les seigneurs de Béarn avaient le droit de nommer des jurats; le seigneur majeur les nommait primitivement dans les justices particulières. Plus tard les communautés s'arrogèrent ou obtinrent le choix des jurats.

En Bigorre, le titre de *jurat* est peu usité; cependant il se retrouve dans quelques chartes. Un titre de 1272[1] fait mention de jurats de la ville de Saint-Pé-de-Générest (*jurati villæ Generensis*). Dans le «vidimé et confirmation» des priviléges d'Ibos du 13 avril 1377[2], on voit que la justice est rendue dans la ville, en matière civile et en matière criminelle, par le baile, les gardes et les jurats. On remarquera que, dans plusieurs actes que nous aurons occasion de citer, les consuls et les jurats sont mentionnés comme des magistrats distincts.

Le nom de juge (*judex, judge*) est celui qui se retrouve le plus souvent employé en Bigorre. Le for d'Azun consacre quelques articles au juge ordinaire (*judge ordinari*). Ce magistrat est obligé de juger lui-même et il ne peut se faire remplacer par un lieutenant que lorsqu'il est obligé de s'absenter du pays. Il ne peut mettre personne en prévention qu'après information. Il lui est interdit, sous peine de parjure (*sus pene de perjuri*), de prendre part avec les bailes et notaires au profit des jugements qu'il a rendus. Le juge d'un crime doit agir avec sagesse et fermeté, exercer la justice et chercher la vérité, afin de réprimer tous les désordres, sans fraude, sans malveillance et sans faiblesse. Il doit accepter les cautions convenables et ne pas prolonger les détentions; il est obligé d'agir avec une célérité raisonnable. Enfin le même for lui impose le devoir de visiter par lui-même ou par un lieutenant, au moins une fois l'an, tout son ressort, afin de vérifier la nature des crimes et de les constater.

VI.

LE PROCUREUR DU ROI ET LE PROCUREUR COMTAL.

Parmi les officiers de justice, le for d'Azun mentionne le

---

[1] *Cartulaire de Saint-Pé*, p. 406.
[2] *Glanages*, t. I, p. 253.

procureur du roi (*lo procurayre deu rey*). Le procureur du roi ou procureur comtal (*procurayre, procurator*) avait des fonctions multiples. Officier du ministère public, il requérait les juges de faire leur devoir : une charte que nous citerons plus loin porte que les assises ont été tenues à la réquisition du procureur, « ad requisitionem procuratoris nostri, » Commissaire du seigneur, il veillait à l'exécution des mandements du comte ou de la justice. Collecteur d'impôt, il se chargeait de faire rentrer les tributs et redevances. A ce titre il était souvent mal accueilli par les pauvres et rudes habitants des hautes montagnes. A l'entrée du val d'Azun on donne encore le nom de *Saut du Procureur* à un abîme où jadis, dit-on, un procureur comtal fut précipité.

VII.

LE TRÉSORIER DE BIGORRE.

Le trésorier de Bigorre figure dans le for d'Azun au nombre des officiers du roi dans le pays. Il devait participer avec le sénéchal à la nomination des sergents, puisqu'il était tenu de jurer qu'il n'en nommerait qu'en cas de vacance. On lit dans le même for que le trésorier doit payer au sénéchal, aux juges, à l'avocat du roi, aux châtelains et autres officiers royaux, leurs salaires et gages, de ses propres mains, entièrement, sans retard, sans fraude, aux termes échus, en argent comptant, ainsi qu'il doit jurer de le faire.

On était obligé, sous la foi du serment, de fournir exactement au trésorier copie de toutes les sentences et condamnations.

Enfin le trésorier était dépositaire d'une copie des livres de la vallée.

Quelquefois ceux à qui les salaires étaient dus s'en prenaient au trésorier s'ils n'étaient pas exactement payés. Les archives de Pau possèdent une réclamation d'indemnité adressée aux états par un comptable emprisonné par le capitaine Salahay, parce qu'il n'avait pas eu de fonds pour payer ses gages.

VIII.

LES AVOCATS.

Notre pays n'a jamais manqué d'avocats. Sans doute anciennement le droit exclusif de plaider les causes ne leur était pas réservé; chacun pouvait défendre soi-même ses intérêts; mais tout le monde ne savait pas les défendre. Aussi l'aide d'hommes versés dans les affaires et exercés à l'art de la parole fut toujours utile et souvent nécessaire lorsque la science des lois devint compliquée.

Les plus anciennes coutumes en font mention. Le vieux for de Béarn oblige le juge à désigner un avocat aux parties qui n'en ont pas, et punit l'avocat qui refuse, en ce cas, de se charger de la cause.

Henri II, roi de Navarre et comte de Bigorre, fit des ordonnances pleines de sagesse pour relever la profession d'avocat et en régler les devoirs.

Pour être reçu avocat, il fallait avoir fait des études dans une université, et avoir été examiné et admis par le juge, sur la réquisition du procureur général, chargé de s'enquérir de la vie et des mœurs de ceux qui se présentaient. Nous citerons quelques dispositions remarquables de l'ordonnance de Henri II.

« Art. 69. — Voulons que les avocats qui seront trouvés
« capables et suffisants jurent de ne prendre ni soutenir au-
« cune cause injuste selon leur jugement; que, lorsque dans le
« cours de l'instance ils découvrent l'injustice, ils abandonnent
« l'affaire; qu'ils défendent fidèlement le droit des parties;
« qu'ils se contentent de salaires modérés, eu égard à la cause
« et à la fortune de leurs constituants; qu'ils ne proposent au-
« cun fait calomnieux; qu'ils tiennent secret le droit de leurs

« clients, sans en rien révéler; qu'ils portent honneur et révé-
« rence tant aux ministres de la justice qu'aux avocats plus
« anciens.

« Art. 72. — Les avocats en plaidant seront l'un d'un côté du
« bureau, l'autre de l'autre, couverts d'habillements décents et
« modestes, et dignes de leur profession. Ils déduiront les rai-
« sons des parties, sans user de paroles superflues, injurieuses,
« malsonnantes et ne servant pas au procès, sous peine d'in-
« terdiction d'un an pour la première contravention, et perpé-
« tuelle pour les autres, avec amende arbitraire.

« Art. 78. — Faisons inhibitions et défenses aux avocats
« d'être prolixes et de répéter les mêmes faits deux fois dans
« leurs plaidoiries ou écritures, à peine d'amende arbitraire,
« à laquelle mandons aux juges de les condamner. »

Plusieurs coutumes, comme celles de Béarn et celles de
Soule, punissaient de peines arbitraires les longueurs et les
redites. Nous ne pouvons pas recueillir ici toutes les dispositions
qui formaient en quelque sorte un code complet de l'avocat.
Ainsi les fors leur prescrivaient la présence aux audiences, du
commencement à la fin, le silence et la bonne tenue[1], le respect de la chose jugée, un inventaire de toutes les pièces pro-
duites, inventaire raisonné et signé par un notaire, enfin l'obligation de renouveler leur serment professionnel tous les ans
le premier jour d'audience après les Rois.

Les fors leur défendaient, sous peine d'être privés de leurs
offices et d'être poursuivis, d'acheter des actions litigieuses ou

---

[1] Dans la Navarre française il est enjoint aux avocats de rester paisiblement sur leurs siéges, de ne pas se lever sans nécessité, de se retirer sans murmurer quand ils perdent leur procès, le tout sous peine d'une amende de dix livres carlines au moins. L'avocat condamné était obligé de garder les arrêts jusqu'à ce que l'amende fût payée, et cette somme était consacrée à la réparation du palais. (*Stil de la chancellaria de Navarra*, rubrique *Judge et advocatz*, article 2.)

de stipuler une part de bénéfice dans les procès. Ils leur défendaient encore de faire des frais frustratoires, etc.

Les ecclésiastiques pouvaient anciennement plaider; en Bigorre il existait un grand nombre de monastères importants, refuge renommé, et presque unique dans le pays, des lettres et des sciences. Lorsque les moines ne figuraient pas comme juges dans les procès soumis à leur décision par le comte ou par les parties, ils devaient y figurer comme avocats. Plus tard, le titre d'avocat imposa des obligations incompatibles avec les devoirs du clergé. Le for revisé de Béarn ne permet aux religieux de plaider qu'avec l'autorisation de leur supérieur, pour des vols faits à l'église et pour autre cause ecclésiastique. Il ne permet enfin au prêtre d'être avocat que pour la veuve ou l'orphelin, pour un indigent ou pour un prêtre, pour un membre de sa famille ou pour lui-même.

Les coutumes de Bigorre ne se préoccupent pas beaucoup des avocats. Le for d'Azun ne leur consacre qu'un article, sous le titre : *Can deu lhevar l'avocat en la cort*, combien peut prendre un avocat à la cour. « *Item* nous avons en notre for
« et coutume, aujourd'hui et de tout temps, en la terre d'Azun
« et de Bigorre, que l'avocat plaidant dans les cours de bailes
« reçoive seulement (*receba tant solamen*), pour la première cour,
« 5 sous tournois, rien de plus (*sies plus*), et pour toutes les
« autres cours où il plaidera (*per totas las autras corts tan cum*
« *avocara*), pour le même homme ou la même femme, 18 de-
« niers morlàas, rien de plus, dans chaque cour. »

Henri II impose un silence perpétuel à l'avocat qui a laissé passer trois ans sans réclamer son salaire.

IX.

LES NOTAIRES ET LEURS SUBSTITUTS.

Le mot *notarius*, *notari*, est pris, dans les fors de Bigorre, dans le sens de greffier, de simple secrétaire, d'écrivain gardenotes, enfin de notaire chargé de rédiger des actes qui devaient faire foi en justice. Le greffier en chef du parlement de Paris prenait le nom de *protonotaire*, et les quatre greffiers de la grande chambre, celui de *notaires de la cour*.

Les notaires proprement dits se multiplièrent en France à partir du xe et du xie siècle. Plusieurs chartes de Bigorre, plusieurs actes des cartulaires des abbayes, plusieurs décisions judiciaires, sont rédigés par un notaire, qui se qualifie tantôt de *notaire public*, tantôt de *notaire comtal*, tantôt de *notaire royal*, tantôt de *notaire apostolique*, tantôt enfin de *notaire impérial*. Cette dernière qualification, qu'on retrouve notamment dans une transaction du xive siècle entre l'abbé de Larreule et le seigneur de Parabère, paraît un titre étrange dans un pays gouverné par un roi. En voici l'explication, d'après le nouveau Traité de diplomatique des bénédictins [1].

Vers la fin du xiiie siècle les notaires apostoliques et impériaux, qui n'avaient d'abord été établis par les empereurs et les papes que pour les villes d'Italie de leur dépendance, se répandirent presque partout. Ils instrumentèrent librement en France et en Angleterre. « Fondés, dit Laurière, sur le « principe, rapporté par Balde [2], que ceux qui ont *merum impe-* « *rium* pourront exercer partout ce qui est de la juridiction vo- « lontaire, leurs notaires peuvent aussi partout recevoir des actes « entre tous ceux qui veulent bien avoir recours à eux. » Comme en France les notaires impériaux préjudiciaient aux autres, en 1490 Charles VIII défendit aux laïques de faire passer par ces notaires leurs contrats en matières temporelles, sous peine de « n'estre foy adjoutée auxdits instrumens, lesquels doréna- « vant seroient réputés nuls et de nulle force et vertu. »

---

[1] T. V, p. 69.
[2] *De tabellionibus*, n° 32.

Les *notaris* étaient en Bigorre greffiers et notaires. Ils rédigeaient les actes et en restaient dépositaires. Dans une charte du cartulaire de Saint-Savin (p. 47) on lit : «Nous Garsias «de Serres, avocat des causes fiscales, lieutenant de noble et «puissant seigneur Pagani de Malhino, sénéchal de Bigorre «pour notre seigneur le roi de France, à notre cher maître «Dominique de Lostel, notaire royal, salut. M° Arnould de «Mate, jadis notaire de Saint-Savin, avait retenu plusieurs «contrats, lorsque la mort le surprit et l'empêcha d'en mettre «au jour les rédactions, ce qui était très-fâcheux. Voulant re-«médier à ce malheur, nous vous conférons et donnons par ces «présentes tous les livres, protocoles et chartes dudit notaire «(*omnes libros, protocolos et cartapellos*), car nous avons pleine «foi dans votre fidélité et dans votre habileté. Donné à Tarbes, «le 4 mai 1338. De Serres, avocat du roi.»

Le même cartulaire de Saint-Savin (p. 48) cite une curieuse sentence de la cour de Lavedan, rédigée et constatée par un notaire public. Le for d'Azun renferme plusieurs dispositions relatives aux notaires. Il leur impose l'obligation de jurer sur les quatre Évangiles qu'ils copieront sur leurs livres, au plus tard dans les huit ou dix jours, les actes qu'ils auront retenus, sous peine d'une amende de 2 marcs d'argent pour le roi. Il leur enjoint de montrer leurs livres aux parties, à la première réquisition, moyennant une rétribution de 5 sous tournois sans compter les écritures. Le notaire qui instrumente dans son ressort ne doit recevoir que 5 sous tournois pour une vente à l'encan, sauf le salaire des écritures. Il ne peut exiger davantage, à moins que, sur la réquisition des parties, il n'ait été obligé de se transporter hors de son ressort. Il est défendu aux notaires d'affermer en leur nom les droits de plainte et de contumace, afin d'éviter des soupçons de fraude.

Les notaires participaient en quelque sorte à l'office du

juge. Le for d'Azun leur recommande, lorsqu'ils sont chargés d'informer sur quelque crime, d'agir loyalement, sans fraude et sans tromperie. Il leur défend d'impliquer une personne dans une procédure, avant information loyalement faite par eux et soigneusement vérifiée par le sénéchal, son lieutenant ou le juge ordinaire. Lorsque les juges et bailes ont poursuivi quelqu'un pour des excès dont ils avaient droit de connaître, les notaires ne peuvent plus poursuivre pour le même fait le même individu, soit qu'il ait été absous, soit qu'il ait été condamné. Le for rend les notaires responsables des fautes qu'ils ont commises par négligence et incapacité. Ils sont condamnés aux dépens envers les parties, et, en cas de simple négligence, ils ne perçoivent que la moitié du salaire de leurs écritures.

Les travaux du notariat s'alliaient assez mal avec la noblesse, et l'on ne pouvait guère s'y assujettir sans déroger. Aussi les nobles, qui ne dédaignaient pas les profits des notairies, les faisaient gérer, comme on fait aujourd'hui gérer un bureau de tabac. Le for d'Azun exige que les substituts de notaire soient capables et qu'ils subissent un examen, soit devant le sénéchal et les juges de Bigorre, soit devant l'avocat du roi délégué par le sénéchal. Ils étaient ensuite tenus de jurer en leur présence de bien et fidèlement remplir leurs fonctions. Enfin ils étaient obligés de fournir caution suffisante.

Les priviléges de Tarbes recommandent aux notaires de se contenter des journées et salaires, « se contentar de las jor-« nadas et salairs, » en usage selon la taxe de Toulouse. Elle leur prescrit de n'engager aucun procès sans la requête des parties.

Le for de Béarn consacre aux notaires une longue rubrique de vingt-deux articles. Il prescrit de sages mesures pour empêcher l'exagération des honoraires et assurer la conservation des minutes. Les doubles grosses sont défendues. Les grosses devaient avoir au moins 26 lignes, et chaque ligne 5 mots, sans compter les monosyllabes. Trois mois avant la fin de leur notariat, les notaires étaient obligés, sous peine d'amende et même d'emprisonnement, de remettre avec un bon inventaire leurs registres entre les mains des jurats. Ces magistrats les déposaient dans un lieu sûr, dans un coffre à deux clefs, dont ils gardaient l'une et dont ils remettaient l'autre au notaire successeur. Les notaires, à l'expiration de leurs fonctions, « finit lo termi de lor notarie, » juraient solennellement sur le *Te igitur* et la sainte croix, en présence du juge, qu'ils rendaient à leurs successeurs toutes les pièces des procès pendants à la cour, tous les documents, productions et enquêtes, sans en rien retenir et sans en rien laisser falsifier, sous peine d'être poursuivis comme faussaires.

X.

LES SERGENTS.

Le for d'Azun s'occupe beaucoup des sergents, dont le nom ne se retrouve pas dans les fors des contrées voisines de la Bigorre. Les Romains avaient des *appariteurs*, chargés de l'exécution des mandements de magistrats; des *licteurs*, chargés de précéder les dignitaires afin d'écarter la foule; des *viatores*, chargés d'aller à domicile sommer les parties d'avoir à comparaître à une audience. Ces fonctions étaient méprisées à Rome. Aulu-Gelle[1] et Strabon[2] nous apprennent que des déserteurs qui avaient fui devant Annibal furent condamnés à servir les magistrats comme appariteurs. Une ville, comme expiation de sa révolte contre Rome, fut obligée de lui fournir des appariteurs.

[1] *Nuits attiques*, l. X.
[2] *Géographie*, l. V.

L'étymologie du mot *sergent* a occupé les recherches de plusieurs anciens auteurs : les uns la font venir de *serre-gens*, mettre les gens sous serrure ; les autres, de *serre-argent*. Pour nous, ce mot dérive évidemment de *serviens*, *sergiens*[1]. Dans la vieille Histoire de Saint-Denis, l'auteur de la Vie de Louis le Débonnaire appelle les serviteurs de Dieu les *sergents de Dieu*. Le Roman de la Rose nomme les amoureux les *sergiens d'amour*. Un registre du parlement de Paris de l'an 1317 appelle les huissiers *valeti curiæ*. Les fors de la Bigorre disent toujours *sirbent*, «serviteur,» pour *sergent*.

Anciennement les sénéchaux et les bailes employèrent leurs domestiques pour faire exécuter leurs sentences. Ils confièrent ensuite cette mission à des personnes de leur choix. Le nombre des sergents devint si considérable, que saint Louis s'occupa de les réduire pour Paris à soixante et dix à pied et trente-quatre à cheval. La réduction des sergents eut lieu également en Bigorre. Le for d'Azun a une rubrique ainsi conçue : «Qu'il ne soit plus fait de sergents contre les statuts. *Item* «que le sénéchal, le trésorier de Bigorre et tous autres offi- «ciers du roi soient tenus par serment de ne faire ni créer «des sergents royaux outre le nombre et statut par nous ré- «formés (*otra lo nombre et statut per nos reformadoos*), à moins «de vacance pour cause de décès ou de destitution.» Le for d'Azun ordonne à chaque sergent de porter un bâton fleurde-lisé, «un basto ab las floos de liis,» lorsqu'il exerce ses fonctions dans le ressort de sa sergenterie. Chaque fois qu'il fera une exécution, il sera obligé de montrer sans difficulté à ceux qui désireront les voir ses lettres de *sergenterie*.

Le mot *sergenteria*, «sergenterie,» si souvent reproduit dans

[1] Les lettres *v*, *b*, *g* se substituent facilement l'une à l'autre : *vascon*, *basque*, *gascon* ; *serviens*, *serbiens*, *sergiens*. En Bigorre on dit encore *serbenta*, *sirbenta* pour «servante.»

les fors du pays, désigne l'office du sergent et le ressort dans lequel il exerçait sa charge. Les sergenteries, comme les vigueries, étaient souvent aussi un domaine seigneurial. Les possesseurs de ce véritable fief avaient le choix des sergents, pourvu qu'ils remplissent les conditions. Un article du for d'Azun porte : « Que nul sergent ne soit assez osé (*no sia tan* «*ausart*) pour exercer l'office de sergenterie avant d'avoir été « trouvé capable par nous et avant d'avoir obtenu notre con- « firmation et approbation, sous les peines portées par nous. » Ces peines étaient la perte de l'office et une amende de 10 livres tournois. Il était défendu aux sergents de se faire payer d'avance quand ils allaient faire une saisie, à moins que leur salaire ne leur fût volontairement offert. Il ne leur était dû pour chaque amende (*lega*) que 6 deniers tournois. Il leur était défendu, pour se payer eux-mêmes, de vendre les objets mis en gage. Lorsque le sergent royal avait une exécution à faire, soit pour dette fiscale, soit pour dette privée, il était tenu de se présenter à heure fixe devant le baile pour lui montrer la citation et l'ordre de saisie. Il ne pouvait agir que par l'ordre du baile ou de son lieutenant.

Les sergents étaient si nombreux que le for limite le nombre de ceux qui doivent assister à une saisie. Si la somme objet de la saisie est de 20 livres tournois, un seul sergent suffit; si elle est de 50 livres, deux sergents suffisent; si elle est de 100 livres et au-dessus, quatre sergents. Ce nombre ne pouvait jamais être dépassé, à moins qu'il n'y eût à comprimer une rébellion. Dans ce cas, le sénéchal ou la cour du pays fixaient le nombre d'hommes nécessaire.

M. Berriat-Saint-Prix a publié, dans les Mémoires de la Société des antiquaires de France[1], un curieux mémoire sur

---

[1] T. XI, p. 330.

les violences exercées jadis contre les sergents. Nos fiers seigneurs dans leurs châteaux forts, au milieu des hautes montagnes, ne reçurent pas toujours très-convenablement les sergents chargés contre eux de pénibles missions. Le for d'Azun ne s'inquiète nullement des outrages qu'on pourrait adresser aux magistrats, mais il sent la nécessité de protéger les sergents. Il a une rubrique intitulée : *Que negun no sia ausart de murmura contre los sirbents,* « que personne n'ait l'audace de « murmurer contre les sergents. » Cet article défend d'être assez osé pour prononcer des paroles grossières (*palaüras desonestas*) contre les sergents qui procèdent à des exécutions.

XI.

LES CHÂTELAINS.

Les capitaines de châteaux, nommés « châtelains de Bigorre » (*castelaas de Bigorre*), étaient jadis chargés d'arrêter les malfaiteurs et de les garder en prison. Le for d'Azun leur ordonne de se transporter partout où éclatera une rébellion, et leur alloue 5 sous tournois pour chaque arrestation. Quelques prisons conservèrent en Bigorre une grande importance, notamment celle de Lourdes, qui jusqu'à la Révolution servit de succursale à la Bastille, et renferma de très-hauts personnages.

Plusieurs fors recommandent aux châtelains de ne tenir les prisonniers ni plus ni moins rigoureusement que l'ordre ne leur en est donné. Ils doivent, par eux-mêmes, ou par un de leurs employés, fournir et servir les aliments aux accusés de crime capital. Ils sont enfin assujettis aux obligations imposées plus tard aux geôliers, qui les remplacèrent.

CHAPITRE X.

I. Cour d'assises. — II. Cour de Bigorre. Cour de Tarbes. — III. Cour de Bagnères. — IV. Cour de Lourdes. — V. Cours diverses des villes et vallées. — VI. Justice haute, basse et moyenne.

I.

COUR D'ASSISES.

Les rois de France convoquaient jadis le « mal » (*mallum*) ou assemblée nationale et surveillaient la manière dont les comtes faisaient exécuter les lois. Leurs messagers (*missi dominici*) parcouraient les provinces pour vérifier, selon les termes d'une ordonnance de Louis le Débonnaire, si la justice avait été bien rendue et si le peuple avait été convoqué aux lieux accoutumés. Cet usage, fidèlement suivi du temps de Charlemagne, tomba en désuétude sous ses faibles successeurs. Des cours de justice furent créées; elles étaient d'abord ambulatoires, elles devinrent plus tard sédentaires. Le comte de Bigorre allait lui-même présider des assises dans certaines villes. Il se fit ensuite représenter par le sénéchal, et le sénéchal à son tour laissa exercer son pouvoir par des juges inférieurs. Longtemps après que des tribunaux nombreux furent fixés dans les villes et les vallées, on continua à tenir des assises. Il est souvent question de *sizas, ascisias* dans les vieux fors de Bigorre[1].

Le for d'Azun consacre plusieurs articles aux assises du sé-

---

[1] Une ordonnance de 1190 donne aux sessions des baillis le nom d'*assises*. Ces assises, pendant longtemps, n'eurent pas de siége fixe. (*Ordonnances des rois de la troisième race*, t. XXI, p. cxxi.)

néchal de Bigorre. Le sénéchal doit tenir son audience, soit pour les affaires fiscales, soit pour les causes privées, dans les lieux importants de la sénéchaussée, où les assises ont coutume d'être tenues : « en los lochs solempnes de la senescaudia « de Bigorra en los acostumatz de thier las sisas. » Les juges ordinaires du pays et tous les officiers royaux doivent y assister comme conseillers du sénéchal, qui est obligé d'agir avec modération, après avoir recueilli les avis, après des enquêtes religieusement faites et une information loyale. Lorsque la session est terminée, le sénéchal est tenu de faire inscrire à la fin d'un registre et de faire publier la date du jour où s'ouvriront les assises suivantes. Le sénéchal pouvait se faire remplacer par son lieutenant.

Le juge ordinaire tenait aussi des assises. Il lui était recommandé d'agir avec modération, de faire donner les assignations à temps, de laisser un intervalle convenable entre les diverses sessions, d'être exact aux heures d'audience et d'éviter la coïncidence de ses assises avec celles du sénéchal.

Les consuls plus tard obtinrent, dans certaines localités de la Bigorre, le privilége de pouvoir tenir, à la réquisition du procureur comtal ou vicomtal, des assises annuelles pour la punition des malfaiteurs. Si les consuls négligeaient de remplir ce devoir, le juge ordinaire avait la faculté de les remplacer et d'infliger des peines, sauf le droit du roi ou du comte.

II.

COUR DE BIGORRE. — COUR DE TARBES.

Des cours sédentaires commencèrent à s'établir dans les villes et jusque dans de simples villages.

La cour de Bigorre, composée des barons et des hauts personnages du pays, se réserva longtemps les affaires les plus importantes. Plusieurs chartes citent les noms des juges de la cour de Bigorre, «judges de la cort de Bigorre.» Elle était fixée à Tarbes; cependant quelquefois elle se transporta dans les environs. En janvier 1304 une contestation grave entre le procureur du roi de France et deux habitants de la vésiau d'Ibos fut portée devant la haute cour. Un acte du temps [1] nous apprend que toute la vésiau avait été convoquée et réunie, pour cette affaire, dans la barbacane d'Ibos, selon la coutume : «E ladite besiau d'Yvos mandade, amassade per aysso «e speciaument, e en la barbacane d'Yvos ajustade, segon que «acostumat es.»

La cour du sénéchal de Bigorre était composée d'un juge mage et de plusieurs conseillers. Le roi, en 1654, l'érigea en siége présidial, en adjoignant aux anciens magistrats deux présidents et un prévôt de la maréchaussée avec douze archers. Sept ans s'étaient à peine écoulés qu'un édit royal supprima, en 1663, le présidial et rétablit la cour du sénéchal dans son ancien état.

Une cour comtale était établie dans les villes maîtresses (*mestressas villas*) : telles étaient les villes de Tarbes, Lourdes, Bagnères, Vic, Rabastens, etc. C'est là que le seigneur de Bigorre faisait placer des piliers, fourches et ceps, qu'il n'aurait pas eu le droit de tenir sur d'autres terres nobles. Les maîtresses villes étaient chefs de bailliage ou de quarton (*cap de bailliage* ou *cap de cartho*). Chaque chef de quarton ou quarteron se composait de trente à quarante villages.

Cette division formait la règle, mais toutes les règles, au moyen âge, avaient de nombreuses exceptions; ainsi des vallées, comme la vallée d'Azun, ne ressortissaient à aucun quarteron, quoiqu'elles fussent du ressort du sénéchal de Bigorre.

Tarbes était du domaine du comte. La cour de la ville se

---

[1] *Glanages*, t. XXV, p. 150.

composait de sept juges, quatre habitants du Bourg-Vieux, deux du Bourg-Neuf, et un du Maubourguet. Ces trois quartiers, nommés *les trois cadènes*, jouissaient de divers priviléges, notamment de la faculté laissée à chaque habitant de pouvoir acheter des biens nobles.

La cour de Tarbes avait encore cinq juges d'appel, quatre pris dans le Bourg-Vieux et un dans le Bourg-Neuf. Ces juges étaient élus tous les ans.

Le quartier de la Sède appartenait à l'évêque et au chapitre, qui en étaient seigneurs hauts justiciers. Ce quartier était divisé en trois parties, nommées Martiac, Mataloup et rue Longue. Il était gouverné par cinq juges, qui prêtaient serment au seigneur entre les mains du viguier.

Les priviléges de Tarbes contiennent diverses dispositions relatives aux juges. D'après l'article 2, les sept juges, ou du moins la majorité de ceux-ci, « sept judges qui son acostumatz « de estar en ladite ville o la plupart de aquets, » sont obligés de tenir cour trois jours la semaine dans les causes civiles et criminelles, et de se rendre à l'audience tous les jours et heures où leur présence était nécessaire et requise. Nous traduirons littéralement l'article 3 en entier : « *Item*, il est vrai que les « juges de la ville de Tarbes de toute antiquité (*de tote anti-* « *quitat*) ont coutume de tenir cour et d'exercer dans ladite « ville toute juridiction haute, basse et moyenne, mère, mixte, « empère, et de rendre droit et justice à chacun selon l'exi- « gence du cas. Pourtant, plus d'une fois il est arrivé auxdits « juges, par caprice, occasions frivoles ou occupations parti- « culières, de se montrer négligents ou peu disposés à obéir au « mandement du baile pour tenir l'audience, ce qui retarde le « cours de la justice. C'est pourquoi l'on supplie que, lorsque le « baile ou son lieutenant voudront tenir cour, ils fassent con- « voquer les juges à domicile. Selon l'usage et la coutume ils

« donneront ou feront donner douze gros coups par la grande
« cloche de l'église Saint-Jean, et, après ces douze coups de
« cloche, les juges auront un quart d'heure pour se rendre au
« lieu de leurs séances. Ceux qui, sans excuse légitime, man-
« queraient de s'y trouver, seront punis chacun de la loi petite
« de 5 sous morlàas, applicables au baile, et de 5 sous moins
« 1 denier, applicables aux réparations de la ville. Si leurs
« malices, ou récusations, ou négligences, ne faisaient que s'ac-
« croître (*crexens lors malicias, o recusations, o negligencias*), la
« peine à leur infliger pourra être arbitrairement augmentée
« à la discrétion du conseil de ladite ville. »

Le salaire des juges varia selon les temps dans la ville de Tarbes. Les habitants voulaient, d'après un ancien usage, que les rapporteurs ne pussent rien exiger des parties; les juges réclamèrent plus tard le droit de se taxer ou faire taxer quand ils ne seraient pas contents de leurs gages. Les priviléges portent en principe que les magistrats ne doivent rien exiger des parties, et lorsqu'ils sont requis par les plaideurs et qu'ils ont droit à un salaire, ce salaire doit être modéré.

III.

COUR DE BAGNÈRES.

La ville de Bagnères-de-Bigorre, dont les sources thermales ont une renommée qui remonte aux Romains, fut toujours une des plus importantes du pays. Ses députés aux états alternaient avec ceux de Lourdes pour la préséance.

Le censier de Bigorre (fol. 800) porte qu'en 1429 on y élisait douze juges à la Saint-Jean. Dans un titre de 1327[1], sur parchemin, relatif à un vol commis à l'église de Bagnères, on lit que le coupable avoua son crime en présence du baile royal de la ville et de onze juges de la cour dudit baile.

[1] *Archives de Bagnères*, liasse XIII, n° 1.

A côté des juges annuels, élus par la ville, se trouvaient des juges royaux, et leur double juridiction, mal définie, donnait lieu à de nombreux conflits. Les documents relatifs à ces rivalités abondent aux archives de Bagnères. L'an 1328, les consuls et les juges de la ville se plaignirent vivement au sénéchal de Bigorre d'être troublés par les juges royaux dans l'exercice de la justice civile et criminelle, dont ils étaient en possession par des priviléges remontant à un temps immémorial[1]. Des lettres patentes du roi de France à la date du 28 juillet 1328 et du 4 novembre 1338 signifièrent au sénéchal de Bigorre la défense de troubler les juges de Bagnères[2]. Une sentence du 24 mars 1567, rendue par Dupac, président du conseil du roi de Navarre, réduisit le nombre des juges de Bagnères de huit à quatre[3]. Le 11 juin 1567, Jeanne d'Albret supprima les juges qui, conjointement avec les consuls, exerçaient la justice criminelle, qui fut réservée aux consuls[4]. On trouve enfin dans les registres de la ville[5] que, le 1er mars 1660, les consuls de Bagnères rendirent hommage au roi pour la justice civile, criminelle et de police exercée dans le territoire de la ville.

IV.

COUR DE LOURDES.

La cour de Lourdes avait haute justice. « Le comte est *baile* « *de Lorde*, qui est un des quarterons et chefs de bailliage de la « comté et a beaucoup de villages appartenant aux nobles et « barons ressortissant audit lieu[6]. » Tous les consuls des villages

---

[1] Archives de Bagnères, liasse XII, n° 22.
[2] Liasse XII, n° 24.
[3] Liasse XII, n° 32.
[4] Liasse XIII, n° 2, orig. en parchemin.
[5] Registre B, p. 528.
[6] Voir le manuscrit cité dans ma *Chronique de Lourdes*.

du quarteronage et de la juridiction de la ville étaient tenus de se présenter une fois l'an devant les consuls de Lourdes, de leur dénoncer les crimes et délits à poursuivre. Tous les consuls et bailes de rivière venaient également faire la reconnaissance annuelle de leur soumission à la juridiction de Lourdes. Ils rendaient hommage aux magistrats de la ville, en leur donnant un dîner dont le prix s'élevait jusqu'à 30 sous par tête.

Le for de Lourdes, au lieu de baile, titre réservé au comte, cite le vicaire ou viguier (*vicarius*), et consacre aux juges deux articles, relatifs à leur élection annuelle et à leur réception par le seigneur.

V.

COURS DIVERSES DES VILLES ET VALLÉES.

Sans nous arrêter à rechercher l'organisation de toutes les petites cours de Bigorre, nous nous bornerons à recueillir rapidement les particularités les plus remarquables.

A Rabastens, la justice civile était exercée, au nom du comte, par un juge ordinaire. La justice criminelle était administrée par les consuls. Le lendemain de Noël le baile et les consuls présentaient douze prud'hommes au juge ordinaire, qui en choisissait six pour le consulat.

Montfaucon appartenait au comte en paréage avec un autre seigneur. Les juges connaissaient de la loi petite de 5 sous tolzas.

La cour de Vic-Bigorre se composait anciennement de six consuls ou juges, dont le nombre fut réduit d'abord à cinq, puis à quatre. Nous citerons plus loin une condamnation à mort prononcée par cette cour.

L'article 2 des privilèges d'Ibos concède à cette ville le droit de faire juger, par le baile comtal, par les gardes et jurats du lieu, toutes les contestations civiles qui pouvaient s'élever et tous les crimes qui pouvaient se commettre dans le territoire d'Ibos et ses dépendances.

De petites cours de justice s'établirent jusque dans des villages aujourd'hui sans importance, et se multiplièrent d'une manière inouïe. Ainsi, par exemple, voici les tribunaux qui existaient dans les seules vallées du vicomté de Lavedan.

A Argelès siégeait la cour majeure de Lavedan, « curia ma-« jor de Lavedano. » Elle était composée du baile de Lavedan et de six juges, « judices curiæ. »

La cour de Davantaygue se tenait à Préchac, simple village. Les juges n'avaient point de juridiction dans les lieux appartenant à l'Église ou à la noblesse. Ils prêtaient serment devant le baile du Lavedan.

Villelongue, village voisin de celui de Préchac, avait aussi sa cour. Cinq juges, élus chaque année par les habitants, exerçaient la justice basse au nom du prieur de Saint-Orens.

La cour de Beaucens exerçait la justice basse au nom du seigneur du lieu.

La cour de Saint-Savin, monastère renommé, avait une autorité plus grande. Chaque année, à la fête de la Saint-Jean, sept juges étaient élus par tous les habitants de la république (*republica de S. Savi*). « Ces juges, porte une vieille ordonnance, « après avoir presté serment, au cas requis, ez mains du baile, « exercent la justice au nom de sa Majesté, pour des causes mo-« diques et lois du sang, audit lieu de Saint-Savin, et en la place « commune devant la maison du Coq, et anciennement souloit « s'exercer au lieu appelé Mailhoalez [1]. »

La cour de Baréges, composée du baile et de six juges, connaissait des procès concernant les fonds de terre et autres affaires jusqu'à 65 sous morlàas; toute autre juridiction,

---

[1] *Monographie de Saint-Savin*, p. 129.

comme effusion de sang, mutilation de membre et confiscation de biens, appartenait au comte et à son sénéchal.

Enfin la vallée d'Azun avait une cour spéciale. Les fors inédits d'Azun sont ceux où nous avons puisé les documents les plus abondants et les plus curieux sur l'organisation de la magistrature en Bigorre.

VI.

JUSTICE HAUTE, BASSE ET MOYENNE.

Le vassal était obligé d'accepter la justice du seigneur. Ce mot *justice* avait des acceptions nombreuses et diverses. Il exprimait à la fois le droit de juridiction propre à chaque fief et l'exercice de ce droit, la composition des tribunaux et les sentences rendues. La procédure se nommait justice (*justitia duelli*); l'amende se nommait aussi *justice* ou *ley*, «loi.» Ce mot *justice* s'appliquait encore à l'exécution des jugements civils et criminels, et nul n'ignore la vieille expression : «laissez pas-«ser la justice du roi.»

Rien de plus obscur que l'origine des divers tribunaux, mais on s'occupa toujours d'en fixer avec soin la compétence. Cette compétence se déterminait souvent selon qu'il s'agissait de haute, de basse ou de moyenne justice.

«En toute la comté de Bigorre, le comte a juridiction haute, «mère, mixte, impère, tant en ses terres propres que aussi ez «terres des nobles et barons du pays.» Les barons et gentilshommes possédant des seigneuries n'avaient que la juridiction basse, à l'exception du seigneur de Castelbajac et du vicomte de Lavedan, qui avaient la loi haute, l'un dans toutes ses terres, l'autre uniquement dans sa terre de Castelloubon.

D'après d'anciens documents il paraîtrait que, primitivement, les fiers barons du pays jouissaient tous de la haute et de la moyenne justice. Lorsque les Anglais s'emparèrent de la

Bigorre, ils punirent les barons de leur attachement à la France en les dépouillant de leurs priviléges. Après une domination qui dura environ un siècle, l'étranger fut à jamais expulsé de nos montagnes. Pour suppléer aux titres incendiés, pillés ou enlevés, le comte de Bigorre chargea des commissaires, en 1429, de convoquer les consuls, jurats et habitants de chaque seigneurie, pour faire leurs déclarations des droits et priviléges du lieu. Les seigneurs qui étaient dispersés et privés de leurs papiers ne furent ni représentés ni appelés. Les consuls, jurats et habitants firent-ils toujours de bonne foi leurs déclarations sur les usurpations et les changements opérés par les Anglais? On les accusa d'avoir, selon leur habitude, *frauduleusement* affecté de diminuer les droits de leurs seigneurs, d'avoir réduit les barons à la justice basse, et d'avoir très-imparfaitement énuméré les fiefs et autres droits féodaux.

Le censier fut ainsi composé d'après des documents altérés ou peu exacts, à raison de la perte des chartes du pays, survenue dans des temps de confusion et de guerre, de pillage et d'incendie, de ruines et de désolation pour toute la Bigorre.

Nous avons beaucoup parlé et nous parlerons encore de haute, de moyenne et de basse justice.

« Le bas justicier, dit Boncenne[1], connaissait des contesta-
« tions concernant les droits dus au seigneur par les hommes
« de son fief.

« Le juge de la moyenne justice prononçait sur les actions
« réelles, personnelles et mixtes mues entre les sujets du sei-
« gneur ou intentées contre l'un d'eux.

« La haute justice comprenait les deux autres ; le haut justi-
« cier pouvait de plus donner des tuteurs et des curateurs, éman-
« ciper les mineurs, apposer des scellés et faire des inventaires. »

---

[1] T. 1, p. 105.

Ces distinctions si nettes et si précises sont dues aux jurisconsultes, et l'on se tromperait fort si l'on croyait qu'elles ont existé dès l'origine et qu'elles ont été toujours bien fidèlement observées au moyen âge.

Beaumanoir[1] n'indique que deux degrés de seigneuries particulières, la haute et la basse justice. Les Établissements de saint Louis[2] en indiquent trois, savoir : le baron (*li bers*), le *vavassor* et le gentilhomme ayant justice.

Le seigneur bas justicier cherchait toujours à agrandir sa juridiction et le seigneur haut justicier à faire respecter la sienne. Nous voyons, en Bigorre surtout, le juge de la loi basse fort soupçonné de tenter de dissimuler la gravité du délit et d'amoindrir l'amende, afin de rester compétent. Pour remédier à ces abus, le comte chargeait des juges ou bailes d'aller vérifier si le fait était de loi haute ou de loi basse. Le comte, pour la loi haute, levait 65 sous morlàas, valant 6 écus petits, et le seigneur de la loi basse ne prenait que 5 sous morlàas, valant 15 sous tournois.

Lorsque les juges avaient décidé qu'il y avait lieu à la loi haute et que la plaie était *leyaü* (c'est-à-dire ayant une certaine dimension), les juges et les gentilshommes étaient tenus de garder la mesure de la *grandor de la nafra,* «jusqu'à ce «que le baile du quarteron ou du cap du bailliage du ressort «du lieu où le délit avait été commis se présentât dans l'en-«droit et dît aux juges de lui montrer les mesures des bles-«sures faites pendant l'année où ils ont été juges.» Après avoir recueilli la déclaration des juges, qu'il y a lieu à la loi haute ou à la loi basse, «si a loc de la ley bassa ou de la ley haute,» le baile prend les mesures conservées, et fait ajourner les délinquants par-devant le sénéchal de Bigorre, ou devant les

---

[1] *Somme rurale*, t. II, c. xlviii, p. 338.
[2] L. II, c. iii, p. 93, art. 47.

juges du quarteron, pour faire prononcer l'amende due au comte, et des peines corporelles, s'il y a lieu. Lorsque la décision est rendue, le baile perçoit la loi.

Dans le moyen âge la compétence et la fixation du taux du premier et du dernier ressort ne furent pas très-nettement déterminées. Elles ne le furent que successivement, d'abord par l'usage, puis par les ordonnances. Ainsi la reine Jeanne, en laissant aux consuls de Lourdes le droit d'exercer la justice criminelle concurremment avec les officiers de la sénéchaussée, ordonna qu'ils continueraient à juger en dernier ressort les affaires sommaires au-dessous de 10 livres seulement.

Si les plaideurs s'adressaient à d'autres cours qu'à celle du lieu, la décision n'était pas nulle comme rendue par des juges incompétents, mais la cour qui se trouvait privée des droits de justice pouvait se plaindre de l'abandon de sa juridiction.

Nous avons trouvé dans le Livre vert de Bénac, à la date du 5 octobre 1405, un verbal fait par Guidama de Anla, sénéchal de Bigorre, sur les protestations et réclamations du procureur du vicomte de Lavedan. Les habitants de Gazost avaient intenté une action contre les habitants des Angles devant le sénéchal. Le procureur du seigneur de Lavedan requit le sénéchal de renvoyer la cause à la cour de Castelloubon, ou de déclarer qu'il agissait sans entendre empiéter sur les droits du vicomte de Lavedan, seigneur de Castelloubon, qui, durant cette instance, était à la guerre pour le service du roi. Le sénéchal se hâta de déclarer qu'une sentence interlocutoire qu'il avait rendue ne préjudiciait pas aux droits du seigneur de Castelloubon.

LIVRE DEUXIÈME.

LOIS CIVILES.

CHAPITRE PREMIER.

I. De la publication et des effets de la loi. — II. État civil. Baptême. *Fedexoos.* — III. Mariage. — IV. Fiançailles. — V. Conditions pour contracter mariage. — VI. Dot de l'homme. *Morgengabe. Tredzi.* — VII. Empêchements au mariage. Pénitence publique. — VIII. Célébration du mariage. *Sègue.* — IX. Puissance maritale; droit de correction. — X. Enterrements; repas; lamentations; *soberfoos.*

I.

DE LA PUBLICATION ET DES EFFETS DE LA LOI.

Nous avons dit que nous suivrions, autant que possible, l'ordre et les divisions établies par le législateur moderne; mais on sait que le législateur du moyen âge mêlait et confondait les règles de droit politique, de droit civil, de droit pénal, et les principes de procédure civile et criminelle.

Pour commencer, comme le Code Napoléon, par un titre préliminaire sur la publication et les effets de la loi en général, nous n'aurons que peu de chose à dire sur ce sujet.

Jadis la loi, pour être obligatoire, n'avait pas même besoin d'être écrite. Dans ce temps-là on écrivait peu, et le peuple ne savait pas lire. La promulgation des lois avait lieu dans les assemblées de la vésiau, à l'église, où les bans étaient publiés, dans les rues enfin à son de trompe, comme nous avons vu que les nominations de juges étaient *préconisées*.

La règle que « la loi n'a point d'effet rétroactif, » *leges futuris non præteritis dant formam*, était trop sage pour que nos rois, dans leurs ordonnances, n'eussent pas le soin de la faire respecter.

En Bigorre la loi était faite et modifiée dans les assemblées populaires ou dans l'assemblée des états; on ne reconnaissait d'autre principe que la volonté de la majorité. Lors de la réformation des vieilles coutumes de Baréges, au dernier siècle, un jurisconsulte voulait leur conserver force obligatoire en faveur de ceux qui avaient, en vertu de leurs dispositions, des droits acquis. Il invoqua le principe de la non-rétroactivité; il fut seul de son avis, et la rédaction eut lieu en sens contraire.

II.

ÉTAT CIVIL. — BAPTÊME. — *FEDEXOOS*.

Il paraît étonnant que ce ne soit qu'au xvi° siècle que le législateur ait eu l'idée d'enjoindre aux curés d'inscrire sur des registres réguliers les baptêmes, mariages et sépultures. Il ne faut pas oublier que la preuve par témoins a été jadis préférée à la preuve par écrit. Les païens offraient le nouveauné à la curie; les chrétiens le présentèrent à l'église. Le baptême était administré publiquement, en présence du parrain et de la marraine, des parents et des amis. Au moyen âge, et en Bigorre surtout, la naissance d'un enfant était une fête de famille, où les témoins ne manquaient pas. Les voisins et les parents accouraient en si grande foule pour visiter les femmes en couche et assister au baptême; l'usage obligeait de leur faire si bon accueil et si grand régal, que ces visites devenaient onéreuses et que l'on sentit la nécessité de remédier aux abus de démonstrations très-cordiales, mais très-peu désintéressées. Plusieurs règlements municipaux furent faits sur ce sujet. L'article 49 de *Las Trobas* ou règlements de la vésiau de Tarbes défend de donner à boire ou à manger à ceux qui vont voir les femmes en couche, ou après que l'enfant est né, sous peine de 2 sous morlàas. L'article 50 défend à la marraine qui va porter un enfant sur les fonts baptismaux de se faire accompagner de plus de six femmes. L'article 51 défend de donner aux joueurs de violons et aux cousins, quand ils vont à un baptême, au delà de 2 deniers pour tous tant qu'ils soient. Toutes ces défenses sont sanctionnées par des amendes applicables au seigneur.

Dans quelques villes, comme à Lourdes, j'ai vu se continuer, avec une persistance inouïe, un vieil usage, suivant lequel les enfants se rassemblent en foule pour accompagner les personnes qui se rendent aux baptêmes et les obliger, en poussant des cris intraduisibles, à leur donner, bon gré mal gré, quelques fruits ou de l'argent, seul moyen de se délivrer de leurs importunités.

Sous l'ère féodale, le serf ou le paysan échappé au servage ne pouvait naître, vivre ni mourir, sans produire quelque chose au seigneur.

Le cartulaire de Saint-Savin (p. 25) rapporte un long procès entre Jean de Furcata et l'abbé de Saint-Savin. Il s'agissait de la seigneurie du casal de Furcata. L'abbé de Saint-Savin prétendait avoir la justice, le *fedexoos*, et autres devoirs sur le casal. Il déclarait que, lorsque le possesseur venait de naître, il était obligé d'acquitter envers l'abbé un « devoir » nommé *fedexoos* : « quod quando dominus seu possessor dicti

« casalis nascitur vel nati sunt vel fuerunt..... abbati vel mo-
« nasterio..... et istud deverium vocatur *fedexoos*. » La sentence est à la date du 5 mars 1349 et adjuge au roi la justice sur le casal.

Nous retrouvons ce droit ailleurs qu'à Saint-Savin, mais ce mot *fedexoos* n'est défini que dans le passage que nous venons de citer.

Le censier de Bénac[1] contient une charte de fedexoos qui commence ainsi : « Hæc est carta de fedessos que lo senhor de « Castedloboo deu aber. » Cette charte énumère les seigneurs qui jouissaient de ce droit et fixe le taux imposé à chaque maison. Ainsi il est dit que telle maison doit payer 2 sous tournois et une poule, telle autre un peu plus ou un peu moins.

III.

MARIAGE.

Nous réunirons dans le même chapitre les actes de mariage et ce qui concerne le mariage lui-même.

Le mariage était considéré comme un sacrement. Le christianisme a toujours proclamé la sainteté et l'indissolubilité de l'union de deux existences qui se communiquent tout leur être suivant les belles expressions de Tertullien : « *Duo in carne* « *una*[2], ubi et una caro, unus spiritus. »

Nul n'ignore la définition de la loi romaine : « Le mariage « est l'union de l'homme et de la femme, le sort commun de « toute la vie, la communication du droit divin et du droit « humain. » Cette définition, si justement admirée, est de Modestin, mais Modestin est venu après Tertullien.

Les formalités et les cérémonies qui ont précédé, accom-

---

[1] *Glanages*, t. 1, p. 113.
[2] Matth. xix, 5.

pagné et suivi cet acte important ont varié selon les temps et les lieux.

IV.

FIANÇAILLES.

Les fiançailles, chez les peuples anciens, devançaient souvent le mariage. En Grèce, le jeune homme contractait des fiançailles en offrant à la future un présent, ἄρρα, d'où dérive le mot *arrhes*. Jadis en France le fiancé donnait aussi des arrhes nuptiales. Grégoire de Tours rapporte la réclamation d'un homme qui demandait au juge que la fille à laquelle il avait donné des arrhes lui fût livrée ou qu'elle lui payât 1,600 sous. Il est fait mention du même usage dans les Etablissements de saint Louis [1].

Les fiançailles étaient fort usitées dans nos montagnes. Nous verrons plus loin jusqu'à quel point l'idée de la conservation de la maison était portée dans les familles. La fille héritière devait épouser un cadet; on consultait moins les goûts des jeunes gens que les convenances de fortune : aussi n'était-il pas rare de voir des parents disposer de leurs enfants et les fiancer en bas âge.

Cela est si vrai que la promesse même de fiançailles était constatée par acte public et devançait de plusieurs années cette cérémonie, qui précédait celle du mariage. On lit dans un contrat du 19 septembre 1525, retenu à Argelès par Dominique de Furcata, que Jean de Pée Sala et Catherine de Vinhali promettent de se fiancer dans six ans et d'entendre la messe nuptiale dans le délai de onze ans : « Prometen se fer-« maran d'assi à sieys ans prumer bienente per palaure de « futur, et audiran missa nuptiau d'assi à unze ans. »

---

[1] L. 1, c. cxxiv.

Aujourd'hui le mariage civil passe dans nos campagnes en quelque sorte pour des fiançailles; c'est un simple préliminaire pour les époux, qui, pendant des mois entiers et même des années, ne se regardent que comme des fiancés, jusqu'au moment où le mariage religieux fait entrer la femme dans la maison conjugale.

V.

CONDITIONS POUR CONTRACTER MARIAGE.

Quelles étaient les conditions requises pour pouvoir contracter mariage?

D'après les vieilles coutumes pyrénéennes la fille a droit de rester au manoir paternel jusqu'à son établissement. Le père ne pouvait la violenter pour lui imposer un époux qui ne lui plaisait pas; mais elle ne pouvait contracter mariage contre le gré de son père.

Indépendamment du consentement paternel, tous les ascendants, d'après la coutume de Soule (xxvii, 30), devaient être consultés. L'avis de l'ascendant le plus proche l'emportait. Entre ascendants au même degré l'avis du mâle prévalait, pourvu qu'il fût sain d'esprit. Dans le cas contraire, l'avis de la femme devait avoir la préférence.

Si avant l'âge de dix-huit ans dans certaines localités, de vingt ans dans d'autres, la fille contractait, sans l'approbation de sa famille, un mariage clandestin, elle pouvait être exhérédée, et son mariage cassé.

Si un père négligeait de marier sa fille et lui laissait passer sa vingtième année sans songer à l'établir, elle pouvait se passer de son consentement sans craindre l'exhérédation ni la privation de la dot[1]!

---

[1] *For de Navarre*. xxiv, 6.

Le chef de maison qui craignait d'être surpris par la mort avant d'avoir pourvu à l'établissement de ses enfants avait soin de régler leur sort par un acte de dernière volonté. Nous pourrions citer plusieurs anciens testaments où le père fixe la dot destinée, selon l'usage du pays, à chacune de ses filles, si elles trouvent un parti convenable qui obtient l'approbation des exécuteurs testamentaires; et, par une touchante prévoyance, il charge les dépositaires de ses intentions suprêmes d'augmenter la dot de la fille qui ne trouverait pas de mari, « si no trobara marit. »

Cette disposition remarquable de nos coutumes françaises, qui permettait au père de famille de déléguer à un exécuteur testamentaire le droit de marier, après sa mort, ses enfants, de leur donner en son nom le consentement, de délivrer et d'augmenter la dot, se retrouve aussi dans les coutumes d'Aragon.

Dans certains cas l'autorisation du seigneur était requise pour le mariage.

On lit dans le grand Coutumier[1] : « *Formariage*, c'est-à-« dire que telles personnes serves ne se peuvent marier avec « une autre personne d'autre condition et d'autre justice, sans « le congé du seigneur. » Ce droit de formariage, d'origine germanique, est indiqué dans la loi salique (xxvii, 6) et mentionné dans nos vieilles coutumes, notamment dans celle de Bordeaux. Il arriva souvent que des serfs parvinrent à obtenir la bénédiction nuptiale sans avoir le consentement du seigneur. Le mariage devait-il être regardé comme nul? Des seigneurs le prétendirent, mais les conciles se prononcèrent en faveur de l'indissolubilité du mariage. Ils décidèrent seulement dans ce cas que, lorsque les deux époux appartenaient

---

[1] Fol. 75. 1539.

à des seigneurs différents, l'un et l'autre restaient sous la puissance à laquelle ils avaient été soumis jusqu'alors[1].

En Bigorre on ne se préoccupait guère des mésalliances.

Aujourd'hui encore dans nos montagnes le maître n'hésitera pas à donner sa fille à son domestique, si celui-ci est laborieux et possède quelque chose.

Mais il fallait dans nos vallées que la maison fût conservée; nul ne pouvait la quitter sans une autorisation, qui avait fini par être rachetée à un taux réglé d'avance, et l'héritier ne pouvait même acquérir le droit d'aller s'établir hors du manoir patrimonial.

Une charte du 1er juillet 1313[2] porte que, si les habitants de la vallée de Lavedan marient fils ou filles hors de la seigneurie, ils doivent 30 sous morlàas, mais que l'héritier ne peut se racheter.

Le Livre rouge de Bénac contient un acte où il est dit que quiconque, homme ou femme, originaire de Castelloubon, veut se marier (*se vol molhera o marida*) hors de la vallée, ne peut ni ne doit le faire à moins de *s'acheter*, à la discrétion du seigneur de Castelloubon : « no pod ni deu sino qu'es crompe a « la volontat deu senhor de Castedloboo[3]. » Un titre du 9 avril, passé devant Arnaud de Gien, notaire, porte que « Boneta de « Duran, d'Ossun, qui fut la fille de Duran (*filha que fo de Bidau* « *Duran*), se racheta (*se crompa*) de noble et puissant seigneur « baron d'Arnaud de Lavedan, seigneur de Castelloubon. »

Voilà quelle était la règle; l'exemption de tout droit féodal à payer en mariant sa fille était un privilége : plusieurs coutumes l'accordent. On lit dans celles des quatre vallées, article 50 : « Que chaque habitant du val d'Aure puisse marier

---

[1] *Ordonnances des rois de France de la troisième race*, t. XVII, p. xvii.
[2] *Glanages*, t. VI, p. 421.
[3] *Ibid.* p. 420.

« son fils ou sa fille comme il lui plaira, et lui constituer une
« dot en terre, maison ou argent, sans avoir rien à payer au
« seigneur, et que, sans congé ni licence de celui-ci, les jeunes
« époux puissent s'en mettre en possession. »

VI.

DOT DE L'HOMME. — *MORGENGABE*. — *TREDZI*.

« Chez les Germains, dit Tacite, ce n'est pas la femme, c'est
« le mari qui apporte la dot. » Cet usage se maintint chez les
Francs, et il en resta des traces dans les mœurs et la législation
de Bigorre. Clovis, voulant obtenir la main de Clotilde, lui
envoya des messagers qui lui offrirent un sou et un denier,
selon la coutume des Francs, « ut mos erat Francorum, » dit
Frédégaire. On lit dans un contrat célèbre dans notre histoire
locale que, lorsque Ramire, roi d'Aragon, voulut prendre pour
épouse Gilbergue, fille de Roger Bernard, comte de Bigorre,
il lui donna pour dot, « dedit ei sponsalia pro dote, » pour
arrhes, par honneur, par amour, et pour sa beauté, une partie
de son patrimoine [1].

On retrouve une réminiscence des mœurs germaniques dans
le *morgengabe* ou « don du matin » que le mari faisait à sa
femme. La cité de Bigorre est précisément comprise dans le
nombre des villes données par Chilpéric à sa femme Galswinthe
pour morgengabe.

Les coutumes et les usages de nos contrées ont gardé quelques vestiges de cet usage. Les coutumes de Marciac portent :
« Si quelqu'un épouse une femme et reçoit avec elle 1,000 sous
« en dot, le mari donnera à sa femme 5 sous tholozans *en ca-*
« *deau de noce,* sauf conventions contraires. »

D'après un rituel de la fin du xviᵉ siècle le mari devait pré-

---

[1] Voir le *Gallia christiana*, et les *Glanages*, t. XIV, p. 28.

senter au prêtre 13 deniers, qui étaient bénits en même temps que l'anneau nuptial. Le fiancé laissait 10 deniers pour le prêtre, et, en mettant l'anneau au doigt de l'épousée, il laissait 3 deniers dans sa main. Cet usage de donner treize pièces est écrit dans la coutume de Paris et se pratique encore dans nos contrées, notamment à Pau. Le futur fait bénir treize pièces d'or ou d'argent; seulement il n'en donne qu'une au prêtre, et en remet douze à la future en même temps que l'anneau. Nous parlerons plus loin de la dot apportée par l'homme à la femme.

VII.

EMPÊCHEMENTS AU MARIAGE. — PÉNITENCE PUBLIQUE.

L'Église au moyen âge était souvent obligée d'opposer une extrême sévérité à un extrême relâchement de mœurs. On lit dans le *Château de Pau* (4e édition) que Centulle, vicomte de Béarn, fit dissoudre, pour cause de parenté, son mariage avec Gisla, et épousa en secondes noces Béatrix, qui lui apporta en dot le comté de Bigorre.

Parmi les titres constatant la manière dont les empêchements étaient levés dans certains cas par des dispenses, nous n'en citerons qu'un; il est des plus récents, mais il n'en est que plus curieux, parce qu'il prouve comment les vieux usages et les pénitences publiques étaient observés dans nos montagnes. Voici le document inédit que nous copions sur les registres des mariages de la commune de Sailhan, à la date du 20° jour du mois de septembre de l'année 1757.

« Jacques Lassus, prêtre, docteur en théologie, chanoine de
« l'église cathédrale de Saint-Bertrand-de-Comminge, nommé
« par notre saint-père le pape Benoît XIV... Sur la requête à
« nous présentée par Jean Anglade et Dorothée Douce, du lieu
« de Sailhan, tendant à la fulmination de la dispense par eux

« obtenue de Sa Sainteté, du deuxième au troisième degré
« d'affinité, dont ils ont été liés et empêchés de se marier en-
« semble ; nous, après avoir reçu le bref de dispense et la com-
« mission à nous adressée, et après avoir adressé la preuve des
« faits exposés et leurs suppliques par-devant Me Fournier, curé
« de Vielle, nous avons le tout renvoyé en communication au
« promoteur, lequel, par les conclusions définitives, n'empêche
« l'effet de ladite dispense. A ces causes, vu par nous official
« susdit ladite dispense, donnée à Rome à Sainte-Marie-Ma-
« jeure... nous déclarons le bref de dispense bien et dûment
« obtenu, et, prenant droit des preuves résultantes du procès-
« verbal de l'autorité de notre très-saint père le pape, dispen-
« sons lesdits Anglade et Douce de l'empêchement d'affinité
« du deuxième au troisième degré dont ils sont liés ; leur per-
« mettons de contracter mariage ensemble pour demeurer va-
« lablement en icelui, après qu'ils l'auront célébré sur le rit
« prescrit par les saints canons. Déclarons légitimes les enfants
« nés et à naître dudit mariage, et auquel effet et par ce seul
« regard seulement, nous les absolvons de toutes censures et
« peines canoniques, leur enjoignons pour pénitence de se tenir
« à genoux au fond de l'église de Sailhan, cierge (ou bougie)
« allumé dans la main pendant la messe où leurs bans seront
« proclamés, lequel cierge (ou bougie) ils viendront offrir après
« la messe, marchant à deux genoux à terre jusqu'à l'endroit
« de l'offrande, et en outre jeûneront chaque vendredi au pain
« et à l'eau pendant six mois, sauf légitime empêchement,
« dont le confesseur jugera, et pendant ledit temps chacun
« d'eux récitera à genoux chaque jour cinq *Pater* et cinq *Ave*
« *Maria* en esprit de pénitence... Ci mandons au curé desdites
« parties de passer outre à leur bénédiction nuptiale, après tous
« autres préalables observés sans opposition ni empêchement
« canonique ni civil, et de faire mention des présentes dans le

« procès-verbal desdites épousailles. Donné à Saint-Bertrand
« sous le seing de Mgr l'évêque et le contre-seing du greffier,
« le 21 août 1757. »

VIII.

CÉLÉBRATION DU MARIAGE. — SÈGUE.

Nos coutumes pyrénéennes, qui s'occupent longuement de la dot et des conséquences du mariage, ne disent rien de la forme du mariage lui-même. La seule, dans nos contrées, qui lui ait consacré un article est la coutume de Navarre. L'article 1er (r. xxv) du for s'exprime ainsi : « Avant la consommation du mariage, « celui-ci sera bénit en l'église, après trois publications de bans « par trois dimanches ou fêtes consécutifs, en la messe parois- « siale du lieu du domicile des fiancés ou de chacun d'eux; et, « s'ils sont de diverses paroisses, le curé ou le vicaire qui les « épousera n'y procédera qu'auparavant il ne lui ait apparu, « par certificat du curé ou du vicaire de l'autre fiancé, que les- « dits bans ont été publiés, à peine contre les curés, vicaires « et fiancés d'être punis par le juge compétent, si ce n'est que, « pour cause juste et légitime, il y ait eu dispense de l'ordi- « naire. » En Bigorre il en était de même sans doute. Les bans étaient publiés à l'église paroissiale, et, s'il n'y avait aucun empêchement civil ni canonique, on célébrait la cérémonie du mariage, et l'on *dressait procès-verbal des épousailles.*

M. de Gramont a publié un charmant livre sous le titre : *Comment on se marie.* Chaque pays a ses usages. Ces usages dans nos montagnes varient presque dans chaque village. Voici ce qui se pratique le plus généralement. Le futur et la future (*lou nobi et la nobia*) se rendent chacun de leur côté à l'église, musique en tête, et accompagnés, le premier, de ses *donzelous*, garçons d'honneur, et l'autre de ses *donzelles* ou jeunes filles. La mariée, parmi les paysans, est vêtue d'une robe de couleur, et non d'une robe blanche; elle porte à sa ceinture un bouquet attaché par un long ruban pendant. Au retour de l'église, chacun des époux rentre chez lui pour régaler ses amis. Plus tard on se réunit dans le domicile conjugal.

Voici un vieil usage qui se conserve dans plusieurs vallées. Si l'un des époux n'est pas de la localité même où il se marie, on forme sur son passage la *sègue,* c'est-à-dire la haie. Une ceinture rouge est tendue devant la porte des nouveaux mariés. Dès qu'ils paraissent on leur offre des bouquets ainsi qu'aux personnes qui les accompagnent; puis sur un plateau on leur présente des verres et une bouteille pleine de vin. Ce concours de tous les voisins qui s'associent spontanément à une fête de famille pour saluer la bienvenue du nouvel arrivant a quelque chose de touchant sans doute, mais rien de désintéressé.

Si l'étranger paye généreusement le droit d'entrée, s'il satisfait sans murmure aux exigences de la sègue, qui quelquefois fixe un tarif proportionné à la fortune des *nobis*, il peut franchir le seuil de la maison conjugale : le prix de relation de bon voisinage est acquitté; un repas réunit de nombreux convives, qui se régaleront joyeusement eux-mêmes en l'honneur des nouveaux époux, obligés, souvent à contre-cœur, de faire ainsi les frais de la fête. Mais malheur à l'étranger qui refuse de payer son tribut et qui se montre peu généreux en cette circonstance! Un charivari épouvantable sera sa punition, et il y sera condamné pour quinze jours.

Cet usage est une tradition du moyen âge. Les forains qui se mariaient dans une commune de Lavedan étaient reçus *voisins,* mais ils devaient jurer fidélité aux lois et payer un droit pour les lettres de voisinage qui leur étaient expédiées. Cette contribution, aujourd'hui illégale, et sans autre sanction que l'insulte publique, porte trop atteinte à la liberté individuelle pour être tolérée, et cependant, comme chef de parquet à

Lourdes, j'ai vu combien il était difficile de déraciner ce vieux préjugé profondément entré dans les mœurs populaires.

On retrouve loin du Midi des traces du même usage. « Au- « jourd'hui encore, dit M. Anatole de Barthélemy[1], dans un « grand nombre de communes, les jeunes gens ne laissent pas « sortir de la maison paternelle la fiancée lorsqu'elle se rend « à l'église sans lui barrer le passage avec un ruban ; le ruban « tombe lorsque le fiancé a donné aux jeunes gens une cer- « taine rétribution. J'ajouterai que cela ne se fait que pour « les jeunes filles considérées. » D'après M. Bouthors, l'usage du vin de mariage, sous peine de charivari, existe en Picardie pour les étrangers à la commune.

Dois-je, en passant, mentionner un usage peu décent ? Vers le milieu de la première nuit, les *donzelous* pénètrent par ruse ou par force dans la chambre nuptiale et présentent aux époux une rôtie de pain, qu'ils nomment la *roste*. La jeune mariée dans les campagnes redoute cette cérémonie, qui blesse sa pudeur, et elle met toute son adresse à se cacher dans un lieu où, malgré d'indiscrètes recherches, il soit difficile de la découvrir. Des précautions sont prises pour empêcher sa disparition. Parmi les donzelous, il en est un qui, revêtu d'une soutane et imitant le prêtre, lui fait une allocution plus grotesque que morale.

IX.

PUISSANCE MARITALE; DROIT DE CORRECTION.

Les droits réciproques des époux seront indiqués ailleurs, et l'on verra jusqu'où s'étendaient ceux de la femme héritière de la maison patrimoniale.

On s'est étonné souvent de trouver dans nos montagnes la

---

[1] *Revue de questions historiques*, t. I, p. 118.

femme occupée aux rudes travaux des champs, occupée même à labourer, tandis que l'homme, fort et vigoureux, tricotait paisiblement. Les pâtres n'auraient pas exposé leurs femmes à rester seules dans les pâturages situés sur des monts escarpés; s'ils pouvaient quelquefois, assis sous de frais ombrages, se livrer, pour passer le temps, à des ouvrages peu pénibles, quelquefois aussi, ils avaient besoin de toute leur vigueur pour retirer leurs brebis du précipice, ou pour les défendre contre les attaques des bêtes féroces.

Nous parlerons ici d'un droit conféré au mari par l'article 7 des priviléges accordés à la vallée de Baréges, en 1404 : « Tout « maître et chef de maison peut châtier (*castigar*) femme et fa- « mille sans que nul puisse y porter obstacle. »

Voilà la puissance maritale bien constatée. Cet article nous suggère deux réflexions. Les fors de Baréges sont ceux qui donnent à la femme la plus grande latitude pour la disposition de ses biens. C'est là aussi que la femme, par une curieuse compensation, est tenue à une subordination plus étroite en ce qui touche sa personne.

Il faut remarquer encore que le droit de correction est accordé sans limite, tandis qu'ailleurs la coutume ne s'occupe de la correction maritale que pour en punir les excès. L'article 226 du vieux for de Béarn est ainsi conçu : « *Item* jugea la cour à « Morlàas que, si je bats ma femme, principalement étant « enceinte, et qu'en suite de cela elle tombe malade, et, étant « à sa fin, déclare dans son testament, au péril de son âme, « devant les jurats, que je l'ai tuée, son témoignage doit avoir « valeur, et je suis homicide, spécialement si je quitte le lieu. »

Au XIIIe siècle les coups donnés par le mari à sa femme n'étaient pas, en France, une cause légale de séparation [1].

---

[1] Sainte-Palaye, au mot *Mariage*.

Les lois galloises précisent trois cas où la femme peut être battue par le mari : 1° lorsqu'elle lui a souhaité malheur à sa barbe; 2° lorsqu'elle a tenté de le tuer; 3° lorsqu'elle a commis un adultère.

Beaumanoir, dans sa *Somme rurale* (tit. 57), s'exprime ainsi : « En plusieurs cas peuvent les hommes estre excusés des griefs « qu'ils font à la femme, ni ne s'en doit la justice entremettre, « car il doit bien (il est permis) à l'homme à battre sa femme « sans mort et sans méchaing, quand elle le meffait : si comme « elle est en voie de faire folie de son corps; ou quand elle dé- « ment son mari, ou maudit, ou qu'elle ne veut obéir à ses « raisonnables commandemens, ce que prudente femme doit « faire, ou tous tels cas et en semblables est-il bien métier que « le mari chastie sa femme raisonnablement. » Les distinctions introduites par de subtils jurisconsultes n'étaient pas admises par nos montagnards; ils avaient un droit et ils en usaient.

Si le mari pouvait battre sa femme sans que nul pût y redire, il ne pouvait se laisser battre par elle sans s'exposer à la peine du ridicule. Du Cange[1] rapporte que le mari battu était condamné par le peuple à chevaucher sur un âne, le visage tourné vers la queue de l'animal. Ce grotesque usage, fort répandu dans nos contrées, se nommait l'*asouade*. Il s'est maintenu en Bigorre jusqu'à nos jours; exclu des villes, il s'est réfugié dans les villages, d'où les progrès de la civilisation tendent à l'expulser. Nous avons souvenir d'avoir vu, dans les fêtes du carnaval, un mari promené sur un âne au milieu des risées et des quolibets de la population.

X.

ENTERREMENTS; REPAS; LAMENTATIONS; *SOBERFOS*.

Le droit du moyen âge s'occupait moins de constater la

---

[1] *Glossaire*, au mot *Asinus*.

date des décès que de régler les cérémonies et le lieu de l'enterrement.

M. Michelet[1] rapporte que, dans certains couvents, on donne, dans la chambre de l'abbé qui vient de mourir, un repas composé d'épices de toute sorte et de bon vin.

Encore de nos jours, dans plusieurs villages de Bigorre, il est d'usage, le jour de l'enterrement et le jour du bout de l'an, de donner un grand repas à tous les parents et amis. Le curé y assiste; après le dessert, il dit un *De profundis* à haute voix; tous les convives à genoux répondent à ses prières.

Au moyen âge, cet usage de donner à manger à tous ceux qui assistaient à l'enterrement devint si onéreux pour les familles, que plusieurs règlements municipaux en réprimèrent l'abus. Les statuts de Luz s'expriment ainsi : « Il est ordonné « qu'aux funérailles ne seront admises autres personnes que « les premiers voisins, les frères, sœurs, cousins germains et « domestiques du défunt, sinon au cas où le défunt en ait dis- « posé autrement par testament, et sauf aussi les parents qui « viendraient de dehors la ville, à peine de 50 sous bons, « payables incontinent et applicables, la moitié à l'œuvre de « ladite ville et l'autre moitié à la commune et aux pauvres; « et sous semblable peine est défendu à toute personne de « *bailler fromage pour estraines mortuaires* à nul homme ni « femme, excepté le cas susdit de disposition testamentaire. » Les mêmes statuts obligent chacun de ceux qui suivent le convoi à payer 1 liard.

L'article 19 des règlements d'Azun est ainsi conçu : « *Arrêté* « *pour corriger les abus et les grandes dépenses qui se font les jours* « *des enterrements des morts, qui ruinent les familles d'une petite* « *fortune*. Il n'y aura que les deux voisins et les quatre proches « parents du perdant qui pourront entrer dans la maison des

[1] *Origines du droit.*

« héritiers du défunt, sauf les habitants d'un autre village. Les
« consuls demeurent autorisés par cet article à pignorer chacun
« des autres particuliers de 10 livres, au profit de l'église. De-
« meure expliqué que les consuls seront tenus de fournir la
« clef de la maison commune pour la collation à donner aux
« deux voisins ou étrangers et aux quatre parents. »

Nous avons parlé, dans notre *Château de Pau*[1], d'une vieille coutume de nos montagnes : les dépouilles des morts étaient portées au lieu de la sépulture, au milieu des chants funèbres, des pleurs et des sanglots, entremêlés des éloges du défunt psalmodiés sur un ton lugubre. Nous avons rapporté les chants composés pour la mort de Phébus, « ut mos gentis est, » disait Hélie. Les pleureuses qui accompagnaient les convois se livraient à de telles lamentations qu'il fallut en arrêter l'excès. L'article 52 de *Las Trobas* de Tarbes porte : « Il est défendu
« à toutes personnes de crier et se lamenter au retour d'un
« enterrement, à peine de 2 sous tournois envers le seigneur,
« de 2 sous moins 1 denier envers les gardes et de 4 deniers
« envers les gardiens. »

Les habitants de la Bigorre aimaient à élire leur sépulture à l'ombre d'un monastère, d'un oratoire vénéré. Ce droit d'élection de sépulture n'était pas toujours permis, et cette liberté de choisir sa tombe était entravée souvent comme les autres par le pouvoir féodal. Des abbés avaient la prétention que les corps de ceux qui mouraient dans certains villages fussent ensevelis auprès de la chapelle du couvent. Ainsi, tous les habitants de la vallée du Lavedan ne pouvaient avoir d'autre sépulture que l'abbaye de Saint-Savin, à moins qu'ils ne fussent si pauvres que personne ne pût les y transporter, « nisi fuerint pauperrimi[2]. »

[1] 4ᵉ édition, p. 54.
[2] *Cartulaire de Saint-Savin*, p. 24.

L'exception accordée aux *très-pauvres* explique le motif de la règle. C'était un droit qui procurait des revenus et qui donna lieu souvent à des contestations. Ainsi l'abbé Sans, en 1329, plaida pour obtenir les *os* du défunt, le *soberfos*: c'était un pain, le lit ou le brancard sur lequel on avait porté le cadavre, et 12 deniers morlàas pour chaque moine.

Des procès fameux dans l'histoire de Bigorre prouvent avec quelle ardeur on se disputait quelquefois le droit de sépulture. Nous avons raconté dans notre Monographie de Saint-Pé le célèbre débat relatif aux funérailles du chevalier Bartrès, en 1099. Le chevalier avait élu sa sépulture dans le monastère de Saint-Pé. L'évêque de Tarbes fit enlever le corps. Le comte de Bigorre se transporta en personne au château de Lourdes, avec sa cour, composée de prélats et d'abbés, pour décider l'importante question de savoir à qui revenait le droit de faire enterrer le chevalier Bartrès.

Enfin le seigneur féodal prenait, pour l'inhumation d'un forain ou étranger décédé sur sa terre, le droit d'*aubenage*.

Je n'ai pas su retrouver dans les chartes de Bigorre ce droit, que nomment plusieurs coutumes. Il a dû cependant exister, car les usages populaires en ont gardé encore une profonde empreinte. Dans certaines localités, à Lourdes notamment, il est de tradition ancienne que l'étranger ne peut être enterré dans une autre commune que celle où il est décédé. Nous avons raconté dans notre Chronique de Lourdes (2ᵉ édition) comment M. Mendaigne, avocat, né dans la vallée d'Azun périt dans le lac de Lourdes. Sa famille voulut faire transférer ses restes dans le village natal; une émeute réussit à empêcher que le corps du jeune avocat ne sortît du territoire où il avait perdu la vie.

CHAPITRE II.

I. Domicile. *Recupre cempre. Entrade* et *geyxide.* Émigration. — II. Bâtardise. — III. Puissance paternelle.

1.

DOMICILE. — *RECUPRE CEMPRE.* — *ENTRADE* ET *GEYXIDE.* — ÉMIGRATION.

La féodalité avait donné au domicile un caractère particulier et n'accordait pas facilement la liberté d'en changer.

Le noble avait son domicile au chef-lieu de son fief. Le for de Béarn (xix, 10) explique que l'exploit doit être porté à la maison noble, quoique le possesseur de cette maison en habite une autre. Celui qui a plusieurs manoirs nobles doit être assigné dans celui où il a sa résidence réelle.

Le bourgeois, comme nous l'avons vu, devenait voisin par l'accomplissement de certaines conditions.

« Le serf a son domicile, disent les anciens auteurs, où il se « couche et où il se lève. »

On n'était pas libre de changer de domicile sans l'autorisation du seigneur féodal. On ne pouvait entrer dans une seigneurie, ni en sortir, sans payer un tribut.

Le fils de celui qui tenait un casal du château ou du monastère ne pouvait, pour quelque cause que ce fût, s'éloigner du toit paternel sans payer une somme d'argent, fixée à l'arbitraire du seigneur et nommée droit de *recupre cempre*. Ce droit est ainsi défini dans le cartulaire de Saint-Savin :
« Si filius vel filia domini utilis seu possessoris casalis exeunt « dictum casale perpetua quavis ratione vel causa... solvere

« certam pecuniam ad libitum ipsius domini abbatis, et hoc
« deverium appellatur *recupre cempre.* »

Les chartes locales citent souvent le droit d'*entrade* et de
geyxide, ou droit d'entrée et de sortie. Ce droit était dû par
celui qui entrait pour la première fois dans une maison de la
seigneurie, ou qui la quittait pour toujours. Il était dû lorsqu'une fille se mariait hors de son village, ou qu'une étrangère
épousait un homme du lieu; lorsqu'un étranger épousait une
héritière, ou qu'un cadet allait se marier hors de la seigneurie.

Ceux qui allaient recevoir les ordres n'étaient pas dispensés
de payer ce droit de *geyxide,* quoiqu'ils n'eussent abandonné
leur seigneur que pour se consacrer à Dieu.

Lorsque la cessation des invasions et le rétablissement de
la paix eurent rendu le secours d'une puissante épée moins
nécessaire; lorsque les villes, en obtenant de nombreux priviléges, furent devenues un lieu d'asile et de liberté, les populations rurales, sur lesquelles le joug féodal pesait trop lourdement, auraient été tentées d'émigrer. Les ordonnances royales
et les coutumes locales mirent obstacle à ces émigrations. En
Bigorre, notamment dans le Lavedan, nul ne pouvait quitter
une seigneurie pour aller s'établir ailleurs sans payer 30 sous
morlàas par chaque homme ou femme désertant le pays natal.

II.

BÂTARDISE.

Si nous n'avons aucune particularité à citer sur la filiation
légitime, nous entrerons dans quelques détails sur la condition des enfants naturels.

En Bigorre, comme dans le reste de la France, le seigneur
féodal avait le *droit de bâtardise,* « droit, dit Laplace[1], en vertu

[1] *Dictionnaire des fiefs,* p. 129.

«duquel le roi ou le seigneur haut justicier succède aux bâ-
« tards qui décèdent sans testament et sans enfants légitimes. »

On sait avec quelle rigueur certaines coutumes traitaient les bâtards, qu'elles flétrissaient par les qualifications les plus outrageantes : *fils de chienne, homines degeneres, couvée de.....*

D'un autre côté, on s'étonne parfois de voir d'illustres personnages se parer comme d'un titre de leur qualité d'enfant naturel. Guillaume le Conquérant, devenu héritier de son père naturel, ne rougissait pas de se donner lui-même le surnom de *Bâtard* : « Ego Wilhelmus, cognomine *Bastardus*. » Dunois, qui acquit pour prix de sa vaillance les honneurs réservés aux princes, joignait à tous ses titres celui de *Bâtard d'Orléans*.

L'idée de bâtardise ne choquait pas dans la noblesse bigorraise et on l'acceptait dans les actes publics. Un dénombrement du 10 septembre 1541[1] est fait par «noble Johannot « de Castelbajac, *bâtard*, seigneur de... »

Dans une sentence arbitrale du 18 septembre 1487, Jean Aula, juge mage de Bigorre, en présence de noble Odet de Castelbajac et de noble Assibat de Lavedan, *naturali*, condamne le procureur et le trésorier du comte à réparer la route comtale (*cami comtau*).

La haute et puissante dame de Beaucens, fille du marquis du Lyon, vicomtesse de Lavedan, héritière des quatre vallées léguées par les d'Armagnac, unique rejeton de deux races glorieuses, choisit, pour continuer l'honneur de son blason, *le cher et ami bâtard* du connétable de Bourbon. Cette alliance, loin de nuire à l'éclat de sa maison, ne fit que lui donner plus de lustre, car le fils du *bâtard* en épousant la fille de René d'Anjou devint cousin du roi de France.

Dans un réquisitoire de M. de Mesplès au parlement de

[1] Archives de Pau.

Navarre nous avons trouvé une citation curieuse. C'est celle du contrat de Jeannine d'Artiguelouve, fille naturelle du roi Antoine, père de Henri IV, avec un seigneur de Navailles. Le roi donne en dot à la future la moitié de la terre d'Angaïs et d'autres biens, en la faisant renoncer expressément à ses droits à la couronne, le cas échéant.

Il était donc dans les idées du temps qu'à défaut de parents mâles et légitimes les enfants naturels du roi, même des filles, pourraient prétendre à la couronne de France.

Les fors de Bigorre ne parlent pas des enfants naturels de l'homme du peuple, mais plusieurs chartes accordent de grands priviléges aux enfants naturels du seigneur. Ainsi, un titre constate la défense faite aux consuls de connaître des excès qu'ils pourraient commettre. Une charte de 1297 et une sentence arbitrale du 9 mars 1310 obligeaient les habitants de Beaucens, s'il advenait que le seigneur eût des bâtards, et qu'il voulût leur faire faire des études, à payer annuellement une rente de 12 deniers morlàas, un quartaut d'avoine, une charge de foin et de paille. Il fallut un arrêt du parlement de Toulouse du 11 mars 1623 pour faire cesser un pareil usage comme contraire aux bonnes mœurs et à la religion. Cet arrêt est rapporté par d'Olive dans les Questions notables [1].

III.

PUISSANCE PATERNELLE.

Les principes relatifs à la puissance paternelle étaient à peu près les mêmes dans les coutumes de nos régions pyrénéennes. Ils sont inspirés par le droit romain et le droit ecclésiastique.

Le père avait des devoirs à remplir envers ses enfants. Il

---

[1] L. II, p. 160.

devait les nourrir, pourvu qu'ils ne fussent pas de mauvaise vie; le for de Navarre ajoute : « et pourvu aussi qu'ils fussent « obéissants. » Il devait marier ses filles et leur donner une dot. D'après le for de Navarre, cette obligation cessait lorsque la fille se conduisait mal.

Voici maintenant les droits du père sur la personne et les biens de ses fils et filles.

Il avait, ainsi que nous l'avons vu, le pouvoir, d'après les priviléges de Baréges, de châtier sa famille; ses enfants ne pouvaient travailler que pour la maison paternelle, et, s'ils la quittaient sans autorisation, tout ce qu'ils pouvaient gagner devait être rapporté et imputé sur leur part. Aussi en Baréges il était d'usage très-fréquent que le père consentît des actes d'émancipation de ses enfants, afin qu'ils devinssent capables d'acquérir des biens et d'en disposer.

D'après plusieurs fors de nos contrées le père jouissait de l'usufruit de tous les biens advenus par succession aux enfants qui étaient sous sa puissance; il perdait cet usufruit en cas de convol.

CHAPITRE III.

I. Des Biens. État des terres. *Honneur.* — II. Alleu. — III. Bénéfices. — IV. Terres tributaires. — V. Casal. — VI. Capcasal. — VII. Terres nobles et terres roturières. Châteaux. — VIII. Liberté de la propriété. — IX. Distinction des biens.

I.

DES BIENS. — ÉTAT DES TERRES. — *HONNEUR.*

L'égalité, au moyen âge, n'existait pas plus pour les terres que pour les personnes. L'état des personnes était si intimement lié à l'état des terres qu'on ne saurait séparer l'étude de l'un de l'étude de l'autre. M. Guizot a dit avec raison que le régime féodal a été précisément le résultat de cette combinaison de l'état des personnes avec l'état des terres; que l'état des personnes a déterminé primitivement celui des propriétés territoriales; que l'état des terres est devenu le signe de l'état des personnes, et que, plus tard, les effets étant devenus des causes, l'état des personnes a été non-seulement indiqué, mais déterminé, entraîné par l'état des terres.

Sans essayer de suivre, pour l'examen de ces questions, Montesquieu et M. Guizot sur les hauteurs d'où ils les ont envisagées, recherchons quelles sont les diverses sortes de propriétés dont les chartes de Bigorre font mention.

Honneur (honor). — On lit sur la plus ancienne monnaie de Béarn : Onor Forcas Morlacis [1]. Dans le vieux for de Béarn [2] le mot *onor* (honor) se retrouve. Les chartes de Bigorre reproduisent la même expression : «Dedit quidquid alodii et

---

[1] Voir mon *Essai sur la numismatique du Béarn.*
[2] Art. 40 et 90.

« *honoris* in Iseraco [1]. » Dans une transaction passée entre l'abbé de Saint-Savin et le vicomte de Lavedan, ce dernier se plaint de voir sans cesse des hommes et des femmes de sa seigneurie s'enfuir dans l'*honneur* de Saint-Savin, et de perdre plusieurs terres de sa juridiction, qui étaient tombées au pouvoir de l'abbaye : « Quosdam naturales suos viros et mulieres in *hono-*
« *rem* Beati Savini transfugisse, et quasdam terras sui juris in
« predicti monasterii pervenisse potestatem [2]. » Le Livre vert de Bénac parle de l'affranchissement du lieu et *honneur* de Saint-Orens.

Que signifie le mot *honor*? Les auteurs et les titres du moyen âge l'emploient dans le sens de *droits honorifiques, seigneurie, domaine, territoire, terre patrimoniale*.

Il ere l'meler de tota la *honor*.
« Il était le meilleur de toute la *seigneurie*. »
(Poëme de Boëce.)

El rey de cui ie tenc m'*honor*.
« Le roi de qui je tiens ma *terre*. »

Honor dotal n'os pot alienar.
« *Fonds* dotal ne se peut aliéner. »

Un grand nombre de feudistes ont traduit le mot *honor* par « bénéfice. » M. Championnière [3] a très-bien démontré qu'ils ont commis une grave erreur, parce qu'ils ont, par suite de cette confusion, été conduits à appliquer aux bénéfices l'histoire des honneurs et réciproquement. Le même auteur explique que les honneurs et les bénéfices sont deux choses distinctes. « Les honneurs, dit-il [4], avaient pour objet les tri-

---

[1] *Cartulaire de Saint-Pé*, p. 401.
[2] *Cartulaire de Saint-Savin*.
[3] *De la propriété des courantes*, p. 162.
[4] *Ibid.* p. 163.

« buts, l'impôt et les accessoires. Les bénéfices consistaient dans
« la concession du sol et des fruits : les uns se composaient
« des *census, functiones publicæ;* les autres avaient pour profit
« les *reditus*. Les premiers sont devenus les justices, les se-
« conds sont devenus des fiefs. »

Le château de Morlàas, capitale des premiers seigneurs de Béarn, se nommait *Forcas, la Hourquie,* et leur domaine, *l'honneur de la Hourquie.* Ce mot de *Hourquie, Fourquie,* vient évidemment du droit du seigneur d'avoir des fourches patibulaires sur ses terres. En Bigorre on nomme encore le jour du grand marché *la hourquie.*

II.

ALLEU.

Le mot *alodium,* « alleu, » d'après M. Guizot, dérive du mot *loos,* « sort, » d'où sont venus une foule de mots dans la langue germanique, et en français les mots *lot, loterie.* D'autres étymologies ont été données : *all od,* « toute terre ; » *Alodium (a* privatif et *lodium,* « tribut »), « terre exempte de tout tribut. » Quant à moi j'adopterais plus volontiers l'origine celtique du mot *al lod,* « le lot, la part. » Ce mot paraît être commun aux langues celtiques et germaniques [1].

Je ne reviendrai pas sur les recherches étymologiques de Pithou, d'Alciat, de Cujas, de Bodin et de tant d'autres érudits qui ont si doctement discouru en sens divers sur ce sujet si controversé.

J'imiterai la prudente réserve de Dumoulin, qui n'a pas voulu suivre Brodeau dans ses savantes dissertations sur les origines obscures de l'alleu.

Les alleux étaient-ils des terres partagées par le sort, ou

---

[1] *Dictionnaire français-breton,* par Legonidec, édité par le vicomte de la Villemarqué, membre de l'Institut.

des biens *exceptés* par le partage des terres conquises? Quelle est l'histoire des terres allodiales et par quelles vicissitudes a passé ce genre de propriété avant d'être, sinon détruit, du moins fort restreint par le plein établissement du régime féodal? Quelles sont les distinctions faites par les jurisconsultes? Voilà des questions trop souvent et trop bien étudiées de nos jours pour que j'aie besoin de les reprendre en sous-œuvre.

Le caractère de l'alleu était la liberté d'une propriété pleine, entière, absolue. Selon le jurisconsulte Eichhorn l'alleu était primitivement la terre de l'homme libre, qui, roi dans ses domaines, juge de ses vassaux, maître de ses fiefs, ne relevait que de Dieu et de son épée.

Dans des temps d'invasion et de désordre l'homme libre pouvait seul défendre son champ. La propriété devint ainsi le signe et la condition de la liberté.

Nous n'aurions pas cru nécessaire de démontrer qu'il existait des alleux en Bigorre si M. Laferrière[1] n'avait soutenu le contraire.

Il serait trop long d'énumérer tous les anciens titres où il est fait mention de terres allodiales. Pour ne citer que le cartulaire de Saint-Pé, on y lit : «Asnerius dedit casalem «cum multo alodio..... Garsendis dedit proprium alodium in «Uraco.» Nous avons cité le don fait par Raymond, qui donnait tout ce qu'il avait d'*alleux* et d'*honneurs*. Ce qui prouve qu'on mettait une différence entre ces deux choses.

L'article 8 des priviléges de Lourdes distingue les terres simplement libres des terres données en fief : «*Item* damus et «concedimus predictis habitatoribus Lordæ quod terras vel «possessiones quas tenent in feudum vel etiam liberas possint «in omnibus meliorare, salvo jure domini.»

---

[1] *Histoire du droit*, t. V, p. 451.

Les propriétaires des alleux primitifs jouissaient de la complète liberté de leurs terres, mais ces terres passèrent successivement en plusieurs mains. L'isolement était la conséquence de l'exemption de toute charge. Le propriétaire le plus fort s'agrandit aux dépens du plus faible. Il fallut se soumettre, pour avoir un protecteur, à payer le prix de sa protection. Nous avons vu le comte exiger de tous ses vassaux la fidélité, l'hommage et le service militaire. Il obtint, par abus de pouvoir ou par concession volontaire, des droits sur presque toutes les terres de son comté, droits qui s'aggravèrent ou s'amoindrirent selon les temps et les circonstances. Les abandons d'alleux les plus fréquents eurent lieu en faveur des monastères, très-nombreux en Bigorre.

Les terres allodiales furent données pour des prières ou échangées contre des terres tributaires. Des actes parlent très-souvent de dons faits à Notre-Seigneur, à Notre-Dame, au saint du pays, et expliquent que c'est pour la rémission des péchés et le salut de l'âme.

A côté du motif religieux, si puissant au moyen âge, un autre motif d'intérêt terrestre était sous-entendu : c'est qu'en se donnant à l'évêque ou à l'abbé, on s'assurait un protecteur bienveillant et respecté.

M. Laferrière (p. 451) prétend qu'il n'y avait pas d'alleux en Bigorre, parce que l'homme qui se trouve indiqué de condition libre dans le for est en état réel de recommandation et de sujétion. « L'homme libre qui perd son seigneur par décès, « dit l'article 37, doit recevoir dans les trois semaines un autre « seigneur. »

Cette disposition, qui paraît générale et absolue à M. Laferrière, ne me paraît atteindre que celui qui avait eu déjà un seigneur, et non celui qui n'en avait jamais reconnu. Cette injonction formelle prouve qu'il fallait toujours faire des efforts pour amener à la *recommandation* les Bigorrais, qui, au milieu de leurs montagnes, aimaient à conserver leur indépendance.

La recommandation, cet acte par lequel on se plaçait sous la tutelle d'un homme puissant, contribua à préparer la féodalité. La tendance de la société était de resserrer les liens qui unissaient le faible au fort. L'intérêt individuel bien entendu n'était pas en désaccord avec le principe. La protection encourageait l'agriculture et diminuait le vagabondage.

III.

BÉNÉFICES.

Les bénéfices furent primitivement les concessions de territoire faites après la conquête par les rois et les chefs à leurs compagnons d'armes. Les bénéfices, dans l'origine, étaient-ils toujours révocables au gré du donateur? Montesquieu l'a prétendu; mais M. Guizot a très-bien démontré qu'on trouve, à toutes les époques de la période depuis Clovis jusqu'au plein raffermissement du régime féodal, des bénéfices arbitrairement révoqués par le donateur, des bénéfices temporaires, des bénéfices concédés à vie, des bénéfices donnés ou retenus héréditairement.

La tradition attribue à Charlemagne, à son passage en Bigorre, la création de bénéfices en faveur des braves défenseurs du pays qui avaient achevé la défaite des Sarrasins et refoulé les invasions du côté de l'Espagne. Il créa les abbés *lays*, et leur accorda des dotations aux dépens de l'Église. Ces terres, concédées d'abord à titre précaire, furent transformées plus tard comme les autres fiefs en propriétés héréditaires.

Le mot *bénéfice* dérive évidemment de *beneficium*, «bienfait;» or, comme dit Vico, «les hommes ont une disposition natu-
«relle à accorder des bienfaits qui puissent leur rapporter quel-
«ques avantages.»

Les possesseurs de terres bénéficiaires avaient des obligations à remplir envers le comte et le roi.

IV.

TERRES TRIBUTAIRES.

Nous avons parlé des alleux, qui, la plupart, se transformèrent peu à peu en bénéfices; les bénéfices se convertirent en fiefs. La féodalité se constitua par la confusion des droits de souveraineté et des droits de propriété dans la main des seigneurs. Les terres non nobles devinrent tributaires, nous ne voulons pas dire soumises à un impôt régulier, mais assujetties à un cens, à une redevance.

Des Espagnols, fuyant les Sarrasins, avaient obtenu en France la concession de landes incultes. Les uns, devenus très-puissants, voulurent assujettir leurs voisins; les autres, après avoir fertilisé le sol par la culture, excitèrent l'envie du comte, qui voulut profiter du fruit de leur travail. Ces luttes devinrent très-vives. Charlemagne écrivit à huit comtes de la Gaule méridionale : « Gardez-vous bien, vous et vos subordonnés, d'im-
« poser un cens aux Espagnols qui, venus d'Espagne pour se
« ranger sous notre foi, ont occupé avec notre permission des
« terres désertes et les ont cultivées[1]. »

Ces luttes redoublèrent d'énergie à mesure que l'autorité royale perdait de son influence sur les régions lointaines. Louis le Débonnaire fit paraître en 816 une ordonnance qui peint bien les envahissements de la petite propriété par la grande. « Les pauvres, dit-il, se récrient contre l'usurpation de leurs
« droits; ils se plaignent de l'évêque et des abbés, du comte
« et de ses officiers. Ils prétendent que, lorsqu'ils refusent de
« donner ce qu'on exige d'eux, on cherche l'occasion de leur

[1] Baluze, t. I, p. 549.

« faire la guerre, jusqu'à ce que, bon gré mal gré, ils soient
« forcés de livrer ou de vendre ce qui leur appartient[1]. » Plusieurs, pour éviter les dangers d'une spoliation complète, allèrent au-devant du mal et offrirent de payer un tribut pour se faire des protecteurs.

V.

CASAL.

Il existait dans nos plaines couvertes de vastes landes, sur nos montagnes envahies par de profondes forêts, des solitudes immenses, qui furent lentement et difficilement repeuplées après les désastres des invasions. La Bigorre regretta souvent d'être sur les frontières de l'Espagne.

Le seigneur d'un village, l'abbé d'un couvent, cherchaient à attirer les populations autour du château ou du monastère. Ils faisaient des concessions aux nouveaux arrivants; ils leur accordaient des droits étendus sur les bois qu'ils ne pouvaient exploiter et sur les terres qu'ils ne pouvaient cultiver en entier. La condition ordinaire de la cession d'un terrain était d'y bâtir un *casal* : « Tali conditione ut ibi casalem construeret et coope-
« riret[2]. »

Les acquéreurs du casal étaient assujettis à des redevances modiques : c'était souvent le tribut de 15 deniers, d'une poule et d'un agneau pascal. Les métairies concédées étaient quelquefois données à moitié fruits.

Que doit-on entendre par le mot *casal*, fréquemment employé dans les chartes de Bigorre et si répandu dans le pays, que les noms de plusieurs familles tirent de là leur étymologie, comme *Cazalet, Casalis, Casaux, Casaubon*, etc. *Casal* (*casale*), d'après Du Cange, signifie un lieu vacant où l'on peut bâtir :

[1] Baluze, t. I, p. 483.
[2] Cartulaire de Saint-Savin.

« locus vacuus ubi casæ ædificari possunt[1]. » *Casalaria, casalia,* signifiaient aussi un emplacement convenable pour élever des maisons : « locus casis ædificandis idoneus. » M. Beugnot[2] définit ce mot : *ferme, métairie, village.* « Un fief, dit ce savant dis- « tingué, se composait d'un ou de plusieurs casaux. Les Latins « donnaient le nom de *casaux* à des terres cultivées, à des « fermes, ou à des villages habités par des Syriens ou des « Arabes; mais comme l'emploi leur en paraissait dans ce cas « peu exact, ils ont souvent le soin de prévenir que cette locu- « tion n'est applicable que par extension aux établissements « de la Syrie[3]. »

Les coutumes de Fezensac expliquent *casalia* par *terras particulares.* En Armagnac le mot *casau,* quand il s'agit de mesure de fonds, s'entend de l'étendue de terre dans laquelle on peut semer quatre mesures ou un sac de blé. *Casal* en Bigorre était souvent pris dans le sens de *métairie :* « Casale quod habebant « in villa de Arras cum terris et vineis et arboribus, et omnibus « sibi pertinentiis..... Ut ipsum casalem semper tenerent et « terras et vineas laborarent et medietatem fructuum earum « Sancto Savino fideliter tenerent[4]. »

Le propriétaire d'un casal était soumis à des devoirs qui variaient selon les lieux; une charte de 1216[5] rapporte le don fait à Saint-Pé par Raymond de Coarraze d'un casal qui devait 2 sous par an : « qui casalis facit pro censu duos solidos « annuatim in festo Omnium Sanctorum. »

Enfin il est fait mention, mais c'est rare, de casaux affranchis et devenus libres. Gaston, fils de Centulle, comte de Bi-

---

[1] *Glossaire,* édit. 1842, p. 211.
[2] *Assises de Jérusalem,* in-folio, t. III, p. 542.
[3] Voir Guillaume de Tyr, l. XX, c. xx; — *Assises de Jérusalem,* t. I, p. 218.
[4] Charte de 1158. (*Cartulaire de Saint-Savin,* p. 38.)
[5] *Cartulaire de Saint-Pé,* p. 399.

gorre, donne, en 1090, à Saint-Pé, un casal qu'il avait reçu libre d'Amita surnommée *la Reine* : « quemdam casalem a qua-« dam Amita quæ *regina* vocabatur liberum in eodem castello « accipiens[1]. »

VI.

CAPCASAL.

On a beaucoup écrit à Dax, de 1823 à 1825, sur les capca-saux, mais nous trouvons très-peu de chose dans les six volumes publiés sur ce sujet par MM. de Borda, Ramonborde et Bourgoing.

On a longuement disserté sur l'étymologie du mot *capcasal*. M. de Borda prétend que ce mot dérive de *cap*, « tête, chef, « principal, » et de *casau*, « jardin. » Il soutient que les Romains, de qui nous tenons nos lois, nos mœurs, nos usages et surtout notre culture, donnaient à leurs métairies le simple nom de *jardin*, et qu'à leur exemple nous avons donné ce même nom aux nôtres. Pour prouver que le mot *hortus* signifiait « héri-tage, » il invoque plusieurs auteurs, Virgile, Varron, et Pline, qui dit que, dans la loi des Douze Tables, on ne trouve pas le mot *villa*, mais le mot *hortus* pour signifier *héritage* : « In « xii tabulis legum nostrarum nusquam nominatur villa, sem-« per significatione ea hortus; in horto vere hæredium. »

M. Ramonborde se récrie vivement contre l'extension donnée à la signification du mot *casau*, qui veut dire « jardin » et non « héritage. » Il trouve l'étymologie de capcasal dans *cap*, « principal, » et *case*, « maison. »

Selon nous, le mot *casal* vient plutôt de *casa*, « maison, » que de *hortus*, « jardin. »

C'est à tort, en effet, qu'on a confondu le *casal* avec le mot

---

[1] *Cartulaire de Saint-Pé*, p. 375.

béarnais *casaü*, «jardin.» Il est souvent question, dans le texte de certaines coutumes, comme celle de Soule, de bêtes *casalières*, c'est-à-dire d'animaux domestiques qu'on ne nourrit pas dans les jardins. Dans les vieux titres le mot *casal* n'est jamais pris dans le sens de *casaü*, «jardin.» Enfin l'origine du mot *casal* ne doit pas être recherchée dans l'idiome béarnais, puisqu'on le retrouve jusque dans les Assises de Jérusalem. Capcasal vient évidemment de *cap* et *casal*, «casal principal.» Les capcasaux passaient pour les maisons les plus anciennes de chaque paroisse. On lit dans la collection de Denizart : «*Capcasau,*
«mot usité dans les diocèses de Dax, d'Aire, et vraisembla-
«blement dans d'autres lieux de la Gascogne, pour distinguer
«les maisons anciennes et, s'il est permis de parler ainsi, les
«maisons primitives de chaque paroisse. Le mot *capcasal, cap-*
«*casau,* ou, comme on le prononce, *capcasaou,* dérive de deux
«mots : *cap,* premier, principal, et *casaou,* demeure ou habita-
«tion (*casa* ; et lorsque, par la suite, les propriétaires des cap-
«casaux ont voulu diviser quelque capcasal trop étendu pour
«le travail d'une seule famille et en donner la culture à deux
«familles, ils ont bâti dans l'enclos du capcasal une maison,
«en y ajoutant une certaine portion de fonds cultivé, et cette
«nouvelle maison est nommée *ahiton.*» L'ahiton, «petit lieu,»
ajout, est donc un dénombrement du capcasal, avec lequel néanmoins il ne forme qu'un seul et même objet pour les impositions royales, pour la dîme, pour le droit sur les communaux et pour les assemblées capitulaires de la communauté.

Certains propriétaires ont encore défriché des communaux de landes, plus à portée de leurs capcasaux, par achat ou concession des communautés, ou en vertu d'autres titres légitimes. Ils ont formé des enclos et bâti des maisons, et ces nouvelles maisons ainsi que les terrains défrichés qui en dépendent sont appelés *novelins* ou *capcasaux novelins*. Le droit de capcasal était un droit réel; l'article 18 des statuts de Saint-Vincent-de-Xaintes autorise tout habitant à vendre son droit de capcasal à un étranger, mais après l'avoir offert à ses consorts, qui avaient la préférence. La règle ancienne excluait toute personne étrangère à la paroisse de la jouissance du droit de capcasal. Ce droit conférait certains priviléges, notamment celui d'obtenir une charretée de bois de chauffage pour chaque noce, chaque baptême, ou pour une longue maladie.

Il existait en Bigorre des capcasaux. D'après un ancien manuscrit, on entendait par *capcasal* ou *capcasau* une étendue de terrain que le seigneur accordait à son emphytéote pour y bâtir sa maison, à la charge de certaines redevances en argent, en grain et en volaille.

« Il y a, dit Larcher, une autre sorte de capcasal, c'est la « dîme que le curé primitif se réserve, par espèce de préci- « put, sur le terrain primitivement concédé au vicaire perpé- « tuel, et, lorsque celui-ci ne peut pas vivre avec la quarte, il « choisit le fonds d'un particulier; c'est ce qu'on appelle *excusat.* »

La loi du 25 août 1792, abolitive des droits féodaux, mentionne expressément dans son article 5 les capcasaux.

VII.

TERRES NOBLES ET TERRES ROTURIÈRES. — CHÂTEAUX.

Des priviléges étaient attachés à la terre, qui les communiquait au propriétaire, tandis que le propriétaire qui était noble ne pouvait anoblir la terre qui ne l'était pas.

Ce qui distinguait surtout la terre noble d'une terre roturière, c'était le château.

Le comte en possédait plusieurs, qu'il gardait pour faire respecter son autorité et pour la défense générale du pays. C'étaient de véritables forteresses placées au centre des villes ou au seuil des vallées. Tel fut le château de Lourdes, qui, depuis le siége légendaire de Charlemagne, n'a cessé de jouer, sous le drapeau de la France, ou sous celui de l'Angleterre, un rôle mémorable dans les affaires de la province. Tel fut le château de Mauvesin, qui résista longtemps à Du Guesclin et au duc d'Anjou.

Les seigneurs, à l'imitation du comte, entourèrent aussi leur manoir de fossés profonds et de hautes tourelles. Il existe plusieurs de ces vieux donjons encore debout, ou bien à demi écroulés, mais dominant de loin la plaine ou se dressant sur la crête des monts escarpés.

Ces constructions guerrières reportent la pensée vers les temps qui ne sont plus. Quelques-uns considèrent ces épaisses murailles comme les débris d'un repaire de seigneurs bandits, qui exploitaient leurs serfs comme leurs troupeaux; qui mettaient un impôt jusque sur la pudeur des femmes; enfin qui, ne rêvant que grands coups d'épées et habitués aux larmes comme au sang, ne craignaient pas d'ensevelir vivants dans les *oubliettes* et les *in pace* les tristes victimes de la plus barbare tyrannie.

D'autres, au contraire, peuplent ces demeures seigneuriales de chevaliers preux et courtois, prêts à sacrifier leur vie pour leur Dieu, leur roi et leur dame; de nobles châtelaines, mères des pauvres, protectrices des troubadours, occupées à distribuer partout le prix du courage, de la vertu, de la poésie.

Froissart raconte d'étranges aventures des capitaines de Lourdes sous la domination anglaise. Ces capitaines ne se faisaient pas scrupule d'aller au loin attaquer leurs ennemis par la force, ou de les surprendre par la ruse, afin de les retenir captifs jusqu'après le payement d'une forte rançon; mais, incapables de lâcheté ou de félonie, ils étaient toujours prêts, comme Jean de Béarn, à sacrifier leur vie plutôt que de faillir à leur parole.

La tradition raconte aussi que quelques seigneurs abusèrent de leur puissance; mais, en général, les nobles de Bigorre quittaient rarement leur village pour aller à la cour, qui était trop loin; ils préféraient être les pères que les tyrans de ceux au milieu desquels leurs enfants devaient naître et grandir.

Les châteaux s'élèvent en si grand nombre, de distance en distance, sur les points culminants de nos vallées, que des auteurs ont écrit qu'ils furent bâtis pour transmettre des signaux, comme des espèces de télégraphes, sans songer qu'ils ne correspondent pas entre eux.

La Bigorre, par sa situation topographique et son voisinage de l'Espagne, fut exposée à de fréquentes invasions. Les barbares, les Sarrasins et les Normands ravagèrent tour à tour nos campagnes. Les Aragonais et les montagnards des vallées voisines vinrent assaillir nos pasteurs. Après le traité de Brétigny, les Anglais prirent possession du pays, et bientôt plusieurs gentilshommes dévoués à la France s'armèrent contre l'étranger, et luttèrent contre lui jusqu'à ce qu'il fût expulsé du sol de la patrie. Enfin les guerres de religion désolèrent longtemps la contrée.

Le seigneur de Bigorre, ne comptant guère sur les secours lointains du roi de France, dut veiller lui-même à sa propre sécurité et à la défense du pays. Il fortifia ses châteaux. Le grand propriétaire fortifia son manoir. Les châteaux s'élevèrent ordinairement sur les hauteurs, aux pieds desquelles les paysans, *rustici*, abritèrent leurs chaumières. De là vient l'expression encore usitée d'homme de *haut lieu* et d'homme de *bas étage*.

Au premier signal du danger, les populations rurales allaient chercher un refuge dans l'enceinte de la forteresse féodale. Elles combattaient pour le seigneur, mais le seigneur était toujours prêt aussi à hasarder sa vie pour les défendre.

Lorsque les invasions furent passées, le fier baron, dans son inexpugnable château, devint souvent redoutable à son suzerain, qu'il osait braver, et à ses sujets, qu'il pouvait opprimer.

L'histoire locale rapporte plusieurs faits d'insurrection des grands vassaux contre le seigneur de Bigorre. Sanche Garcie, vicomte d'Aure, avait reçu du comte Centulle (vers 1124) le château d'Albespin, sous condition de le rendre à la première réclamation du comte *courroucé* ou *apaisé*. Sanche Garcie refusa la remise du château. Il se fit appuyer par le comte de Cominges. Le seigneur de Bigorre, de son côté, réclama l'aide du roi d'Aragon. Le vicomte, accusé de félonie et condamné à subir le jugement de Dieu, préféra rentrer en grâce avec son suzerain, qui, après avoir reçu le château, en confia la garde au vicomte, sous la garantie d'un nouveau serment.

Le vicomte de Lavedan s'insurgea aussi contre le comte; mais, après avoir déposé les armes, il jura de lui remettre tous ses châteaux trois fois l'an, « avec forfait ou sans forfait, « avec colère ou sans colère. »

Ces insurrections expliquent les précautions prises par le for de Bigorre. L'article 3 défend à tout gentilhomme d'oser faire bâtir un château sans le consentement du comte libre et majeur : « Nemo militum terræ castellum sibi audeat facere « sine amore comitis non puerilis vel consilio. » La même autorisation était nécessaire pour la reconstruction en pierre d'un château déjà existant. En cas de contravention, le comte pouvait s'emparer des ouvrages faits sans ordre et les démolir. Les châteaux autorisés par le comte et gardés de son aveu devaient, pour sa propre sûreté, être mis en sa possession une fois l'an avec ou sans colère, « ne iratus neque absque ira « comiti castellum retineat. » (Art. 47.) Le comte de son côté ne pouvait le retenir injustement au préjudice de son vassal.

Le comte ne permettait pas seulement aux nobles de bâtir

des châteaux, il autorisait encore les bourgeois des villes affranchies à élever des forts pour la défense de la ville. Les Béarnais commettaient souvent des actes de pillage dans la riche plaine de Bigorre. Les habitants de Vic, désolés par ces excursions, s'adressèrent en 1151 au comte, qui leur permit de construire un château fort pour se précautionner contre ces ravages.

Lorsque les manoirs seigneuriaux eurent perdu toute leur utilité pour les populations rurales, ils leur devinrent odieux et à charge. L'obligation de les entretenir et de les garder leur parut onéreuse, et l'on chercha à s'y soustraire tantôt par de sages réclamations, tantôt par la force. En 1369 les habitants de Nestalas refusèrent de participer à la garde et à l'entretien du château de l'abbé de Saint-Savin. Réunis dans leur église, au son de la cloche, ils décidèrent que la forteresse de Saint-Savin leur était inutile, parce qu'ils en avaient une dans le village en bon état et suffisante, où ils pouvaient, en cas de danger, enfermer leurs biens et défendre leurs personnes; que dès lors le seigneur abbé les tourmentait et les faisait tourmenter sans raison : « Dictus dominus abbas indebite fatigat « et fatigari incitat ipsos homines [1]. »

Non loin de Lourdes on remarque encore les ruines du château de Geü, situé sur la crête d'un roc, comme l'aire d'un aigle. Au xvie siècle, Jean-Jacques de Bourbon-Lavedan voulut le faire reconstruire. Les montagnards, qui avaient conservé un triste souvenir de ce castel redoutable, s'opposèrent à sa reconstruction ; ils s'armèrent et se rassemblèrent au marché d'Argelès ; le sang coula, et le vicomte céda à la résistance populaire.

Aujourd'hui le château comtal de Tarbes est transformé en

---

[1] *Monographie de Saint-Savin.*

prison. Les châteaux des anciens barons sont presque tous tombés en ruines ou ont été rebâtis dans le style des derniers siècles. Le château de Lourdes, seul, maintenu au rang des places fortes de l'Empire, conserve toujours son ancienne destination de protéger et de défendre le pays.

VIII.

LIBERTÉ DE LA PROPRIÉTÉ.

Dans le moyen âge, l'égalité, comme nous venons de le voir, n'existait pas dans la classification des terres, la liberté n'existait pas encore dans la propriété.

Le comte se regardait comme un prince souverain; il s'attribuait la propriété des choses qui n'appartenaient pas à des particuliers, comme les routes et les rivières. Il s'arrogeait des droits sur les domaines de ses vassaux. Nous venons de dire qu'il leur défendait la reconstruction des châteaux et en exigeait la remise à volonté.

Le seigneur du village à son tour considérait les paysans comme tenant de lui la propriété de leurs biens et ne leur permettait pas d'en disposer sans son consentement. Cela est constaté dans plusieurs chartes : nous n'en citerons qu'une; elle est du xvi° siècle et nous l'avons trouvée dans le Livre vert de Bénac (fol. 61). C'est une sentence arbitrale passée entre les habitants de Cheust et d'Orleix, d'une part, et le vicomte de Lavedan, d'autre part, où il est dit que les habitants de ces communes ne pourront vendre ni *afféver* leurs biens sans le consentement du seigneur. « *Item* dam per dit et pre-
« nunciam que losdits homes et los successoos no posquen
« bene terre ni afievar sens de la volontad deudit senhor et
« de los successoos. »

Cette sentence est du 1er juillet 1313. Vers cette époque la liberté des héritages commence à être proclamée dans plusieurs de nos vallées, tantôt avec quelques petites modifications, tantôt sans restriction, tantôt comme une concession gracieuse.

L'article 25 des statuts des quatre vallées est ainsi conçu : « Tout habitant pourra tenir et posséder des jardins et lieux « d'habitation en divers endroits, jusqu'au nombre de neuf, « et il peut choisir où il lui plaira le lieu de sa résidence. »

Dans le Livre vert (fol. 53), par un compromis du 12 juin 1313, le vicomte de Lavedan donne aux communautés de *l'extrême* de Castelloubon le droit illimité de faire de leurs biens ce qu'ils voudront.

Enfin le droit de propriété triomphe. Plusieurs chartes municipales le constatent dans des termes qui rappellent la définition même du Code Napoléon.

L'acte de fondation de Sarrancolin commence en ces termes : « In nomine Domini Dei et salvatoris nostri Jesu Christi; lex « vetus et nova consuetudo et regalis potestas perhibent ut « homo de suis rebus quas possidet licentiam habeat faciendi « quid velit. »

Certains priviléges proclament énergiquement le respect dû à la propriété. Nous citerons l'article 26 des fors de Montfaucon, dont les expressions ont une ressemblance remarquable avec celles de l'article 545 du Code Napoléon portant que nul ne peut être contraint de céder sa propriété, si ce n'est pour cause d'utilité publique et moyennant une juste et préalable indemnité : « *Item* quod prefatus dominus noster rex et ejus « pariarius non possint capere de bonis alicujus vicini dicti « loci, absque ejus voluntate, nisi tamen causa necessitatis et « facta primitus existimatione legitima de iisdem. »

IX.

DISTINCTION DES BIENS.

Indépendamment de la classification de diverses natures de

domaines sous le régime féodal, les coutumes du pays distinguent les meubles des immeubles. Les biens immobiliers sont classés en trois catégories : les biens avitins ou *linatgers*, les biens de souche ou *paternaus*, et les acquêts.

Les biens avitins sont ceux que l'on tenait des ancêtres ou du moins de l'aïeul : « avitia patrimonia seu quæ a majoribus « obvenerunt. » La coutume revisée de Baréges définit les avitins des « propres anciens que le père et la mère avaient reçus « de leurs ascendants ou collatéraux. »

Les biens de souche étaient ceux qui étaient entrés dans la maison du temps du père ou de la mère, ou qui étaient advenus par voie de succession d'un collatéral.

Les acquêts étaient les biens acquis par industrie ou autrement. On nommait pécule *castrense* ou *quasi castrense* les acquêts faits, à la guerre ou de toute autre manière, par les fils de famille ou gendres, nobles, docteurs, avocats, médecins, prêtres et autres personnes sacrées.

L'importance de ces distinctions de la propriété ressortira surtout lorsque nous parlerons des successions.

CHAPITRE IV.

I. Des Successions. Qualités requises pour succéder. — II. Successions en ligne directe. Droit d'aînesse.— III. Gendres et nores. Sterles et meytadés. — IV. Successions dévolues aux ascendants. — V. Successions collatérales. — VI. Époux survivant. — VII. Successions vacantes.

I.

DES SUCCESSIONS. — QUALITÉS REQUISES POUR SUCCÉDER.

La pensée dominante dans les coutumes de Bigorre c'est de perpétuer les familles dans le pays et les biens dans la famille.

Le législateur ne permet guère à l'homme de disposer de son patrimoine : il en dispose pour lui. Les usages diffèrent d'une vallée à l'autre, et quelquefois même d'une rue à une rue voisine.

La vieille coutume de Baréges est surtout remarquable par les précautions qu'elle prend pour conserver la maison plus encore que la famille. L'article 2 est ainsi conçu : « Le premier-« né, soit mâle soit femelle, ne peut hériter s'il se trouve in-« capable, comme s'il est justement condamné à mort, aux « galères perpétuelles; si de droit il est inhabile au mariage, « furieux, prodigue ou imbécile de sens et de jugement, qu'on « appelle en vulgaire du pays *pec* ou *taros;* mais tel inhabile, « furieux, imbécile ou taros doit être nourri et entretenu dans « la maison natale, pendant sa vie, et après sa mort la lé-« gitime doit rester dans la maison à la charge de faire les « honneurs funèbres et de faire prier Dieu pour son âme. » On doit remarquer que la coutume considère comme inhabiles à succéder tous ceux qui sont inhabiles au mariage. Ce principe, comme conséquence nécessaire, excluait du fidéicommis coutumier les ecclésiastiques, qui légalement étaient inhabiles au mariage. Ni le droit écrit, ni aucune autre coutume de France ne privaient les personnes engagées dans les ordres sacrés de la faculté de succéder. La coutume fut réformée en 1769 sur ce point, où elle était en contradiction avec toutes les règles reçues.

On remarque encore que les anciens fors allaient si loin dans leur esprit de conservation qu'ils interdisaient aux prodigues le droit de succéder, quoique la prodigalité n'eût jamais été un empêchement au mariage.

II.

SUCCESSIONS EN LIGNE DIRECTE. — DROIT D'AÎNESSE.

La nécessité, pour défendre le fief et pour remplir les devoirs dus au suzerain, d'être fort et de pouvoir porter les armes, avait contribué, sous la féodalité, à faire admettre généralement le droit d'aînesse et de masculinité. Au moyen âge, il était rare qu'une règle n'eût pas d'exception; le dernier-né dans certains pays était l'objet de toutes les préférences, parce qu'on trouvait raisonnable parmi les enfants privés de leur père et de leur mère de donner le plus à celui qui, par son âge, pouvait s'aider le moins[1].

Anciennement en Béarn le père présentait au seigneur celui de ses enfants qu'il voulait faire héritier, et le choix n'était subordonné qu'à sa volonté.

---

[1] «Also were by the custom called borough english: in some boroughs the «youngest son shall inherit all the tenements; this custom also stands with some «reason, because that the younger son (if he lack father and mother), because of «his young age, may least of all his brethren help himself.» (Littleton's *Tenures*, London, 1671, in-12, p. 116.)

En Bigorre le droit d'aînesse était admis, mais non le droit de masculinité.

Le droit d'aînesse peut s'expliquer : c'est l'aîné qui a le premier fait naître le sentiment paternel; c'est lui qui, dès l'enfance a acquis sur ses frères et sœurs une influence que la supériorité d'âge donne ordinairement dans la famille; c'est lui qui est présumé le plus sage et le plus tôt prêt à continuer le père et à soutenir la maison. Ce droit d'aînesse, qui devint si général en France, fut lent à s'introduire. Grégoire de Tours nous apprend que les quatre fils de Clovis et les quatre fils de Clotaire Ier partagèrent par égales parts le royaume.

Les grands barons de Bigorre, dans les premiers temps gouvernèrent quelquefois ensemble le domaine patrimonial, sans distinction de primogéniture. Dans le contrat de mariage de Ramire Ier, roi d'Aragon, on remarque que les chevaliers chargés de conduire la belle et noble fiancée étaient deux Lavedan, tous deux frères et tous deux portant également le titre de vicomte. Deux Lavedan, Arnaud et Pèlerin, figurent sur la même ligne dans l'enquête ordonnée en 1300 par Philippe le Bel.

Le droit d'aînesse finit par prévaloir en Bigorre, mais sans distinction de sexe. On ne reconnut jamais dans nos montagnes la loi salique, qui, en empêchant la couronne de passer à des dynasties étrangères, a tant contribué à maintenir l'unité et à développer la puissance de la France.

Le comté de Bigorre appartint souvent à des femmes, qui le portèrent en dot à des voisins qui l'enviaient. Après l'avoir plusieurs fois ainsi reçu et rendu, les vicomtes de Béarn en restèrent définitivement les maîtres.

Les baronnies comme le comté étaient des fiefs féminins. Au xve siècle une grave contestation s'éleva entre Garcie de Lavedan, baron de Beaucens, et son frère Bernard. Celui-ci invoquait le testament de son père portant substitution en sa faveur dans le cas où l'aîné décéderait sans postérité mâle. Garcie n'avait qu'une fille, mariée au marquis du Lyon. Le cadet prétendait aussi avoir droit à une part en nature et refusait une légitime offerte seulement sur les meubles.

L'aîné répondait que la baronnie de Beaucens, la principale de tout le comté de Bigorre, était restée intacte et indivise depuis un temps immémorial; qu'il en était d'une baronnie de cette importance comme d'un royaume, d'un comté, qui seraient bientôt détruits à raison du grand nombre des enfants, si chacun en devait retirer sa part. Il répondait enfin que, suivant l'usage du pays, la légitime pouvait être fournie en argent.

Une décision intervint le 26 mai 1478. La baronnie de Beaucens fut déclarée indivisible et propriété exclusive de l'aîné; mais il est dit que Garcie, pour désintéresser son frère de tous droits paternels, maternels, fraternels et *sororels,* « lui « donnera et cédera les lieux, terres, villages, juridictions « avec les hommes en étant la dépendance, savoir : le lieu ou « village de Gayon en Béarn, le lieu de Forgues (Horgues), « le lieu ou village d'Ayné, le lieu ou village d'Ossun et la « boyrie de Bours [1]. »

Les cadets se contentèrent plus tard d'un simple apanage. On lit dans le contrat de mariage de Jean de Bourbon, vicomte de Lavedan, et de dame Antoinette, fille de René d'Anjou, à la date du 9 janvier 1529, qu'ils instituent l'aîné héritier. « Les autres puînés, dit l'acte, seront apanagés selon « la faculté de la maison de Lavedan, et les filles dotées de « sommes d'argent, à l'avis et connaissance des parents et « amis. »

---

[1] Titre original chez Mme de Courréges, née de Horgues.

Ce qu'il y a de remarquable surtout dans les coutumes de Bigorre, c'est qu'elles traitent avec la même faveur les filles et les garçons.

Nous traduisons l'article 88 du for inédit d'Azun : « *Que prumer filh o filha deü heretåa* : que le premier-né, fils ou fille, doit hériter. — *Item* nous avons en notre for et coutume, maintenant et de tous les temps, qu'un homme qui possède des biens lignagers ou paternels, tels que maisons, granges, champs, prés et autres biens, s'il les tient de son père ou de sa mère, doit les laisser à l'aîné de ses enfants, garçon ou fille; à défaut du premier-né, celui ou celle des enfants qui viendra après doit recueillir l'héritage sans contradiction des puînés, qui auront leur légitime selon les ressources de la maison. »

Les coutumes de Baréges, de Lavedan, des Angles, rivière Ousse et marquisat de Bénac disent aussi en termes formels que c'est l'aîné, sans distinction de sexe, qui est héritier de la maison et de tous les biens de souche et avitins, à l'exclusion des cadets, qui n'ont droit qu'à une légitime.

Cette disposition avait paru plus propre à conserver la maison. « Supposons, dit Noguès, commentateur de la coutume de Baréges, une maison distinguée, dans laquelle il ne se trouve qu'une fille. Cette fille venant à se marier, ses biens sont transportés ailleurs. Voilà son nom et sa famille éteints pour toujours. Dans notre coutume, au contraire, un cadet épouse l'héritière de la maison, qui, par ce moyen, conserve son nom et ses biens. »

Cette faveur accordée à l'aîné, sans distinction de sexe, de classe de biens nobles ou non nobles, est une des particularités les plus curieuses du droit de Bigorre. L'ancien droit de Béarn paraît bien avoir admis comme héritière l'aînée des filles et des garçons, mais seulement pour les biens ruraux, distinction effacée par le for réformé, qui, pour l'avenir, n'admet la fille aînée que lorsqu'il n'y a pas de mâles.

III.

GENDRES ET NORES. — STERLES ET MEYTADÉS.

Les coutumes de Bigorre étaient peu favorables aux cadets. Celle de Baréges leur donne le nom d'*esclaus, esclabes;* ils étaient en effet presque les esclaves de l'aîné, car ils ne pouvaient quitter la maison sans son autorisation et lui devaient tout leur travail.

L'usage était que le cadet devait épouser une héritière, et l'héritier une cadette. C'était, pour ainsi dire, une présomption de la coutume, qui réserve exclusivement le titre de *gendre* au puîné qui a épousé une héritière, et le titre de *nore* (bru) à la puînée qui a épousé un héritier. Les cadets mariés avec des cadettes n'étaient appelés que *sterles* ou *meytadés*.

L'article 8 de la coutume de Baréges porte que les pères et les mères doivent donner des légitimes égales aux cadets selon le nombre des enfants et la faculté des biens de la maison, et non autrement, s'il n'est trouvé à propos par considération particulière comme par les plus proches parents. Cette disposition, en laissant indéterminée la quotité de la légitime, donnait lieu à de nombreuses difficultés. Pour y remédier, la coutume réformée fit cette fixation : si les légitimaires étaient au nombre de quatre ou au-dessous, ils partageaient le tiers des biens par portions égales; s'ils étaient cinq ou plus, ils partageaient la moitié.

IV.

SUCCESSIONS DÉVOLUES AUX ASCENDANTS.

Le vieux droit coutumier de nos vallées n'admettait pas les principes du droit romain, ni ceux de certaines coutumes des pays voisins, notamment de la coutume de Soule (xxvii, 23), qui attribuaient au père et à la mère la succession de leurs enfants décédés intestats et sans postérité. Il était au contraire de règle que les gendres et les brus ne devaient travailler que pour la prospérité de la maison où ils étaient entrés. Comme conséquence de cette règle, les coutumes de Baréges et de Lavedan excluent les gendres ou brus de la succession de leurs enfants décédés sans faire testament. Après la mort de leurs enfants, ils étaient obligés de se retirer, avec leur légitime, dans leur famille, et d'abandonner l'hérédité de la maison où ils s'étaient mariés au collatéral représentant l'aîné.

Il existait une exception à ce principe pour la rue du Bourg de la ville de Lourdes. L'héritier ne recueillait la succession du puîné sorti de la maison et mort intestat sans enfants que lorsque cet héritier était mâle.

V.

SUCCESSIONS COLLATÉRALES.

La coutume de Baréges prévoit le cas où l'héritier décède sans enfants légitimes; « alors la succession des biens et mai« sons, dit l'article 6, doit passer au premier-né de ses frères ou « sœurs, ou, à leur défaut, au petit-fils aîné ou à la petite-fille « aînée du père décédé, ou autre dégré plus éloigné, toujours « en ligne descendante, en suivant l'ordre de primogéniture. »

Dans le Lavedan au contraire, le fils aîné d'un frère puîné prédécédé, par conséquent le neveu de l'héritier mort sans postérité, succédait de préférence au frère puîné troisième ou quatrième. A défaut d'enfants ou de descendants de frères et sœurs, les biens étaient réversibles à la maison de souche, c'est-à-dire à la maison d'où ils étaient sortis.

La coutume réformée de Baréges, dérogeant aux anciens usages, veut que, si un ecclésiastique décède intestat, son hérédité appartienne au premier de ses frères et sœurs, et, à leur défaut, à l'aîné ou à l'aînée de leurs descendants; et que, si l'aîné n'a pas laissé de postérité, la succession soit dévolue au frère ou à la sœur immédiatement puînés. Les biens acquêts reviennent à l'héritier de la maison natale, lequel héritier est obligé *d'en donner* à ses frères et sœurs suivant la proportion d'une légitime.

VI.

ÉPOUX SURVIVANT.

La coutume réglait différemment les droits respectifs des gendres et des nores, et ceux des sterles et des meytadés, surtout pour la quotité dont ils pouvaient disposer. La partie indisponible revenait à la maison dont les biens étaient sortis.

En cas de convol, la coutume fait une distinction entre le meytadé et le gendre; elle se montre plus favorable, sous ce rapport, au premier qu'au second. Elle conserve au survivant des meytadés, quoiqu'il passe en secondes noces, l'usufruit des biens de ses enfants du premier lit, jusqu'à ce qu'ils soient mariés ou majeurs, tandis qu'elle interdit à un gendre l'administration et la jouissance des biens de ses enfants dès qu'il sort de la maison où il était marié, lors même que ses enfants ne seraient ni mariés, ni majeurs.

La coutume revisée borne la jouissance, quant au père, à la dix-huitième année accomplie de celui de ses enfants qui est héritier de sa femme prédécédée. La mère au contraire garde cette jouissance jusqu'à ce que l'héritier de son mari soit marié ou majeur, c'est-à-dire âgé de vingt-cinq ans, mais à la charge de vivre viduellement.

VII.

SUCCESSIONS VACANTES.

Sous le régime féodal, il était assez généralement admis en France que, en l'absence de testament et d'héritier, la succession était dévolue au seigneur justicier.

On remarque, en Bigorre, que souvent les consuls représentant le peuple partagent par moitié avec le seigneur certains droits féodaux.

La coutume de Guizerix s'exprime ainsi dans son article 17 : « *Item,* si quelque habitant du lieu vient à mourir sans héritier « légal qui en droite ligne soit appelé à lui succéder (*sens he-* « *reter leyau qui per dreyta linha debe succedy*), et sans avoir « fait testament, que les consuls avec le baïle prennent tous les « biens, et les gardent pendant un an et jour, après avoir fait « inventaire suffisant ; et, si dans ledit délai il n'apparaît aucun « héritier, lesdits biens et héritage sont partagés ainsi : une « moitié au seigneur et l'autre moitié aux consuls, qui en dis- « poseront à leur volonté (*la meytat au senho e laute meytat à la* « *voluntat deusdits cossos*). »

CHAPITRE V.

I. Donations et testaments. Quotité disponible. — II. Forme des donations. — III. Irrévocabilité des donations. — IV. Forme des testaments. — V. Spécimen d'anciens testaments.

I.

DONATIONS ET TESTAMENTS. — QUOTITÉ DISPONIBLE.

La coutume de Baréges fixait irrévocablement la succession de tous les biens avitins et de souche sur la tête du premier-né, mâle ou femelle. La seule disposition de la coutume qui permette de disposer à titre gratuit des biens de souche est l'article 4, qui accorde aux héritiers de la maison « n'ayant « pas d'enfants » la faculté de disposer de leurs biens « tant « seulement de la moitié; » l'autre moitié revenait de plein droit à la maison de souche.

La coutume de Lavedan et des Angles ne fait point de distinction entre les héritiers qui ont des enfants et ceux qui n'en ont pas. Elle leur laisse seulement la disposition de la quarte.

Lorsque la coutume de Baréges fut revisée, on adopta le principe généralement admis dans la province que le père et la mère, lors même qu'il y avait institution d'héritier, conservaient la faculté de disposer de la *quarte* de leurs biens avitins et de souche en faveur de qui bon leur semblerait.

L'ancienne coutume avait été, dans le dernier siècle surtout, l'objet de vives réclamations de la part des nobles, qui ne pouvaient se résigner à n'avoir pas de quotité disponible, et se plaignaient d'être obligés de laisser l'héritage à la fille aînée.

Ils prétendaient n'être pas assujettis à la règle commune. Au mois de juillet 1757, un grand procès s'agita entre M. d'Angosse, baron de Corbères, et la dame Durfort Dastugues, sa sœur aînée, qui réclamait la succession de son père pour tous les biens situés dans le ressort de la coutume de Lavedan. Elle gagna sa cause devant le sénéchal; l'affaire fut portée devant le parlement, mais elle se termina par une transaction.

La révision de la coutume trancha ces difficultés. Elle reconnut à tous les nobles la faculté de disposer librement de leurs biens suivant le droit romain. Quant aux pères et mères non nobles, elle leur permit d'instituer héritier en tous leurs biens, quels qu'ils fussent, celui de leurs garçons ou celle de leurs filles habiles à succéder qu'ils jugeraient à propos. Les ecclésiastiques étaient traités comme nobles ou non nobles, selon leur origine.

Il est à remarquer que, si, dans les vieux fors de Bigorre, la faculté de disposer des biens de famille est absolument interdite ou n'est permise que dans une mesure très-restreinte, les habitants de nos vallées avaient la liberté la plus absolue de faire jouir de tous leurs acquêts qui bon leur semblerait, ne fût-il point parent.

Citons le for inédit d'Azun : « *Que tot home posca far hereter* « *en soos bees aquet qui à lui plasera,* que tout homme puisse « faire héritier de ses biens celui qui lui plaira.

« Lorsqu'un homme ou une femme ont, pendant leur vie, « gagné ou acquis une ou plusieurs propriétés, comme mai- « sons, granges, vignes, bergeries, champs, prés et autres « biens, si Dieu leur accorde des enfants, le père et la mère « peuvent choisir le fils ou la fille qui leur conviendra pour lui « laisser l'héritage des biens acquis ou gagnés; ils peuvent « encore élire pour héritier qui bon leur semblera, même en « dehors de leurs enfants et de ceux qui leur tiennent par les

« liens du sang, selon notre for, notre coutume et nos privi-
« léges observés de notre temps et de tous les temps du monde. »

L'article 7 de la coutume de Baréges est conçu dans le même sens, mais, après avoir dit que les pères et mères peuvent disposer des biens acquêts en faveur de qui ils jugeront à propos, il finit par ces mots : « sans toutefois frauder leurs « enfants. » Ils ne devaient pas en effet frustrer leurs enfants de la légitime qui était due sur tous les biens, même acquêts, ni les priver des acquisitions qu'ils auraient pu faire par la vente des biens de souche.

Quelles furent les limites posées aux libéralités que voulaient faire les simples légitimaires?

Les cadets jouissaient de peu de faveur dans les vieilles coutumes de Bigorre. On distinguait deux classes de légitimaires : dans la première figuraient les ecclésiastiques, les militaires, les nobles d'origine, les docteurs, avocats, médecins et autres d'une profession distinguée. Dans la seconde étaient relégués les laboureurs et les artisans. Les légitimaires de la première classe pouvaient disposer à leur gré de leurs biens *castrenses* et *quasi castrenses*. Ceux de la seconde classe, au contraire, qui quittaient la maison sans autorisation de l'héritier, étaient obligés de précompter sur leurs légitimes les salaires qu'ils avaient gagnés du vivant de leur père et de leur mère, à moins qu'on ne leur en eût fait abandon.

La coutume de Baréges allait plus loin. Elle exigeait (art. 16) le précomptement des acquêts sur la légitime vis-à-vis des frères et sœurs héritiers, sans que les enfants pussent exiger les fruits de leurs légitimes dont les héritiers n'avaient cessé de jouir.

La coutume réformée traita les cadets plus favorablement, en faisant entrer les légitimaires sous la règle commune de la libre disposition des acquêts. Elle réduisit cependant la quotité disponible des sterles. Le meytadé pouvait léguer la moitié de sa légitime au survivant; il n'eut plus que la disposition de la quarte. Cette réduction ne fut consentie que pour arriver à mettre un peu d'uniformité dans les coutumes du pays.

II.

FORME DES DONATIONS.

Les coutumes de Bigorre ne nous apprennent rien de la forme des donations. Recherchons dans les plus anciens cartulaires du pays comment les actes étaient passés au moyen âge. Ces actes sont ordinairement précédés d'un préambule. Ils commencent par l'invocation du saint nom de Dieu, *In nomine Domini,* et souvent par des maximes tirées de l'Écriture. La formule qui devint la plus fréquente est celle-ci : « Cone-« gude causa sia als presens et als abieders qui acquesta pre-« sent carta publica vederan ni audiran legir que... »

Le motif de la donation est ensuite expliqué. Les dons faits au saint d'un monastère sont offerts pour la rédemption des péchés, « pro redemptione suorum peccaminum[1]; » pour le remède de l'âme du donateur et des âmes de ses parents : « pro animabus parentum suorum et pro salvatione suâ[2]. » Souvent l'humilité du donateur est exprimée en termes énergiques : « Ego mulier peccatrix, nomine Gallardis. — Ego « Amelius, indignus episcopus, propter scelera mea quæ multa « perpessus sum... » Le comte de Bigorre en dotant Saint-Savin, qu'il relevait de ses ruines, disait : « Ego Raymundus, « Vigorritanus comes, meis peccatis exigentibus, Omnipotentis « iram incurrere et paradisi gaudia perdere timens, pro re-« demptione animæ meæ et parentum meorum... » Souvent aussi on motive la nécessité de constater par écrit des faits

[1] *Cartulaire de Saint-Pé*, p. 399.
[2] *Ibid.* p. 407.

que la fragilité de la mémoire humaine pourrait oublier dans le cours des années.

Ce qui paraît essentiel à la validité de la donation, c'est qu'elle soit faite en présence de plusieurs personnes qui aient tout vu. « Dedit quod dare poterat videntibus Teobaldo et Pe-
« tro, monachis; Otone, filio suo... vidente abbate Bernardo
« et Johanne monacho [1]. » Les chartes ne confondent pas ceux qui ont vu la donation avec les témoins qui ont concouru à l'acte. Ainsi un titre de 1131 [2], après avoir cité les témoins instrumentaires : « Testes fuerunt Fortunarius... alii multi
« barones ipsius terræ et de burgensibus, » ajoute : « Hujus
« donationis sunt visores Odo... simul cum uxore sua. »

Les donations se font généralement avec l'approbation et le conseil de la famille. La femme se fait autoriser par son mari, le mari par sa femme, le fils par son père et par sa mère, le père ou la mère par leurs enfants. Le haut seigneur lui-même invoque l'assentiment des hommes de sa terre. Les exemples abondent surtout dans le cartulaire de Saint-Savin : « Ego Cornelia dono, cum consilio et voluntate mariti mei
« Arnaldi Guillelmi... » (P. 34.) — « Ego Willelmus Lupus
« de Presag, cum consilio et voluntate uxoris meæ Stephanæ
« et filii mei Odonis et aliorum... » (P. 43.) — « Centullus
« comes... veniens cum voluntate filii sui... Gasto cum matre
« sua Talesia... coram cunctis presentibus et consentientibus
« hominibus de Asso et Igon. »

Quant aux formules finales, les anciens actes se terminent par des imprécations affreuses contre ceux qui oseraient violer leurs engagements. Cet usage s'était répandu partout; le pape Grégoire VII en reconnut l'abus, et le supprima. Après le XIIe siècle ces imprécations disparaissent de nos chartes. Les

---

[1] *Cartulaire de Saint-Savin*, p. 43.
[2] *Cartulaire de Saint-Pé*, p. 376.

formules d'imprécation variaient peu dans nos vallées. Voici comment elles étaient généralement conçues : « Et si quis vo-
« luerit hanc donationem dissolvere, incurrat in eum ira Dei,
« et veniant super eum omnes maledictiones quæ in veteri et
« novo Testamento sunt adscriptæ, et sit particeps cum Dathan
« et Abiron et cum Juda Iscariote traditore, et cæterorum im-
« piorum, sitque damnatus in perpetuum cum diabolo et sa-
« tellitibus in inferno inferiori sine fine, amen [1]. »

Les témoins sont énumérés dans les actes. Le nombre en est quelquefois très-considérable. Après avoir cité les noms les plus importants selon l'ordre des préséances, on ajoute souvent : « Ceux-ci et plusieurs autres. » Ces témoins jurent sur l'autel avec le donateur que la donation sera ferme et valable : « Isti et multi alii juraverunt et firmaverunt donationem istam
« super altare... fiat! fiat! fiat! Amen [2]. »

Les parties signaient-elles les actes? La charte que nous venons de rappeler, charte de fondation de Sarrancolin par Arnaud d'Aure, vers l'an 900, fait mention expresse de la signature d'Arnaud et des témoins. « Facta est carta ista tertio
« nonas julii, luna decima. *Signum* Arnaldi Garsiæ, qui istam
« donationem scribere curavit, et Garsiæ Arnaldi, filii sui, et
« Aurioli Mancii, vicecomitis, » etc.

Le mot *signum* veut dire « signature » et quelquefois « anneau » qui servait à sceller. Quoique la signature des parties contractantes soit la meilleure garantie des engagements qu'elles ont voulu contracter, cette formalité ne fut pas toujours exigée. Dans les temps de barbarie et d'ignorance, les plus puissants seigneurs n'étaient pas les plus habiles pour écrire. Les parties et les témoins signaient d'abord leurs noms en entier. Puis ils ne signèrent qu'en faisant une croix; enfin ils ne

---

[1] *Livre vert de Bénac.*
[2] *Cartulaire de Sarrancolin,* p. 212.

signèrent plus. On se contenta d'énumérer les noms propres en les faisant précéder du mot *signum*. Enfin les notaires se bornèrent à donner une liste de témoins sans aucune trace de signature, usage qui durait encore au commencement du xv° siècle. Nous avons vu qu'Arnaud d'Aure eut soin de faire écrire la donation.

Le *notarius* (notaire, secrétaire, greffier) signait avec un signe particulier, souvent bizarre, toujours compliqué et orné de croix. Ainsi, dans un titre de 1316, un notaire termine l'acte en le signant d'un signe, dit-il, dont il a coutume de se servir, à raison de son office, dans les instruments publics : « Signo « meo consueto signavi quo utor ratione nostri officii in pu- « blico instrumento. »

III.

IRRÉVOCABILITÉ DES DONATIONS.

Les donations étaient irrévocables. Souvent l'acte emploie des formules énergiques pour exprimer qu'on donne pour toujours, pour soi et pour ses successeurs. Au moyen âge la force souvent faisait loi. Le seigneur féodal était assez puissant pour reprendre injustement ce qui avait été régulièrement donné. Les donateurs, dans des chartes nombreuses, ont la précaution de faire approuver et confirmer par les enfants et descendants les libéralités faites par les pères et les aïeuls. Nous pourrions citer plusieurs exemples; en voici un emprunté au cartulaire de Saint-Savin (p. 34) : « Ego Cornelia, uxor « Ramundi de Laveda... donationem... quam avia mea Cor- « nelia, uxor Arnaldi de Barbaza, jam dudum fecerat, eam- « dem donationem laudo, approbante viro meo, et confirmo « super altare Sancti Savini et super sacrosanctis Evangeliis « juramento corporaliter prestito. » Souvent les descendants des donateurs inquiétaient les donataires et finissaient par obtenir une somme considérable pour prix de la confirmation. On lit dans le cartulaire de Saint-Pé (p. 400) qu'Artadus, chevalier béarnais, avait donné à Saint-Pé une vigne située à Igon et deux paysans. Sa sœur avait donné aussi une propriété située à Clarac. Auger, son neveu, vint longtemps après quereller cette donation : « post longum tempus inquietavit do-« nationem. » Tecla, sa mère, et lui voulaient reprendre (*rehabere*) ces biens (*honorem*). L'abbé leur donna 300 sous et ils confirmèrent le don en touchant le missel sur l'autel : « cum « missali in altari dederunt. »

IV.

FORME DES TESTAMENTS.

La loi féodale n'accordait qu'aux hommes libres la faculté de tester. Quant aux serfs, aux bâtards, aux aubains, cette faculté n'existait pas ou ne fut accordée qu'à une certaine époque, sous certaines conditions. Celui qui avait le droit de faire un testament et qui négligeait d'en faire était mal vu. On lit même, dans le Dictionnaire de Trévoux, que ceux qui mouraient intestats étaient tenus pour damnés; on les privait de la sépulture ecclésiastique. Mais un arrêt du parlement de Paris, en date du 19 mars 1409, cité par Pasquier, fit défense à l'évêque d'Amiens de prononcer cette interdiction. Les legs pies étaient devenus tellement d'usage que cet usage finit par être considéré comme une obligation. Il est arrivé que les parents ou amis testaient pour le défunt afin qu'il ne fût pas privé de la sépulture ecclésiastique[1].

Nous avons déjà cité une curieuse charte publiée par M. Balasque dans sa savante Histoire de Bayonne, où se trouvent d'avance énumérés et tarifés les dons à faire à l'Église.

---

[1] Du Cange, *Glossaire*, au mot *Intestatus*. — *Ordonnances des rois de France*. I, 38; II, 118.

En Bigorre les coutumes ne s'occupent pas des testaments. Tacite nous apprend que les Germains ignoraient le droit de tester et reconnaissaient un ordre de succession fondé sur la proximité du degré de parenté. Le commentateur Noguès cherche à prouver que l'usage des testaments est à charge ou du moins inutile dans les pays de Baréges et de Lavedan. « La « fin des testaments, dit-il, est l'institution d'héritier. Or cette « institution est faite par la coutume, et un testament serait « valable sans institution d'héritier. » Il en conclut qu'il est plus simple et moins dispendieux de disposer par codicille ou par simple donation à cause de mort.

Les principes du droit romain en matière de testament dominaient dans toutes nos contrées ; ils se retrouvent même dans la plupart des dispositions des coutumes de Béarn, de Navarre et de Soule. En Béarn, on contestait au fils de famille non émancipé la capacité de disposer de ses biens autrement que par donation entre-vifs, faite avec le consentement du père. En Navarre, le fils, à l'âge de dix-huit ans, et la fille, à l'âge de quinze ans, en pouvoir de père et non mariés, avaient besoin pour tester du consentement paternel, à peine de nullité (xxvii, xxviii). En Soule, l'homme et la femme, maîtres de leurs droits, pouvaient en disposer par testament à l'âge de quinze ans accomplis (xxvi, 1).

Dans les vieux actes, le mot *testamentum* n'avait pas toujours le sens de testament proprement dit. Il signifiait simplement un diplôme, un titre : on trouve souvent *testamentum venditionis*, *libertatis*. L'acte de dernière volonté se nomme *donatio*, *traditio* ou autrement. Les nuances séparant le testament de la donation ne sont pas toujours nettement tracées au moyen âge.

Les notaires, en Béarn, étaient chargés de retenir les testaments ; à leur défaut les jurats étaient autorisés à passer ces actes, qu'ils devaient ensuite rapporter aux notaires. Le for de

Navarre prescrit la présence de trois témoins, et le for de Soule de deux. Ces coutumes disent qu'à défaut de notaire, le curé, le confesseur ou le vicaire pouvait constater les dernières volontés du mourant. On lit dans les statuts de la vallée d'Aure : « Les testaments dans cette vallée peuvent se faire en présence « de deux ou de trois témoins dignes de foi, si l'on ne peut « en trouver davantage (*si major troupe non s'en trobe*). Il faut « appeler (*apera*) le curé du lieu ou son vicaire, et les actes « ainsi passés ont autant de valeur que si toute la solennité du « droit civil et du droit canon y avait été observée (*toute valor « cum si toute la solennitat deu dret civil et canon y era ajustade et « servade*). »

L'ancien usage en Bigorre était de confier la rédaction du testament aux prêtres. Longtemps dans nos montagnes ils furent presque les seuls qui sussent écrire ; leur présence auprès des malades rendait leur tâche facile, et leur caractère sacré donnait de l'autorité à leurs écrits. M. Fons, dans un curieux *Mémoire sur un testament nuncupatif au XIVe siècle*[1], raconte que Pierre Brau, de Saint-Sauveur, s'adresse au curé de sa paroisse et le prie d'écrire ses volontés dernières. « Dans la plupart des « coutumes, dit M. Fons, les curés et les vicaires étaient au- « torisés à recevoir, en l'absence du notaire, les testaments de « leurs paroissiens. Le curé de Saint-Sauveur refuse, alléguant « une infirmité : *gravi infirmitate detentus*. Mais il indique à « Pierre Brau, comme pouvant lui rendre ce bon office, un « autre habitant du lieu qui sait écrire, *qui scit scribere;* c'est « Pierre Lacombe, *faber,* c'est-à-dire « forgeron, » dont le nom « nous rappelle ici involontairement le célèbre maréchal fer- « rant de *Gretna-Green,* qui, transformé en officier de l'état civil, « riva, de nos jours, tant de chaînes conjugales. »

---

[1] *Recueil de l'Académie de législation de Toulouse,* t. XI, p. 14.

Dans les temps d'ignorance on se montrait peu difficile. Plus tard, lorsque les notaires furent chargés de la rédaction des actes authentiques, les prêtres, en Bigorre, continuèrent à retenir les testaments, lorsqu'il ne se trouvait pas de notaire dans l'endroit même. Cet usage se maintenait encore, malgré les réclamations des jurisconsultes, à la fin du dernier siècle, quoique l'ordonnance de 1735 défendît aux curés de recevoir les testaments, excepté dans les lieux où la coutume les y autoriserait formellement. La coutume de Baréges était muette sur cette matière, mais les vieux usages étaient considérés comme ayant force de loi.

V.

SPÉCIMEN D'ANCIENS TESTAMENTS.

Pour donner une idée de la manière dont se faisaient les testaments dans nos vallées, nous allons en citer deux. Marca en rapporte plusieurs de comtes et de comtesses de Bigorre, mais nous analyserons de préférence deux actes inédits : ces actes contiennent les dernières volontés du seigneur de Vieuzac, 6 novembre 1472, et du seigneur de Miramont, à la date de 1477 [1].

Les testaments en général commencent par des réflexions sur la mort et par des maximes tirées de l'Écriture ou des saints, notamment du glorieux saint Grégoire. Le motif qui engage le testateur à régler ses affaires est ensuite indiqué : « cupiens « ire in bellum, » porte un titre de 1382; « craignant la ma- « ladie qui désole le Lavedan, » disait le seigneur de Miramont.

Le notaire ne manque pas de constater que le testateur est *sain de corps et de bonne mémoire*. Puis il écrit les divers articles. Dans le premier le testateur recommande son âme à

---

[1] Larcher, *Glossaire*, au mot *Baréges*. — *Glanages*, t. II, p. 241.

Dieu, à la vierge Marie et à tout le céleste collége du paradis. Il désigne ensuite le lieu de sa sépulture, au caveau de famille, ou dans quelque monastère du pays. Il fait des legs, soit pour des *requiem* pour lui et pour les siens, soit pour les églises, soit pour les couvents, soit pour les hôpitaux champêtres (*spitaüs campestres*), soit pour des distributions de pain et de vin aux prêtres, aux religieux et autres personnes assistant aux funérailles.

Chaque filleul et chaque filleule reçoit un florin *per encoramis*.

Les vieux serviteurs et leurs filles reçoivent *pain et eau* pendant toute leur vie, quelquefois des vêtements, et une chaussure par an, faite à Tarbes.

Le testateur s'occupe de ses enfants légitimes et illégitimes. Il fixe la dot de chaque fille. Le seigneur de Miramont laisse à Miramonda, sa fille légitime, 500 florins *corrents*, à payer selon le for du pays, et veut qu'elle soit vêtue et chaussée suivant les usages de la maison. Le seigneur de Vieuzac laisse en dot à sa fille Bellegarde 1,000 florins, si elle trouve un mari convenable et approuvé par les exécuteurs testamentaires; il lui lègue un trousseau et un lit. Il donne à sa fille Marie, pour sa dot légitime, 400 florins, et si cette somme ne suffit pas pour lui faire trouver un mari (*si elle no trobara marit*), il s'en remet à ses amis et exécuteurs testamentaires pour l'augmenter.

Les legs faits aux cadets sont brièvement énoncés. Miramont laisse à ses fils légitimes, tant qu'il en aura (*de tants cum ne aya*), 300 florins *corrents* selon le for, et veut qu'ils soient vêtus et chaussés (*vestits et* CAUSSATS). La chaussure, à ce qu'il paraît, était à cette époque dans nos vallées une chose importante. Le paysan encore de nos jours porte ses souliers à la main quand il va à la ville et les épargne jusqu'au moment où il doit paraître en toilette complète. Mme de Motteville raconte que Jean de Gassion, mort, à trente-sept ans, maréchal de France, lui a dit bien des fois que, lorsqu'il partit de Pau, il portait ses souliers au bout d'un bâton sur les épaules pour ne pas les user. La comtesse Pétronille, dans son testament en 1251, reconnaît devoir 18 sous à Vital Gaston, de Tarbes, pour une paire de souliers qu'elle avait envoyés à la reine d'Angleterre[1].

Après les enfants légitimes viennent les enfants naturels. Ainsi le seigneur de Vieuzac laisse à Domengine de Vieuzac, sa fille naturelle (*naturaü*) le droit de vivre à la maison (*la bita en l'ostaü de Vieuzac*) et, après la mort de cette fille, les frais d'enterrement, de bout de mois et de bout d'an doivent être payés par l'héritier.

Les frères et les sœurs non mariés ne sont pas oubliés. Si les cadets qui étaient dans les ordres voulaient résider au château, le testateur leur lègue le droit d'y être reçus pendant toute leur vie.

Les sœurs qui étaient restées sous le toit paternel avaient la faculté d'y demeurer. Cependant les cas d'incompatibilité entre la tante et le neveu sont prévus. Ainsi le seigneur de Miramont, après avoir déclaré qu'il entend que sa sœur Honorine soit entretenue au château, lui lègue, en cas d'incompatibilité, sa vie durant, chaque année, 10 *quartauts* (environ 5 hectolitres) de grains, moitié blé, moitié seigle, un porc de la valeur de 18 sous, deux barriques de vin (*düs pipots de vii*), le fruit de deux pommiers, l'an où il y aura des pommes (*l'an qui sera poumadère*), une robe et un manteau de drap de couleur, fabriqués à Tarbes, convenables et renouvelés tous les deux ans, une certaine quantité de lin, un logement suffi-

---

[1] *Monographie de Lescaladieu*, p. 26.

samment meublé, à la connaissance des amis (*à la conexence deus amics*).

Enfin le testateur en finissant l'acte désigne son héritier et choisit de nombreux exécuteurs testamentaires. Le seigneur de Vieuzac institue héritier Arnaud, son premier fils légitime; et le seigneur de Miramont, Blancaflor, sa fille aînée.

CHAPITRE VI.

I. Contrats et obligations. Conditions de validité. — II. De l'effet des conventions. — III. Diverses espèces de contrats. — IV. Extinction des obligations. Condition du débiteur. Tranche de chair. Excommunication. — V. De la preuve des obligations. — VI. Des engagements formés sans convention.

I.

CONTRATS ET OBLIGATIONS. — CONDITIONS DE VALIDITÉ.

Les transmissions de propriété par donation ou testament sont des actes assez rares dans la vie, tandis que presque tous les jours on contracte, on s'oblige. « Au moyen âge, dit M. le « conseiller Tailliar[1], les éléments constitutifs d'une obligation « sont les mêmes qu'à toutes les époques, parce qu'ils sont de « son essence et qu'elle n'existe pas sans eux. »

Nous ne rechercherons pas des textes pour prouver qu'en Bigorre, comme partout ailleurs, une convention n'était valable que lorsque le consentement avait été donné valablement sans dol ni fraude, ni violence; lorsque les parties avaient eu la capacité légale de contracter; lorsqu'il y avait une matière de contrat; lorsque la cause était licite. Ces principes, dictés par la raison, se retrouvent partout.

II.

DE L'EFFET DES CONVENTIONS.

Les conventions légalement faites devaient être respectées, mais elles ne l'étaient pas toujours au moyen âge, où l'abus

---

[1] *Droit civil dans le Nord*, p. 80.

de la force n'était que trop fréquent. La justice n'était pas encore assez bien organisée pour qu'elle eût la puissance de faire observer les contrats par tous ceux qui les avaient consentis. Il est facile d'en juger par les précautions prises pour obliger, par le serment ou par des confirmations solennelles, les seigneurs, indociles aux prescriptions du droit civil, à tenir une promesse devenue sacrée lorsqu'elle avait été faite et renouvelée sur les saints autels. Nous avons raconté dans le *Château de Pau* (4ᵉ édit.) comment le comte d'Armagnac et Phébus, comte de Foix, cimentèrent un traité conclu entre eux en communiant ensemble et en partageant la même hostie.

III.

DIVERSES ESPÈCES DE CONTRATS.

Le droit coutumier n'était pas formaliste comme le droit romain. Il avait supprimé toutes les distinctions d'engagements en contrats verbaux et littéraux, consensuels et réels, nommés et innommés, et en partie confirmés et non confirmés. Rien de particulier dans les coutumes de Bigorre sur les diverses espèces d'obligations.

IV.

EXTINCTION DES OBLIGATIONS. — CONDITION DU DÉBITEUR. — TRANCHE DE CHAIR. — EXCOMMUNICATION.

La loi a dû protéger celui qui prête son argent contre celui qui l'emprunte sans avoir le pouvoir ou le vouloir de le rendre. Les rigueurs employées pour contraindre au payement des dettes ont varié selon les temps et les lieux. On frémit en songeant à l'atrocité de la loi des Douze Tables à ce sujet; elle ne prononçait pas seulement la peine de mort contre le débiteur insolvable, elle autorisait encore les créanciers à faire la section et le partage du cadavre. On voudrait pouvoir douter d'une disposition légale si contraire à l'humanité; on voudrait pouvoir supposer avec des érudits célèbres, Bynkershoeck, Dirksen, Niebuhr, que les expressions *in partes secanto* doivent s'entendre du partage, entre les créanciers, du prix des biens du débiteur, et non pas de la division de son corps; mais cette interprétation métaphorique est difficile à admettre et me paraît avoir été rejetée avec raison par MM. Michelet, Troplong, Bonjean, Molinier.

Cette question a été déjà trop souvent et trop savamment traitée pour qu'il nous soit permis de la reprendre ici en sous-œuvre; nous nous bornerons à quelques recherches sur la condition des débiteurs au moyen âge.

« Le régime féodal français, dit M. Troplong dans une de
« ses Préfaces qui sont des chefs-d'œuvre[1], ne parle pas de la
« peine capitale contre le débiteur, mais il lui prodigue les
« outrages, la honte, l'asservissement et la prison. Il y a dans
« l'insolvabilité une tache infamante. L'opinion flétrit l'obéré.
« Elle exige de lui une expiation, et si ce n'est plus son sang
« qui coule, c'est son honneur qui lui est ravi. Des fers mis à
« ses pieds le font reconnaître à tous pour un homme déchu
« de sa liberté et livré au pouvoir d'autrui. Ici on l'oblige à
« se racheter de la prison en venant en public découvrir sa
« tête, déceindre son haut-de-chausse et se tenir dans une
« posture et un état de nudité humiliants. Là on l'affuble d'un
« bonnet vert qu'il doit toujours porter sur la tête, à titre de
« *salutaire affront*. Quelquefois, après l'avoir incarcéré, on ne
« lui donne son élargissement qu'à condition qu'il jeûnera ou
« se flagellera; ailleurs on l'exile; enfin, s'il a été excommunié
« pour dettes, on lui refuse les honneurs de la sépulture. »

L'éminent auteur a parfaitement résumé l'état du débi-

---

[1] *Contrainte par corps*, p. 137.

teur insolvable au moyen âge. Chaque coutume infligeait des peines différentes; partout on considérait l'insolvabilité comme ne pouvant advenir, suivant les expressions de Coquille, « sans « grande faute du débiteur, qui a été trop facile à emprunter, trop « prompt à dépenser, trop s'aimant et n'aimant point autrui. » Souvent même les créanciers stipulaient des clauses atroces en cas de non-payement. Giovanni, dans son *Pecorone* (g. 4, n° 1) et Shakspeare, dans son *Marchand de Venise,* ont parlé des créanciers qui étaient convenus avec le débiteur que celui-ci leur livrerait une tranche de chair faute de remplir ses obligations. « Les Turcs, dit M. Troplong (p. cxxvi), peuvent re- « vendiquer aussi bien que les nations germaniques la section « d'un morceau de chair sur le corps du débiteur. On raconte « même qu'un de leurs princes, voulant abolir ce droit odieux, « si éloigné des préceptes du Coran, décida que, si le créancier « coupait de cette chair vivante plus que le nombre d'onces « convenu, il serait lui-même condamné au dernier supplice. »

Je n'oserais prétendre qu'il était resté en Bigorre une réminiscence de ce droit cruel; cependant il est assez curieux qu'à Lourdes, d'après une vieille tradition, l'habitant de la ville eût le droit de couper, en certains cas, une tranche de chair à l'habitant de Saint-Pé s'arrêtant dans ses murs[1].

Le commerce au moyen âge n'existait presque pas en Bigorre. Le seigneur qui prêtait à un manant savait à qui il prêtait et comment il se ferait rembourser. Le seigneur était plus souvent débiteur que créancier.

Plusieurs priviléges accordent aux habitants la faveur très-recherchée d'être dispensés de donner ou de prêter au comte et à ses successeurs de l'argent ou autre chose, si cela ne leur convenait pas. Les seigneurs de nos contrées avaient souvent

---

[1] *Chronique de Lourdes*, 2° édition.

besoin de recourir à des emprunts; comme l'homme faible n'osait pas trop se fier à l'homme puissant, les seigneurs, très-souvent, ainsi que cela résulte de nombreux documents des archives de Pau, se faisaient cautionner par les consuls ou jurats, magistrats représentant la commune.

En Bigorre les biens du débiteur répondaient d'abord de la dette. Voici la procédure indiquée par la coutume de Guizerix (article 9) : le créancier faisait appeler le débiteur à la cour des consuls (*en la cort deus cossos*), en présence du baile. Si le débiteur avouait la dette, on lui accordait un délai de quatorze jours, et il ne devait payer pour amende au seigneur que 2 deniers tholozans et autant pour les frais, « por la « scriptura, clamo et confessio. » Si le débiteur niait la dette, il était procédé contre lui selon la justice, et le vaincu (*lo bengut*) était condamné, envers le seigneur, à une amende de 20 deniers tholozans pour les immeubles et de 2 deniers pour les meubles.

Le duel fut, un temps, le moyen légal de prouver les obligations. C'était un grand privilége de pouvoir se dispenser de ce mode de procédure barbare. D'anciens fors, comme ceux de Lourdes, accordent aux habitants la faveur de prouver leurs créances sans bataille : « omnia eis debita sin imbargio possint « probare sine bello. » La preuve testimoniale fut plus tard universellement substituée au jugement de Dieu.

Plusieurs législations ont regardé l'insolvabilité comme un crime. Le débiteur répondait corporellement de ses engagements, car il retenait la chose d'autrui et manquait à sa parole. Un savant professeur de droit, M. Molinier, a publié dans le Recueil de l'Académie de législation de Toulouse[1] une curieuse et remarquable dissertation sur deux chartes re-

---

[1] T. VI, p. 156.

latives à l'état du droit de Toulouse concernant les débiteurs, à la fin du xii° siècle. Ces chartes démontrent l'engagement corporel du débiteur, la remise de sa personne au créancier qui ne peut s'en faire payer, enfin l'ordre dans lequel plusieurs créanciers doivent venir, en cas de concours, sur la personne de l'obligé.

Le principe ancien en Bigorre était que l'obéré pouvait être mis en prison. Plusieurs priviléges posent des exceptions à cette règle. Les fors de Lourdes, de Maubourguet, de Montoussé, etc. défendent de retenir en prison un habitant ou un étranger, sauf dans certains cas, qu'ils énumèrent et parmi lesquels le débiteur récalcitrant n'est pas compris.

Si l'obéré parmi nous ne devait guère répondre de sa dette sur son corps, il devait en quelque sorte en répondre sur son âme. M. Troplong a fait admirablement ressortir comment l'Église, dans la seconde moitié du iv° siècle et au commencement du v°, fit des efforts pour appeler sur les débiteurs la miséricorde des créanciers et l'indulgence des lois. Au moyen âge cependant, l'Église elle-même sentit la nécessité d'imposer un frein à des hommes qui souvent ne refusaient de remplir leurs engagements que parce qu'ils étaient les plus forts. Souvent aussi, aux yeux de la conscience, il y avait peu de différence entre celui qui ne voulait pas rendre ce qui lui avait été prêté et celui qui retenait ce qu'il avait pris. « Anciennement, « dit de Laurière[1], les créanciers faisaient excommunier le débi- « teur qui ne payait pas sa dette. Il était traité *en désespéré*, privé « de viatique et de la sépulture ecclésiastique. On voit encore « en 1357 Pierre de Bourbon excommunié par le pape à la « requête de ses créanciers. Louis, son fils, le fait absoudre après « sa mort, et le pape lève l'excommunication sur la promesse

---

[1] *Établissements de saint Louis*, t. 1, p. 180.

«du fils de payer les dettes du père.» Dans un concile tenu à Ruffec en 1258, il fut décidé que le prêtre qui aurait absous à l'article de la mort un excommunié pour dettes serait tenu de les payer lui-même, s'il n'avait pu obtenir de son pénitent qu'il les acquittât.

Cette contrainte pieuse frappait également le noble et celui qui ne l'était pas. Elle convenait au caractère religieux des Bigorrais. Larcher nous a conservé sur ce sujet deux chartes curieuses. La première est en latin et porte la date du 2 novembre 1499[1]. Barthélemy de Saint-Aunis avait été excommunié par l'official de Tarbes. Sa noble épouse, Marie de Castelnau, voulant obtenir pour lui les honneurs de la sépulture ecclésiastique, fit lever l'excommunication, en obtenant le consentement des créanciers, à qui il était dû 52 écus $\frac{1}{2}$, chaque écu valant 110 liards. Elle s'obligea à compter 4 écus par an jusqu'à final payement avec les frais de l'acte et en donnant hypothèque.

La seconde charte est de 1542; elle est en français[2]. En voici l'analyse : Guillaume Beyrie, habitant de Tarbes, avait été, à la requête de nombreux «créditeurs,» frappé de plusieurs excommunications, «enregistrées ès registres des églises cathédrale et paroissiale de Saint-Jean.» Lorsqu'il vint à mourir, il ne possédait aucun bien meuble ni immeuble; aussi, n'ayant pu se libérer, il fut enseveli en terre profane.

M. Dominique de La Case, prêtre de Tarbes, cousin germain du défunt, se rendit en la cour présidiale du sénéchal de Bigorre, par-devant Me Pierre de Saint-Aubin, licencié en droit, lieutenant général clerc, tenant l'audience *heure prime du matin*. Il s'était fait assister par Me Jean Auzelli, licencié ès droit, par la bouche duquel il raconta ce qui s'était passé.

[1] *Glanages*, t. I, p. 352.
[2] *Ibid.* t. XX, p. 90.

« La Case voudrait, disait son défenseur, trouver moyen et
« façon, par l'amour de Dieu (*intuitu pietatis*) et à raison de sa
« parenté, de *fare ouster les osses et cendres* de feu Beyrie d'un
« lieu profane pour les faire ensevelir en terre sainte. Malheu-
« reusement il ne peut le faire, parce que les créanciers s'y
« opposent, et que les juges de l'Église, par lesquels l'excom-
« munication avait été prononcée, refusent bailler absolution *in*
« *forma cadaveri*. » En conséquence, La Case s'adresse à la cour du
sénéchal et requiert son lieutenant de tenir pour « adjournés »
Pey de Beyrie, Fau et Bertrand de Castelnau, habitants de
Tarbes présents à l'audience. Ces témoins, ayant été tenus
pour ajournés, ont comparu, ont prêté serment sur les saints
Évangiles de Notre-Seigneur et ont été interrogés par le juge.
Ils déclarent l'un après l'autre avoir connu « et être en notice
« et parfaite connaissance de feu Guillaume Beyrie, au temps
« de sa vie et mort habitant de Tarbes, lequel est allé de
« vie à trépas en la cité de Tarbes, cinq ans étant passés, et
« avait été enseveli en terre profane, aux fossés de la ville. »
Ils attestent que, s'il n'avait pu obtenir l'absolution de nombreuses sentences d'excommunication prononcées contre lui,
c'est qu'il était très-pauvre, et qu'il ne possédait aucun bien
meuble ni immeuble, chose qu'ils pouvaient affirmer parce
qu'ils étaient ses voisins. En conséquence, Me Auzelli, au nom
de son client, a « requis ledit lieutenant faire attestation pour
« lui servir comme de raison en temps et lieu. » De tout cela
le lieutenant a fait donner acte par le notaire ordinaire des
causes civiles de la cour ou son substitut. Cette curieuse décision commence par les mots : « Armand d'Antin, chevalier et
« baron d'Antin, Bonnefont et terres des Affittes, sénéchal de
« Bigorre, à tous ceux qui ces présentes verront, salut... »

Voici la formule finale : « En foi de quoi les présens ont été
« signés par ledit notre lieutenant et scellés du scel ordinaire

« de notre sénéchaussée et mis par le substitut du notaire
« ordinaire des causes civiles de notre cour soussigné, et
« avons mandé expédier les présens à Tarbes, en jugement, ce
« 19ᵉ jour du mois de juillet 1542. Présents Mᵉ Jehan Chap-
« teur, Dominique Furcata, François Guinbaldy, notaires en la-
« dite cour, et autres curialz, Saint-Aubin, lieutenant. » *S. Nab.
notaire substitut.*

Jusqu'au xvii° siècle l'excommunication a continué à être prononcée dans nos contrées contre certains débiteurs, qui retenaient le bien d'autrui, par exemple contre ceux qui ne voulaient pas restituer les titres appartenant aux archives communales. Il existe à Pau[1], à la date de 1640 à 1658, des monitoires ecclésiastiques pour la restitution des archives de la ville. On en trouve de semblables dans un grand nombre de communes. On sait que le monitoire était adressé par l'official du juge ecclésiastique au curé qui devait en faire lecture en chaire. Cette publication du monitoire se nommait *monition*. Quiconque, après trois monitions, ne révélait pas les faits parvenus à sa connaissance était excommunié.

Les évêques usaient quelquefois aussi des foudres de l'excommunication pour se faire rendre ce qui leur était dû; mais ils se montraient toujours plus pressés d'absoudre que de frapper. On trouve aux archives des Basses-Pyrénées[2] un titre portant à la cote : « Acte d'excommunication contre le curé de
« Péan, faute de payer les quartiers de l'archevêque de Bor-
« deaux. » Quand on lit ce titre, écrit en latin et portant la date du 16 février 1542, on s'aperçoit que ce n'est pas un acte d'excommunication, mais un acte d'absolution.

Les fors de Béarn défendent aux évêques d'interdire les églises, lorsque les abbés lays ne leur payent pas les *aroiuts*,

[1] Registres de la ville, BB, 2.
[2] Archives des Basses-Pyrénées. 5 G, 208.

mais ils leur permettent de procéder contre ceux qui refusent d'acquitter ce droit, *par monitions et censures ecclésiastiques.* Cette règle a subsisté jusqu'à l'abolition générale des coutumes.

V.

DE LA PREUVE DES OBLIGATIONS.

« On lie les bœufs par les cornes, disait Loisel[1], et les « hommes par la parole. » L'art de l'écriture, au moyen âge, était peu répandu, surtout en Bigorre, où la civilisation fut lente à s'introduire. Les conventions se firent longtemps verbalement plutôt que par écrit.

La preuve des obligations varia selon les temps. Le serment, les témoignages, les ordalies ou épreuves judiciaires, furent successivement en usage. Nous en parlerons, en traitant de la procédure civile et de l'instruction criminelle et du mode de constater la vérité.

VI.

DES ENGAGEMENTS FORMÉS SANS CONVENTION.

Dans les premiers temps du moyen âge, l'esprit de famille était puissant. Une véritable solidarité d'honneur et de déshonneur existait entre toutes les personnes de la même maison. Plus d'un gentilhomme qui se sentait entraîné par une passion violente au delà des justes bornes s'arrêta tout à coup devant la crainte de laisser à ses descendants une tache sur un blason que ses ancêtres n'avaient jamais terni. Plus d'un homme du peuple veilla sur ses enfants avec plus de sollicitude qu'il ne l'eût fait, s'il n'avait redouté d'avoir à subir la responsabilité de leurs excès.

Ce sentiment qui rendait tous les proches solidaires les

[1] T. I, l. III.

uns des autres fut poussé si loin, qu'on finit par ne plus comprendre ce que ce principe avait d'utile, pour ne considérer que ce qu'il avait de rigoureux. Aussi voit-on percer dans les priviléges municipaux le principe que les fautes sont personnelles, principe qui était un relâchement général des liens du sang, une négation de la solidarité, de l'unité de la famille. L'article 28 de la coutume de Guizerix porte que le père ne doit être saisi ni inquiété d'aucune manière, « no sia penhorat « ni molestat en deguna maneyra, » pour les dettes et excès de son fils, ni le fils pour les fautes du père, ni la femme pour celles du mari, ni le mari pour celles de la femme.

CHAPITRE VII.

I. Contrat de mariage. Régime dotal. Régime de la communauté. Dot du mari. Dot fournie par la veuve à son second époux. — II. Tourne-dot.

I.

CONTRAT DE MARIAGE. — RÉGIME DOTAL. — RÉGIME DE LA COMMUNAUTÉ. — DOT DU MARI. — DOT FOURNIE PAR LA VEUVE À SON SECOND ÉPOUX.

Le contrat de mariage était dressé avec une grande solennité, au milieu d'une fête de famille, et les parents, les amis, s'empressaient en foule de le revêtir de leur signature ou d'y faire constater leur présence. Les notaires cherchaient à s'élever à la hauteur de l'importance de cet acte, en l'ornant d'un préambule où ils répandaient à profusion les maximes de l'Écriture sur la sainteté de l'union conjugale. Ces préambules étaient plus ou moins longs, plus ou moins éloquents ou érudits, selon les rédacteurs. Nous pourrions en citer un fort curieux, mais un peu trop prolixe pour trouver place ici. Parfois on se contentait de quelques phrases banales, comme celles qui se trouvent en tête du traité de mariage passé entre Guy, fils de Simon de Montfort, et la comtesse Pétronille, en 1216[1]. Peut-être les considérations morales sur le sacrement du mariage n'auraient-elles pas été du goût de la fameuse comtesse, qui épousa successivement cinq maris et n'attendit pas toujours que l'un fût mort pour en prendre un autre.

Dans la vallée de Baréges, la femme n'était pas censée

---

[1] Bibliothèque impériale, dépôt des manuscrits.

s'être constitué une dot s'il n'y avait une stipulation expresse. Rarement les héritières se constituaient leurs biens en dot; leurs ascendants ou elles-mêmes se bornaient à déclarer la qualité d'héritière. Cette déclaration était considérée comme une clause de style et n'avait pas pour effet de rendre dotaux les immeubles de la femme.

Le régime dotal, tel qu'il est réglé ailleurs, ne s'accommodait point parfaitement aux mœurs de la vallée. La dot est destinée à supporter les charges du mariage. L'héritière recevait le mari chez elle et lui donnait jusqu'à son nom. Le cadet qui l'épousait devait au contraire l'aider à subvenir aux besoins du ménage; c'est lui qui par conséquent devait une *dot*. Ce mot même se retrouve dans la coutume avec cette singularité qu'il est masculin lorsqu'il s'agit de l'apport du mari, et qu'il est féminin lorsqu'il s'agit de l'apport de la femme.

L'article 25 est conçu en ces termes : « Un gendre, laissant « des enfants dans la maison où il a été marié, ne peut retenir « que la moitié de *son dot*; s'il sort de la maison de sa femme, « et si la mère laisse des enfants après la mort de son mari, « elle en retire toute *sa dot*, sans toutefois qu'ils puissent faire « préjudice à leurs enfants. »

« La fragilité de la femme, dit le commentateur, et la pro- « pagation du genre humain leur ont fait attribuer de la part « du législateur une protection et des faveurs particulières. » De là vient aussi que notre article permet à une bru de retirer l'entière dot, tandis que, dans un cas analogue, le gendre ne reprend la jouissance que de la moitié de sa légitime.

Les nouvelles coutumes de Baréges prévoient même des cas de communauté forcée. Ainsi l'article 1er du titre VII porte : « Qu'il y ait contrat de mariage ou non entre deux puînés « mariés ensemble, les acquêts, tant industriels qu'autres, par « eux faits dans le mariage sont communs entre eux. » Le mari avait l'administration de tout, mais rien ne pouvait être aliéné qu'avec le consentement du mari et de la femme conjointement.

Un savant jurisconsulte espagnol, M. Noguès y Secall, a fait remarquer comme un phénomène curieux qu'il existait une grande analogie entre les vieux usages des deux versants des Pyrénées de Bigorre et d'Aragon. « L'histoire, dit-il, de notre « droit aragonais est encore à faire, et pour qu'elle soit bien « faite, il faudrait comparer entre elles les coutumes des divers « peuples pyrénéens [1]. »

Cela est juste, et j'ai cru utile aussi, en écrivant l'histoire du droit bigorrais, qui n'avait pas été sérieusement essayée, de me livrer à la recherche des points de ressemblance qui existent entre nos vieux fors et ceux de l'ancienne Espagne.

Ici nous ferons remarquer qu'en Aragon comme en Bigorre les cadets allaient s'établir chez une héritière et lui apportaient une dot.

L'héritière jouait le rôle de l'homme : elle recevait la dot, la garantissait et en assurait la restitution.

En général, les fors pyrénéens sont peu favorables aux secondes noces, mais ce qui domine tout, c'est le désir de conserver la maison. Il est si puissant que les époux accordaient au survivant la faculté de se remarier dans la maison même, et de donner une part aux enfants du second mariage, à la condition de travailler à l'amélioration du bien et à la prospérité de la maison.

Chose curieuse encore, la veuve, en Aragon, pouvait donner une dot au jeune garçon qu'elle épousait, pour maintenir la maison : « Tambien en Aragon las viudas que se casan con « soltero le dotan algunas veces. »

---

[1] « La historia de nuestro derecho aragones aun esta por escribir, porque para « hacerlo debidamente deben estudiarse las costumbres de los pueblos pirenaicos. »

II.

TOURNE-DOT.

D'après l'article 9 de la coutume de Baréges, lorsque la postérité d'un gendre ou d'une bru venait à s'éteindre, l'héritier de la maison où ils étaient mariés devait rendre à l'héritier de la maison d'où ils étaient sortis l'entière légitime ou dot.

L'article 20 porte que le payement du retour des constitutions se fait en pareils termes et espèces qu'il a été fait en conséquence des pactes de mariage. Ces principes étaient généralement adoptés, sauf quelques nuances, par les coutumes du pays et des contrées voisines. Le retour de la légitime, en Baréges et dans le Lavedan, se faisait en faveur de l'héritier de la maison, quel que fût son degré de parenté. En Béarn, la jurisprudence, longtemps incertaine, avait fini par se prononcer en faveur du parent le plus proche. Dans la vallée de Baréges, les frais funéraires et les legs pies devaient être distraits de la légitime; dans le pays de Lavedan, ils étaient pris sur la quarte.

Le droit de retour s'exerçait à perpétuité. La prescription ne commençait, en Bigorre, qu'à partir du jour de l'ouverture du droit et n'était accomplie qu'au bout de trente ans. D'après le for de Navarre, la prescription était d'un an et un jour.

Une grande question divisait les jurisconsultes de Baréges, c'était de savoir si, après dix ans de mariage, les *hardes, dotalisses* et *peillage* (vêtements) étaient censés consumés par l'usage, ou bien s'ils devaient être rendus. Cette dernière opinion était rigoureuse, mais semblait plus conforme à la coutume, qui ne faisait aucune exception en prescrivant le payement de ce qui avait été constitué en dot.

M. Laferrière [1] a dit : « Les coutumes du Lavedan, sembla-

---

[1] *Histoire du droit*. t. V, p. 463.

« bles aux coutumes basques, rendent les légitimes réversible.
« aux maisons des aînés, lorsque les puînés ou leurs enfants
« meurent sans postérité. Les coutumes de Baréges, qui s'adres-
« saient à une population beaucoup moins nombreuse, ne con-
« tiennent pas cet usage caractéristique; et de cette différence
« on peut induire que les habitants de la vallée de Baréges,
« plus au midi que ceux de Lavedan, avaient moins de rapport
« d'origine ou moins de relations sociales avec la race escual-
« dunaise des Basses-Pyrénées. »

Les moindres erreurs d'un auteur distingué doivent être relevées. Les conséquences tirées par le savant Laferrière sont ingénieuses, mais elles reposent sur un fait inexact, ainsi que nous l'avons démontré.

CHAPITRE VIII.

I. De la vente. — II. Capacité pour acheter et pour vendre. — III. Des choses qui peuvent être vendues. — IV. Tradition. Investiture. — V. Prix de la vente. — VI. Garantie. — VII. Résolution de la vente. — VIII. Retrait lignager et retrait féodal.

I.

DE LA VENTE.

La forme de la vente, au moyen âge, ressemble beaucoup à celle de la donation. M. Natalis de Wailly [1], après avoir fait remarquer que le mot *traditionis* joint à celui de *charta* désigne une donation, ajoute : « *Traditionis charta* s'entend aussi « d'un acte de vente; on a même employé les mots *cessio, largitio* « et *donatio.* » Les donations, selon Noguès, se déguisaient souvent dans nos vallées sous le titre de *vente*, dans l'idée de les rendre plus stables et de les garantir contre les entreprises des héritiers coutumiers. Voici un genre de vente très-usité dans le pays : un héritier, âgé, infirme, sans enfants, vendait les biens dont il pouvait disposer à un frère ou à une sœur, sous la condition qu'il serait nourri, habillé et logé aux frais de l'acquéreur; que celui-ci payerait ses dettes pendant sa vie et les frais funéraires après sa mort.

Les ventes ordinaires étaient plus rares en Bigorre qu'ailleurs, parce que nulle part la conservation du bien patrimonial n'était plus en honneur. C'était un malheur, et presque une honte, que de vendre le champ de ses pères dans un pays

---

[1] *Éléments de paléographie*, t. I, p. 70.

dénué de commerce, et sans autre industrie que l'industrie agricole et pastorale.

Quant à la forme des actes de vente, nous ne pourrions que répéter ce que nous avons dit de la forme des actes de donation.

II.

CAPACITÉ POUR ACHETER ET POUR VENDRE.

La liberté de vendre, comme toutes les autres libertés, fut entravée par le pouvoir féodal. Nous ne reviendrons pas sur ce que nous avons déjà dit de la propriété. Les serfs et les paysans étaient primitivement incapables de vendre sans l'autorisation du seigneur. Plus tard les priviléges municipaux concédèrent à tout le monde la faculté de vendre, mais non de vendre à tout le monde. On lit dans les priviléges de Montoussé : « Item quod habitantes dicti loci et in posterum ha-
« bitaturi possint vendere, dare, alienare omnia sua mobilia
« et immobilia cui voluerint, excepto quod bona immobilia non
« possint alienare ecclesie, religiosis personis, militibus et aliis
« personis prohibitis, nisi salvo jure nostro. »

Le droit de disposer de leurs biens ne fut reconnu aux ecclésiastiques que par la coutume revisée en 1769.

Le seigneur féodal s'était dessaisi à regret du pouvoir d'empêcher les ventes faites sans son consentement. Il se réserva toujours, quand il le put, quelques droits. Il se contenta ensuite des leudes et ventes. Plusieurs priviléges ont cherché à en prévenir l'exagération. Les fors de Lourdes portent que, lorsqu'un héritage était vendu, l'acquéreur et le vendeur devaient se présenter devant le seigneur ou son lieutenant, et l'acquéreur ne payait que 6 deniers, de quelque valeur que fût la terre.

III.

DES CHOSES QUI PEUVENT ÊTRE VENDUES.

M. de Sainte-Foix prétend que jadis le roi de France avait plus de 160 domaines ou *villas*. Le comte de Bigorre possédait aussi dans diverses parties de son comté des propriétés privées : on retrouve encore des pièces de terre qui ont conservé le titre de pré ou de champ « comtal » (*condaü*). Le peuple du moyen âge ne se plaignait pas de l'importance considérable des terres seigneuriales. Plus le seigneur possédait personnellement de ressources pour subvenir aux exigences de sa position, moins il était porté à tourmenter ses sujets par des exactions, des emprunts et des impôts.

Le for de Navarre (1-6) proclame le principe de l'inaliénabilité du domaine.

Le for de Béarn (xxxvii, 1) ne permet au seigneur de disposer, par vente ou autrement, de ses terres que pendant le cours de sa vie; s'il le faisait autrement, le contrat était nul.

Le for de Bigorre (5) ne défend pas la vente du domaine comtal, mais il autorise le comte à se faire restituer les biens qu'il aurait aliénés dans son enfance (*in pueritia*) ou dans un moment pressant de guerre.

Le droit romain frappait d'inaliénabilité le patrimoine communal, et le droit coutumier sur ce point tendait à s'accorder avec la loi romaine.

Aliéner les biens de la communauté n'était-ce pas aliéner une propriété qui appartenait aux générations à venir aussi bien qu'à la génération présente?

Bouteiller[1] écrivait sous Charles VI : « Quiconque achète de « commune bien se garde. Si aura la commune s'il n'étoit con-

[1] *Somme rurale*, t. XLVII.

« firmé du prince souverain, et que ce ait été pour leurs clairs
« et évidens profits, et que autrement leur convient avoir fait
« pire marché au préjudice de la chose publique. »

La vente des biens communaux en général n'était admise qu'avec la sanction du souverain ou l'autorisation de la justice. Le cartulaire de Saint-Savin nous apprend comment elle pouvait se faire dans la vallée. Tous les habitants étaient consultés, et la majorité faisait loi, avec le consentement de l'abbé. Un village ou deux ne pouvaient opposer refus, empêchement ou résistance à ce qui avait été réglé par la majorité, sous la condition cependant que le prix des choses vendues serait appliqué au profit, soulagement et décharge de toute la république, et au soulagement des pauvres.

Si un village ou certains individus voulaient se formaliser (*formalisar*) de la vente et l'empêcher, ils pouvaient la faire annuler en prêtant à la vallée, sans intérêt et tout le temps qu'elle en aurait besoin, la somme que la vente aurait pu produire, et en indemnisant les premiers acquéreurs des dépens, dommages-intérêts, améliorations et réparations déjà faites.

Quant à l'inaliénabilité de certaines propriétés privées, nous ajouterons ici quelques observations à ce que nous avons déjà dit en parlant de la quotité disponible. L'article 10 de la coutume de Baréges porte que les gendres ne peuvent aliéner les biens de leurs femmes, si ce n'est pour payer les dettes de la maison, et en cas de nécessité. Le commentateur de la coutume prétendait que la femme héritière n'avait pas besoin de l'autorisation maritale pour consentir une vente. Son bien était-il dotal : il était inaliénable ; était-il paraphernal : elle était maîtresse d'en disposer.

La coutume revisée changea ces principes. Elle interdit formellement à la femme héritière la faculté d'aliéner ses biens sans le consentement de son mari, à moins que le contrat de mariage ne lui ait expressément réservé la liberté de contracter seule et de vendre ses biens comme bon lui semblera.

L'article 5 de la coutume de Baréges s'exprime ainsi : « Les « pères et mères héritiers des maisons, encore bien qu'ils cons- « tituent leurs aînés héritiers par contrat de mariage, peuvent « et ont la liberté d'aliéner ou échanger des biens de la maison, « en cas de besoin ou s'il est trouvé convenable pour l'utilité de « la maison. »

La pensée de la coutume était de permettre les ventes indispensables dans l'intérêt de la maison, mais d'interdire toutes celles qui auraient eu pour but de frustrer l'héritier légal. La jurisprudence veillait surtout avec soin à empêcher les donations déguisées sous l'apparence de ventes frauduleuses, et à prévenir l'aliénation des biens de souche dans le but de les convertir en acquêts afin de pouvoir disposer de ceux-ci au préjudice des héritiers coutumiers.

Ainsi donc la vente des biens de souche était tolérée, mais rigoureusement surveillée, afin de vérifier si elle était dictée par la nécessité et l'utilité, ou bien si elle était contraire au but de la coutume, qui était toujours la conservation de la maison.

IV.

TRADITION. — INVESTITURE.

« Le moyen âge, dit M. Troplong[1], encore plus que le monde « romain, était le monde des symboles et des formes matérielles. « Tout ce qu'il y a d'abstrait et de moral dans l'homme venait « se traduire en représentations corporelles, et le droit n'était « qu'une perpétuelle allégorie. »

La vente, comme la donation, n'était primitivement parfaite en Bigorre que par la tradition réelle ou symbolique de l'objet

---

[1] *Vente*, t. 1, p. 271.

dont on se dessaisissait. La charte de fondation de Saint-Pé, après l'énumération de dons considérables faits au nouveau monastère par le duc de Gascogne, ajoute : « et comme symbole « de tradition il fit délivrance de toutes ces choses par sa cein- « ture, qu'il déposa sur l'autel [1]. » Au lieu de ceinture, c'est souvent un livre qu'on déposait sur l'autel, et un titre du xii° siècle dit que c'était l'usage : « Vicecomes librum in altare « sancti Petri, sicut moris est, posuit [2]. »

Dans un grand nombre d'actes relatés dans nos cartulaires, on voit le vendeur ou le donateur s'avancer, le missel à la main, et le déposer sur l'autel : « Veniens ante altare cum mis- « sali... cum libro missali manu super altare posita... manu « sua cum missali. » Tantôt la délivrance se faisait en posant la main sur l'autel : « manu propria super altare tradidit; » tantôt par la remise, feinte ou vraie, de l'objet cédé. Une charte de Lescaladieu, du xii° siècle, constatant l'abandon, fait à l'abbaye, du terrain où elle fut transférée, porte : « Dando in « manu ipsius abbatis per manum suam. » Gaston de Béarn fit en 1355 diverses donations au monastère de Saint-Orens de Larreule; on lit dans ces actes: « Ipse vero cum omnibus « fecit guerpicionem de illius villa et omni dominio Deo et « beato Orientio, et posuerunt super eum manus coram omni « populo [3]. »

La légende, précieux reflet des mœurs d'autrefois, nous apprend, dans un acte placé en tête des fors de Bigorre, que, lorsqu'un Sarrasin rendit à la sainte Vierge le château de Lourdes, assiégé par Charlemagne, il fit la délivrance de la terre en donnant une poignée de foin [4].

---

[1] *Monographie de Saint-Pé*, p. 6.
[2] *Ibid.* p. 23.
[3] *Fundatio Sancti Orientii de Regula*, p. 4.
[4] *Chronique de Lourdes.*

LOIS CIVILES.

Le vendeur devait livrer la chose vendue et investir l'acquéreur de tous ses droits de propriété. On lit dans le cartulaire de Saint-Savin (p. 42-43) qu'un vendeur investit l'abbé, « vestivit cum missale... vestivit cum podice. »

Lorsque la vente ne pouvait se faire qu'avec le consentement du seigneur; c'était le seigneur lui-même qui présidait à l'investiture. Aussi, lorsque des priviléges accordent la liberté de vendre, ils ajoutent que le seigneur n'a pas besoin d'investir l'acquéreur. L'article 75 de la coutume inédite d'Azun, en s'occupant de la vente de terre, « de la benda de terra, » dit que le seigneur ne pourra dépouiller l'acquéreur de sa propriété et qu'il n'a pas à en investir l'acheteur, « et que no ha à embesti lo crompadoo. »

La cérémonie de l'investiture ne se maintint en Bigorre jusqu'au dernier siècle que pour la collation des bénéfices laïques ou ecclésiastiques.

Dans des registres du xviie siècle relatifs à l'abbaye de Larreule et conservés aux archives de Tarbes, la prise de possession des charges monacales est constatée par des actes notariés. Le religieux se présente devant la porte de l'église conventuelle muni du titre de nomination. Le sacristain vérifie le titre, le prend de la main droite et le rend ensuite à la main droite du requérant; puis il met le titulaire dans la réelle possession après « l'attouchement du *verrouil* de la grande porte, eau « bénite, baisement du grand autel, siége dans le chœur et « autres formalités à ce requises. » Celui qui n'avait pas la particule nobiliaire au commencement de l'acte la prend à la fin, dès que la cérémonie de l'investiture a été accomplie.

V.

PRIX DE LA VENTE.

Les jurisconsultes romains ont remarqué que l'échange

avait précédé la vente, et que dans les siècles reculés le prix se payait souvent en nature. Ce fait se reproduit dans la barbarie du moyen âge, qui, selon Vico, représente, trait pour trait, tous les caractères de la barbarie primitive.

Dans nos vallées, où la monnaie était rare et peu recherchée, le prix de la vente fut souvent acquitté en denrées ou en bestiaux. Un ancien titre porte : « emit pro duobus equis; » un champ se payait par un certain nombre de chevaux ou par toute autre chose.

VI.

GARANTIE.

Le fameux édit *des Édiles* dans le Digeste énumère des cas nombreux de vices rédhibitoires dans la vente des animaux.

Sans doute il faut protéger l'acheteur, et, comme l'a dit un éminent magistrat, le commerce des chevaux surtout n'est que l'art du mensonge et de la fraude mis en pratique; cependant le commerce des bestiaux était la principale industrie de nos vallées, et il ne fallait pas trop l'entraver.

La coutume de Baréges prévoit peu de cas de résolution de ventes et les précise dans trois articles :

« Art. 21. — En la vente de bétail à cornes, on y demeure « pendant la troisième partie de l'an pour la maladie appelée « *entée*.

« Art. 22. — Et en la vente du bétail à laine, on y demeure « neuf jours pour la maladie appelée *amourredat* et trois mois « pour l'*entée,* si la meilleure partie du troupeau d'où le vendu « est sorti s'en trouve tachée.

« Art. 23. — Ladite demeure s'entend depuis la délivrance « faite et entre gens du pays et hors de foire, s'il n'y a con- « vention expresse du contraire. »

Il ne sera pas inutile d'expliquer que, dans la langue de la coutume, *demeure* et *demeurer* signifiaient *garantie* et *garantir*. C'est par erreur que l'article 22 de la coutume imprimée porte un délai de deux mois tandis que le texte original porte trois mois.

Le Code Napoléon (article 1648) s'en remet, pour la durée de l'action résultant des vices rédhibitoires, à l'usage du lieu où la vente a été faite. Le for de Béarn ne fixait pas de délai pour la prescription, mais dans l'usage on suivait celui de neuf jours, admis par plusieurs coutumes. Le for de Navarre n'accordait que quatre jours. Les hommes versés dans l'art vétérinaire ont protesté contre une trop grande brièveté de délai. Les dispositions des coutumes de Bigorre sont sages et n'ont pas besoin de commentaires.

VII.

RÉSOLUTION DE LA VENTE.

Les coutumes du pays, et notamment celle d'Azun, proclament l'irrévocabilité des ventes loyalement consenties. Ce principe a pu être contesté par la force au moyen âge, mais jamais par la raison. Nous avons déjà fait remarquer que la vente du domaine comtal ne pouvait être résolue que si l'acquéreur avait abusé de la jeunesse du comte ou des nécessités d'un moment de danger.

VIII.

RETRAIT LIGNAGER ET RETRAIT FÉODAL.

Les coutumes de la Bigorre, toujours préoccupées de la conservation des biens de famille, avaient adopté le retrait lignager comme moyen de faire rentrer dans les maisons les biens qui en étaient sortis par des ventes.

L'article 17 de la coutume de Baréges porte : « Le droit « de retrait lignager, qui est une faculté de racheter et de

« retraire les biens vendus, se prescrit dans l'an et jour indis-
« tinctement, tant pour les présents que pour les absents, et est
« le plus proche de la maison qui a vendu préféré à un autre
« moins proche. »

Ces principes étaient en vigueur dans toutes les sénéchaus-
sées de Bigorre; seulement il existait une différence notable
entre la coutume de Baréges et celle de Lavedan. Dans la
première, pour accorder le droit de retrait, on ne considère
que le degré de parenté; dans la seconde au contraire la préférence est donnée à celui qui a l'espérance de la succession
du vendeur : « Le retrait lignager, ajoute le dernier article de
« l'attestation de 1704, étant traité par les mêmes règles que
« la succession quant au lignager et à la qualité des personnes
« retrayantes. »

Nous avons déjà eu occasion de faire remarquer que le
parent le plus proche n'était pas toujours appelé à succéder,
et que le neveu passait parfois avant le frère. Le retrait ne
pouvait pas être exercé par le parent le plus rapproché, mais
uniquement par le parent de la ligne qui avait apporté dans
la maison les biens vendus.

D'après les termes de la coutume expliqués par la jurisprudence locale, le retrait lignager n'avait lieu que pour les
biens de souche et avitins; il ne pouvait atteindre les choses
mobilières ni les acquêts. Il n'avait lieu que pour les biens
vendus et ne pouvait s'étendre aux biens aliénés à titre gratuit
ou par échange.

La prescription d'après les coutumes de Bigorre est de même
durée pour les absents que pour les présents. Le for de Béarn
au contraire distinguait entre présents et absents. Pour les premiers la prescription était d'un an et un jour; pour les seconds,
elle était de cinq ans.

En Bigorre la prescription en cette matière n'était pas suspendue par la minorité; cette règle n'admettait d'exception que lorsque le tuteur était l'acquéreur des biens de son pupille. Il était d'usage dans nos vallées que les parents du mineur vendissent parfois une partie de son patrimoine pour payer des dettes. La prescription, dans ce cas, ne courait que du jour où la vente était ratifiée par le mineur devenu majeur.

Le droit de retrait ne pouvait être cédé : il était attaché à la personne même du lignager. L'acquéreur pouvait obliger le demandeur en retrait à affirmer sous serment qu'il agissait pour lui-même et non pour un tiers. Un ancien jurisconsulte de la vallée se plaint de la facilité avec laquelle le parjure se commettait dans des affaires de cette nature. « Il faut laisser, « dit-il, aux conducteurs des âmes le soin d'obvier tant qu'ils le « pourront à de pareils abus. »

Enfin ceux qui étaient inhabiles à succéder, comme les bâtards, les aubains, etc. ne pouvaient exercer le retrait. « Un « Espagnol, dit Noguès, dont un ascendant se trouverait origi- « naire de Baréges serait exclu du retrait, et un Français qui « se trouverait dans un autre royaume pourrait l'exercer en « Bigorre. »

Le retrait féodal consistait dans la faculté accordée au seigneur de retenir le fief vendu par son vassal ou l'héritage censuel vendu par l'emphytéote. M. Laferrière[1] cite des auteurs pour démontrer que le retrait féodal n'était connu ni en Béarn ni en Bigorre.

Cette proposition n'est exacte qu'à demi. En Béarn, le retrait féodal était accueilli avec une extrême faveur. On admettait que des terres étaient originairement sorties des mains du seigneur, et rien dès lors ne paraissait plus juste que leur réunion à son domaine. A la différence de presque toutes les coutumes de

---

[1] *Histoire du droit*. t. V, p. 453.

France et de Navarre, la coutume de Béarn préférait le retrait féodal au retrait lignager, seulement les descendants directs de l'emphytéote, s'ils voulaient garder les biens, avaient la préférence sur le seigneur.

Laplace, auteur du Dictionnaire des fiefs, combat (p. 628) Dumoulin, qui prétend que le droit de prélation est *connaturalis ipsi feudo*. « Il faut convenir, dit-il, que ce serait raisonner « contre l'usage que de soutenir que le retrait féodal est essen-« tiel aux fiefs, puisqu'il y a plusieurs provinces de ce royaume « où ce droit n'a jamais été reçu, *comme le comté de Bigorre*, le « *pays de Foix et d'Armagnac*. »

CHAPITRE IX.

I. *Gazaille*, bail à cheptel. — II. Du nantissement. — III. Des hypothèques.

I.

GAZAILLE, BAIL À CHEPTEL.

« La gazaille, dit Noguès, est un traité de société qui se con-
« tracte entre deux personnes dont l'une donne pour un certain
« temps à l'autre un certain nombre de bestiaux pour en avoir
« soin, les nourrir et héberger en bon père de famille, et les
« rendre au bailleur à la fin de la société, à la charge et con-
« dition que le croît d'iceux ou le produit en provenant soit
« partagé par égales portions entre le preneur et le bailleur. »
C'est ainsi que cela se pratiquait dans le pays de Lavedan.
Dans la vallée de Baréges, le bailleur fournissait tous les bestiaux composant la gazaille, et cependant, à la fin de la société, il ne lui était pas tenu compte des bestiaux qui avaient péri de mort naturelle ou par cas fortuit : les animaux existants étaient partagés par moitié.

L'article 21 de la coutume porte : « En gazaille de bétail,
« quel qu'il soit, on est obligé, en cas de perte, de rapporter la
« moitié de la chair et de représenter la peau au gazaillant. »

Cette disposition n'était pas rigoureusement observée. Elle était souvent d'une exécution impossible. Dans un pays de hautes montagnes, les bêtes roulaient quelquefois dans des précipices, d'où il eût été difficile et dangereux de les retirer; quelquefois aussi elles étaient dévorées en entier par des animaux féroces.

II.

DU NANTISSEMENT.

Le contrat de gage se retrouve chez les peuples les plus anciens, notamment chez les Hébreux. Les créanciers se faisaient donner comme garantie de payement des valeurs mobilières et immobilières. On sait ce que les Romains entendaient par le *pignus*, qui ne conférait aux créanciers que la possession et non la propriété de la chose remise comme sûreté de la créance. Les contrats de nantissement et d'hypothèque passèrent dans la législation gauloise tels qu'ils étaient dans la législation romaine. Au moyen âge, le gage était plus apprécié que l'hypothèque.

L'argent était rare en Bigorre. Les redevances féodales ne se payaient guère qu'en nature. Les amendes, en matière criminelle, devaient être acquittées en argent; mais le débiteur qui, malgré l'étendue de ses biens, ne trouvait pas de fonds à emprunter, donnait souvent en nantissement un immeuble jusqu'à payement final. Une charte de Saint-Pé nous apprend que Ramond, fils de Garcie de Cassou, tua un garçon cordonnier de l'abbé Guillaume; le père du meurtrier ne put point payer les 90 sous d'or qui étaient dus à l'abbaye pour l'homicide; il abandonna à Saint-Pierre la moitié de l'église de Barlest pour en jouir à perpétuité jusqu'à ce que quelqu'un de sa race pût acquitter les 90 sous.

Le nantissement immobilier était un moyen d'agrandir encore les vastes domaines des seigneurs et des abbés surtout. Le monastère avait souvent un trésor plus considérable que celui du château. Plus d'un chevalier des Pyrénées, partant pour les croisades, donna en gage à l'abbé du couvent voisin une partie de ses terres pour avoir de l'argent. On lit dans le cartulaire de Saint-Savin qu'un seigneur de nos montagnes, partant pour Jérusalem, «abiens in Hierusalem,» donnait ses biens en gage pour une somme de 100 sous. Des générations s'écoulaient quelquefois avant que la chose engagée pût être retirée. Le prêteur, qui avait utilisé l'immeuble, n'était pas toujours pressé de le rendre. C'était une abondante source de procès.

Ces contrats étaient d'un si fréquent usage en Bigorre que, dans les moments d'extrême pénurie, on n'hésitait pas à engager une terre vicomtale et même le domaine du comte. La comtesse Pétronille dans son testament déclare que, depuis trois ans, elle a donné le comté de Bigorre à Simon, comte de Leicester, à la condition qu'il lui fournirait une somme considérable; 15,500 sous morlàas lui restaient dus; elle supplie le comte, au nom de Jésus-Christ, de vouloir remettre cette somme à ses exécuteurs testamentaires afin qu'ils l'emploient selon ses dernières dispositions.

Quelquefois le prêteur voulait retenir le gage; quelquefois aussi il était pressé de le faire vendre pour en avoir le prix; il était obligé en ce cas de se conformer à des règles de procédure dont nous aurons à parler ailleurs.

III.

DES HYPOTHÈQUES.

D'après la coutume de Baréges on ne pouvait hypothéquer que les biens dont on avait la libre disposition.

Les anciens actes d'obligation se terminent souvent par ces mots : «et hoc sub ypotheca et obligatione omnium bonorum «suorum[1].»

---

[1] Transaction de 1446. (*Cartulaire de Saint-Savin*, p. 29.)

LIVRE TROISIÈME.

LOIS DE PROCÉDURE CIVILE ET D'INSTRUCTION CRIMINELLE.

CHAPITRE PREMIER.

I. Introduction d'instance. — II. Information criminelle. — III. Citation. — IV. Preuves : Aveu. Serment. Conjurateurs. — V. Ordalies. Épreuve de l'eau bouillante. — VI. Combat judiciaire. — VII. Preuve testimoniale.

I.

INTRODUCTION D'INSTANCE.

Les fors de Bigorre s'occupent assez peu des formes de procédure. Les formalités étaient très-simples avant la création des parlements, et depuis cette époque elles perdent leur caractère d'originalité. Nous avons recueilli dans les chartes communales des particularités moins nombreuses que curieuses. Nous n'en avons pas trouvé en assez grande abondance pour suivre toutes les divisions du législateur moderne. Nous ne distinguerons pas le code de procédure du code d'instruction criminelle, car jadis on procédait souvent de la même manière, on employait le même mode de preuves, et l'on s'adressait aux mêmes juges, aussi bien pour les affaires civiles que pour les affaires criminelles.

Une instance au moyen âge se formait d'une manière très-simple. Un individu avait à porter plainte contre un autre, *habebat querelam* (le mot *querela*, dont le sens s'est singulièrement modifié, venait de *quærere*[1] « demander » et signifiait « demande portée en justice »), il s'adressait au baile ou au vicaire du seigneur. Celui-ci recevait la plainte, qu'il fût question de crime ou de procès civil, « sive de capite hominis vel « de fundo terræ. » Le baile prenait les noms des parties. Le demandeur dictait sa plainte ou demande. Dans les premiers temps il ne pouvait plus la changer. Plus tard il lui fut permis de modifier la déclaration primitive. Le baile assignait les parties à se rendre devant lui dans le délai de trois jours. Il désignait les juges et constatait par écrit si l'on se réservait le droit d'appeler de leur sentence. Il exigeait la question (*judicatum solvi*), et le lendemain il faisait citer les parties à comparaître dans un nouveau délai de trois jours devant les juges, qui devaient prononcer selon les fors et coutumes.

Les grandes affaires duraient souvent longtemps et parcouraient le cercle de plusieurs juridictions, mais les petites étaient promptement terminées. Si les plaideurs étaient pauvres, ou si l'objet du litige était de peu de valeur, les consuls connaissaient seuls de l'affaire. Ils pouvaient juger sans beaucoup de frais les parties indigentes, et il était laissé à leur sagesse de terminer des débats peu importants, lors même que les parties étaient assez riches pour pouvoir plaider. « *Item si* « aquels qui pleydaran ho la ung sian paubres, ho la causa que « pleydaran sia de petite valor, losdits cossos sommariament

---

[1] « *Quærere*, queri, conqueri. *Querela*, idem quod causa, actio, lis intentata. » (Du Cange, *Glossaire*.) *Quærere* signifiait une enquête judiciaire, une instruction, une information. *Querela* est fréquemment employé, postérieurement à Auguste, dans le sens de plainte en justice. (Voir le *Grand Dictionnaire de la langue latine*, par le docteur Guillaume Freund, traduit par M. Theil, 1862, Firmin Didot, in-folio, t. II.)

« et de plan scriuta la petition à la sententia poscan las causas
« entre las partidas paubras sentenciament deffini; et si la
« causa la caü se playdara entre lasditas partidas es de petite
« valor, que sia leyssada a l'arbitre deusdits cossos pausat que
« las partidas sian poderosas per pleydeyar[1]. »

Cette disposition de priviléges inédits nous a paru assez remarquable pour être reproduite dans le texte. N'était-ce pas mettre la justice à la portée des pauvres en empêchant qu'elle ne devînt ruineuse pour eux, et n'était-ce pas souvent rendre service malgré lui à un plaideur obstiné, en coupant court à des débats sans gravité, où la passion aurait fait dépenser plus en frais que ne valait l'objet en litige? La sollicitude du législateur moderne est-elle aussi paternelle? Ne devrait-elle pas se préoccuper davantage d'arrêter des contestations dont l'importance réelle est si minime que la question des dépens devient la question principale?

II.

INFORMATION CRIMINELLE.

La procédure primitive en matière criminelle était très-simple et ne différait guère de la manière dont se formait l'instance civile. Les délits qui n'intéressaient pas l'ordre public étaient laissés à la poursuite de la personne lésée. Les crimes les plus graves n'étaient autrefois poursuivis que par ceux qui en avaient souffert. On sait que l'institution du ministère public est moderne et ne date en France que du xiv° siècle. L'auteur des Conférences des coutumes du ressort du parlement de Pau s'exprime ainsi (p. 317) : « On reconnut en
« Béarn plus tôt qu'en France la nécessité de confier à certaines
« personnes la vindicte publique et de ne pas la laisser aux

---

[1] *Coutumes de Guizerix*, xxxi.

«mains des intéressés.» Il appuie son opinion sur des ordonnances de Gaston.

Il en dut être de même en Bigorre. Les plus anciennes chartes nous montrent le viguier, le baile, le procureur comtal chargés de maintenir l'ordre public, de punir et d'expulser les malfaiteurs qui souillaient le pays de leur présence.

Lorsque le coupable était surpris en flagrant délit, le premier venu pouvait l'arrêter. Si c'était un voleur ayant encore en mains l'objet volé, on lui arrachait cet objet, qui était remis au perdant, et le malfaiteur était livré aux juges du lieu, qui rendaient justice [1].

Lorsque la culpabilité n'était ni évidente, ni avouée, aucun habitant de Lourdes ne pouvait être arrêté par ordre du comte et de son lieutenant, s'il pouvait fournir caution et s'il ne s'agissait pas de peine capitale ou corporelle. (Art. 15.) Ces priviléges étaient accordés presque dans les mêmes termes à d'autres communes, notamment à celle de Bagnères-de-Bigorre.

La coutume de Guizerix dit aussi que nul habitant ne peut être poursuivi pour crime sans information préalable, à moins qu'il ne soit trouvé commettant le crime, ou que le crime ne soit de telle nature qu'il emporte peine corporelle. (Art. 6.) Si le coupable était connu, l'affaire devait s'instruire sans retard contre lui; s'il était resté inconnu, les magistrats du lieu devaient le poursuivre, sous peine d'être responsables de leur négligence.

La nécessité d'une très-ample information préalable est prescrite par Philippe VI, roi de France, au sénéchal et aux seigneurs hauts justiciers de la Bigorre, avant l'arrestation de tout noble ou de toute autre personne [2].

---

[1] *Priviléges de Lourdes.*

[2] Archives de Tarbes de 1427. — *Vidimus* de lettres patentes de Philippe VI, roi de France.

D'après une curieuse ordonnance de Gaston VII, les juges qui ne procédaient pas à une information nécessaire étaient excommuniés par l'évêque et contraints par le baile au payement, en faveur du seigneur, d'une amende de 20 sous par chaque jour de retard. Le baile qui de son côté ne remplissait pas son devoir subissait l'amende et l'excommunication.

Les priviléges municipaux sont en général très-préoccupés de supprimer la détention préventive ou d'en limiter la durée. On lit dans les coutumes des quatre vallées : « Si, pour une « cause quelconque, un habitant de la vallée est arrêté par le « seigneur ou son lieutenant, il ne peut être interrogé ni mis « à la question qu'en présence du juge et par son ordonnance, « et le prisonnier ne peut demeurer en prison au delà de qua-« rante jours, pour quelque crime que ce soit (*per degun crim*); « si, passé ce terme, on ne lui prouve pas ce dont on l'accuse, « qu'il soit relâché sous bonne et solvable caution de déférer « à la justice et d'être représenté toutes les fois qu'il sera re-« quis, sur peine criminelle à l'arbitrage du juge. »

D'après les priviléges de Tarbes, si un habitant de la ville ou du quarteron est arrêté par ordre de la cour du sénéchal pour crime ou excès par lui commis, il sera *entendict* et au besoin détenu dans les prisons comtales de la ville de Tarbes; son procès doit être immédiatement ouvert, « lo deu estar ubert « proces, » et justice doit lui être rendue sans qu'on puisse le transporter, « bajulat ni transportat, » en d'autres prisons. Ceci, ajoute l'article 4 des priviléges, sera d'un grand intérêt pour les particuliers et pour la cause publique, à raison des frais considérables de transport et d'entrée dans différentes prisons, et du danger de pouvoir être condamné ailleurs sans être entendu dans ses défenses et innocences, « poyran estar condam-« natz sens estar audits en lors defenses et innocences. » Ce privilége est renouvelé et, au besoin, de nouveau concédé, excepté pour les crimes de lèse-majesté, et dans le cas d'exprès commandement du seigneur.

Les frais de justice consistaient principalement dans l'amende et dans le payement des *messioos*, c'est-à-dire de la nourriture due aux magistrats instructeurs. Le seigneur était obligé de payer lui-même les *messioos* aux juges qu'il convoquait et aux parties qu'il n'expédiait pas le jour fixé pour l'audience.

Recherchons maintenant comment les parties étaient citées et quels modes de procédure furent tour à tour imaginés pour arriver à découvrir la vérité.

III.

CITATION.

Le défendeur doit être régulièrement averti pour se présenter devant le juge et pour répondre à la demande intentée contre lui. L'accusé doit être mandé devant la justice, qui a besoin de lui demander compte de ses actes.

Platon, dans son *Gorgias*, dit que le coupable devrait recourir au magistrat, comme le malade au médecin, pour se faire guérir de la maladie de l'iniquité. La philosophie platonicienne n'est guère à l'usage des malfaiteurs. Aussi, dès les temps antiques, le législateur a dû s'occuper du mode d'appeler les parties devant les tribunaux et de punir celles qui refuseraient de comparaître.

D'après la loi salique, le réclamant, assisté de témoins, allait trouver son adversaire. En cas de refus d'une légitime satisfaction, il lui fixait jour, *solem collocat*, et lui accordait pour le plaid un délai de sept nuits.

Dans nos montagnes surtout, les formalités étaient très-simples au moyen âge. Ainsi, à Saint-Savin, les ajournements devant la cour seigneuriale devaient être donnés trois jours d'avance. Ils étaient notifiés par le viguier du seigneur ou par le baile. Si ceux-ci ne rencontraient pas les parties à leur domicile, ils traçaient sur la porte une croix (✝), et cette assignation était moins coûteuse et plus intelligible que la feuille de papier laissée aujourd'hui à nos montagnards, souvent illettrés.

Celui qui refusait d'obéir à l'appel de la justice et ne se rendait pas à la citation, « sans légitime, et forte, et notable, et « pertinenta excusa, » était condamné à payer : pour la première fois, 1 écu petit; pour la deuxième, 2 écus; pour la troisième, 4 écus. Si ces peines pécuniaires ne pouvaient vaincre son obstination, il était arrêté et détenu dans la prison seigneuriale le temps jugé nécessaire par l'abbé.

D'après la coutume de Guizerix, le baile ou tout autre officier ne pouvaient citer un habitant dudit lieu, pour un fait quelconque, qu'une fois dans la même journée, et de trois en trois jours, « No cite ni posca cita degun habitant deudit loc per « ung feyt sin que una betz en ung dia et de ters jorns en ters « jorns; » et si l'assigné n'était pas tenu de comparaître, les consuls seuls étaient juges de savoir s'il devait être puni pour ne s'être pas présenté. (Art. 8.) « Tout défaillant à la cour des « consuls au jour de l'assignation régulièrement donnée sera « puni, dit l'article 11, de 20 sous tolozans dus au seigneur « pour la contumace, à moins d'excuse légitime, sur la sincérité « de laquelle il sera entendu (*sera aüdit*). »

Dans toutes les chartes d'affranchissement on voit percer autant de méfiance contre les officiers du seigneur que de confiance dans les juges élus par le peuple. Les assignations judiciaires en Bigorre se firent, dans les derniers temps, comme le prescrivait le parlement de Toulouse.

IV.

PREUVES : AVEU. — SERMENT. — CONJURATEURS.

Comment procédait-on, au moyen âge, à la preuve des faits; lorsque le défendeur contestait la demande, lorsque l'accusé niait son crime? La procédure varia selon les époques. Le progrès des lumières fit successivement abandonner plusieurs modes de preuves dont la raison publique avait fini par comprendre l'abus. Nous allons parcourir rapidement les moyens employés par nos pères pour arriver à la découverte de la vérité : le serment, les ordalies et le témoignage.

L'aveu de l'accusé fut la première preuve de culpabilité que la justice chercha à obtenir. Du temps où le meurtrier, reconnu coupable, au lieu d'être corporellement puni, se trouvait à l'abri, par une composition pécuniaire, des vengeances d'une famille irritée, il n'était pas rare que l'on consentît à racheter sa tranquillité par un aveu suivi de quelque sacrifice. D'un autre côté, dans plusieurs législations barbares, la peine était plus forte pour celui qui était convaincu d'avoir faussement nié la vérité que pour celui qui avait témoigné son repentir par une confession complète.

Pour arriver à l'aveu, on imposa le serment à l'accusé : son affirmation devant Dieu prouvait sa culpabilité et même son innocence. Dans des temps de foi, l'attestation d'un fait en prenant le ciel à témoin était une puissante garantie de sincérité. On ne présumait pas qu'un chrétien voulût compromettre son salut éternel par un parjure.

Cependant on fut obligé de reconnaître que, pour échapper à un châtiment présent, les coupables quelquefois n'hésitaient pas à encourir le risque d'une damnation à venir. Alors on exigea l'adjonction au serment de l'accusé, trop intéressé à mentir, d'un nombre considérable d'autres personnes qui juraient avec lui et affirmaient qu'elles le croyaient incapable d'avoir commis le fait reproché : c'étaient des cojurants, conjurateurs, *conjuratores*.

L'accusateur de son côté venait jurer et faisait jurer par ses amis que l'accusation était juste et fondée.

Le juge se décidait d'après l'appréciation de la qualité et du nombre des conjurateurs présentés par une partie et par l'autre. Ce mode de procédure était également employé en matière civile. Bignon[1] dit que Frédégonde, accusée d'adultère par son mari, fit jurer trois évêques et trois cents seigneurs de la cour qu'ils croyaient que l'enfant né d'elle était légitime. La même Frédégonde, accusée devant le roi Gontran du meurtre de Chilpéric, se justifia par le serment de soixante et douze conjurateurs.

Cet usage de *purgation canonique* se maintint très-tard en Bigorre. M. Chéruel nous apprend qu'au xiiie siècle, dans certaines provinces, on déférait encore le serment à celui qui était accusé de meurtre et de maléfices. « Saint Louis, ajoute « ce savant auteur, abolit cette coutume en Gascogne, comme « le prouve un acte d'un manuscrit de la Bibliothèque impé- « riale. »

Les cartulaires du pays citent de nombreux exemples de conjurateurs soit pour des faits criminels, soit pour des actes civils. Le serment conserva sa force pour prouver la culpabilité, mais perdit sa valeur pour prouver l'innocence de celui qui le prêtait. L'article 23 de la coutume des quatre vallées dispose ainsi : « Celui qui a été blessé doit être cru quand il désigne « avec serment celui qui l'a blessé, et l'accusé dans ce cas ne « peut être absous que s'il prouve par témoins dignes de foi « qu'il était absent du lieu au moment du crime, ou que ce

---

[1] *Formules de Marculphe*, l. I, c. xxxviii.

« crime a été commis par un autre. L'accusateur dans ce cas
« paye l'amende. »

La formule du serment est ramenée aujourd'hui à la forme
du premier serment dont l'histoire ait transmis jusqu'à nous
le souvenir. Autrefois il était entouré de cérémonies tantôt
bizarres, tantôt imposantes, mais toujours propres à parler
aux yeux et à jeter dans l'âme une religieuse terreur.

Le serment le plus sacré est celui qu'on prêtait sur l'autel
en recevant le corps et le sang de Jésus-Christ. Dans une
charte de confirmation de Saint-Pé (*Cart.* p. 404) on lit :
« Veniens cum comite aliisque quampluribus testibus ad sa-
« crosancta loca hujus templi, super sanctum altare beati Petri
« sacramento firmavit nihilominus hac de causa, eadem hora,
« corpus domini nostri Jesu Christi accipiens. »

L'autel renfermait des reliques, et l'on sait l'importance que
nos pères ajoutaient au serment prêté sur les reliques des
saints. L'histoire raconte que, lorsque Guillaume le Conquérant
voulut lier Harold par une parole sacrée, il lui fit prêter serment sur une cuve couverte d'un drap, puis il retira le drap
pour montrer que la cuve était remplie de reliques.

Les montagnards de Bigorre juraient par les saints déposés dans leurs églises et leurs abbayes. C'était un usage du
pays, que certaines coutumes avaient même consacré. Celle de
Tartas (article 41) obligeait de jurer « super l'autar de santa
Quiteria. » Quiterie[1] était une sainte vénérée dans nos contrées et en Espagne. Dans le Livre vert de Bénac on lit : « Ju-
« ramus, manus nostras in supradictum sanctum ponentes. »
Souvent aussi on jurait par les lieux de dévotion sanctifiés
par des saints : « per loca sanctorum... Juraverunt per sex loca
« sanctorum... quod veritatem dixissent[2]. »

[1] Voir, sur cette sainte, la *Revue des Sociétés savantes*, 4ᵉ sér. t. V, p. 297, 1867.
[2] *Livre vert de Bénac.*

La formule de serment qui devint la plus usitée fut de prendre Dieu à témoin en posant la main droite sur le missel et le *Te igitur,* « avec la vraie croix dessus posée. » On jurait quelquefois aussi en touchant les quatre saints Évangiles : «jura als sents iiii Evangelis de Diu Jhesu Christ ab sa maa « dextra corporalement tocats. »

On regardait encore comme serment écrit une croix peinte ou tracée à côté de la signature, « parce que, disent les con-« ciles, ceux qui jurent par ce signe sacré prennent le Christ « crucifié à témoin de la vérité de ce que les actes contiennent « et de la pureté d'intention de celui qui les signe. »

On voit, même de nos jours, des habitants de la campagne, fidèles à une tradition dont ils ne comprennent plus le sens, accompagner leur seing d'une croix.

Lorsque la reine Jeanne eut aboli le culte catholique dans ses États, elle remplaça les formules antiques par la formule : « au Dieu vivant, » *au Diu biban* : de là vient un jurement populaire beaucoup trop fréquent dans les Pyrénées.

V.

ORDALIES. — ÉPREUVE DE L'EAU BOUILLANTE.

L'abus que l'on fit du serment montra le danger de ce genre de preuve, et l'on tomba dans un danger plus grand. Comme Dieu est la source de toute vérité, c'est à lui-même qu'on imagina de la demander, en remettant à sa divine sagesse la décision des débats humains. C'est ainsi que fut inventé le système des diverses épreuves qu'on nommait *ordalie* ou *ordéal.* Ces épreuves varièrent au moyen âge. La loi salique ne mentionne que l'épreuve par l'eau bouillante. Elle énumère avec soin les conditions auxquelles on pouvait racheter sa main, c'est-à-dire obtenir d'être affranchi de cette expérience cruelle. Les nobles, les prêtres et les hommes libres de Bigorre étaient seuls admis à ce mode de jugement, qui a laissé une profonde impression dans les souvenirs populaires. On répète souvent encore pour affirmer un fait : *J'en mettrais les mains au feu*. Nous avons déjà rapporté dans notre Monographie de Saint-Pé le texte latin d'un curieux passage du cartulaire de cette abbaye. Pérégrin, vicomte de Lavedan, et Tiborst, sa femme, accordèrent au monastère de Saint-Pé le privilège de la garde du fer destiné aux épreuves de l'eau bouillante. Cette cérémonie rapportait 5 écus : 2 pour l'abbaye, 2 pour la cathédrale de Tarbes et 1 pour le prêtre qui bénissait l'eau et la pierre. Le vicomte de Béarn, en 1182, fit don à l'abbaye de la Sauve du produit de la cuve de marbre qui servait à l'épreuve de l'eau bouillante.

Voici comment s'accomplissait cette cérémonie, bien propre à faire impression sur des âmes où vivait la foi. Un accusé a été ajourné à Saint-Pé ou à la cathédrale de Tarbes. Il s'est préparé par un jeûne de trois jours au pain et à l'eau. Il entre dans l'église avec recueillement et humilité. Il se prosterne, tandis que le prêtre prononce des prières solennelles, conservées dans les manuscrits contenant les offices du temps. Une messe est chantée. Au moment de la sainte communion, le prêtre s'adresse encore à l'accusé : au nom du Père, du Fils et du Saint-Esprit, par le jour redoutable du dernier jugement, par les mystères du baptême, par la vénération due aux reliques des saints déposés sur l'autel, il l'adjure de dire la vérité et d'avouer s'il a commis le crime ou s'il en connaît les auteurs. L'accusé prête serment de son innocence; il reçoit alors la sainte communion. L'eau bouillante est apportée. Le prêtre la bénit, ainsi que la pierre ou le fer ardent que l'accusé doit en retirer. Celui-ci récite l'oraison dominicale, fait le signe de la croix, plonge la main dans l'eau et en retire la pierre ou le fer que le prêtre y a laissé tomber. Aussitôt la main du patient est mise et enfermée dans un sac qui demeure scellé durant trois jours; à l'expiration de ce délai, la main est visitée et vérifiée par des hommes compétents : si aucune trace de brûlure ne subsiste, l'innocence est proclamée.

Montesquieu [1] prétend que nos pères, habitués au métier des armes ou à de pénibles travaux, avaient une peau rude et calleuse, qui ne devait pas recevoir assez l'impression du fer chaud ou de l'eau bouillante pour qu'il y parût trois jours après. D'après lui, s'il y paraissait, c'était une marque que celui qui subissait l'épreuve était un efféminé. Sainte-Foix a dit avec raison : « Je suis fâché que l'auteur de l'Esprit des « lois soit persuadé que nos ancêtres avaient les mains comme « des pattes de crocodile. » Les efféminés peuvent être de très-honnêtes gens.

« Lorsqu'on faisait des épreuves par l'eau bouillante, dit le « paléographe Larcher, le prêtre la bénissait et il en retirait « un revenant-bon. L'évêque et le seigneur y avaient leur part. « Il ne faut pas s'étonner si ces épreuves étaient si fort accré- « ditées. »

Le seigneur retirait des divers modes de procédure employés au moyen âge un profit aussi grand que de l'épreuve barbare du fer chaud. La participation du prêtre à ces pratiques bizarres et cruelles s'explique par les mœurs du temps. Sa présence, ses exhortations, la solennité de ses prières, pouvaient provoquer dans le cœur de l'accusé un retour à des sentiments honnêtes et obtenir un aveu qui suffisait pour éclairer la justice. D'ailleurs, même dans le moment où ces épreuves étaient le plus en vogue, sous le règne de Lothaire, les évêques rassemblés au second concile d'Aix protestèrent contre ces inventions humaines, qui faisaient souvent triompher le men-

---

[1] *Esprit des lois*, l. XXVIII, c. XVII.

songe sur la vérité : « Has inventiones humani arbitrii in quibus
« sæpissime per maleficia falsitas locum obtinet veritatis. »

Enfin ce fut un pape, Étienne V, qui, le premier, proscrivit toutes ces épreuves comme fausses et superstitieuses.

VI.

COMBAT JUDICIAIRE.

L'abus du serment avait donné lieu aux ordalies; l'abus des ordalies fit prévaloir le combat judiciaire. Les épreuves de l'eau bouillante convenaient mieux qu'un duel à mort aux prêtres et aux légistes; mais la noblesse donnait la préférence aux jugements obtenus à la pointe de l'épée. Les nobles, dans ces temps barbares, vengeaient eux-mêmes par la guerre les injures et les crimes commis contre eux. Le législateur crut faire preuve de sagesse en imposant des règles à ces combats particuliers, et en ne les autorisant que sous certaines conditions et avec certaines formalités. Gondebaud, roi de Bourgogne, en permettant le duel, rend raison de la loi dans la loi même. « C'est, dit-il, afin que mes sujets ne fassent plus de « serment sur des faits obscurs et ne se parjurent pas sur des « faits certains. »

L'auteur de l'Esprit des lois (l. XXVIII) cherche presque à excuser le duel en disant que, dans une nation guerrière, la poltronnerie suppose d'autres vices; qu'un homme bien né ne manque pas ordinairement de l'adresse qui doit s'allier avec la force, ni de la force qui doit concourir avec le courage. Nous pourrions opposer plusieurs raisons à ces raisons subtiles; une seule nous suffira, c'est que dans certains cas les parties pouvaient se faire remplacer par des champions.

L'Église ne put empêcher ce mode de procédure de triompher sur tous les autres; elle fut même obligée d'intervenir pour adoucir par des rites particuliers un usage barbare qu'elle ne pouvait détruire. Le duel fut admis pour toutes sortes de preuves, en toutes sortes de matières, politiques, civiles ou criminelles. En voici deux curieux exemples.

Alphonse VI, roi de Castille et de Léon, marié avec une fille du duc d'Aquitaine, hésite ne sachant s'il doit conserver le droit barbare ou admettre le droit romain observé de l'autre côté des Pyrénées. C'est au duel judiciaire que la décision est soumise : le champion des lois romaines est vaincu.

« La question s'étant présentée devant l'empereur Othon Ier,
« dit Pasquier [1], de savoir si, en succession directe, la repré-
« sentation devait avoir lieu, et les docteurs étant partagés
« sur cette difficulté, l'empereur ordonna que l'on en remît la
« décision au jugement des armes. On choisit pour cet effet
« deux vaillants champions. Celui qui soutenait la représenta-
« tion fut vainqueur. »

Le vieux for de Béarn admettait le duel, en matière crimi-
nelle toujours, et en matière civile lorsqu'il s'agissait d'une demande de plus de 40 sous. Les armes employées dans la lutte variaient selon les rangs; le noble combattait à cheval avec l'épée; le bourgeois, à pied, avec lance et couteau, dard et écu ; le serf ou manant, avec le bâton. Le noble, lorsqu'il était l'agresseur, devait combattre avec les armes de celui qu'il attaquait. Nous avons raconté dans notre *Château de Pau* plusieurs combats judiciaires, qui eurent lieu à des époques assez récentes dans le *Camp batalhé* de la ville. Les souverains du Béarn persistèrent à maintenir cet usage barbare lorsque les rois de France, depuis saint Louis, s'efforçaient de le faire disparaître. La légitimité du duel est curieusement dis-
cutée dans une charte du xvie siècle que nous avons déjà ana-
lysée. La conclusion des juges est que le duel est fondé sur la

---

[1] *Recherches.* c. xx.

coutume et que rien de ce que permet la coutume ne peut être considéré comme illicite : « Non intelligitur illicitum quod « propter bonum publicum est statutum et permissum... non « est duellum illicitum quod permittit consuetudo generalis. » Le conseil souverain de Pau décida que, le jeudi 20 janvier 1518, un combat singulier aurait lieu à toute outrance après assignation donnée et publication à son de trompe.

Au moment même où Henri II, roi de France, après le duel de la Châtaigneraie et de Jarnac, jurait qu'il n'autoriserait plus à l'avenir de si tristes batailles, Henri II, roi de Navarre, en revisant les coutumes de Béarn en 1551, y maintenait la *Rubrica De batalha*, qui a conservé force de loi jusqu'à la révolution de 1789.

En Bigorre, le duel fut permis comme partout. Les monastères même ne pouvaient prouver leurs droits que par le combat : ils combattaient par des champions. L'histoire du pays raconte que Centulle autorisa les moines de Saint-Savin à faire valoir en champ clos les droits que leur disputaient, sur la vallée de Cauterets, Richard et Guillaume de Soulom. Les deux seigneurs furent vaincus et condamnés à restituer ce qu'ils avaient usurpé. Centulle, en 1081, ordonna encore le combat entre la même abbaye et Dat-Loup, viguier héréditaire d'Aspe. Les moines triomphèrent et reconquirent le village de Suin. Les exemples de duel sont nombreux dans les chartes locales. En 1155, le duel fut ordonné entre Bernard de Rivière et le monastère de Larreule. Le sire de Rivière, qui avait soulevé une mauvaise contestation pour reprendre des biens que son père avait irrévocablement donnés, n'osa s'exposer au jugement de Dieu et préféra payer l'amende de la désertion du combat.

Le for de Bigorre ne s'occupe du duel que pour dire que les champions doivent être du pays, et pour fixer leur salaire.

« Pugiles in Bigorra non nisi indigenæ recipiantur; qui pugna-
« verit xx solidos accipiat, pro targa xii nummos, pro præ-
« paratione vi. »

Le comte retirait un bénéfice du duel. Dans la charte de restauration de l'abbaye de Saint-Savin en 945, le comte Raymond renonce à tous les droits qui pourraient lui revenir de ce monastère pour les plaids et les batailles, « pro placitis « et batalhis. »

En résumé, en Bigorre le duel fut peut-être plus vite abandonné que dans les contrées voisines, et n'eut pas des résultats aussi déplorables qu'on pourrait le croire. Nos montagnards ont une foi vive; ils hésitèrent souvent à s'exposer, la conscience chargée d'un crime et d'un parjure, au jugement de Dieu, qui lit dans les cœurs et qui protége l'innocence. D'un autre côté, les chartes locales nous apprennent que bien des fois le plaideur, au moment de jouer sa vie, préféra une transaction. Le mode de procédure le plus injuste est peut-être celui qui causa le moins d'injustices, et le plus terrible moyen de terminer les procès fut celui qui amena le plus de transactions et de réconciliations.

VII.

PREUVE TESTIMONIALE.

Au moyen âge, en Bigorre comme partout, l'ignorance était si grande que peu de personnes savaient écrire; la preuve par écrit devint fort rare; on lui préférait la preuve par témoins, qui semblait offrir plus de facilités et de garanties. De là ces vieux adages, *le parchemin souffre tout*; les actes écrits ne sont que des témoins muets, *surda testimonia*. Le témoin qui dépose devant Dieu, qui raconte ce qu'il a vu et entendu, qui répond à tout et fournit toutes les explications, inspirait plus de foi que le papier chargé d'une écriture inintelligible pour plusieurs et qui a souvent besoin d'interprétation. Mais le nombre des faux témoins devint si considérable que nos pères se jetèrent dans des preuves superstitieuses, qu'ils appelèrent le *jugement de Dieu*, « comme si Dieu eût été obligé, dit un vieux jurisconsulte, de faire un miracle pour aider leur ignorance. »

Après avoir abandonné la preuve testimoniale pour le combat judiciaire, on reconnut qu'il valait mieux encore s'en remettre à la foi des hommes qu'à la chance des armes.

Les Assises de Jérusalem (c. CLXVII) prescrivaient et justifiaient la pratique du combat judiciaire. Saint Louis est un des premiers qui « aient mis preuve de témoins ou de chartes « au lieu de batailles[1]. »

En Bigorre le combat judiciaire n'eut pas la même faveur qu'en Béarn, où il fut légalement maintenu jusqu'à l'abolition des coutumes. Plusieurs anciens fors du pays admettent et favorisent la preuve orale. Les coutumes de Maubourguet accordent aux bourgeois de la ville de prouver tous les faits sans bataille avec des témoins du lieu. « Sub aiso que dam « et autreyam als borgès de la viele de Maubourguet que « tots los enbars posquen probar sens bataille, ab testimonis « locals de la viele per garda de los judges, o ab ung judge de « la viele de Maubourguet. »

Les priviléges de Lourdes (article 2) accordent aussi aux habitants du lieu la faculté de tout prouver sans duel, par le témoignage d'un juge juré ou de deux témoins dont la suffisance sera appréciée par un magistrat.

Lorsque la bataille avait été ordonnée et acceptée dans les mains du seigneur, « fermada en la man del senhor, » l'une des parties pouvait encore se dédire et était libre de se retirer; mais, dans ce cas, elle devait payer une amende pour désertion

---

[1] *Établissements de saint Louis*, l. 1, c. 11.

du combat. Cette amende était plus ou moins forte selon les localités : à Bagnères, elle était de 65 sous, et à Lourdes elle n'était que de 5 sous. Cette amende était due au seigneur sans préjudice des droits de la partie qui triomphait.

Les plus anciens monuments de jurisprudence nous prouvent combien la preuve testimoniale était en faveur auprès des juges sages. Une des cours de justice les plus imposantes, celle qui fut chargée, en 1083, de l'affaire du chevalier de Bartrès, admit les témoignages qui servirent de base à sa décision.

Les coutumes de Bigorre ont peu de dispositions relatives à la procédure des enquêtes, dont les fors de Béarn et de Navarre s'occupent longuement.

Le for d'Azun nous apprend seulement que les enquêtes se faisaient, en matière civile et en matière criminelle, par les notaires, sur l'ordre du juge, qui les punissait s'ils n'agissaient pas loyalement. Les notaires ne pouvaient procéder à une enquête contre un individu sans une information préalablement ordonnée par la justice. D'après les fors de Béarn et ceux de Navarre, si un commissaire faisait mal une enquête, elle était annulée et recommencée à ses frais par un autre commissaire. D'après les fors d'Azun, il en était de même dans nos vallées; cependant le notaire qui ne s'était pas rendu coupable d'une négligence trop répréhensible pouvait obtenir la moitié du prix de ses écritures.

En général, les coutumes de nos contrées recommandent aux commissaires chargés de procéder aux enquêtes de partir de très-bonne heure, et plusieurs fixent même huit heures du matin.

Nous n'avons rien trouvé de remarquable sur les qualités exigées pour être témoin, ni sur la forme de la déposition.

CHAPITRE II.

I. Jugement. Lieu où il était rendu. — II. Forme de la sentence. — III. Appel.

I.

JUGEMENT. — LIEU OÙ IL ÉTAIT RENDU.

Dans les temps reculés, c'est aux portes des villes et des temples que les pauvres venaient déposer leurs plaintes aux pieds du juge. Quelques passages de l'Écriture nous apprennent que cela se pratiquait ainsi chez les Juifs. Nos rois tenaient jadis les *plaids de la porte,* c'est-à-dire qu'assis sur le seuil de leur palais, ils rendaient la justice par eux-mêmes ou par leurs conseillers.

Chez les Germains et chez nos montagnards, les forêts étaient l'objet d'un respect religieux. On trouve encore dans nos vallées de nombreux autels votifs dédiés au « dieu hêtre » (*fago deo*), au *dieu six arbres,* etc. L'ombre d'un arbre séculaire servit longtemps de temple aux juges du peuple. En Guyenne, le lieu où siégeait la justice conserva le nom « d'om-« brière, » *umbraculum.* Les chartes du moyen âge font souvent mention de jugements rendus sous le grand sapin, sous le noyer, sous le hêtre, sous le chêne, et surtout sous l'orme. A Paris, les redevances s'acquittaient sous l'orme de Saint-Gervais. On connaît le vieux proverbe : *Attendez-moi sous l'orme.* Un orme antique s'élevait ordinairement devant l'église, presque toujours voisine du château. C'est là que le seigneur traitait avec les vassaux; c'est là que les habitants du lieu venaient régler leurs affaires. Plusieurs titres portent qu'ils ont été signés *sub ulmo,* « sous l'orme. » L'arbre de la liberté n'a été qu'une réminiscence, une imitation de l'orme féodal. C'est sous l'orme de Lourdes que le comte de Bigorre venait recevoir l'hommage du vicomte d'Asté, qui lui devait un épervier.

Qui n'aime à se souvenir de saint Louis et à écouter ces paroles, si souvent répétées, de Joinville : « Maintes fois avint « qu'en esté il alloit seoir au bois de Vincennes, après sa « messe, et s'accostoioit à un chesne, et nous faisoit seoir au- « tour de li, et tous ceulx qui avoient affaire venoient à li sans « destourbir d'huissier ni d'autre. » Nos juges dans les Pyrénées conservèrent longtemps l'usage de rendre leurs décisions au pied d'un arbre; aussi, pendant tout le moyen âge, la petite cour de Licharre porta le nom de *cour du noyer,* « cort deu « noguer de Licharre, » et celle d'Escurés le nom de *cour des chênes,* « cort deus cassous, » parce qu'à Licharre les juges siégeaient sous un noyer et à Escurés sous un chêne.

Lorsque le comte avait à prononcer lui-même sur une grave contestation, il faisait appeler les parties et réunissait les juges dans un de ses châteaux. C'est au château de Lourdes que se rassembla la cour chargée de l'affaire relative au chevalier de Bartrès.

A Bagnères, les audiences se tenaient sous le porche de l'église Saint-Vincent : « Con los borgès de Banheras fossen « en lo porche de la gleysa de Sen Vincens [1]. » Les abbés tenaient leur cour dans le cloître; les juges populaires sur la place publique : « Judices debent judicare illos... in medio loco « burgi [2]. » — « In podio Argeleriis, » porte une sentence rendue à Argelès. « En la place commune devant la maison du Coq, » dit un titre de Saint-Savin que nous avons cité.

---

[1] Titre de 1286.
[2] *Priviléges de Lourdes.*

Ce ne fut que très-tard qu'on s'occupa, en Bigorre, à loger convenablement la justice. On ne songea pas à lui bâtir des palais, et rien de plus dénué de toute apparence d'ornement que les édifices modestes où siégeaient les magistrats de nos montagnes.

Sous le règne de Catherine de Navarre, comtesse de Bigorre, les juges de Vic se plaignirent d'être obligés de tenir leur audience sur un simple établi, en pleine rue, dans un lieu peu décent : « Sus u taulé en la carrera, en loc inho-« nest [1]. »

La reine, considérant qu'elle possède dans la ville un lieu appelé « la salle et la place du comte, » qui demeure vacant sans utilité pour elle, et ne lui servant à rien, permet d'y construire un petit bâtiment, « de far augun petit batiment, » en forme d'auvent, « maniere de enban, » ou autrement, comme il paraîtra plus convenable, pour servir à la cour, aux actes et faits de justice, « per tenir ladite cort et entender aux actes et « feyts de justice. »

C'était peu, et cependant tous les magistrats du pays n'en recevaient pas autant de la faveur du roi.

II.

FORME DE LA SENTENCE.

On prononçait les jugements avec solennité, et en invoquant le nom de Dieu, d'où émane toute justice.

Les premiers juges n'étaient, à proprement parler, que des arbitres. Lorsque des juges permanents furent régulièrement établis, la voie de l'arbitrage fut aussi suivie que celle des cours de justice. Les mêmes formalités à peu près étaient observées.

---

[1] Archives de Vic-en-Bigorre.

Voici ce qu'on lit dans une sentence rendue le 26 mai 1478 entre Garcie et Bernard, fils du vicomte de Lavedan :

« Les arbitres, assis sur un banc de bois en forme de tri-
« bunal, jugeant comme arbitres arbitrateurs et médiateurs
« de paix, les saints Évangiles de Dieu devant eux posés et
« montrés, afin que le jugement soit fait à la vue de Dieu et
« que leurs yeux voient toujours l'équité, le nom de Dieu in-
« voqué, et faisant le signe de la vénérable sainte croix, disant,
« Au nom du Père, du Fils et du Saint-Esprit, ont procédé
« à la prononciation et ordination de la sentence arbitrale, et
« l'ont promulguée par la bouche du coarbitre [1]. »

Nous emprunterons au cartulaire de Saint-Savin (p. 48) un arrêt rendu par la cour de Lavedan. Nous traduirons littéralement; le texte est en latin : « Au nom de Dieu, amen. Soit
« connu à tous qu'un procès a été et est encore porté devant la
« cour majeure de Lavedan de notre seigneur le roi de France,
« en présence de Fortanier de Lavedan, de Marsous, baile
« du Lavedan pour le roi; d'Arnaud de Solanis, d'Ost; de Jour-
« dain de Domec, d'Ourout; de Donet de Domec, d'Arcisans,
« et d'Arnaud d'Abbadie, d'Ozous, juges de ladite cour; entre
« le révérend père en Jésus-Christ, le seigneur frère Sans de
« Luus, par la grâce de Dieu abbé du monastère de Saint-
« Savin, ou son procureur, d'une part, et ledit baile, d'autre
« part, une contestation s'est élevée en présence dudit baile,
« dans sa cour, entre Bonita de Carrère d'Ozoelh agissant
« d'une part, et Bonello Lacan dudit lieu d'Ozoelh, d'autre
« part, à raison d'une pièce de terre que ladite Bonita récla-
« mait dudit Bonello, pièce située à Ozoelh, qui, prétendait-
« on, dépendait du monastère. Le susdit procureur soutenait
« que cette contestation devait être renvoyée par la cour de

---

[1] Archives de M. de Courréges de Horgues; parchemin d'un mètre de longueur.

« Lavedan à la juridiction de la cour du monastère, parce que
« Bonello possédait la pièce en litige dudit monastère, et que
« l'abbé et ses prédécesseurs avaient joui pendant dix, vingt,
« trente, quarante, cinquante, soixante, soixante et dix, quatre-
« vingts ans, et même de temps immémorial, du droit de juri-
« diction sur toutes les terres de Lavedan, qui étaient tenues
« du monastère, et du droit de rendre justice à ceux qui
« s'adressaient à la cour abbatiale; le même procureur offrit
« des preuves, si le baile niait les faits. Le baile répondit à
« cette demande que le renvoi ne pouvait se faire, et devait
« être refusé au susdit procureur, parce que l'abbé actuel ni
« ses prédécesseurs n'avaient jamais eu dans leur cour droit de
« justice sur terre quelconque, quoiqu'elle fût tenue du monas-
« tère, au détriment de la cour de Lavedan, qui avait juridic-
« tion sur toute la vallée. Ledit baile concluait donc à ce qu'il
« fût décidé que ledit renvoi ne pouvait ni ne devait se faire.
« Le procureur en nom, comme dessus, combattit de nouveau
« ces prétentions, et soutint que la preuve offerte contre lui
« était inadmissible. Cette preuve fut ordonnée. Et après avoir
« vu et entendu tout ce qui avait été produit et allégué; après
« avoir vu et entendu les documents et preuves fournis par le
« procureur de l'abbé; après les objections proposées par ledit
« baile, tant contre les personnes des témoins que contre leurs
« déclarations, les juges décidèrent que la preuve des asser-
« tions du monastère était suffisamment rapportée. C'est pour-
« quoi il a été reconnu et jugé que le renvoi réclamé par le-
« dit monastère devait avoir lieu et lui être accordé. Cette
« sentence fut rendue par les juges susnommés, sur la place
« d'Argelès, où la cour a coutume d'être tenue par le baile de
« Lavedan, le 1er mars 1337, sous le règne de Philippe, comte
« de Valois et d'Anjou, roi de France; sous l'épiscopat de Guil-
« laume Hunald, évêque de Tarbes; en présence des témoins

« Raimond de Bernède, de Gez, de Guillaume de Casenave,
« de Salis, et de Guillaume d'Abbadie, de Vidalos. Moi Bernard
« d'Arras, notaire public dans le comté de Bigorre, dépen-
« dances et ressort, requis par Pierre d'Arcisans, autrement dit
« de Biscaye, procureur du seigneur abbé, j'ai écrit et retenu
« le présent acte public, présents les parties, les juges et les
« témoins, et en foi de ce j'ai signé l'acte de mon sceau accou-
« tumé. »

Une charte des archives de Bagnères[1] nous a conservé les détails d'une affaire jugée aux assises. L'an 1478 et le 17 juillet, le procureur comtal comparut en la ville de Bagnères aux assises, sur la place publique, à la cour du sénéchal de Bigorre, devant laquelle il avait fait ajourner Jacques Besques, accusé d'avoir fait de graves blessures. Besques s'était reconnu débiteur de Bégolle pour une petite somme par-devant l'official, dans l'église de Saint-Vincent. Au sortir de l'église il frappa traîtreusement Bégolle au bras d'un coup de poignard, et se réfugia aussitôt dans sa maison. Le blessé et deux de ses amis, Casaubon et Bonfils, le poursuivirent; l'ayant aperçu à la fenêtre, ils lui décochèrent un coup de lance; alors il descendit et les attaqua si vivement, en leur jetant des pierres, qu'il les mit en fuite et les assomma. C'est à raison de ces excès que le procureur comtal requérait la peine du bannissement contre ledit Besques, et la confiscation de ses biens en faveur du seigneur comte. Besques avoua que, piqué des procédés de Bégolle, qui, sans le prévenir, l'avait fait assigner le lendemain de ses noces, il s'était porté aux extrémités dont on l'accusait, et ne contesta pas sa dette. Mais il disait que, pour le même fait, il avait été traduit en 1473 devant le tribunal de Bagnères, qui l'avait condamné à l'amende de 5 sous

---

[1] Quatre peaux de parchemin, liasse XIII, n° 4.

morlàas et aux frais de la procédure. Ayant ainsi satisfait à la loi, il concluait à sa relaxe pour la nouvelle assignation. Sur quoi, le sénéchal, qui ne voulait ni choquer la justice ni porter atteinte aux priviléges de la ville de Bagnères, relaxa ledit Besques de la demande à lui faite par ledit procureur comtal, auquel il imposa silence.

Nous terminerons ces citations d'anciennes décisions judiciaires par une sentence de mort rendue par les consuls de Vic-en-Bigorre.

Le 5 mars 1640, dans les maison, ville et parquet royal de Vic, les consuls s'assemblent pour juger un crime d'assassinat commis sur la personne du sieur de Clarac. Le rapporteur conclut à ce que l'accusé, nommé Trébous, fasse amende honorable, un jour d'audience, au parquet de la maison de ville, en chemise, tête et pieds nus, la hart au cou, un flambeau ardent à la main; que là il demande pardon à Dieu, au roi et à la justice, genoux en terre; qu'il soit livré ensuite à l'exécuteur de la haute justice, qui lui fera faire, sur un tombereau, les tours accoutumés par les rues et carrefours de la ville, d'où il le conduira sur la place de Lechez, sur une potence, qui à ces fins sera dressée, où il sera pendu et étranglé. Ce qu'il y a de curieux, c'est que l'opinion de chaque consul est constatée dans la sentence. L'un opinait pour que l'accusé fût rompu vif et décapité. La majorité des consuls se rangea de l'avis du rapporteur.

III.

APPEL.

L'obscurité qui règne sur l'origine de l'appel en France a donné lieu à de nombreuses dissertations. Les uns ont prétendu que l'appel était connu sous les deux premières races de nos rois; d'autres soutiennent au contraire qu'il ne date que des

Établissements de saint Louis. Cette diversité d'opinions s'explique par la confusion des matières qui composent les monuments primitifs de notre droit. Si Charlemagne a autorisé l'appel, même en s'adressant à sa personne, il est certain que les seigneurs féodaux ont dû laisser tomber en désuétude ce mode de recours contre les décisions des juges, sur lesquels, dans leurs domaines, ils devaient avoir une grande autorité. L'appel en effet choquait les idées du moyen âge. Le vassal s'identifiait avec le suzerain et, quand il était question des intérêts du fief, il ne pouvait plaider contre celui de qui il le tenait.

L'appel était surtout une grave altération à la constitution féodale; il portait atteinte au pouvoir seigneurial et proclamait la prédominance dans toute la France de la royauté en fait de justice.

Aussi est-il dit, jusque dans les ordonnances [1] : « Appel con«tient félonie et iniquité. » Joinville raconte que le comte d'Anjou, frère de saint Louis, fit mettre en prison un de ses vassaux parce qu'il avait osé appeler de son jugement à la cour du roi. Le roi d'Angleterre, vassal de la couronne de France pour son duché d'Aquitaine, faisait pendre les notaires qui recevaient des déclarations d'appel [2].

La résistance des seigneurs fut vaincue par les efforts obstinés des légistes et les progrès de la royauté [3].

Dans les premiers temps, l'appelant prenait le juge à partie et attaquait sa personne plus encore que sa décision. Le juge était obligé de venir lui-même soutenir le bien jugé. Ce n'est que depuis saint Louis que les appels commencèrent à se régulariser. M. Meyer dit dans une note : « Il est singulier que « de tous les savants qui ont prétendu que les appels étaient

---

[1] *Ordonnances du Louvre*, t. I, p. 170 et 264.
[2] Meyer, *Institutions judiciaires*, t. II, p. 471.
[3] Troplong, *Revue de législation par M. Wolowski*, t. II, p. 14 et suiv.

« connus sous le règne de Charlemagne et même avant, aucun
« n'ait rendu raison du phénomène que ce mot ne se trouve
« dans aucune loi du temps dans le sens qu'y attachent les lois
« romaines[1]. »

Les priviléges de Lourdes accordent aux habitants la faculté
d'appeler des jugements portés par la cour au juge auquel ils
ont droit ou coutume de s'adresser. « Item damus... quod
« debeant et possint a judiciis in curia latis provocare vel
« etiam appellare ubi consueverunt vel de jure debent. »

Le for d'Azun contient plusieurs dispositions relatives à
l'appel. L'article 4 s'occupe des cas où l'on doit s'adresser à la
cour du parlement : « Can deben remeter à la cort de parla-
« ment; » c'est lorsqu'il s'agit de causes fiscales jugées par le sénéchal, de causes concernant le patrimoine royal. L'avocat du
roi peut renvoyer l'affaire devant la cour de France, « à la cort
« de Fransa. » L'article 9 défend aux juges des appels de se
mêler des condamnations : « Lo jutge deus appells no se entre-
« meta de las condempnatioos. » Ils doivent renvoyer la décision
définitive à la chambre du parlement de Paris. L'article 11 recommande de ne toucher que les droits d'appel parfaitement
justes : « Que no prencan las appellationes no degudas. » L'article 12 défend de prendre dans la sentence 60 sous tournois
par appel, si ce n'est pour des motifs légitimes : « Que no
« prencan dedens la sententia sixanta sos de tornes de la ap-
« pellatio. » L'article 13 porte que, lorsqu'il y a défense (*inhi-
bitioo*) du sénéchal et des juges d'appel, on ne peut procéder
qu'après information. L'article 14 prescrit de juger promptement les appels : « Que determinen breument la appellatio. »

Loiseau[2] fait très-bien ressortir la longueur des anciennes
procédures. « Il est notoire, dit-il, que cette multiplication de

---

[1] Meyer, *Institutions judiciaires*, t. II, p. 470.
[2] *Abus des justices de villages*, p. 10.

« degrés de juridiction rend les procès immortels, et, à vrai dire,
« ce grand nombre de justices ôte au peuple le moyen d'avoir
« justice. » Quel est le pauvre paysan qui ne préfère abandonner sa vache ou sa brebis injustement retenues, que d'être contraint de passer par cinq ou six justices; et, s'il se résout à plaider jusqu'au bout, y a-t-il vache ou brebis qui puisse tant vivre? Le mineur qui poursuit contre un tuteur acharné la reddition de son compte devient vieux avant d'avoir épuisé tous les degrés de juridiction. Loiseau fait enfin remarquer
« qu'abréger une année de procès au pauvre peuple n'est pas
« un moindre bien que de lui épargner une année de maladie
« ou de langueur continuelle. » C'était donc un grand privilége accordé à certaines localités que d'y pouvoir terminer les procès plus tôt qu'ailleurs.

La charte de Bagnères porte qu'il est de for et coutume que l'on puisse appeler de tous les jugements à Tarbes et que là tout doit finir. « *Item* dam per foo et costuma que totz los
« judyamentz poscan clamar à Tarba et là que fenescan. »

Des juges de Bagnères on appelait à ceux de Tarbes, de ceux-ci au sénéchal, enfin du sénéchal au juge d'appeaux de Bigorre. Nous avons dit qu'à Tarbes se trouvait une cour de cinq juges d'appel. On appelait de leurs décisions au sénéchal, ou au juge ordinaire, au choix de l'appelant. On portait la cause par appel du sénéchal au juge d'appeaux et de celui-ci au parlement.

Le for d'Azun recopié et revu en 1497 ne parle que du parlement de Paris quoique celui de Toulouse eût été créé en 1443. La Bigorre figura longtemps parmi les provinces du ressort de Paris. On l'y remarque dans un ouvrage qui a pour titre *Stille du parlement de Paris*[1].

---

[1] Cette première et rare édition a été imprimée chez G. Nyvères sans date ni pagination. (Bibliothèque de M. de Rozières.)

La Bigorre fut enfin définitivement comprise dans le ressort de Toulouse. Dans un dénombrement de Salvat d'Iharse, évêque de Tarbes, on lit, article 5 : « Sa Majesté a la justice « criminelle; elle est exercée en son nom par les consuls dans « la maison commune, mais leurs sentences ressortissent du « sénéchal de Tarbes et du parlement de Toulouse. »

Les comtes de Bigorre étaient tenus *à la baillée des roses*, en signe d'hommage envers le parlement. Marguerite de Valois, femme d'Henri II, sœur de trois rois et reine elle-même, ne dédaigna pas de se soumettre à ce vieil usage comme comtesse de Bigorre.

CHAPITRE III.

Exécution des jugements. Saisie. Expropriation.

Pour forcer un homme à exécuter les jugements civils ou criminels on pouvait, dans certains cas, *saisir* la personne ou les biens. Saisir les biens, dans la langue du droit de Bigorre, se disait *pignorare, penhorar, pignorer*. Ce mot vient évidemment de *pignus* « gage. » La saisie avait pour but de fournir un gage au créancier. La saisie des biens était plus usitée que celle de la personne.

Lorsqu'un débiteur avouait la dette, ses biens en répondaient et pouvaient être vendus. S'il ne l'avouait pas, l'expropriation avait lieu. Le débiteur reconnu de mauvaise foi et convaincu, soit par le duel, soit autrement, d'avoir nié la vérité, était condamné à une amende en même temps que forcé d'acquitter ce qu'il devait.

La disposition qu'un sentiment d'humanité a fait inscrire dans l'article 592 du code de procédure se retrouve dans plusieurs de nos coutumes, notamment dans celles de Lourdes et de Bagnères, qui défendent de saisir la couche du débiteur. Celle de Maubourguet défend de saisir aussi les draps de lit (*draps de lheyt*). Les fors de Montfaucon recommandent de ne jamais saisir les instruments dont le débiteur se sert pour gagner son pain, à moins qu'il n'eût pas d'autres biens sur lesquels l'exécution pût se faire : « Super eorum benavisiis cum quibus « lucrantur panem suum, dum tamen alia bona habeant in et « super quibus executio fieri possit. »

Les règles et la procédure en matière de saisie variaient suivant les localités. Les fors de Navarre, de Soule et de Béarn contiennent sur ce sujet des dispositions nombreuses; nous en avons recueilli très-peu dans les chartes de Bigorre. Voici ce qu'on lit dans la coutume de Guizerix :

Lorsque le débiteur qui a donné des meubles en nantissement est saisi, le créancier doit garder les objets mobiliers entre ses mains pendant quinze jours. Après ce délai, il a le droit de les remettre au crieur public et de les faire vendre à l'encan : « Lo pot balha à l'encantado deudit loc per lo en-« canta et bene. » Les jurisconsultes du pays disaient *incans* pour encans, et se servaient souvent du mot *incanter* pour dire *mettre à l'encan*. Les meubles étaient mis trois fois aux enchères, de trois en trois jours, puis livrés au plus offrant.

Si le gage saisi était un immeuble, « si los gatges eran im-« mobles, » à savoir : maisons, vignes, prés et autres possessions, « so es assaber maiso, vinhas, prats ho autras possessios, » le créancier devait attendre trente jours. Ce délai expiré, si la dette n'était pas acquittée après une première requête, « feyta « prumer requeste, » le créancier pouvait donner les immeubles à l'*encantado* pour les vendre à l'encan. La vente avait lieu publiquement, par trois jours de fête, au lieu où s'amassait la foule, « à qui on aura amas de gens. » Elle était précédée d'une publication dont il était retenu acte : « de crastina per-« conisation se aretenga public instrument. » Le troisième jour l'adjudication était donnée au dernier enchérisseur. Cette vente faite par les consuls avait la même valeur que si elle eût été faite par le propriétaire lui-même.

LIVRE QUATRIÈME.

LOIS PÉNALES.

CHAPITRE PREMIER.

I. Des peines en Bigorre. — II. Amende. Composition. — III. Amende honorable. — IV. Bannissement. — V. Confiscation. — VI. Démolition de la maison des coupables. — VII. Emprisonnement. Prisons. — VIII. Excommunication. — IX. Exposition publique. Pilori et carcan. — X. Fouet. Fustigation. — XI. Marque. Langue percée. — XII. Peine capitale. — XIII. Peine du talion. Vengeance permise contre les nobles.

I.

DES PEINES EN BIGORRE.

On a beaucoup écrit de nos jours sur l'histoire des supplices dans l'antiquité et au moyen âge. Nos anciens codes criminels n'étaient que trop souvent déshonorés par des châtiments qui ressemblaient plutôt à un acte de vengeance barbare qu'à une répression juste et légitime. Les mœurs plus ou moins cruelles d'un peuple se reflètent dans sa législation pénale. Nous n'avons pas retrouvé en Bigorre des supplices aussi atroces que dans les régions voisines.

Sans doute, depuis l'établissement des parlements les peines étaient à peu près partout en France de même nature : ainsi la question était appliquée au prévenu, et, malgré l'assistance du médecin de la justice, le malheureux quelquefois succombait à la violence de la douleur. Dans les délibérations des états de Bigorre, en 1600, nous trouvons qu'ils se chargèrent des frais d'une messe et des torches pour un pauvre prisonnier mort des suites de la question.

Sous l'ère féodale, l'arbitraire régnait dans le mode de répression comme en tout. Les fors fixent bien quelquefois des peines, mais ils laissent souvent au juge le soin de les arbitrer, « penas arbitradoras per los judges. »

Les frais de poursuites et d'exécution n'étaient pas régulièrement prévus. Nous lisons dans l'Inventaire des archives de Pau[1] qu'on paya les frais de conduite d'un condamné aux galères avec le produit d'une amende infligée à une fille libertine.

Pour prêter main-forte et assistance au bourreau, on s'adressait, quand on le pouvait, aux cagots. Était-ce parce qu'on les regardait comme une race maudite? C'était sans doute parce que les cagots étaient ordinairement charpentiers et qu'ils devaient mieux s'entendre que les autres à dresser les instruments de supplice.

On tenait beaucoup autrefois dans nos contrées à donner au châtiment un caractère frappant d'intimidation, afin de rendre la punition exemplaire. C'est dans une charrette lentement promenée dans la ville par des bœufs que le patient était conduit au lieu de l'exécution. Une foule immense se pressait autour de l'échafaud. Les mères et les maîtres d'école menaient les enfants à cet horrible spectacle, puis, afin que le souvenir de cette expiation du crime se gravât plus profondément dans leur mémoire, ils les fouettaient vigoureusement.

Malheureusement les révoltes incessantes des passions mau-

[1] T. I, p. 318.

vaises contre les plus saintes lois de l'humanité ne permettront jamais à la société de désarmer.

La peine a été variable suivant les temps, diverse suivant les pays, sévère suivant les mœurs. Ce n'est pas ici le lieu de disserter sur le difficile problème de rendre la peine terrifiante sans être cruelle, et modérée sans être inefficace. Il y a longtemps que le poëte a dit :

> Adsit
> Regula, quæ pœnas peccatis irroget æquas;
> Ne scutica dignum, horribili sectere flagello.

Racontons quels étaient les châtiments usités en Bigorre. Dans cette triste nomenclature nous ne suivrons d'autre ordre que l'ordre alphabétique.

II.

AMENDE. — COMPOSITION.

Les crimes d'après les lois barbares se rachetaient par une amende ou composition, *wehrgeld*. Cette coutume nous paraît étrange aujourd'hui que la société est assise sur de fortes bases. Elle était très-sage lorsqu'elle fut établie. L'ordre social ne pouvait encore être assez protégé pour que les individus n'eussent plus besoin de se protéger eux-mêmes. La vengeance privée, à défaut de la vindicte publique, poursuivait et punissait le coupable. Ce fut un sentiment d'humanité qui défendit de demander dent pour dent, vie pour vie, et qui fit substituer à la peine du talion un tarif légal de l'indemnité due, pour chaque crime, à celui qui en avait souffert.

Nous verrons dans les lois bigorraises l'obligation imposée aux parents de la victime de pardonner (*perdoar*) le meurtrier qui avait acquitté la loi du sang. Cet usage, d'origine franque, persista assez avant dans le moyen âge, parce qu'il répondait aux mœurs du temps.

L'amende est une peine qui plaisait au seigneur haut justicier parce qu'il en tirait son profit. Elle était tantôt fixée par les fors, tantôt laissée à l'arbitraire du juge. Brantôme, dans ses *Dames illustres*, raconte que le roi avait donné à sa sœur Claude de France toutes les amendes de Guyenne, et il ajoute : « On y fait des amendes si grandes qu'elles valent « des confiscations. » Nous avons remarqué qu'en Bigorre les amendes sont en général moins fortes que dans les régions voisines, et notamment en Béarn. Souvent même elles pouvaient s'acquitter en nature. Dans la vallée de Baréges, où l'on ne peut cultiver la vigne, on était condamné à payer des quarterons de vin.

Lorsque l'amende revenait au seigneur, et que le seigneur habitait sur les lieux, il lui arrivait souvent de renoncer à l'amende. M. le comte de Laferrière-Percy, dans son excellent ouvrage sur Marguerite, reine de Navarre et comtesse de Bigorre, prouve (p. 28) qu'un des traits caractéristiques de cette nature miséricordieuse et compatissante était de n'avoir jamais voulu s'attribuer ni les amendes, ni les confiscations, qu'elle remettait aux malheureux condamnés ou à leurs familles.

III.

AMENDE HONORABLE.

L'amende honorable était de deux sortes : l'amende *sèche* et l'amende *in figuris*.

L'amende honorable sèche ne se faisait point en public, mais seulement en présence des juges et des parties intéressées.

Nous en trouvons un exemple dans les statuts de la faderne de Juncalas. Le coupable de certaines infractions à ces statuts était condamné à baiser la terre et à demander pardon à Dieu et aux assistants.

L'amende honorable *in figuris* se faisait publiquement et avec un appareil ignominieux; elle était classée parmi les peines corporelles afflictives et infamantes. C'était, en général, une peine accessoire prononcée pour les crimes qui avaient causé un grand scandale public. L'exécuteur de la haute justice conduisait le condamné devant la porte de l'église principale, en chemise, tête et pieds nus, une corde au cou, un fagot sur les épaules, une torche à la main, et l'obligeait à demander pardon à Dieu, au roi et à la justice.

IV.

BANNISSEMENT.

Le mot *bannissement* vient de *ban*, « proclamation. » C'est sur la place publique que la condamnation à quitter le pays était prononcée. La loi salique portait que les parents du défunt pouvaient demander au juge que le meurtier n'habitât pas *parmi les hommes*, tant qu'il n'avait point fait réparation à la famille de la victime. Les chartes et les fors de Bigorre mentionnent plusieurs cas de bannissement.

Il existait une grande différence entre le bannissement perpétuel et le bannissement à temps. La première peine, assimilée à la déportation chez les Romains, emportait la mort civile. Le for d'Azun recommande aux juges de *purger* le pays et de *rejeter* bien loin (*purgaran et getaran*) les malfaiteurs, et il prononce la confiscation de tous les biens contre ceux qui recevront les bannis et leur procureront asile.

L'abstention de certains lieux était ordonnée quelquefois pour un temps déterminé. On trouve notamment dans les coutumes de Tartas que le coupable doit être mis hors de la vicomté pendant un an : « deu estar ung an for la vescontat. »

V.

CONFISCATION.

« La confiscation n'a point lieu dans le comté, dit Larcher[1], « mais les biens des condamnés appartiennent aux héritiers, ré- « servé l'amende de 65 sous morlàas pour le comte. » Nous n'admettons pas cette règle comme absolue. Sans doute dans plusieurs coutumes la confiscation, qui s'est introduite assez tard en France, a été remplacée par des amendes; mais quoique en général elle n'eût point lieu dans les pays de droit écrit, elle était cependant admise au parlement de Toulouse. Ce parlement avait adopté l'ancien droit romain avec quelques modifications; il adjuge la troisième partie des biens du condamné à la femme et aux enfants.

Ces principes ont été appliqués en Bigorre, ainsi que nous l'avons constaté dans diverses chartes, qui réservent le tiers de la fortune du supplicié à ses héritiers. Les fors des quatre vallées (art. 33) distinguaient entre les biens meubles et les immeubles des condamnés à mort. Les biens meubles étaient confisqués au profit du seigneur. Les immeubles revenaient aux héritiers et successeurs, sauf pour crime d'hérésie, de lèse-majesté et de trahison envers le seigneur. Dans ces cas, la confiscation embrassait tous les meubles et immeubles sans distinction.

VI.

DÉMOLITION DE LA MAISON DES COUPABLES.

Plusieurs coutumes ordonnaient l'*arsis* et l'*abatis* des maisons des criminels[2]. Les priviléges d'Auch exigeaient que l'an-

---

[1] *Glanages*, t. VIII, p. 181.
[2] M. Desmaze, *Les pénalités anciennes*, 1866, p. 41.

nonce de cette peine fût préalablement faite à son de trompe dans toute la ville.

Centulle Iᵉʳ, comte de Bigorre, fut assassiné vers 1088 dans la vallée de Téna, au moment où il allait porter secours à son suzerain, le roi d'Aragon, en guerre contre les Maures. Ce roi, nommé Sanche, voulut punir Garcia, le meurtrier. Dans une charte, plusieurs fois imprimée, Sanche raconte tous les détails du crime et du châtiment. Il ordonna notamment que désormais personne n'habiterait la maison souillée par l'assassinat; que cette maison serait rasée et que les bœufs en laboureraient le sol.

La tradition rapporte plusieurs exemples de faits pareils. On en trouve la preuve dans des manuscrits que M. Couffitte, notaire, avait recueillis à Luz. Dans un de ces vieux titres on lit qu'il existait à Luz une maison dite *de Domec-Debat,* qui avait été habitée par des brigands. « Les habitants du vic « de Plan, désirant démolir ladite maison, eurent recours à « Charles, roi de France, pour le leur permettre, ce qu'il leur « accorda par lettres patentes du 28 avril 1408. »

Cet usage d'étendre à l'habitation du coupable la peine qui le frappait se conserva longtemps en Bigorre, comme dans d'autres parties de la France.

La Convention décréta que la maison de Buzot le Girondin serait démolie.

VII.

EMPRISONNEMENT. — PRISONS.

L'emprisonnement était-il considéré comme une peine? Qu'étaient les prisons du moyen âge? Comment la liberté individuelle était-elle garantie? Le droit d'asile avait-il lieu en Bigorre?

M. le conseiller Homberg, dans un mémoire sur la répression du vagabondage[1], s'exprime ainsi dans sa première note : « Les prisons étaient autrefois établies en France, *ad custodiam non ad pœnam*, pour garder et non pour punir. Jamais en « France, avant 1791, l'emprisonnement n'avait été infligé « comme peine. »

Il est vrai qu'en général la prison était regardée parmi nous, ainsi que chez les Romains, moins comme une peine que comme un moyen de s'assurer de la personne d'un individu, soit pour l'obliger à payer une dette civile, soit pour l'empêcher de se dérober par la fuite à un châtiment corporel, en matière criminelle. Cependant Muyart de Vouglans[2] a démontré que, dans certains cas, la prison est une véritable peine, « tellement, dit-il, que, quand elle est prononcée à perpétuité, elle « emporte la mort civile et les confiscations. » Dans les tribunaux ecclésiastiques, elle était souvent appliquée, après une instruction juridique, comme peine principale. Le cartulaire de Saint-Victor de Marseille[3] contient une charte de 1246 qui nous apprend qu'à la suite d'une visite faite à l'abbaye de Saint-Savin en Bigorre, par un député de Saint-Victor, quatre religieux furent condamnés à l'emprisonnement, l'un à un an, les autres à cinq ans.

Le comte, les seigneurs, les villes, les monastères, avaient leurs prisons. Ces prisons n'étaient le plus souvent que des cachots ténébreux et malsains. On remarque encore dans l'épaisseur du mur des vieilles tours féodales des oubliettes, où les condamnés à ne plus vivre avec leurs semblables furent enfermés pour y être oubliés.

La prison comtale la plus célèbre fut celle du fort de Lourdes. Ce château devint dans les derniers temps une prison d'État,

---

[1] *Comptes rendus des séances de l'Académie des sciences morales et politiques*. 1862.
[2] *Lois criminelles*, p. 73.
[3] T. II, p. 475 et suivantes.

la bastille des Pyrénées. Cependant, il faut l'avouer, elle ne fut jamais plus encombrée que dans la période révolutionnaire, où l'on se récriait avec tant de force contre la barbarie du moyen âge.

Les seigneurs, qui avaient les clefs des cachots, dépendances ordinaires de leur manoir, y faisaient enfermer les coupables, et, quand ils le pouvaient, leurs ennemis. Le peuple lui-même avait dans les villes des prisons dont il fit quelquefois un étrange abus. Béatrix, comtesse de Bigorre, voulut un jour venir faire reconnaître son autorité aux Barégeois. Les habitants de la vallée eurent l'audace de la mettre en prison, sans s'inquiéter des conséquences terribles que cette détention pouvait avoir pour eux.

Voici une anecdote qu'on nous excusera de citer ici, quoiqu'elle soit constatée dans un document assez récent : elle peint les mœurs du pays. Nous résumons les faits énoncés dans un certificat de l'abbé Nouilhan, curé de Montastruc en 1709. Charles Maumus, de Saint-Ours, ancien soldat, avait été condamné aux galères pour avoir extorqué une signature à son beau-frère en le menaçant de son fusil. Le marquis de Castelbajac, seigneur de Montastruc, obtint sa grâce. Il recommanda à Charles Maumus de ne pas aller à la chasse et de ne plus porter d'armes à feu. Charles promit, mais ne tint point parole. Ses parents eurent beau lui faire des remontrances; c'était le plus habile chasseur du pays, il avait toujours le fusil à la main. M. de Castelbajac le fait appeler, lui reproche d'avoir manqué à sa promesse et le condamne à être enfermé quelques jours dans la prison du château. « Il faut bien « se soumettre, dit Maumus, mais par où faut-il passer? — Je « vais te montrer le chemin, » dit le marquis. Lorsqu'ils sont arrivés tous deux devant la porte du cachot, Maumus, remarquant que personne ne pouvait le voir, saisit le seigneur, le

pousse dedans, ferme la porte et s'échappe en laissant la clef sur une table. M. de Castelbajac resta là jusqu'au lendemain. Tous ses gens étaient à sa recherche, mais personne n'aurait songé à aller le trouver où il était : il aurait pu y mourir faute de secours. Heureusement un petit garçon tailleur raconta qu'il avait vu, la veille, M. le marquis se diriger du côté de la prison avec un homme qu'il ne connaissait pas. On se rappela alors la visite de Maumus ; un message fut envoyé chez lui, et on le trouva tranquille dans sa maison. Le marquis fut délivré, mais, au lieu d'être furieux comme on s'y attendait, il prit la chose en bonne part. Il forma la résolution de ne plus enfermer personne dans le cachot, dont il avait pu apprécier tous les inconvénients. Il complimenta Maumus de son adresse et de sa force. « Il lui a demandé, ajoute le curé, de l'admettre en
« qualité de parrain du premier enfant qui naîtra de lui et de son
« épouse ; ce qui a eu lieu ; car aujourd'hui 1er juillet 1709,
« messire Godefroy-Joseph de Durfort de Duras, marquis de
« Castelbajac, seigneur de Montastruc, etc. et Mlle Jeanne de
« Castelbajac, sa sœur, ont tenu sur les fonts baptismaux Go-
« defroy-Joseph Maumus, fils légitime de Charles Maumus et
« de Marie Casemage, mariés, de Saint-Ours. » Cette pièce est signée *Nouilhan, curé.*

Les villes avaient aussi des prisons. Lorsqu'elles s'agrandirent et s'embellirent, ces prisons se trouvèrent souvent mal placées.

En 1779 les habitants de Vic-Bigorre adressèrent au roi un placet pour obtenir l'autorisation de vendre les prisons royales et consulaires qui gênaient dans la rue principale de la ville.

La facilité qu'avaient les seigneurs de se servir arbitrairement des prisons de leurs châteaux entraîna des abus contre lesquels on chercha des remèdes. Les fors et priviléges de Bigorre s'occupent de protéger la liberté individuelle. Ceux de Lourdes (art. 16) ne permettaient pas au comte de faire emprisonner son débiteur personnel, lors même qu'il ne pouvait fournir caution, s'il possédait une maison en ville. En général celui qui offrait des garanties et des cautions n'était pas incarcéré. Nous pourrions citer dans ce sens de nombreux priviléges municipaux. Voici comment s'exprimaient ceux de Montoussé : « Que nul capitaine ou baile n'ait le droit de saisir « un habitant, pourvu que celui-ci puisse fournir caution qu'il « comparaîtra en justice et payera les condamnations, *dum* « *fidejubeat estare juri et judicatum solvere.* » Nul ne peut être arrêté si ce n'est pour homicide, pour blessure mortelle, ou autre crime entraînant peine corporelle et confiscation, ou encore pour attentat commis contre nous et nos gens : « Nisi « pro mortuo vel morte hominis, vel plaga mortifera, vel alio « crimine quo corpus suum vel bona sua nobis debeant esse « incursa, vel nisi pro forfactis in nobis vel gentibus nostris « commissis. »

Le détenu ne pouvait être, avant sa condamnation, transféré dans une prison autre que celle de sa commune. Il avait la faculté de se nourrir lui-même en se faisant apporter des vivres de chez lui. Le baile ou le capitaine du château ne prenaient en ce cas aucun droit sur le prisonnier du lieu. Le prisonnier étranger payait pour dépense de garde 27 liards pour chaque jour et nuit.

Ces dispositions des fors de Montoussé sont moins détaillées dans les autres fors du pays. La coutume de Maubourguet s'intéresse aussi au sort des détenus étrangers.

L'individu poursuivi par la justice pouvait obtenir une sauvegarde, dans certains lieux et dans certaines occasions.

L'article 8 des priviléges de Tarbes est ainsi conçu : « *Item,* « il est d'antique coutume dans la ville que tout homme pour- « suivi pour dettes privées et fiscales et pour toutes sortes de

« crimes, excepté pour crimes de lèse-majesté, d'homicide, de
« viol (*forssador de femnes*) ou de vol d'église et autre attentat
« emportant peine capitale, puisse aller, venir, rester dans la ville
« et s'en retourner franchement huit jours avant et huit jours
« après la foire de Notre-Dame de septembre. C'est pourquoi,
« tous les ans, avant ladite foire, il est d'usage de faire publier
« par le valet commun, à son de trompe, dans tous les quar-
« tiers, le présent privilége. »

Enfin le droit d'asile accordé par la loi elle-même à ceux
que la justice ordonnait d'arrêter mérite un instant d'examen.
Il était jadis des lieux privilégiés où l'esclave, le proscrit, le
malheureux, le criminel même, trouvaient refuge et protection.
La vengeance de l'homme en proie à la colère enflammée par
un affront récent devait respecter le temple de Dieu et ne pouvait en franchir le seuil. Le christianisme adopta avec faveur
cet usage de l'antiquité païenne. Ce droit d'asile accordé aux
églises fut consacré par une loi de l'empereur Léon Ier, confirmée par les rois francs et par les conciles. « Ceux qui se réfu-
« giaient dans les asiles, dit M. Guérard [1], étaient placés sous la
« protection de l'évêque, devenu en quelque sorte responsable
« des violences qui leur étaient faites. Les voleurs, les adul-
« tères, les homicides même, n'en pouvaient être extraits et
« ne devaient être remis aux personnes qui les poursuivaient
« qu'après que celles-ci avaient juré sur l'Évangile qu'elles ne
« leur feraient subir ni la mort, ni aucune mutilation. L'esclave
« réfugié n'était rendu à son maître qu'autant que celui-ci
« faisait serment de lui pardonner. »

L'anneau de la grande porte d'une église était une sauvegarde pour celui qui y passait le bras. On lit dans les *Olim* du
parlement de Paris un arrêt de 1304, qui condamne à une

---

[1] *Cartulaire de Notre-Dame de Paris*, t. I, p. xxvii.

amende envers le clergé et envers le roi les bourgeois de la garde qui avaient arrêté et battu un individu pendant qu'il tenait fortement l'anneau de la porte de la cathédrale. Les croix plantées sur les grands chemins, usage encore fort répandu dans les Pyrénées, étaient un lieu de refuge, et certains conciles protégeaient le criminel qui les tenait embrassées.

L'article 7 des fors de Bigorre n'accordait le droit d'asile aux monastères que lorsque ce droit leur avait été *juré* par le comte et les grands du pays : « Monasteria quibus salvitas consilio co-« mitis et procerum terræ jurata fuerit. » Les églises en Bigorre, comme partout, jouissaient de ce privilége; mais voici une des particularités les plus curieuses de l'histoire locale : « On pré-« tend, dit M. Michelet[1], qu'à Baréges, dans les Pyrénées, le « criminel qui se réfugiait près d'une femme ne pouvait être « poursuivi. Cette coutume locale est-elle française ou espa-« gnole? Je n'ose le décider; il en existe une toute semblable « chez les Arabes. » C'est le for même de Bigorre qui concède ce privilége aux dames; nous avons déjà cité ce texte. Celui qui se réfugiait auprès d'elles n'avait plus rien à craindre. Il était quitte de toute peine en réparant le dommage causé.

Quelques châteaux avaient le droit d'asile. Pierre de Boylossio reconnut ce droit au château de Corneilhan, en présence de Gaillard de Salis. C'est ce qui résulte d'un acte de 1319, du mardi, veille de l'Assomption, dans le château de Riscles : « Recognovit se tenere caslaniam quam habet in castro de Cornelhano[2]. » *Caslania*, d'après Graverol[3], doit se traduire par *droit de refuge* : « Le sauvement, *caslania* ou *gualanie,* est « un droit pour le refuge au château des seigneurs. »

---

[1] *Origines du droit*, p. xciii.

[2] *Glanages*, t. III, p. 142.

[3] Les *Arrêts notables* recueillis par B. de la Roche-Flavin, avec les *Observations* de Fr. Graverol; Toulouse, 1682, in-folio.

Dans les temps où l'empire de la force prévalait sur celui de la loi, et où les criminels étaient poursuivis par la vengeance privée plutôt que par la vindicte publique, le droit d'asile fut souvent un abri utile et tutélaire contre des colères injustes et des persécutions violentes.

Les malfaiteurs cependant, en se retirant dans les églises, y devinrent des hôtes importuns. Lorsqu'un gouvernement régulier fut assez fort pour remédier aux désordres des invasions et aux abus de la puissance féodale, ce droit d'asile, ancienne sauvegarde des opprimés, devint moins nécessaire et fut moins respecté. Voici ce que raconte un vieux titre des archives de Luz. Trois frères, Bertrand, Ramond et Vital de Pujol, le premier laïque, les deux autres recteurs des églises de Betpouey et de Sers, accusés d'avoir tué à Luz Jean de Strada, habitant de Sers, se réfugièrent dans l'église paroissiale de Luz. L'avocat des causes fiscales de la Bigorre et le baile de la vallée commirent des gens armés à la garde des réfugiés, avec ordre de ne les laisser sortir ni de jour ni de nuit. L'évêque de Tarbes leur enjoignit, avec menace d'excommunication, d'avoir à éloigner de l'église les gens armés, dont la présence en ce lieu était une violation des immunités ecclésiastiques. Les deux officiers royaux obéissent; mais de par le roi et le sénéchal de Bigorre, ils établissent leurs sentinelles autour de l'église en leur défendant de quitter leur poste sous peine de leurs corps et de leurs biens. Me Guillaume Renier, en son nom et comme fondé de pouvoirs de la vallée, protesta d'abord de vive voix contre l'ordre donné aux hommes armés, et en appela comme d'abus devant le roi et le juge des appellations de Bigorre. Les magistrats ayant passé outre, Me Guillaume Renier fit dresser acte par un notaire de son appel et de ses protestations. C'est dans cet acte même que nous avons puisé ce récit.

Malgré l'inviolabilité du droit d'asile, souvent ce droit fut violé; on éluda la règle que l'on aurait craint d'enfreindre. L'histoire de Pausanias, roi de Sparte, est bien connue : on n'osa point l'arracher du temple où il s'était réfugié, mais on l'y laissa mourir de faim.

Le peuple tenait à conserver intacts ses vieux usages; le roi cherchait à y apporter des restrictions, à mesure que la justice était mieux organisée. Enfin François I*er*, dans son ordonnance de Villers-Cotterets, en 1539, déclara qu'on pourrait arrêter un criminel partout, même dans un lieu d'asile, sauf à l'y réintégrer s'il y avait lieu.

VIII.

EXCOMMUNICATION.

L'excommunication était une des peines les plus redoutées dans un pays religieux comme la Bigorre; elle entraînait la privation de la sépulture religieuse. Elle était plus souvent employée comme mesure d'intimidation et de coercition que comme punition. C'était un moyen d'obtenir des restitutions. Nous avons déjà dit qu'on la prononçait contre le débiteur qui ne remplissait pas ses engagements. Elle était surtout fulminée contre ceux qui retenaient frauduleusement les papiers publics.

Une bulle de Paul III, en 1542, excommunia ceux qui avaient dérobé les titres des archives de Montignac [1]. Une délibération prise à Vic-en-Bigorre [2] en 1665 réclame une excommunication papale contre ceux qui ne veulent pas rendre les papiers de la ville.

On lit dans le for de Béarn, rubrique qui a pour titre : « La « femme ne peut absoudre le mari excommunié (*la molher no* « *pot absolber lo marit escomingat*) : Art. 355. — *Item* si un

---

[1] *Inventaire des archives de Pau*, t. I, p. 151.
[2] Archives de Vic-en-Bigorre.

« homme est excommunié pour désobéissance à la sainte Église,
« la femme ne peut le relever (*eg biu estan*). De son côté le mari
« ne peut relever sa femme, car chacun doit se conduire au
« gré de la sainte Église. Pour quelle raison? (*la rason porqué?*)
« C'est qu'il y a deux causes dans la même chair (*car dues
« causes son en une carn*). »

Cela doit vouloir dire que, malgré le lien si étroit qui les
unit, chacun des époux répond aux yeux de Dieu de ses fautes
personnelles.

Nous avons déjà eu occasion de dire comment, en Bigorre,
la femme pouvait, en acquittant les obligations de son mari,
faire lever l'excommunication après sa mort, réhabiliter sa mémoire et obtenir pour lui l'absolution *in forma cadaveris*.

IX.

EXPOSITION PUBLIQUE. — PILORI ET CARCAN.

C'était un très-ancien usage de livrer le coupable qui avait
commis un grand scandale à la dérision publique, en l'exposant aux regards du peuple, humilié, flétri, attaché avec des
chaînes et un carcan à un pilori, en signe d'infamie. Le pilori
était surmonté des armes du seigneur, et indiquait que celui-ci
jouissait de la haute justice. Les seigneurs qui n'avaient que
basse et moyenne justice n'avaient pas, en général, le droit
de faire ériger un pilori. En Bigorre le comte ne pouvait dans
certaines vallées, comme celle d'Azun, tenir ni pilori, ni fourches. Quelquefois il pouvait « tenir pilori, fourches et postels »
dans de petits villages comme celui d'Adé. Les habitants d'Adé
faisaient mettre les malfaiteurs « au collier du postel, en re-
« montrance de juridiction haute. »

Une peine ancienne et fort usitée dans nos vallées consistait à faire promener le coupable à coups de fouet de rue en
rue, au milieu des outrages et des risées de la population.

X.

FOUET. — FUSTIGATION.

La peine du fouet différait de celle de la fustigation, dont il est parlé dans le droit romain. Coquille[1] explique la différence qui existe entre *fustiger* et *fouetter*. Fustiger, c'est battre avec un bâton, *fustis*; fouetter, c'est battre le corps nu avec des verges ou des cordes.

Le fouet appliqué par la main du bourreau était une peine fort en usage dans les temps barbares; on la retrouve en Bigorre. Les coutumes de Barousse contiennent plusieurs dispositions relatives à la conservation de vastes forêts, principale richesse de cette vallée. Plusieurs défenses sont faites, *à peine deü fouet*.

La femme coupable d'adultère ou d'infanticide était honteusement fouettée.

La fustigation était quelquefois aussi ordonnée. Dans les archives de Pau on trouve plusieurs condamnations à la fustigation, à la marque, pour les mendiants valides. Les prisonniers qui s'évadaient étaient fustigés.

XI.

MARQUE. — LANGUE PERCÉE.

Dans les temps où les registres du greffe et les casiers judiciaires n'étaient pas inventés, la marque était utile pour perpétuer le souvenir de la punition et reconnaître les récidivistes. La marque avait lieu primitivement au visage. Constantin changea cet usage, parce que la face de l'homme est l'image de la Divinité, et parce que le malheureux, marqué d'une flétrissure apparente et éternelle, était obligé de vivre dans les bois ou dans le crime.

[1] *Coutumes du Nivernois*, art. 15.

En Béarn, primitivement, la figure humaine n'était pas aussi respectée que par la loi romaine, qui disait : « Facies, quæ ad « similitudinem cœlestis est figurata, minime maculetur[1]. » D'après le vieux for de Morlàas (p. 45), le seigneur devait faire ficher le titre faux sur le front du faussaire avec deux clous : « Lo senhor lo deu ficar la carte ab dues taches en lo front. »

Le for de Béarn parle aussi du supplice de *la langue percée*, opération qui se faisait avec un fer rouge pointu ou avec un canif, selon la disposition de l'arrêt. Dans les derniers temps on voit plusieurs condamnations *à l'application de la vache sur l'épaule*[2].

XII.

PEINE CAPITALE.

Les coutumes du moyen âge et les capitulaires de nos rois avaient de sages dispositions pour empêcher que le juge ne se montrât trop prodigue de la peine de mort. *Non occidatur homo nisi lege jubente,* « que nul homme ne périsse sans un ordre « formel de la loi, » disait Charlemagne[3].

Muyart de Vouglans, parmi les peines en usage chez les Romains et inconnues en France, cite celle d'être enterré vif. Cet horrible supplice, emprunté aux lois de Rome, qui ordonnaient d'ensevelir vivantes les vestales coupables, s'était répandu en France, car Sauval, dans ses Antiquités de Paris, en rapporte plusieurs exemples ; il se maintint surtout dans les régions voisines de l'un et de l'autre versant des Pyrénées. La coutume d'Agen ordonne d'enterrer vif l'assassin au-dessous de sa victime[4]. Labour, dans son commentaire inédit des

---

[1] *Cod. Theod.* l. II, *De pœnis.*
[2] Archives de Pau.
[3] *Cap. Caroli Magni*, l. 1, cap. LVIII.
[4] *Nouvelles Coutumes.* t. IV, p. 903.

coutumes de Béarn, dit qu'aux archives de Pampelune on conserve une pièce des comptes du royaume de Navarre constatant une dépense de 18 sous pour frais d'enterrement d'une femme ensevelie vivante, *viva sepulta,* après vingt-neuf jours de prison, pour n'avoir pas pu payer la loi de l'homicide. Nous aurons occasion de montrer que cette horrible peine est formellement écrite dans des coutumes de la Bigorre.

La potence était, dans nos contrées comme ailleurs, le supplice des criminels roturiers. Les potences étaient dressées les jours de grands marchés. On nomme encore le grand marché *la hourquie,* du mot *hourque,* « fourche patibulaire. »

La décollation, mode d'exécution généralement réservé aux nobles qui n'avaient pas commis de dérogeance, était souvent employée en Bigorre pour ceux qui n'étaient pas gentilshommes. On trouve aux archives des Hautes-Pyrénées un parchemin détaché contenant en original l'acte que je traduis : « L'an 1509, un jour de jeudi, marché de Tarbes, le 8 no- « vembre, Ramon Dentès, fils de Santaraille, près de Rigue- « peu en Armagnac, fut décapité et mis en quatre quartiers, « comme coupable d'avoir, dans le bien d'Aragon, à la côte de « Baréges, au lieu appelé Lariuduc, assassiné Ramon de Ma- « diran de Bordères et l'avoir jeté dans le gave (*abe aucit Ra- « mounet de Madira de Bordera et lo jeta en lo gabe*). La tête du « supplicié fut portée en la ville de Luz et fichée à un pieu au « milieu de la place du marché; *item* le bras droit fut porté « au lieu où se commit le crime (*item lo bras dret on lodit cop se « fe en lodit abat*), et la jambe fut exposée à la voirie (*aux car- « ros de la trixaria*). La sentence fut rendue par Me Bernard, « bachelier, juge ordinaire et lieutenant de M. le sénéchal de « Bigorre. La sentence est insérée en la rubrique *Des crimes,* de « Tarbes, et écrite par moi Tolet (*le sentencie es enserade en la « rubrica deus crims et escruite per me Tolet*). »

Parmi les peines qui avaient été supprimées en France, Muyart de Vouglans cite celle d'être coupé en quatre quartiers.

Voici encore le texte d'une condamnation à mort, prononcée, le 12 septembre 1675, par les consuls de Vic contre les auteurs d'un meurtre commis, le 12 août précédent, sur la personne de Jacques d'Hugues, qui fut tué au sortir de la messe de Pujo par des individus dont les armes étaient restées cachées à la sacristie pendant les offices.

« En réparation d'iceux avons ordonné et ordonnons qu'ils
« seront livrés entre les mains de l'exécuteur de la haute justice,
« lequel les mettra en chemise, tête et pieds nus, et la hart au
« cou, les conduira devant l'église dudit lieu de Pujo, où étant
« et tenant chacun un flambeau de cire ardente à la main,
« leur fera demander pardon à Dieu, au roi et à la justice,
« audit sieur d'Hugues, et ensuite les conduira sur un tombe-
« reau par les rues et carrefours dudit lieu de Pujo, où il
« leur fera faire le cours accoutumé et de là avant les amènera
« en la place commune dudit Pujo, où ledit meurtre a été
« commis, et sur un échafaud qui à ces fins sera dressé sépa-
« rera auxdits Arnaud, François et Jacques Fitton, Louis Lar-
« tigue de Noé et Jean Cazajous, écolier, leurs têtes de leurs
« corps, lesquels il exposera ensuite à la voirie. Déclarons
« leurs biens confisqués à qui de droit appartiendra, distrac-
« tion préalablement faite du tiers d'iceux pour leurs femmes
« et enfants; si point en ont, de la somme de 500 livres
« pour être employée en prières et autres œuvres pies par les
« révérends pères Minimes de ladite ville de Vic, où ledit
« corps dudit Jacques d'Hugues est enseveli; 30 livres pour
« la réparation du parquet du présent siège, ensemble celle
« de 3,000 livres en faveur du sieur d'Hugues pour dommages-
« intérêts, et de 150 livres pour frais [1]. »

[1] Larcher, *Glossaire*, t. II, p. 156.

Les coupables obtinrent leur grâce cinq ans après cette sentence, qui nous a paru curieuse à rapporter à raison des détails qu'elle contient.

XIII.

PEINE DU TALION. — VENGEANCE PERMISE CONTRE LES NOBLES.

Nul n'ignore ce que l'on entend par la loi du talion. Moïse et plusieurs législateurs après lui ont voulu infliger une punition pareille à l'offense [1], œil pour œil, dent pour dent, main pour main, pied pour pied. Nous ne résumerons pas tout ce qui a été écrit de curieux sur ce sujet. Aristide avait dit avec raison : « Est-ce bien d'imiter ce que l'on trouve mal et que l'on « condamne chez les autres ? »

La peine du talion, accueillie avec faveur par les lois barbares, fut abolie en France; mais n'en est-il pas resté quelques vestiges ? L'homme qui tue est tué; l'article 361 de notre code pénal veut que le faux témoin qui a fait condamner un homme à une peine plus forte que celle des travaux forcés subisse la même peine. Voici sous ce rapport une disposition remarquable de la coutume des quatre vallées : « Si l'accusé « veut agir en justice contre son accusateur et se plaint de ce « qu'il lui a imputé le crime de trahison, on viendra devant « le juge. Si la trahison n'est pas prouvée, que ce dénonciateur « soit condamné à la peine du talion; si le cas est prouvé, que « justice soit faite. »

Le droit de vengeance et de se faire justice à soi-même, en rendant le mal pour le mal, eut peine à disparaître des mœurs du moyen âge.

Le vieux for de Bigorre contient à ce sujet une disposition remarquable. Il ne dit pas que le paysan peut défendre sa per-

---

[1] *Talion* dérive de *talis*, « pareil. »

sonne et sa famille contre le noble, mais il dit formellement que tout paysan a le droit d'attaquer le chevalier qui oserait brûler sa maison ou lui enlever ses bœufs : « Nemo rusticorum « militem cognitum invadat, nisi domum ejus cremaverit aut « boves abstulerit. » (Article 41.)

Des coutumes du Midi, notamment celle de Montpellier (c. xxix), accordent aux bourgeois le droit de vengeance contre les nobles : « potestatem et licentiam ulciscendi propria auc-« toritate. »

En Navarre le peuple revendiquait le droit de se faire lui-même justice contre les abus d'autorité de ses premiers magistrats. Chaque province, nommée *merindad*, était sous les ordres d'un *mérin, merino*, investi du double pouvoir d'arrêter les coupables et de les punir lui-même. Les habitants de Pampelune obtinrent le privilége de tuer eux-mêmes le mérin sans aucune forme de procès lorsqu'il abuserait de sa terrible autorité. Plusieurs fors d'Espagne sont connus sous le nom de *Tortum per tortum*, notamment celui de Tudèle, qui autorisait à rendre le mal pour le mal, « hacer mal por mal, » et à se faire justice soi-même, « tomandose la justicia por su mano[1]. »

[1] Voir les archives de Pampelune et le *Diccionario de las antiguedades de la Navarra*, par D. José Yanguas.

CHAPITRE II.

I. Crimes contre la religion : sacrilége. Blasphème. — II. Célébration du dimanche. — III. Commerce avec les démons.

I.

CRIMES CONTRE LA RELIGION : SACRILÉGE. — BLASPHÈME.

Le sacrilége, crime de lèse-majesté divine, était regardé comme le plus grand des forfaits. C'était la profanation des choses saintes, l'outrage fait à Dieu, le commerce avec les démons, le vol ou l'usurpation des biens appartenant à l'Église. Nos pères, en se montrant cruels contre les coupables de sacrilége, croyaient venger la Divinité, comme si Jésus-Christ lui-même, en ordonnant à Pierre de remettre l'épée dans le fourreau, n'avait pas enseigné au monde qu'il se réservait le soin de punir les offenses des mortels contre Dieu.

La novelle 77 de Justinien et les Capitulaires prononçaient la peine de mort contre les blasphémateurs. Dans le dernier siècle encore, le parlement de Paris ordonna qu'un blasphémateur serait pendu après avoir eu la langue coupée. Le vieux for de Béarn (p. 94) condamne ceux qui auront renié Dieu méchamment, ou qui auront appelé la sainte Vierge *mauvaise femme*, à la peine de 20 sous morlàas, et, à défaut, à un jour de pilori.

Il est remarquable que les châtiments contre ce crime se soient aggravés précisément au moment où les idées de liberté religieuse faisaient invasion dans la cour de Marguerite, reine de Navarre. Henri II, son époux, dans le for revisé, ajoute aux anciennes dispositions pénales des dispositions nouvelles contre les récidivistes. Les coupables pour la seconde fois devaient avoir la langue percée; recevoir le fouet, pour la troisième, et, pour la quatrième fois, être punis de mort. Une délibération des jurats de Pau, du 14 janvier 1656[1], ordonne la publication à son de trompe par tous les carrefours, et l'affiche à toutes les portes de la ville, des lois d'Henri II contre les blasphémateurs.

Les archives de Pau[2] conservent un arrêt du parlement de Bordeaux du 3 décembre 1546, qui condamne le nommé Charretier, hérétique, à être fustigé par l'exécuteur de la haute justice par les cantons et carrefours de la ville de Bayonne, ensuite à avoir la langue percée d'un fer chaud. La cour ordonne en outre que ledit Charretier, avant de subir cette peine, assistera à un sermon, qui se fera un jour de dimanche en l'église cathédrale de Bayonne; qu'il y sera en chemise, tête nue, la corde au cou, un fagot sur les épaules, une torche allumée dans la main, et là déclarera qu'il entend vivre et mourir dans la religion catholique.

Nous n'avons pu trouver dans les fors de Bigorre aucun texte sévère contre les blasphémateurs. Dans les statuts de la faderne de Juncalas nous lisons : « Quiconque jurera ou blasphémera « le nom de Dieu et de la vierge Marie dans ladite faderne, pour « pénitence à deux genoux demandera pardon à Dieu, en pré-« sence de toute l'assemblée, baisera la terre, et payera 2 sous « tournois, qui seront déposés entre les mains des syndics fa-« dernaux pour être distribués aux pauvres de Dieu. »

Cette mansuétude des fors bigorrais est surtout remarquable si on la compare avec la rigueur des supplices infligés dans le Midi aux blasphémateurs.

Nous avons trouvé à la Bibliothèque impériale, dans les

[1] Archives de la mairie, registre I, fol. 398.
[2] 5 G, 206.

manuscrits de Doat[1], le récit d'un horrible supplice qu'on fit subir, à Albi, à un malheureux qui avait blasphémé Dieu. Il faut dire aussi qu'on ajoute que le coupable avait mal parlé du roi. Peut-être ce second crime explique-t-il la fureur avec laquelle on lui fit expier le premier. Le patient fut attaché nu à un pilori, et le bourreau lui perça la langue avec un fer chaud, puis on lui fit parcourir la ville tout nu, et, après une longue promenade, on l'attacha encore à un pilier et on lui ôta l'oreille[2].

II.

CÉLÉBRATION DU DIMANCHE.

Les fors de Béarn ordonnent l'observation des jours de fête. Un édit de Dagobert défendait le travail du dimanche sous des peines dont l'excessive rigueur s'adoucit à partir du XIIIᵉ siècle.

En Bigorre on punissait surtout ceux qui, au lieu de respecter le repos du dimanche, profanaient la sainteté de ce jour en passant au cabaret le temps qu'ils auraient dû passer à l'église.

L'article 13 des statuts d'Arrens s'exprime ainsi : « Les con-« suls et patrouillés seront tenus de faire la visite des cabarets « pendant les offices divins les jours de dimanches et fêtes, pour « empêcher qu'on n'y profane les saintes œuvres. »

[1] T. IX, p. 309.
[2] Voici ce texte : « L'an mil tres cens quarante-sieys et lo darrier iorn d'abriel, « foc facha iustitia ad Alby d'un apelat Johan del Bruelb, alias Triolo, baile de « Santenac; per los officers de la cort del rey foc iutgat et foc stacat al pilar de la « cort del rey davant la carrigera tot nud, et foc atraucada la lengua per lo boreu « de Salvabac am un fer caut et mero li an grafic per la lengua, et d'aqui parten « sen tirero per lo lonc de la vila daqui a la porta del viga tot nud et foc menat a « Saliere, coret la vila de Saliere, et opres fo stacat en un pal et aqui li foc ostada « l'aurelha; et aco foc fach per los officers del rey nostre senhor, car era renegado « de Dieu et avia parla desonestamont del rey nostre senhor. »

Ces jours-là les cabarets étaient fermés à 9 heures du soir. Ceux qui refusaient de sortir du cabaret étaient condamnés à vingt-quatre heures de prison et à une amende de 4 livres 1 sou. Les cabaretiers encouraient la même peine. On trouve des dispositions analogues dans d'autres statuts municipaux. Les jeux et divertissements publics étaient quelquefois permis les dimanches et défendus certains jours de grandes fêtes [1].

III.

COMMERCE AVEC LES DÉMONS.

Le commerce avec les démons par des sortiléges et des maléfices était un crime au moyen âge, et l'histoire des superstitions de nos montagnards est trop longue pour trouver place ici. Nous ne citerons que deux faits, l'un du xviie siècle et l'autre de nos jours, qui prouveront la persistance, en Bigorre, des vieilles croyances populaires.

Aux mois de janvier et de février 1667, des individus réunis sous le nom de *Bendins* se soulevèrent pour châtier et maltraiter les personnes qui s'occupaient de sortilége. Il s'ensuivit des meurtres et des désordres qui émurent le parlement de Toulouse. Le conseiller de Mua fut chargé de se transporter dans la vallée de Luz, pour procéder à une information qui dura trois mois. La procédure fut instruite contre les coupables. Tout le peuple, y compris les consuls et officiers de justice, fut compromis dans cette longue procédure.

Heureusement le marquis de Louvois, qui venait prendre les eaux de Baréges, demanda l'évocation de cette cause au grand conseil, et la remise de toutes les pièces entre les mains de M. de Châteauneuf [2]. Le roi accorda à la vallée une amnistie, et les détenus arrêtés par ordre de M. de Mua et conduits

---

[1] Voir, au chapitre vi, les règlements de police.
[2] Arrêt du 22 juillet 1668.

dans la prison de la conciergerie de Toulouse furent enfin élargis.

Le peuple était toujours très-enclin à croire aux sorciers. Les juges y croyaient ou feignaient d'y croire, mais ils étaient plus éclairés, et l'histoire ne fait mention dans notre pays d'aucune hécatombe de possédés. Nous trouvons aux archives de Vic, au xviie siècle, une singulière procédure. Les consuls ordonnent la recherche de tous les sorciers de la ville. Le chirurgien commis à la constatation de ces malheureux en trouve trente-deux. Ils sont arrêtés et enfermés dans les prisons royales. Une enquête a lieu : le juge royal décide qu'il n'existe aucune preuve de maléfice contre les prétendus sorciers. Les consuls ordonnent aussitôt qu'ils seront mis en liberté en fournissant bonne et suffisante caution.

On se tromperait fort si l'on croyait que dans notre siècle de lumières la croyance aux sortiléges est éteinte en Bigorre. En 1850 les époux Subervie furent déclarés, par la cour d'assises des Hautes-Pyrénées, coupables d'avoir fait brûler vive une vieille femme qu'ils regardaient comme sorcière.

CHAPITRE III.

I. Crimes contre l'État : rébellion. — II. Guerres privées. Trêve de Dieu. *Lies et paxeries*. Paix et réconciliation forcées. — III. Faux. Fausse monnaie. Faux témoignage. — IV. Faux poids. Falsification. Tromperie. — V. Vagabonds. Bohêmes.

I.

CRIMES CONTRE L'ÉTAT : RÉBELLION.

Les attentats contre la vie du comte étaient inconnus en Bigorre ; mais les révoltes contre son autorité ne sont pas sans exemple.

Les barons qui osaient lever l'étendard de la rébellion contre leur suzerain ne prenaient les armes que lorsqu'ils se sentaient assez forts pour faire la guerre ou pour traiter de la paix d'égal à égal. Lorsque le pouvoir royal se fit reconnaître et triompha dans toute la France, il devint l'appui du peuple contre la tyrannie féodale. L'institution des parlements fit prévaloir l'empire du droit sur celui de la force. Les grandes cours de justice aidèrent le roi à protéger, de loin comme de près, le faible contre le fort, et à soumettre au joug de la loi des seigneurs trop longtemps accoutumés à n'écouter que leurs passions et à croire à leur indépendance. Citons quelques faits. Les vicomtes de Lavedan étaient très-puissants en Bigorre. Auger de Lavedan fut accusé d'avoir « tué et murtri mauvaise- « ment à gait à pent » Raymond Emeri de Basilhac ; et Pierre de Lavedan, père d'Auger, fut accusé d'avoir « récepté » en son hôtel ledit meurtrier, « lui donnant force, aide et conseil. » Philippe, roi de France, adressa en 1331 des lettres patentes aux sénéchaux de Toulouse et de Bigorre, leur transmettant les pouvoirs et l'autorité nécessaires pour vérifier les faits. Il est dit dans ces lettres patentes [1] : «Si par information diligente «et discrètement faite ou à faire, ou par renommée publique, «ou par véhémente présomption, vous trouvez lesdits Pierre et «Auger et leurs complices être véhémentement soupçonnés «dudit meurtre et autres choses dessusdites, vous les prendrez «avec tous leurs biens, en quelque lieu qu'ils soient trouvés, «hors lieu saint, et après vous enquerrez diligentement la vé- «rité des choses dessusdites, appelés ceux qui seront à appe- «ler, et l'enquête que vous en ferez vous enverrez sous vos «sceaux feellement enclose, avec les personnes trouvées coupa- «bles, à Paris, pour voir, recevoir et juger ladite enquête et «recevoir droit sur icelle par notredite cour. »

Le parlement de Toulouse fut plus tard investi d'assez d'autorité pour faire respecter sa juridiction dans nos montagnes. Nous ne rappellerons qu'un de ses arrêts rendu le 17 octobre 1543 contre Antoine de Lavedan, seigneur de Casaubon, Jean et Bertrand de Lavedan, le bâtard de Casaubon, et autres, qui furent condamnés pour excès, rébellion et désobéissance, à 50 livres envers le roi, 300 livres envers les plaignants, et aux dépens à taxer.

II.

GUERRES PRIVÉES. — TRÊVE DE DIEU. — *LIES ET PAXERIES.* — PAIX ET RÉCONCILIATION FORCÉES.

Les luttes sanglantes de vassal contre suzerain, de vallée contre vallée, de commune contre commune, de particulier contre particulier, étaient fréquentes au moyen âge. On connaît les généreux efforts des conciles pour arrêter les guerres

---

[1] *Glanages*. I. XXII, p. 34.

privées. La *paix de Dieu* ne parvint pas toujours à substituer à de terribles représailles une discussion paisible en présence du seigneur et de l'évêque; mais la trêve de Dieu suspendit du moins les hostilités durant quelques jours de la semaine. Nous avons déjà raconté en détail, dans notre Monographie de Saint-Savin, l'étrange histoire d'un sanglant conflit entre les habitants de la vallée d'Aspe et ceux de la vallée de Lavedan. La paix ne fut rétablie que moyennant le payement d'une rente annuelle, qui devait être acquittée par les agresseurs et leurs descendants aux Lavedanais à perpétuité.

Les chartes du pays nous ont conservé le récit de terribles débats qui eurent lieu, notamment entre les Bigorrais et les Aurois, entre les Barégeois et les Bagnérais. Ces petites rivalités entre voisins firent verser plus de sang que les grandes guerres contre les Espagnols et les Anglais.

Il nous est resté un grand nombre de traités de paix mettant un terme à des guerres privées, tarifant la composition que l'on pouvait retirer pour chaque crime commis par l'habitant d'une localité au préjudice de l'habitant d'une autre. Un titre très-curieux se trouve encore aux archives de Bagnères; c'est un acte remontant au xie ou au xiie siècle, passé entre les hommes de Bagnères et ceux de Lavedan. Les mêmes archives contiennent un volumineux parchemin en latin, à la date du 22 novembre 1397, sur des querelles survenues entre les habitants de Bagnères et ceux d'Esterre, de Saint-Martin, de Viella, de Betpouey, de Sers et de Vier en Baréges. Le titre porte :
« Art. 1er. Ceux de la vallée de Baréges, dans la partie appelée, « dans l'idiome du pays, de *Labatsus,* vivront en bonne paix et « concorde avec les habitants de Bagnères. » Les autres clauses règlent et limitent les droits respectifs de pâturage. Les collisions journalières de nos montagnards avec les pasteurs du versant espagnol des Pyrénées avaient des conséquences trop graves

pour qu'on n'avisât pas aux moyens de les empêcher. Les trêves avaient une durée séculaire et les accords se nommaient *lies et paxeries*. Ainsi un titre de Luz du 22 juillet 1390 constate que les vallées de Baréges en Bigorre et de Broto en Espagne ont fait une trêve de cent un ans, et un accord de *paxeries* pour juger les différends qui pourraient surgir entre les parties, à Gavarnie, lieu fixé pour les réunions communes.

Nous n'avons pas à raconter ici les démêlés des Barégeois et des Aragonais. Nous ne citerons qu'une sentence du 1ᵉʳ juillet 1575, condamnant les habitants de Broto à payer à ceux de Baréges, pour dommages qu'ils leur avaient faits, une rente annuelle de 60 ducats et 12 réaux, faisant 72 livres jacques, qui devaient être portés à Gavarnie le jour de la Madeleine. Cette rente pouvait s'éteindre en payant le capital, 1,200 ducats, en deux termes.

Des traités nommés *lies et paxeries* existaient entre plusieurs vallées limitrophes et se renouvelaient souvent. Nous avons trouvé un de ces traités entre la vallée de Baréges en Bigorre et celle de Beausse en Espagne, à la date du 25 septembre 1674. Les représentants des deux vallées doivent avoir une conférence annuelle, alternativement une année à Pinède (Espagne) et l'autre année à Héas (France). Les députés doivent être nourris par la vallée où la réunion a lieu. Ce traité rappelle les anciens accords et le droit de «faire lies et paxeries.» Les parties se promettent de ne faire ni cavalcade, ni représailles, ni excursion les unes chez les autres; de n'attaquer ni forteresse, ni église, ni maison; de n'attenter ni aux biens, ni aux personnes, sous peine de 1,000 écus d'or.

Si quelque excès se commet dans les montagnes, la partie lésée peut le faire vérifier par trois témoins devant le juge de l'offensé. Le juge rend justice. Il peut faire vendre les biens du coupable sans formalité jusqu'à concurrence de la somme qu'il aura ordonné de payer, et même prononcer la contrainte par corps, dit le titre, « par la force des présentes lies et paxeries. »

En cas de guerre entre les souverains des deux royaumes, les députés des vallées doivent réciproquement se donner avis des rassemblements de troupes qui pourraient empêcher les conférences, sous peine de 100 écus. Les autres articles sont relatifs à la sûreté des pâtres et des troupeaux, des marchands et du commerce.

Une convention à remarquer dans les diverses transactions, c'est que la vallée où résidait le coupable, soit en France, soit en Espagne, était responsable de son crime, en cas d'insolvabilité, et était obligée de faire à ses frais toutes les poursuites.

Le Bigorrais avait l'humeur querelleuse. « Dans chaque nation de la Gaule, dit César[1], dans chaque canton, dans chaque bourgade et dans chaque maison, il y a des partis opposés. » Hélas! les mœurs de nos pères sous ce rapport n'ont guère changé dans nos vallées. Ces partis opposés, ces rivalités violentes, suscitaient sans cesse de sanglantes luttes, que les hommes sages s'efforçaient de prévenir et de réprimer. Dans les coutumes de Bigorre, on trouve, ce qui n'apparaît nulle part dans les lois modernes, des mesures prises pour rendre obligatoires la paix et la réconciliation.

Les statuts d'Arrens (art. 16) font un devoir aux consuls de sortir avec leurs chaperons, dès qu'ils entendront naître une querelle les jours de fête ou les jours de foire, afin de calmer les esprits. Des traités de paix étaient souvent imposés aux habitants des communes différentes. Une charte des archives de Tarbes rapporte que ceux de Larreule et ceux de Parabère, deux villages aujourd'hui réunis, étaient obligés chaque année de se prêter serment de bon voisinage. L'acte ajoute : « *Item*

---

[1] *Guerre des Gaules*, l. VII, XXII.

« le seigneur de Parabère conviera et traitera deux fois l'an
« Monseigneur (l'abbé) de Larreule, et ledit seigneur de Larreule
« donnera pareillement à manger deux fois l'an au seigneur
« de Parabère. »

Le for de Bagnères impose aux parents d'un homme assassiné le devoir de pardonner dès qu'ils ont reçu la loi du sang. L'article 47 des statuts de Luz est ainsi conçu : « Tout habitant
« de la ville qui suscitera noises, questions et débats en ladite
« ville sera prins et mis en prison, ou bien entre les mains des
« consuls, *pour y demeurer jusqu'à ce qu'il soit réconcilié avec sa
« partie.* Et s'il se rend fuyard, il sera poursuivi à ses dépens
« *jusqu'à ce qu'il ait fait paix avec sadite partie,* et en outre fera
« telle amende que le conseil arbitrera, sans préjudice des droits
« de la justice. »

Enfin voici tout à fait dans le même esprit l'article 3 des règlements de la faderne de Juncalas : « Si quelque querelle
« intervient dans la faderne, et qu'il s'ensuive un démenti ou
« un coup de poing, ou un soufflet, ou toute autre batterie, l'as-
« semblée aura le pouvoir d'en prendre connaissance, et avant
« de sortir de la faderne elle fera faire la paix ; et si quelqu'un
« refuse, il sera sans pitié mis hors de la compagnie pen-
« dant un an, sans espérance de jouir pendant tout ce temps-là
« des biens fadernaux. Si, après l'expiration de l'année, il
« persévère dans son opiniâtreté et ne veut se réconcilier avec
« son frère, après trois avertissements il sera admonesté par le
« syndic et exclu à jamais des biens de la faderne, à moins
« qu'il ne soit ramené par le conseil avec le consentement de
« toute la compagnie. »

Ce touchant désir de réconcilier les habitants de deux villages voisins, ou d'une même commune, ne fait-il pas honneur à la législation de Bigorre ?

III.

FAUX. — FAUSSE MONNAIE. — FAUX TÉMOIGNAGE.

Les crimes de faux et de fausse monnaie sont classés parmi les délits contre la paix publique.

Le vieux for de Béarn est cruel envers celui qui veut se libérer d'une dette légitime par un titre faux : « Le seigneur, dit « l'article 118, doit lui ficher le titre au front avec deux clous « qui aient chacun la cinquième partie du pouce de long, et « dont la tête soit aplatie, et il doit aller ainsi d'un bout de « la ville à l'autre, le crieur public disant : *Qui ainsi fera ainsi* « *recevra*, et il sera exilé de la ville un an et jour. »

Le for d'Henri II condamne le faussaire : pour la première fois, à avoir le poing coupé, et pour la seconde, à être étranglé et pendu.

Rien dans les coutumes de Bigorre ne révèle un tel raffinement de barbarie. Les faux-monnayeurs étaient surtout nombreux dans nos montagnes, où les métaux à exploiter et les lieux propres à se cacher ne manquaient pas. En 1424 les habitants des villes de Bigorre adressaient au roi de France des supplications où ils rapportent qu'étant « ez confinités du « royaume, marchissant et voisins du royaume et pays d'Ara« gon, de Navarre et de Béarn, ezquels, à l'occasion des guerres, « et pour ce qu'ils sont en la prochaine frontière des anciens « ennemis les Anglais, pour les grands dommages qu'ils ont souf« ferts chaque jour, » ils ont pris et fabriqué de la monnaie étrangère. Le procureur du roi les poursuit pour ce crime et autres méfaits devant le sénéchal de Bigorre, pour les faire condamner à des « peines, mulctes et amendes. »

Les accusés, pour se soustraire au châtiment, menaçaient « de s'absenter et de laisser leurs demeures, héritages et habi« tations, ce qui serait la dépopulation du pays. »

Charles VII accorda aux faux-monnayeurs des lettres de grâce le 6 avril 1423. Un arrêt du parlement de Toulouse du 26 août 1424 prononce l'entérinement de ces lettres et énumère les raisons pour et contre [1].

La Bigorre n'avait pas d'atelier monétaire. Elle ne se montrait pas difficile pour accepter les monnaies étrangères. Le roi de France avait intérêt à faire respecter ses droits. Les archives de Pau conservent des lettres patentes de Charles VII évoquant les très-nombreux procès pour circulation des pièces d'Angleterre, d'Aragon et de Navarre.

La coutume des quatre vallées punit ainsi les faux témoins : « Si quelqu'un est appelé en témoignage, qu'il se soit parjuré « et que cela soit prouvé, il ne doit plus être cru en quelque « cause que ce soit; il doit être déclaré infâme et tenu pour « tel. Il doit être puni à l'arbitrage du juge et condamné à « réparer le dommage causé par son faux témoignage. »

IV.

FAUX POIDS. — FALSIFICATION. — TROMPERIE.

Les fors et les statuts communaux s'occupent avec un grand soin de punir ceux qui font usage de faux poids et de fausses mesures, ou qui falsifient les denrées alimentaires.

Les priviléges de Lourdes recommandaient de tenir des mesures exactes : « *Item* mandamus tenere justas marcas et justas « pesas, mensuras, vergas, canas justas. » Celui qui faisait usage de faux poids et de fausses mesures était passible d'une amende de 5 sous pour le seigneur. (Art. 18.)

Les statuts d'Arrens portent (art. 19) que, dans la première huitaine de janvier, les consuls doivent élire « deux sujets « pour faire, pendant une année, les fonctions d'*étaleurs* ou véri-

---

[1] *Glanages*, t. I, p. 393.

« ficateurs de poids et mesures, lesquels vérifieront, toutes les
« fois qu'ils jugeront à propos, les poids et mesures de ceux qui
« vendront et détailleront des marchandises au public, pour
« empêcher qu'il ne se commette de fraude, et s'ils trouvent
« quelqu'un qui vende à faux poids ou à fausse mesure, ils en
« dresseront procès-verbal sur-le-champ et le remettront aux
« consuls. La communauté mulctera le coupable de 50 livres,
« et, en cas de trop grande fraude, le coupable sera poursuivi
« devant les juges compétents, à la requête des consuls et com-
« munautés pour le faire punir suivant la rigueur des lois et
« ordonnances. »

La tromperie ou la falsification en matière de denrées alimentaires est punie par la plupart des coutumes locales. Celle
de Guizerix (art. 24) oblige les cabaretiers à tenir de bon
vin; s'ils y mettaient de l'eau ou le falsifiaient de toute autre
manière, « si y metia aygua ou autrement lo corrumpia, » ils
encouraient une peine de 10 sous tolozans, moitié pour le
seigneur et moitié pour la ville; de plus le vin était confisqué.

Les priviléges de Lourdes (art. 39) confient à l'arbitraire
des consuls le pouvoir de corriger et de punir, « corrigendi et
« puniendi, » selon les circonstances, « juxta conditionem seu
« genus delicti, » ceux qui trompaient l'acheteur sur la qualité
du vin, du pain, de la viande et autres denrées.

Les boulangers qui vendaient du pain « court de poids »
étaient condamnés à une forte amende, partageable par tiers
entre le roi, la confrérie du Saint-Sacrement et les pauvres.
Ceux-ci jouissaient encore du pain confisqué [1].

Les bouchers étaient obligés de prêter serment de ne jamais vendre de mauvaise viande, et de faire toujours bonne
mesure.

---

[1] Archives de Bagnères-de-Bigorre, l. XVIII, p. 12.

Plusieurs coutumes, notamment celle de Guizerix (art. 22), punissaient sévèrement les bouchers qui trompaient sur la qualité de leur marchandise.

La viande, le pain et les objets de première nécessité étaient taxés, soit par les états de Bigorre, ainsi que nous l'avons déjà dit, soit par les communes elles-mêmes. Voici la taxe faite par les consuls de Vic de 1637 à 1646 : livre de mouton, 5 sous $\frac{1}{2}$; livre de bœuf, 2 sous 6 deniers; veau de lait, 4 sous; veau d'un an, 3 sous.

Chaque ville, pour ainsi dire, avait un nom particulier pour les petits pains blancs qu'on appelle, en certains pays, *pistolets*.

A Pau on les nomme encore des *choines*. Ce nom m'avait frappé. Viendrait-il de Choine, boulanger du roi de Navarre en 1577? Ce Choine fit beaucoup de bruit à Pau[1].

V.

VAGABONDS. — BOHÊMES.

Les mendiants, nommés *bohêmes* dans nos régions pyrénéennes, les vagabonds et les *bannis* étaient punis de diverses peines.

Le ban (*bannum*) était un acte de l'autorité. Les *bandits* étaient les hommes *poursuivis par le ban*.

Dans les villes de Bigorre, au moyen âge, tout étranger était suspect, et, s'il n'offrait pas de garanties, on le traitait comme un homme dangereux.

En Béarn et en Navarre, les mendiants valides et les vagabonds étaient punis du fouet.

Dans la Soule, si les bannis rentraient sans permission avant la fin de l'exil, la peine était doublée. S'ils revenaient

---

[1] *Inventaire des archives de Pau*, t. I, p. 189.

une seconde fois, le bannissement était perpétuel; s'ils reparaissaient une troisième fois, on leur coupait les oreilles, et s'ils reparaissaient encore, le juge pouvait prononcer contre eux même la peine de mort.

En Bigorre, rien de si cruel. La peine était arbitrée par le juge, qui était chargé d'expulser hors du pays tous les « mau-« vais hommes. »

CHAPITRE IV.

I. Crimes contre les personnes : meurtre. Infanticide. Incendie. Homicide involontaire. — II. Coups et blessures. — III. Attentats aux mœurs. — IV. Adultère. — V. Diffamation. Injures.

I.

CRIMES CONTRE LES PERSONNES : MEURTRE. — INFANTICIDE. — INCENDIE. — HOMICIDE INVOLONTAIRE.

Au moyen âge, la peine du meurtre fut généralement, en Bigorre comme en Béarn, une peine pécuniaire, le prix du sang, appelé *las calonies,* accordé aux héritiers du mort.

L'article 25 du for de Bagnères est remarquable : « Si un « homme tue un *voisin* de la ville, il est obligé de payer « 300 sous aux parents et 65 au seigneur; il doit sortir pour « toujours du comté de Bigorre. Si le meurtrier refuse de payer « l'amende, ses biens doivent être confisqués et son corps vi-« vant doit être enterré sous celui du mort. Il revient aux parents « la moitié de ce que le seigneur touchera pour l'homicide. Si le « coupable a l'audace de s'armer dans sa maison, il paye par « chaque nuit que dure la révolte 65 sous de plus. Si un com-« plice vient à son aide, il encourt la même peine. Les parents « de la victime peuvent, sans crainte d'amende ni d'exil, tuer « eux-mêmes le meurtrier qui s'est armé dans sa terre. L'étran-« ger qui a ôté la vie à un voisin de Bagnères ne doit jamais « remettre le pied sur le territoire de la ville, sous peine d'être « impunément tué par le premier venu des habitants du lieu. »

Ces dispositions du for de Bagnères se retrouvent, presque dans les mêmes termes, dans le for général du Béarn et dans le for de Morlaas. L'amende due au seigneur est de 65 sous en

Bigorre; elle est de 66 en Béarn. La durée de la rébellion, en Bigorre, se compte par nuit, « per cada neit ; » elle se compte par jour, « per cada die, » en Béarn.

Les anciennes coutumes du pays sont en général rédigées dans le même esprit. On ne fait pas de différence entre le noble et le roturier; on en fait une très-grande entre le voisin et l'étranger. L'amende et le prix du sang sont fixés dans plusieurs fors à peu près comme à Bagnères. Ceux de Maubourguet condamnent celui qui tue un voisin de la ville à payer 300 sous aux parents du mort, et 60 sous au seigneur; de plus ils le condamnent au bannissement.

La composition varie selon les lieux et les conventions. Les archives de Bagnères conservent un titre sans date, mais qui doit être du xie au xiie siècle, titre contenant les clauses d'un traité passé entre les habitants de Bagnères et ceux du Lavedan. Le meurtre d'un homme, le vol d'un cheval ou d'une jument, d'un mulet ou d'une mule, d'un bœuf ou d'une vache, sont punis d'une amende plus ou moins forte.

L'homicide est tarifé à 900 sous, payables en trois termes : « Si quis homicidium perpetraverit nongentos persolvat solidos « per iii modios. » Nous retrouvons à peu près le même chiffre dans le cartulaire de Saint-Pé (p. 403), « cujus occisoris pater « cum non posset dare nongentos solidos et minutam auri, qui « pro homicidio in salvitate facta Beato Petro debebantur. »

Si nous trouvons trop indulgente la loi qui permet de se racheter d'un meurtre par le payement d'une simple somme d'argent, nous trouvons barbare et cruelle celle qui ordonne d'ensevelir vivant le meurtrier sous le cadavre de sa victime, et qui confère en certains cas à de simples particuliers le droit de tuer celui qui a tué. Ces principes cependant étaient très-répandus au moyen âge dans nos contrées. Voici ce qu'on lit dans Marca (p. 825) : « Pour en revenir au comte Bozon (de Bigorre);

LOIS PÉNALES.

« il accorda, en la même année 1228, à la ville de Vic un pri-
« vilége fort avantageux contre les pilleries, ou plutôt rétablit
« et confirma l'ancienne coutume qu'elle avait. Car il ordonna,
« avec l'avis et consentement des juges et de toute la cour de
« Bigorre, que si quelqu'un recevait aucun tort ou dommage
« dans la ville de Vic, en ses biens meubles ou immeubles, soit
« à face ouverte ou en cachette, il en fît sa plainte au vicaire du
« comte, lequel assemblerait les six juges qui sont établis pour
« cet effet, et avec leur avis ferait réparer au plaignant toute la
« perte qu'il aurait faite sur les biens de la communauté. Et
« ensuite les juges et la communauté feraient soigneusement
« rechercher le coupable, et, ayant préalablement indemnisé la
« communauté sur les biens du malfaiteur, feraient remettre
« le surplus, ensemble sa personne, entre les mains du comte
« pour le châtier à discrétion. Il ordonna en outre que le meur-
« trier fût *enseveli étant en vie, et sans aucun retardement, sous
« le cadavre du mort*, et donna permission à un chacun de le
« saisir et le retenir prisonnier sans crainte d'amende. »

Les fors de Navarre et de Soule prononcent la peine de mort contre les assassins. Les fors de Béarn laissent la peine à l'arbitrage du juge.

Le parlement de Toulouse respectait les usages consacrés en Bigorre par un temps immémorial. Un de ses arrêts, à la date du 18 septembre 1635, confirme une sentence des juges de Bagnères, qui avait condamné une fille coupable d'infanticide à être fouettée dans les rues de Campan et bannie ensuite [1].

La coutume des quatre vallées place sur la même ligne que les meurtriers celui qui met le feu aux maisons, granges et dépendances : « Si nul met foc en borde, ou en maison, ou en
« autre parc, donnant domatge ou aucit. »

---

[1] Archives de Bagnères, registre XIII, p. 502.

L'homicide involontaire est prévu par l'article 23 des priviléges de Lourdes, ainsi conçu : « Si un homme de Lourdes, in-
« volontairement, sans colère, cause un dommage dans un cas
« soudain et fortuit, comme cela peut arriver souvent, ou s'il
« tue un habitant sans dol et sans aucune faute de sa part, et
« qu'il puisse prouver, soit par des habitants, soit par des étran-
« gers, qu'il n'y a eu ni faute, ni dol, mais un accident fortuit
« et imprévu, il ne doit supporter aucune peine, ni payer aucune
« amende au seigneur s'il essaye promptement de transiger selon
« la décision des hommes de bien de ladite ville. »

II.

COUPS ET BLESSURES.

La loi salique appréciait la criminalité des violences contre les personnes selon la dimension de la plaie. Elle précisait avec des détails minutieux, quelquefois même révoltants, tous les cas de blessure.

Les coutumes de Bigorre, comme celles de Béarn, sont unanimes pour adopter comme base de la juridiction et de la peine la grandeur de la plaie, « la grandor de la nafra. »

On distinguait la blessure *leyaü* de la blessure simple. Le mot *ley* signifiait *loi, amende;* la blessure leyaü, *vulnus legale*, entraînait une amende considérable. La plaie prenait ce caractère aggravant lorsqu'elle avait la dimension de l'*once*. La mesure de l'once est celle de l'ongle du premier et gros doigt de la main. Les seigneurs bas justiciers étaient tenus de faire vérifier si la plaie était *leyaü;* les mesures étaient gardées pour être montrées au baile du haut justicier, qui exigeait le renvoi devant sa juridiction des hommes accusés de plaie *leyaü*.

Le for de Béarn, dans sa rubrique *De homicides et ley de sang*, donne l'explication de la nature des différentes blessures. L'once est évaluée à peu près à 1 pouce 8 lignes 5 points. La perte d'un membre se nomme *alep*. Le membre n'était réputé perdu que lorsqu'il était coupé, ou qu'il ne pouvait plus servir au blessé pour continuer l'exercice de sa profession. Une dent n'était pas considérée comme un membre, à moins que ce ne fût une grosse dent, *cachau*. Lorsque plusieurs grosses dents étaient arrachées ou brisées d'un seul coup, elles ne comptaient que pour un *alep*. La plaie qui n'était pas *leyaü* était du ressort de la basse justice. L'article 27 des priviléges de Lourdes porte : « Si un homme de la ville en blesse un autre *vulnere* « *legali*, qu'il paye 65 sous au blessé et 5 sous d'amende au « seigneur, à moins qu'il ne s'ensuive mort, mutilation de « membre ou affaiblissement de corps, *corporis debilitas*. »

L'article 29 dit encore : « Si un individu en frappe un autre « sur la place ou au marché, soit avec le poing, soit avec la « main ou de toute autre manière légère, qu'il paye 20 deniers « au seigneur et 20 deniers au plaignant; que le jugement soit « rendu et exécuté sans le moindre retard. » Les fors de Maubourguet s'expriment à peu près dans le même sens : « Si un « homme en frappe un autre sur la place ou dans les marchés, « la loi du seigneur est de 20 deniers et celle du blessé de 20 « aussi, et le jugement doit être rendu sans nul autre droit. »

Les diverses coutumes du pays ont, sur cette matière, de grandes analogies entre elles. Souvent elles font trop de distinctions où le législateur moderne n'en a pas toujours fait assez[1].

L'article 29 de la coutume de Guizerix classe en diverses catégories celui qui aura tiré malicieusement son couteau sans menacer, celui qui aura menacé sans frapper, celui qui aura fait une plaie non *leyaü*, celui qui aura fait une plaie *leyaü*, enfin celui qui aura tué. L'article 38 prévoit les coups de poing

---

[1] Ce n'est que la loi du 13 mai 1863 qui a ajouté à l'article 310 du code pénal : « Si les violences ont été suivies de mutilation, amputation ou privation de « l'usage d'un membre, cécité, perte d'un œil ou autres infirmités permanentes. »

avec ou sans effusion de sang, les coups de bâton avec simple blessure ou avec mutilation. L'article 39 prévoit enfin le cas où l'on se prend aux cheveux.

La coutume de Montoussé fait aussi des distinctions : « Si un
« homme tient épée ou poignard et fait semblant de faire mal,
« il payera 20 sous tournois; s'il tire du sang, 30 sous; s'il y a
« mutilation, 60 sous, sans compter l'indemnité due au blessé;
« s'il donne un soufflet sans effusion de sang, 13 sous 9 deniers;
« avec effusion de sang, 27 sous $\frac{1}{2}$; s'il lance une pierre et ne
« touche pas, 20 sous toulouzains; s'il touche sans effusion de
« sang, 30 sous; avec effusion de sang, 60 sous; s'il y a danger de
« mort ou os brisé, que le coupable soit puni *ut juris*. » Lorsque les actes de violence étaient commis un jour de marché, « die « fori, » le coupable était puni d'une peine double, « solvat de-« linquens et puniatur in duplo. »

La coutume de Tartas s'exprime en ces termes (art. 29) :
« Si un homme ou une femme en frappe un autre au pied, à la
« main, au bras ou à l'œil, et qu'il lui fasse perdre la vue, le
« pied ou la main, ou qu'il lui occasionne une douleur dont il
« se ressentira toujours; s'il le blesse au nez et qu'il le lui fasse
« perdre, qu'il soit obligé de payer 400 sous de bons morlàas,
« 150 sous au seigneur, 150 au blessé et 100 à la ville, selon
« la coutume. » Celui qui ne pouvait payer devait être éloigné du pays pendant un an, « deu estar ung an fore la vescontat. »

L'article 31 porte que : « Si la plaie pouvait être mortelle, le
« prévenu devait être détenu jusqu'à ce que l'on connût le
« résultat des blessures. S'il y avait mort, la peine du meurtre
« était encourue. S'il y avait guérison, la peine ordinaire des
« blessures était seule appliquée. »

III.

ATTENTATS AUX MOEURS.

« La loi des Allemands, dit Montesquieu [1], est là-dessus fort
« singulière : Si l'on découvre une femme à la tête, on payera
« une amende de 6 sous; autant si c'est à la jambe jusqu'au
« genou, le double depuis le genou. Il semble qu'elle mesurait
« la grandeur des outrages faits à la personne des femmes
« comme on mesure une figure de géométrie; elle ne punissait
« point le crime de l'imagination, elle punissait celui des yeux. »
Cette appréciation de la gravité de l'outrage ne ressemble-t-elle
pas à l'appréciation de la gravité d'une blessure par sa dimension ?

M. Michelet [2] rapporte une singulière loi des Galles pour
l'indemnité accordée à la jeune fille outragée : « Si, dit-il, se
« tenant sur le seuil, elle peut retenir un taureau de trois ans,
« dont on aurait frotté la queue de suif, en le faisant passer par
« une porte d'osier, alors que de part et d'autre deux hommes
« exciteraient l'animal, la jeune fille l'aura en compensation de
« l'attentat à sa pudeur; mais si elle ne le peut, elle aura tout
« le suif qui lui collera la main. »

Un pareil usage a-t-il existé dans les montagnes de la Bigorre? On ne peut le dire, mais un des amusements anciens conservés à Luz en Baréges consiste à graisser la queue bien rasée d'un porc, et celui qui peut retenir l'animal par la queue en demeure propriétaire.

Souvent, au moyen âge, les lois furent cruelles contre ceux qui faisaient violence à des jeunes filles ou à des femmes mariées. D'après les statuts d'Augsbourg, le coupable surpris en flagrant délit devait être enterré vif.

[1] *Esprit des lois*, l. XIV, c. xiv.
[2] *Origines du droit*, p. 386.

La coutume de Tartas s'exprime en ces termes : « Si un homme
« de la ville ou du *bailliage* force une vierge, qu'il la prenne pour
« femme, si elle veut l'accepter pour époux; qu'autrement il
« lui donne dot et mari convenable selon l'appréciation du
« seigneur et de sa cour; et si ledit *violateur* est un homme tel
« qu'il ne puisse pas faire cela, s'il est marié ou qu'il ne veuille
« pas se soumettre aux conditions exigées, qu'il perde la tête
« après jugement. S'il viole une femme qui ne soit ni mariée,
« ni vierge, qu'il la prenne pour femme si elle y consent, ou
« qu'il lui donne mari convenable et dot suffisante; et si cela
« ne peut se faire, qu'il soit puni de mort. S'il y a plainte, et
« que la violence soit prouvée, et si la femme violée est mariée,
« que le coupable encoure également la peine de mort. » (Art. 28.)

Les coutumes postérieures adoucissent cet excès de rigueur.
On lit dans celles de Guizerix : « *Item* si un habitant dudit lieu
« ou de ses dépendances force ou viole une femme, ou jouit
« d'elle malgré elle; si le crime est prouvé par des témoins di-
« gnes de foi, ou par des traces matérielles, ou par des présomp-
« tions véhémentes, si tous les deux sont libres, que le coupable
« soit tenu d'épouser la femme, et si la femme le refuse, qu'il soit
« tenu de lui donner 200 sous toulouzains afin qu'elle puisse
« se marier. Si l'homme *vaut plus que la femme*, qu'il la dote selon
« le dire des consuls; et si l'homme refuse, ou que la femme soit
« de plus de valeur que lui, que ledit homme soit puni à la con-
« naissance des consuls. »

IV.

ADULTÈRE.

Peu de crimes ont été punis de châtiments plus divers que
l'adultère. Ces châtiments, qui varient selon les temps et les pays,
sont tantôt cruels, tantôt bizarres et ignominieux. Tantôt c'est
la lapidation, la mutilation, la mort au milieu des supplices.

«Si une femme, dit saint Boniface, a manqué de fidélité à son
«mari, on la contraint à se pendre elle-même, et, après avoir
«brûlé son corps, on pend sur le bûcher celui qui l'aura cor-
«rompue.»

Tantôt ce n'est qu'une peine propre à exciter la risée. Du Cange [1] cite un texte d'après lequel l'homme convaincu d'adultère devait être *emplumé*. M. Michelet [2] cite une étrange coutume qui existerait encore en Angleterre. La femme d'un paysan convaincue d'infidélité est obligée de monter sur un bélier noir, de tenir la queue en guise de bride et de réciter certaines formules populaires.

Nous avons déjà raconté qu'en Bigorre, dans certains cas, le mari battu par sa femme est promené sur un âne, tourné vers la queue, qu'on lui fait tenir en guise de bride.

Voici une peine qui, en voulant châtier les mœurs, les blessait singulièrement. Tacite [3] s'exprime ainsi en parlant de la femme adultère : «Le mari, l'ayant tondue et mise toute nue,
«l'expulse de la maison en présence des parents; puis il la
«chasse à coups de fouet par le bourg.» Cet usage de faire courir tout nus dans la ville les coupables, en les exposant à la risée publique, a été fort répandu dans plusieurs parties de la France [4].

La peine dont parle Tacite était encore appliquée au XIII᷄ siècle avec un raffinement d'indécence. L'homme reconnu coupable d'adultère était lié à une corde de la manière la plus honteuse; la femme, sa complice, le précédait en tirant la corde, et pendant que tous deux, entièrement nus, parcouraient la ville au milieu des huées du peuple, le crieur public

---

[1] *Glossaire*, au mot *Adulterium*.
[2] *Origines du droit*, p. 389.
[3] *De moribus Germanorum*, XIX.
[4] *Coutumes générales*, t. II, p. 999; t. IV, p. 903.

les suivait en disant : « Ceux qui feront comme eux seront « punis comme eux. »

J'avais cru faire une découverte en lisant ce fait étrange dans une coutume de Sauvagnac que j'avais trouvée il y a des années dans les archives de la préfecture de Toulouse [1]. Je viens de voir les mêmes détails dans les coutumes de Laroque-Timbaut et dans celles de Layrac [2]. Ces coutumes sont de 1270 et de 1273.

Il paraît que ce qui nous semble si révoltant de nos jours ne choquait nullement les mœurs du temps de saint Louis. Voici ce que raconte Joinville [3] :

« Ci après orres les justices et jugemens que je vy faire à « Césaire tandis que le roy y séjourna : tout premier d'un che-« valier qui fut prins au bordel, auquel on partit ung jeu, ou « que la ribaude avecques laquelle il avoit esté trové le mène-« roit parmi l'ost en sa chemise une corde liée à ses génitoires, « laquelle corde la ribaude tiendroit d'ung bout, ou qu'il per-« droit son cheval. » Le chevalier préféra perdre son cheval que de subir cette honte.

En Bigorre et dans les Pyrénées le seigneur faisait courir nus dans toute la ville les deux coupables d'adultère : « Dominus

---

[1] « Et si nuls homi molherat, ni nulla femna maridada son trobatz en adulteri, « cadu pagara 65 sols, si hebitar volen que passen, o curreran la dicha vila « publicament tutch nuds liat l'home ab una corda pels collohs, et la femna ira « primera et tirara l'home per la dicha corda. » (Archives de la préfecture de Toulouse.)

[2] « Art. 59. — Tot home que sera prens en adulteri ab femna maridada, o femna « maridada ab home, que corro ambeduy le digh castel, si empero es proat que aia « fagh adulteri ; et la femna ane prumera e tire home per la colha ab una corda ; e « que la crida ane prumers disen : Que aital fara aital penedera ; et quada us d'aques « adulteris donne xx sols de gadges, et sio las duas parts al senhor et la terza part « al cossellh. » (*Coutumes de Laroque-Timbaut*, par M. Moullié, conseiller à la cour impériale d'Agen. — *Coutumes de Layrac.* Paris, Durand, 1865.)

[3] Édition Ménard, p. 204.

« faciat ambos spoliatos adulteros currere per totam villam. »
Ainsi s'expriment les priviléges de Lourdes et plusieurs autres.
« Si un homme de cette cité, dit le for d'Oloron (art. 24), est
« pris en adultère, lui et la femme courront sans vêtement
« (*exitz bestituras*) dans toutes les rues de la ville. »

Cette ignominieuse obligation d'une nudité complète pouvait quelquefois être rachetée à prix d'argent. Quelques coutumes, comme celle de Tartas (art. 27), disent bien que les coupables doivent courir tout nus; mais elles leur permettent de se racheter de cette honte par le payement d'une amende de 100 sous bons morlàas, applicables les trois quarts au seigneur et un quart à la ville. La coutume de Cazères (art. 28) laisse aussi au choix du patient de « payer au seigneur 50 sous
« ou de courir dans la ville selon l'usage accoutumé dans toute
« la contrée. »

Certaines coutumes permirent à l'homme et à la femme de conserver leur chemise. Celle de Maubourguet le dit en termes formels: « Que establim que, si homi moulherat es pres ab femma
« maridada, ni femme maridade ab homi moulherat, que debin
« EN CAMISE courre las carreras despulhats per toute la viele. »
Le vieux for de Béarn [1] porte que les coupables doivent courir ensemble par toute la ville, « entrams deben corre per tote la
« viela. » Les savants traducteurs ont ajouté au texte qu'ils devaient courir *nuds*, parce que, disent-ils en note, le mot *nud*, omis dans le for de Béarn, se trouve dans le texte d'Orthez. Cette omission est trop importante pour qu'elle n'ait pas été faite avec intention. Le for revisé n'exige pas non plus que l'homme et la femme soient dépouillés de leurs vêtements; il les condamne à courir la ville, fouettés par l'exécuteur de la haute justice.

---

[1] Rubrique xv, p. 117.

La même disposition se retrouve dans les priviléges de Montoussé : le coupable d'adultère devait courir et être fustigé, « currat et fustigetur. »

Cette course honteuse au milieu des huées de la population finit par être supprimée. On suivit presque partout dans nos contrées la novelle 134 de Justinien, qui voulait que la femme adultère fût fustigée et mise dans un couvent, et que, si le mari laissait passer deux ans sans la reprendre, elle fût rasée, et prît l'habit de religieuse pour le reste de ses jours. La fustigation, au lieu de se faire en public, se fit au greffe. La sentence prononcée était immédiatement exécutée.

En Bigorre la peine fut enfin réduite à une simple amende. L'article 36 des fors de Guizerix porte que l'homme et la femme surpris en flagrant délit d'adultère seraient emprisonnés, s'ils ne préféraient payer 60 sous au seigneur. Le séducteur d'une femme mariée devait, outre l'amende due au seigneur, payer au mari ou à ses parents, aux enfants de la femme ou à leurs héritiers, une indemnité dont la fixation était laissée à la discrétion des consuls.

Nous nous garderons de traduire et nous rejetons en note les détails que donnent certaines coutumes sur la constatation du flagrant délit [1].

---

[1] « Item que si degun home molherat sie trobat ab femma maridada, ou no maridada, en hostau ou autre loc suspecto, entrams nudis bo la ung ou autrement que aparira que cometut ayan lo crim, et que lo home aya treitas las braguas, bo en toda maneyra que per dus ou tres testimonis dignes de fe se trobe lodit crim estre cometut. » (*Priviléges de Guizerix*, art. 35.)

« Empero que sie trobat nud dab nuda o vestit las braguas bayssadas ab la vestide per lo baile o aucuns messadgers deusdits seignors presens dus conseilhes o autres, o mes digne de fe, dus o plus. » (*Coutumes de Cazères*, 28.)

« Si quis deprehensus fuerit nudus cum nuda vel cum bracciis abstractis seu depositis vel per testes probatus fuerit juste convictus, quod nudus cum nuda currant castrum predictum vel quilibet eorum solvat legem LXV solidos Morlanorum domino. »

Il serait assez curieux d'étudier le perfectionnement des lois à mesure que la moralité publique a fait des progrès. Ainsi la coutume, pour le crime d'adultère, commence par supprimer cette corde ignoble, puis elle permet la chemise, puis elle remplace la nudité par la fustigation, puis la fustigation publique par la fustigation au greffe, enfin elle se borne à prescrire une simple amende et des dommages-intérêts.

V.

DIFFAMATION. — INJURES.

L'injure était punie par diverses coutumes de Bigorre; mais, à la différence des lois actuelles, l'injure criminelle était précisée dans la disposition pénale, et la preuve des faits diffamatoires était permise.

L'article 41 de la coutume de Guizerix porte que celui qui aura proféré des paroles grossières, et qui ne pourra prouver ce qu'il aura dit, sera condamné à 10 sous tolozans, la moitié pour le seigneur et l'autre moitié pour les consuls, et à des dommages-intérêts fixés à l'arbitraire des consuls [1].

Si l'injure était adressée aux consuls, ou autres magistrats, la peine était plus sévère. A Montoussé, le coupable devait être condamné à un emprisonnement plus ou moins long et à une amende de 60 sous tolozans.

---

[1] «Item si degun en lodit loc apera auguns libres traido, layron o cocuts, o «femma maridada puta, sino que probe ço que aura dit, en x sols tholozas sia pu-«nit; la meytat au senhor et l'autre meytat aux cossos, et no remcus emmenda «competente de la paraula injuriosa que aura dita sia tengut, à la conneyssensa «deus cossos.»

CHAPITRE V.

I. Crimes contre la propriété : vols. — II. Déplacement de bornes. — III. Délits commis contre les animaux ou par les animaux.

―――

I.

CRIMES CONTRE LA PROPRIÉTÉ : VOLS.

Les atteintes contre la propriété étaient plus nombreuses que graves dans nos vallées assez pauvres. La justice, contre les voleurs surtout, était prompte et expéditive.

L'article 19 des priviléges de Lourdes dispose ainsi : « Que « tout homme de ladite ville qui trouve un voleur avec l'objet « volé à la main puisse l'arrêter en vertu de notre autorité, lui « prendre ce qu'il enlève et le rendre à son maître, qu'il livre « ensuite le voleur au seigneur, et que le seigneur le fasse juger « par les juges de la ville et fasse rendre droit au perdant. »

L'article 22 de la coutume de Guizerix disait : « Que chaque « habitant du lieu puisse, de sa propre autorité, dans ledit lieu « et son territoire, arrêter tout voleur notoire, dans sa maison, « ses propriétés, ou même au dehors; s'il le voit fuir em-« portant l'objet volé, il peut le blesser ou le tuer sans en-« courir aucune peine; si, ne pouvant autrement reprendre la « chose soustraite ou arrêter le malfaiteur, il le blesse, il doit « 20 sous toulouzains au seigneur, pourvu que la plaie ne soit « pas *leyaü*. Que le voleur soit puni le jour du vol, que la preuve « du délit soit faite par témoins, et que la personne volée soit « crue sur parole pour la nature des choses dérobées. »

Ces dispositions se retrouvent avec quelques modifications

dans d'autres coutumes du pays, notamment dans celle des quatre vallées.

On lit dans les ordonnances de Saint-Savin : « Tous ceux qui « sont convaincus d'avoir pris, volé ou recélé quelque objet « appartenant à autrui, ou d'avoir acheté des choses volées, à « moins que ce ne soit sur place et marché publics, payeront « pour la désobéissance 50 écus petits sans contradiction ni « autre forme de procès. De plus, ils seront responsables de « dommages-intérêts envers le perdant et seront livrés à l'action « de la justice. »

La disposition des articles 2279 et 2280 du Code Napoléon se retrouve dans plusieurs de nos fors de Bigorre. Voici l'article 32 des coutumes des quatre vallées : « Si quelque ha-« bitant de la vallée achète un animal ou autre marchandise en « foire ou marché, ou autre lieu public, pendant le jour et « publiquement, en présence de témoins dignes de foi et non « suspects, et que cet animal ou cette marchandise se trouvent « avoir été volés, l'acheteur sera irréprochable, et si le premier « propriétaire veut revendiquer la chose, il le pourra en rem-« boursant le prix payé par l'acquéreur, le tout pourvu qu'on « ne puisse découvrir ni dol, ni fraude. »

La coutume de Montoussé prévoit les vols commis dans les jardins et vergers; ils étaient punis de 12 deniers tournois en sus des dommages à payer au perdant. L'amende était de 20 sous tournois pour les vols de fruit commis à l'aide d'un linge, sac, capuchon ou panier quelconque, « cum panno vel « sacco, vel caputio vestimento, vaso aut alio explecto. » L'amende n'était que de 6 deniers, si ces fruits avaient été emportés à la main, « si extraxerit fructus manibus solum. »

L'article 12 du règlement d'Arrens mérite d'être textuellement reproduit. « Les consuls et patrouillés seront tenus de faire « la recherche des choses volées sur la première réquisition de

« la partie ou du particulier volé, sans aucun retard, et s'ils les
« trouvent, ils en dresseront procès-verbal sur-le-champ, en
« rendant les choses ou effets dérobés au particulier volé, avec un
« extrait du verbal pour qu'il puisse suivre le voleur si bon lui
« semble, et dans tous les cas lesdits sieurs consuls seront tenus
« de faire subir 24 heures de prison au voleur; après lesquelles
« il sera conduit par la rue du village par quatre patrouillés,
« *portant sur lui un échantillon de la chose volée;* et ils pourront
« briser la porte de celui qui se refuserait de l'ouvrir pour faire
« la recherche. »

Un arrêt du parlement de Toulouse, du 3 janvier 1786, approuve en entier le règlement d'Arrens, « à l'exception, porte
« l'arrêt, que le voleur ne sera point tenu de *porter sur lui un*
« *échantillon de la chose volée.* »

Cet usage existait dans plusieurs coutumes du Midi. L'article 20 des coutumes de Mauroux porte : « Celui qui, de jour ou
« de nuit, aura dérobé quelque chose valant 5 ou 10 sous, qu'il
« coure la ville avec le larcin au col, et qu'il soit mulcté par la
« justice en 5 sous, et qu'il rende ce larcin à qui il appartient[1]. »
On n'est pas étonné que le parlement, à la fin du XVIII° siècle,
ait aboli cette coutume du moyen âge; mais n'est-il pas curieux
que les habitants d'Arrens l'aient gardée jusqu'à la veille de la
Révolution?

II.

DÉPLACEMENT DE BORNES.

Le déplacement de bornes était un délit grave, surtout dans
nos montagnes couvertes de landes et de forêts, dont les limites
n'étaient pas faciles à reconnaître.

On lit dans les titres de Saint-Savin : « Tout homme, de

---

[1] *Bulletin d'Auch*, t. III, p. xxxiii.

« quelque qualité qu'il soit, coupable d'avoir, sans droit, changé,
« déplacé ou arraché des bornes, est passible d'une amende de
« 50 écus, et cette somme est applicable aux besoins de la répu-
« blique de Saint-Savin, selon l'avis de l'abbé ou de son vicaire,
« et des autres prud'hommes de la Rivière. »

Les priviléges de Montoussé punissaient aussi d'une amende de 50 sous tournois le déplacement des bornes.

III.

DÉLITS COMMIS CONTRE LES ANIMAUX OU PAR LES ANIMAUX.

Les lois protectrices des animaux se retrouvent dans les coutumes du moyen âge. Celles de Mauroux ont un article ainsi conçu : « *Item* nous voulons que, s'il est fait aucun mal ou dom-
« mage aux animaux, en cachette ou autrement, dans ledit lieu
« ou ses appartenances, il soit enquis par notre baile, conjoin-
« tement avec les consuls dudit lieu; et s'il se trouve dit et
« prouvé par quelqu'un ledit mal ou dommage avoir été commis
« et perpétré, qu'il soit décerné amende sur les biens de celui
« qui l'aura commis; que si l'on ne trouve ou découvre le mal-
« faiteur, en ce cas l'amende sera sur la communauté dudit lieu
« à la connaissance desdits baile et consuls, selon l'usage gé-
« néral et coutume du pays [1]. »

Dans le moyen âge, l'ignorance est allée jusqu'au point de faire des procès aux animaux pour les délits qui leur étaient imputés. On s'inquiétait très-peu de savoir si on pouvait être coupable sans avoir la conscience de ses actes; mais on a sérieusement agité la question de savoir par qui les bêtes, qui ne pouvaient se défendre elles-mêmes, pouvaient se faire représenter. Le célèbre jurisconsulte Chassanée commença, selon de Thou, sa réputation en défendant les rats de l'évêché d'Autun, menacés

---

[1] *Bulletin d'Auch*, t. III, p. xxxi.

d'excommunication par l'official pour les ravages inouïs qu'ils avaient commis dans la contrée. Gui-Pape raconte qu'il a vu à Châlons, aux fourches patibulaires, un porc pendu pour avoir tué un enfant. Gaspard Bailli, avocat au sénat de Savoie, a fait un ouvrage, en plein XVII° siècle, sur les procédures à suivre contre les animaux.

Certaines dispositions des fors de Bigorre sembleraient indiquer qu'autrefois l'animal auteur d'un délit en subissait la peine, comme s'il eût su ce qu'il faisait. L'article 5 des priviléges de Baréges porte : « Si quelque bête fait dommage de plaie ou de « mort à homme ou femme de Baréges, le blessé doit avoir « deux parts de la valeur de la bête, et le seigneur qui est le « fermier du domaine, le tiers. »

D'après la coutume des quatre vallées, si une bête cause un dommage, elle doit être abandonnée à celui qui a souffert le dommage. Le propriétaire, cependant, peut la garder en payant une indemnité fixée par deux consuls. Si la bête a occasionné la mort d'un homme, elle doit être livrée, et le propriétaire n'est plus maître de la refuser.

Autour des monastères on rencontrait plus de lumières et de civilisation. Ce n'était pas l'animal auteur du délit qui était responsable, c'était le propriétaire de l'animal. Les chiens de montagne sont quelquefois redoutables dans les Pyrénées; les pasteurs ne sont pas toujours très-prompts à les retenir. Une charte de Saint-Savin du 22 novembre 1353 constate qu'une amende de 5 sous morlàas était portée contre ceux dont les chiens mordaient.

CHAPITRE VI.

I. Contraventions de police. Règlements. — II. Cabarets. — III. Charivaris. — IV. Cloches. Couvre-feu. — V. Jeux et divertissements publics. — VI. Filles de mauvaise vie. — VII. Processions.

I.

CONTRAVENTIONS DE POLICE. — RÈGLEMENTS.

Charlemagne avait tenté de régler d'une manière générale la police d'un empire trop vaste pour ses faibles successeurs. Après la mort de ce grand homme, les seigneurs féodaux s'emparèrent du droit d'exercer la police sur leurs terres. Les communes affranchies voulurent à leur tour s'administrer elles-mêmes, et prirent des mesures pour maintenir le bon ordre et la sûreté publique. Les consuls firent des règlements, délibérés ou approuvés sur la place publique par le peuple assemblé; les agents chargés de veiller à leur observation portèrent, comme nous l'avons dit, des noms différents selon les contrées : *patrouillés* en Azun, *messiers* en Baréges, etc. Le seigneur et les communes avaient intérêt à faire respecter ces statuts locaux, dont l'infraction entraînait des amendes partagées souvent entre le seigneur et la petite république formée par les villages de la vallée. L'étude de ces règlements ne peut occuper qu'une petite place dans l'histoire du droit en Bigorre; ce serait une mine abondante pour ceux qui voudraient s'occuper de l'histoire des mœurs pyrénéennes.

II.

CABARETS.

Les cabarets étaient très-suivis, surtout dans la région des montagnes, où l'on ne récolte pas de vin. Ils avaient pour enseigne des branches d'arbres ou un bouchon. C'était au cabaret que les affaires se traitaient, et que les oisifs venaient se distraire.

De savants médecins du moyen âge ont gravement prétendu que l'ivresse était favorable à la santé, parce que le long sommeil qu'elle procure laisse reposer les fonctions animales, et que les sécrétions qui en sont la suite purgent le corps des humeurs nuisibles et superflues. Cette opinion, en théorie, n'a peut-être pas beaucoup de partisans, mais en pratique elle continue à en avoir considérablement dans nos vallées, même parmi de hautes intelligences, déplorablement flétries.

Nous parlerons ailleurs du droit seigneurial de tenir taverne, et de la défense faite au seigneur de vendre du vin gâté (*pourrit*) ou aigre.

La police des cabarets était faite avec soin. Nous réduirons nos citations à quelques passages des coutumes inédites de Guizerix. Le cabaretier peut, le jour comme la nuit, mettre dehors les buveurs lorsqu'ils auront bu suffisamment. Les buveurs qui refusent d'obéir à cette injonction et s'obstinent à ne pas vouloir sortir de la maison encourent l'amende de 2 sous pour le seigneur et les consuls. (Art. 24.) Défense aux cabaretiers de recevoir les gens de l'endroit depuis l'*Ave Maria* sonné (*despuch l'Ave Maria sera tocada*), sous peine de 5 sous envers le seigneur et les consuls. (Art. 25.) Défense enfin à tout habitant du lieu de s'arrêter ou de demeurer en la taverne pour y boire après l'heure de l'angélus, sous la même peine de 5 sous. (Art. 26.)

III.

CHARIVARIS.

On sait que l'usage de punir par un charivari les secondes noces et les unions mal assorties était si général en France, que jadis les reines qui se remariaient n'étaient pas même épargnées. Cette éclatante dérision populaire offrait de graves inconvénients; mais les arrêts du parlement et les défenses de l'Église n'empêchèrent pas ce préjugé de se perpétuer, à Paris, jusqu'au xviiie siècle. Il continue encore dans plusieurs de nos villages.

Au moyen âge, il est mentionné dans les coutumes de Languedoc et de Provence[1].

On lit dans le registre des délibérations de la ville de Bagnères[2], que « l'an 1634, et le 21 février, il fut rapporté au « conseil que, la veille au soir fort tard, on avait entendu dans « la ville le cri : *au callavari!* qu'on avait enfoncé des portes et « qu'il s'était formé des attroupements dangereux. Sur quoi « l'assemblée délibéra que les consuls feraient proclamer que « personne n'eût à marcher la nuit en habit de masque et sans « flambeau allumé. L'an 1700 et le 2 juillet, il fut délibéré « que le droit de charivari serait remis aux chefs de vingtaine « des quatre rues pour être perçu chacun dans son quartier et « le revenu en être employé aux frais de la solennité et réjouis- « sance de la fête de saint Jean-Baptiste[3]. »

On comprend qu'au moyen âge le seigneur ait pris le soin de percevoir un droit ou une amende sur tout; mais n'est-il pas curieux de voir, dans le siècle de Louis XIV, une ville consacrer les produits du charivari à la fête d'un saint?

---

[1] Dom Vaissete, t. IV
[2] Registre B, p. 48.
[3] Registre L, p. 275.

Les abus devinrent si grands que l'on sentit la nécessité d'y remédier. L'article 11 des statuts d'Arrens est conçu en ces termes : « Seront tenus les consuls de commander les pa-
« trouillés pour empêcher les *chalibaris*, les danses publiques et
« tous autres attroupements et divertissements que les consuls
« estimeront être contre la religion, contre le repos public, et
« contre la saine police, qui doit faire la tranquillité et le bien
« d'une communauté, à peine, contre les consuls et patrouillés,
« d'être pris à partie, de répondre des dommages et intérêts
« qui peuvent en résulter et d'être punis comme fauteurs de
« désordres. »

IV.

CLOCHES. — COUVRE-FEU.

La cloche de l'église et du monastère n'était pas seulement, au moyen âge, un appel à la prière, c'était encore le signal du repos et du travail, des plaisirs et des dangers. C'était le mode de publication le plus usité pour porter à la connaissance du peuple ce qui pouvait l'intéresser. Il fallait obéir aux ordres transmis par la cloche du village.

Les statuts de Luz ordonnent « que, sur le tard et avant que
« les habitants se couchent, suivant la saison, le sacristain
« sonne la cloche durant un long espace, et que chaque chef
« de maison, ayant sonné la cloche, aille prendre garde au
« foyer de sa maison pour éviter qu'il puisse porter aucun dom-
« mage dans la ville, sous peine de 3 écus. »

Plusieurs coutumes édictent des punitions assez graves contre ceux qui usurperaient le droit de sonner les cloches. On lit dans les statuts de Luz : « Il est ordonné que toute personne,
« grande ou petite, âgée de plus de douze ans, qui sonnera les
« cloches de l'église sans aucune nécessité, ou portera quelque
« dommage en aucune chose appartenant à l'église Saint-

« Pierre, payera 2 sous jacquès, applicables, les 9 liards aux
« messiers de la ville de Luz, et 3 liards au luminaire de Saint-
« Pierre, et soit que le délinquant ait été atteint sur le fait, ou
« non, pourvu qu'il apparaisse du délit, il payera ladite amende,
« et s'il rompt aucune cloche, il payera icelle suivant la con-
« damnation ou taxe qui en sera faite par la ville. »

V.

JEUX ET DIVERTISSEMENTS PUBLICS.

Les montagnards, disséminés toute la semaine sur les hautes régions des Pyrénées, semblaient éprouver plus de plaisir et d'empressement que d'autres à se réunir les jours de dimanches et de fêtes pour se livrer à des amusements publics.

La vallée de Luz recherchait surtout ces amusements populaires, et elle en a conservé les traditions. Aujourd'hui encore, elle continue des divertissements d'autrefois, nommés *ballades*.

Dans les grands jours, une tête de cheval de bois, très-ancienne et très-religieusement conservée, est exhibée dans une singulière comédie, où l'on représente l'enlèvement d'une princesse par un roi maure, et sa délivrance par un chevalier des Pyrénées.

Les statuts de Luz s'occupent beaucoup des amusements publics. Ils défendent toutes sortes de jeux les nuits de Noël et de la Circoncision. Ils ne permettent de jouer à la paume sur la place publique qu'à des « gens de condition élevée. » Ils contiennent un chapitre assez curieux, intitulé : « *Règlements* « *sur les passe-temps publics nommés* SOULAS. L'an 1611 et le « neuvième jour du mois de février, dans la maison commune « de la ville de Luz, les consuls et habitants de ladite ville, y « étant assemblés au son de la cloche, ont ordonné que, lors-« qu'il y aura des assemblées nommées *soulas*, pour donner

« plaisir au peuple dans ladite ville de Luz, les *mignons* ou
« jeunes gens qui s'occuperont à donner tel plaisir et passe-
« temps observeront le règlement sur ce fait en l'an 1552,
« duquel l'article a été trouvé dans aucun lieu, contenant : Que
« depuis que ledit soulas aura été fondé, aucun autre person-
« nage qui ne soit de la compagnie dudit soulas ne pourra in-
« tervenir, ni faire mascarade pendant que ledit soulas durera.
« Et ceux qui voudront être reçus à la compagnie du soulas
« jureront d'être fidèles et de s'abstenir de tout mal. Que si
« quelqu'un s'essayait de troubler le soulas en venant masqué,
« et se mêlant avec ceux du soulas, ou faisant quelque autre
« effort de se fourrer dans le soulas, tandis que sera continué,
« tels ou tels perturbateurs seront congédiés de la compagnie
« dudit soulas, et, s'ils n'obéissent à se retirer promptement,
« seront mis en prison. Lequel statut ancien a été renouvelé
« pour éviter scandale et autres considérations. » On aura déjà
remarqué que les lois et règlements écrits en français dans la
vallée de Baréges ne brillent point par le style.

Plusieurs ordonnances de nos rois, et même le quatrième
concile de Latran, tenu en 1216, interdisaient les jeux de
hasard. Cette règle n'était admise en Bigorre qu'avec des exceptions, ou, pour mieux dire, les jeux étaient permis en principe, sauf des cas exceptionnels.

Par acte du 25 janvier 1560, retenu par Mᵉ Ramon-Jean
Noguès, notaire royal de Luz, la vallée défend le jeu des cartes
et des dés aux enfants de famille, valets et autres, et ordonne
sous de fortes peines que ceux qui les verront jouer seront
tenus d'en avertir incessamment les pères, mères, maîtres et
maîtresses.

Les statuts de Luz ne faisaient défense aux « taverniers » de
tenir des jeux dans leurs maisons que pendant le carême et
les jours de fêtes.

Voici l'article 43, que nous reproduirons sans commentaire :
« Il a été défendu aux taverniers de la ville de Luz de per-
« mettre que les prêtres jouent au jeu de cartes, palet ou
« précète, aux dés, à la rafle, ni autres jeux, en aucun temps,
« dans les tavernes, et qu'aucun habitant en ladite ville ne joue
« avec les prêtres dans lesdites tavernes, si ce n'est que ce
« soient gens d'apparence, tels reconnus par les consuls, sous
« la peine susdite » (de 10 sous).

VI.

FILLES DE MAUVAISE VIE.

En Béarn, les filles publiques étaient très-maltraitées. « A Olo-
« ron, dit M. Dugenne[1], on donnait la *cale mouillée* aux femmes
« de mauvaise vie. Elles étaient enfermées dans une espèce
« de cage qu'on plongeait à diverses reprises dans la rivière,
« à l'aide d'une poulie rivée à l'un des parapets du pont Mar-
« cadet. On y voyait encore, il y a quelques années, l'instru-
« ment qui servait à ces immersions. »

Nous avons vu, pour ainsi dire, nous-même, tous les jeunes gens d'une commune des Hautes-Pyrénées se réunir pour aller arracher de son lit une jeune fille, et la baigner dans l'eau du torrent, afin de la punir du scandale de sa conduite, et l'obliger par un tel affront à s'éloigner du village. Les auteurs de ce fait étrange, mais à leurs yeux très-moral, n'avaient peut-être qu'obéi à une vieille tradition; ils n'en furent pas moins punis avec raison par le tribunal correctionnel de Bagnères.

A Pau, la fille prostituée était publiquement expulsée de la ville, précédée du tambour et traînant une brouette que les enfants de la ville chargeaient de pierres.

---

[1] *Panorama de Pau*, p. 333.

En Bigorre, peu de règlements municipaux s'occupent des filles perdues. Le scandale public n'était toléré nulle part; le vice était obligé de se cacher.

Plusieurs délibérations du conseil de ville de Bagnères prononcent l'expulsion des femmes débauchées et leur défendent de rentrer, sous des peines sévères. Les délibérations sont souvent relatives à une personne déterminée. Ainsi, le 16 avril 1628, la ville décida : « Que la nommée Marigues et ses filles « seraient honteusement chassées *à cause de l'escandale qu'elles* « *donnoient par leur vie licencieuse* [1]. »

Si, à Bagnères, les filles qui se conduisaient mal étaient punies, celles qui se conduisaient bien étaient récompensées. On appelait *droit des filles pauvres et honnêtes* une somme donnée pour dot à la jeune fille qui avait obtenu un certificat de bonne vie et mœurs, délivré par le conseil général de la ville. Les fonds provenaient d'une rente perpétuelle léguée, à cette intention, dans le testament, en date du 14 novembre 1566, de Jean Bégolle, marchand de Bagnères, décédé à Toulouse.

VII.

PROCESSIONS.

L'origine des processions remonte à Constantin. Ces cérémonies religieuses étaient très-multipliées et très-honorées dans les vallées de Bigorre. C'était une obligation d'y assister, et les *défaillants,* selon l'expression des coutumes, étaient condamnés à diverses peines.

Ces processions étaient fondées ordinairement pour honorer la mémoire d'un saint, bienfaiteur du pays; pour implorer le ciel dans des calamités publiques; pour remercier Dieu

---

[1] Registre B, p. 76.

d'avoir écarté un fléau ; pour célébrer l'anniversaire d'un grand événement.

Saint Ezelin, évêque de Sutri, avait succombé, en revenant d'Espagne, près de Larreule, dans la plaine de Bigorre. Aujourd'hui encore une procession, qui attire sans cesse un grand concours, se rend chaque année dans les lieux où expira, il y a tant de siècles, un saint apôtre de la foi. J'ai raconté, dans les *Pèlerinages des Pyrénées* (p. 196), l'origine de la procession annuelle qui avait lieu, le 2 août, de Bagnères à Médous, en commémoration de la cessation de la peste. A Lourdes une procession avait été instituée le 24 mai, en mémoire d'un affreux tremblement de terre survenu en 1750. A Tarbes, une procession solennelle a toujours lieu, chaque année, en l'honneur de saint Lizier et de saint Missolin, qui, suivant une antique tradition, avaient sauvé la cité de Bigorre de l'invasion des barbares. Il serait trop long d'énumérer toutes les processions instituées dans des chapelles de dévotion, ou commémoratives de faits historiques.

L'absence non motivée à une de ces cérémonies publiques était souvent punie comme un vrai délit. Les statuts de Luz obligent les maîtres et maîtresses de maison d'assister à la procession de la Saint-Clément, sous peine, pour les défaillants sans cause légitime, de payer une demi-livre de cire et un quart de vin. Il leur était de plus imposé, comme pénitence, de dire cinq *Pater* et sept *Ave,* « afin que monsieur saint Clément « voulût intercéder pour eux dans toutes leurs nécessités. » La peine de ceux qui manquaient à la procession de la Saint-Pierre était d'une demi-livre de cire et de deux quarts de vin, « qui sont quatre pots applicables à toute la communauté. »

Jadis certaines processions se nommaient *litanies*[1] ; les sta-

---

[1] *Litanies;* ce mot vient du grec λιταίνω, «prier, supplier;» λιτή, «prière, procession.» (Lexique d'Alexandre.)

tuts de Luz obligeaient, les jours de litanies, tous les maîtres et maîtresses de maison à suivre la procession, « le mieux habillés « qu'il sera possible pour honorer Dieu et toute la cour céleste « du paradis. » Ceux qui avaient suivi exactement les offices étaient invités par les consuls à une réfection aux dépens de la vallée, « jusqu'à la somme de 35 sous, ou plus si besoin est, « en pain, vin et fromage. »

Les consuls qui ne s'acquittaient pas de ce devoir étaient forcés de donner chacun une livre de cire pour le luminaire et deux quarts de vin pour le peuple. Tous ceux qui ne suivaient pas la procession jusqu'au bout subissaient la même peine et perdaient leurs droits à la réfection.

Certaines processions étaient trop nombreuses. Des règlements de Luz défendent à ceux qui accompagnent le saint sacrement d'entrer dans la maison des malades auxquels on portait le saint viatique, « parce que, est-il dit, la foule a tel-« lement surchargé le poids des planchers vieux et caducs « qu'ils ont été enfoncés, et les personnes exposées à être « blessées. »

Les registres du conseil de ville de Bagnères contiennent plusieurs délibérations sur les processions. Les plus récentes ne sont pas les moins curieuses. Le 10 février 1634, le conseil décida que les consuls exigeraient de l'archiprêtre et des prébendiers « de dire vêpres et faire la procession accoutumée tous « les vendredis, et leur annonceraient que, faute de ce faire, « on les y obligerait en justice [1]. » Enfin, le 28 mai 1790, la commune de Bagnères adresse une pétition à l'évêque pour le prier d'ordonner à l'archiprêtre de faire les processions « suivant l'ancien usage [2]. »

Le « droit de procession » était un droit usurpé par les

[1] Registre XIII, p. 276.
[2] Registre V, p. 285.

simples seigneurs. Avant l'ère féodale, comme aujourd'hui, l'honneur d'être reçu au seuil de l'église par le clergé, et d'être conduit processionnellement à une place préparée au chœur, était réservé aux souverains. Au moyen âge, des nobles revendiquèrent ce droit, qui donna lieu à plusieurs questions discutées par les feudistes [1].

[1] Voir Loiseau, *Des Seigneuries*, c. ii-xli.

LIVRE CINQUIÈME.

LOIS FÉODALES.

CHAPITRE PREMIER.

I. Origines des droits et usages féodaux. — II. Redevances de dévotion. Charlemagne dans les Pyrénées. Médailles de Saint-Savin. Beurre de Saint-Bertrand. Dîner des cordeliers. Tarif des legs pies. — III. Redevances bizarres. Beaudouin. Raoul. Le seigneur de Visquer. Le seigneur de Bordeu.

I.

ORIGINES DES DROITS ET USAGES FÉODAUX.

Le législateur moderne a proscrit à jamais tous les droits et usages féodaux.

Parfois l'historien, par un patriotisme mal entendu, a cherché à en abolir la mémoire en négligeant de constater les vestiges d'un système odieux. Si ces vieux usages, dans les derniers siècles, avaient dégénéré en déplorables abus, il ne faut pas oublier que souvent leur origine fut pure et légitime.

Recueillons les souvenirs déjà presque effacés de la législation féodale, curieux reflet des mœurs d'un passé qui n'est plus et ne peut plus revenir.

Nous ouvrons une route non frayée encore ; nous n'avons

ni la prétention d'avoir tout découvert, ni le désir de tout dire. Nous avons cité et nous citerons souvent le vicomte de Lavedan, dont le fier donjon, encore debout, appartient aujourd'hui à Son Excellence M. Achille Fould. Un heureux hasard nous a permis de consulter les archives des Lavedan, que l'on croyait perdues. C'est d'ailleurs au milieu de hautes montagnes, dans les lieux les moins accessibles à la civilisation, que la féodalité s'est le plus longtemps maintenue.

Comment mettre de l'ordre dans un chaos de droits et devoirs seigneuriaux qui avaient tantôt un caractère général, tantôt un caractère purement local, qui variaient d'un siècle au siècle suivant, d'un village au village voisin?

Nous allons essayer de rechercher l'origine et la nature des droits féodaux; nous parlerons ensuite de ceux qui pesaient sur les terres, sur le commerce, sur les récoltes, sur les animaux, enfin de ceux qui frappaient la personne elle-même.

Quelle fut l'origine de ces droits? Le comte, pour prix de services rendus à la France, les barons et les nobles, pour prix de services rendus à la province, recevaient souvent des concessions considérables moyennant de minimes redevances. Les populations rurales, *considérant,* ainsi que cela est écrit « dans une de nos chartes, que leurs ancêtres avaient été mal- « traités jadis par certaines gens, » se plaçaient sous la protection d'un baron assez puissant pour les défendre. Les serfs, pour obtenir leur émancipation, les paysans, pour obtenir quelque droit de dépaissance ou quelque terre à cultiver dans les forêts et les landes du seigneur, s'engageaient à payer à perpétuité une rente en argent ou un tribut en nature.

Souvent de riches seigneurs, en bâtissant des châteaux qui ont donné naissance à des villes, passaient un contrat avec des individus pauvres qui devenaient propriétaires sous certaines conditions. Nous pourrions en citer plusieurs exemples.

Le 4 avant les calendes du mois de mai de l'an 1270, Géraud d'Aure fit dresser des coutumes[1] par de Hoo, notaire, et quatorze particuliers jurèrent sur les saints Évangiles, sous peine de 1 marc d'argent de la monnaie de Morlaas, d'être feu allumant dans le château de Lannemezan. Parmi les conventions stipulées, indépendamment de concessions de terrain et de droits d'usage, Géraud permet à ces futurs habitants de marier leurs filles comme ils voudront et de promouvoir leurs fils à la cléricature sans lui en demander l'autorisation. De leur côté ils promettent de lui donner, ainsi qu'à ses successeurs, ce qui serait juste et raisonnable pour marier sa fille, «pro mari-«tanda,» pour le voyage en terre sainte, pour le cas où il serait fait prisonnier, pour le jour où il serait créé chevalier. Les conditions durent paraître avantageuses. De nombreux paysans vinrent successivement accepter les mêmes conventions et se fixer autour du château auquel la ville de Lannemezan doit son origine.

Plus tard, quand les invasions furent passées, le seigneur devint moins utile, mais, comme il était devenu plus puissant, il abusa de sa puissance. Le peuple oublia les services rendus à ses pères, et ne songea qu'aux charges qui pesaient sur lui : il se sentit opprimé, il murmura. Lorsqu'on eut besoin de son concours, il le marchanda. Il réclama des exemptions et des priviléges. Les concessions accordées à une commune rendirent jalouses les communes voisines. Les rigueurs de certains devoirs féodaux furent peut-être plus adoucies dans nos contrées qu'ailleurs, parce que nos montagnards avaient plus de fierté naturelle et d'indépendance dans le caractère.

---

[1] Archives de la préfecture de Tarbes. — *Glossaire*, lettre L, p. 365.

II.

REDEVANCES DE DÉVOTION. — CHARLEMAGNE DANS LES PYRÉNÉES. — MÉDAILLES DE SAINT-SAVIN. — BEURRE DE SAINT-BERTRAND. — DÎNER DES CORDELIERS. — TARIF DES LEGS PIES.

Une des causes de redevances les plus fréquentes en Bigorre fut un sentiment de dévotion. Dans un temps et dans un pays où la foi était très-vive, au milieu d'invasions et de calamités incessantes, l'homme tourmenté par des souffrances physiques ou morales, le noble comme le roturier, se mettait sous la protection d'un saint et faisait des libéralités pieuses au monastère ou à la chapelle qui lui étaient consacrés. Les fiefs de dévotion se multiplièrent dans nos vallées.

Une charte du cartulaire de Bigorre [1] raconte que Charlemagne ne pouvait réussir à s'emparer du château de Lourdes, défendu par Mirat, chef des Sarrasins. Au moment où il espérait réduire la place par la famine, les assiégés envoyèrent à l'empereur un beau poisson pour lui faire croire qu'ils avaient des vivres en abondance. Or c'était un poisson qu'un aigle des montagnes avait pris dans le lac voisin et avait laissé tomber au-dessus de la grande tour. L'archevêque Turpin chercha à négocier la paix. Mirat, qui avait juré de ne jamais se soumettre à un homme mortel, consentit à se rendre à une femme immortelle, à Notre-Dame du Puy-en-Velay, et lui offrit en signe de vasselage une poignée de foin.

Cette légende, consacrée par la tradition et les vieilles armoiries de la ville, a-t-elle quelque chose de vrai? Ce qui est historiquement démontré, c'est que Bernard, comte de Bigorre, par un acte en date de 1062, soumit son comté à Notre-Dame du Puy, et que ses successeurs, pendant des siècles,

---

[1] Voir notre *Chronique de Lourdes*, 2ᵉ édition.

LOIS FÉODALES.   339

ont acquitté, chaque année, dans ce sanctuaire si éloigné de nos montagnes, une redevance de 60 sous morlàas.

Nous avons raconté, dans notre *Histoire religieuse de la Bigorre*, une des plus singulières histoires de sorcellerie qu'on puisse imaginer. Les montagnards de la vallée d'Aspe, en Béarn, vinrent un jour attaquer à l'improviste les habitants de la vallée de Saint-Savin, en Bigorre. Un abbé monte sur un sureau, et par ses enchantements magiques il paralyse leurs forces. Les armes tombent de leurs mains, ils rient et se laissent égorger par ceux qu'ils venaient assaillir. Le pape, informé de ce carnage, jette un interdit sur le Lavedan. Pendant sept ans, tout fut frappé de stérilité. Les épouses cessèrent de devenir mères, les animaux cessèrent de se reproduire, les plantes cessèrent de porter des fleurs et des fruits[1]. Pour conjurer l'anathème du souverain pontife et pour expier sa faute, la vallée de Saint-Savin s'engagea à payer à perpétuité une redevance annuelle de 30 sous morlàas au procureur de la vallée d'Aspe, le jour de la Saint-Michel, dans l'église de Saint-Savin. Cette redevance portait le nom de *médailles*. Jamais fait plus incroyable n'a été constaté par des documents plus authentiques. Il est rapporté dans la traduction d'un ancien titre béarnais, consignée, en 1348, dans les priviléges mêmes de la vallée d'Aspe. Plusieurs arrêts du conseil souverain de Béarn ont constaté, notamment en 1592, l'origine du tribut des médailles, qui a été régulièrement acquitté depuis un temps immémorial jusqu'en 1789.

[1] Ceci rappelle le début de l'*Œdipe roi* :

    La cité............................
 En butte trop longtemps aux coups de la tempête.
 Du sein des flots sanglants ne peut lever la tête :
 Elle voit tous ses fruits en germe se flétrir,
 Les troupeaux au milieu des pacages périr,
 Les enfants avorter dans le flanc de leur mère.
        (Voir l'excellente traduction de L. Ayma.)

Une autre légende du même genre se retrouve dans la vallée d'Azun. Saint Bertrand de Cominge était venu prêcher l'Évangile aux montagnards d'Azun, qui, au lieu de respecter le saint missionnaire, l'outragèrent en coupant la queue de sa mule. Dieu, pour le venger, frappa aussitôt de stérilité la contrée entière. Saint Bertrand appelait toutes les bénédictions du ciel sur ceux qui lui avaient prodigué toutes les injures. Les montagnards reconnurent leurs torts et s'obligèrent à lui faire hommage, ainsi qu'aux évêques de Cominge, ses successeurs, de tout le beurre qu'on pourrait recueillir dans les villages de la vallée pendant la semaine qui précède la Pentecôte. Cette redevance, qui remontait si haut, s'est continuée jusqu'à la Révolution. Tous les ans, un chanoine de Cominge et deux prébendiers se rendaient à Arrens, chef-lieu d'Azun, le jour de la Pentecôte. Ils recevaient le beurre et distribuaient aux fidèles de l'eau bénite où les reliques de saint Bertrand avaient été baignées. Le chanoine passait ensuite devant la maison où le saint avait été insulté, maison qui subsiste encore. Le maître se tenait sur le seuil; il invitait les députés comingeois à entrer et leur offrait des rafraîchissements.

Il serait trop long de rechercher et d'énumérer toutes les redevances établies en Bigorre, au moyen âge, en mémoire de tel saint ou au profit de tel monastère. Ces redevances étaient souvent dues en vertu de quelque disposition testamentaire remontant à plusieurs siècles. Clariane de Riolis[1] avait obligé à perpétuité ses héritiers à donner et à servir « dare « et ministrare » deux dîners par an à tous les cordeliers du couvent de Tarbes, l'un à la fête de sainte Anne, l'autre pendant que l'on célébrait la messe des Rogations à l'église Saint-Jean.

[1] Larcher, *Glossaire*, au mot *Riolis*.

Les legs de dévotion étaient tellement dans les mœurs du pays, qu'un vicomte de Bayonne, avec l'assentiment de tous les barons et de tout le peuple, fit un statut pour régler ce que chacun devait léguer pour le salut de son âme [1].

III.

REDEVANCES BIZARRES. — BEAUDOUIN. — RAOUL. — LE SEIGNEUR DE VISQUER. — LE SEIGNEUR DE BORDEU.

Parfois le seigneur n'imposait qu'une redevance très-minime comme simple reconnaissance de vassalité. Parfois même il n'exigeait qu'une redevance bizarre, propre à faire ressortir la soumission de celui qu'il assujettissait à une démonstration humiliante ou ridicule. Le vicomte d'Asté apportait au comte un épervier sous l'ormeau de Lourdes. Henri II donna le château d'Odos à Jean de Lassalle, moyennant un épervier à chaque mutation de vassal et de seigneur. Le baron des Angles devait une paire de gants blancs [2]; le seigneur de Parabère devait au comte un épervier pour ses terres de Nouilhan, une lance pour celles de Vidouze et un baiser pour celles de Lahitte.

Beaudouin était tenu, envers le roi d'Angleterre, à un hommage si étrange que nous n'osons le citer qu'en latin : « Debet, die natali Domini, singulis annis, coram domino rege « Angliæ, unum saltum, unum suffletum et unum bombulum. » Compden commente ces mots : « Ut saltaret, buccas cum so- « nitu inflaret et ventris crepitum ederet. » Les Annales de

---

[1] Balasque, *Étude historique sur Bayonne*, t. I, p. 134.

[2] Dans plusieurs chartes des Pyrénées, des gants sont dus comme redevance. Dans d'autres contrées, on se servait ordinairement d'un gant pour l'investiture.

Des gants ou une somme qui en remplaçait la valeur étaient dus au seigneur féodal par l'acquéreur d'un domaine tenu en foi et hommage. (Voir, à ce sujet, les *Ordonnances des rois de France de la troisième race*, t. XVII, p. v.)

Normandie (c. xxv) rapportent que Charles le Simple exigea du duc Raoul qu'il lui baisât les pieds au lieu de la bouche : « Et quand Raoul vint faire son hommage, il ne se daigna « baisser, mais prit le pied du roi et le leva si haut que le roi « cheut, dont il sourdit grande risée. » Albertus Crantzius [1] rapporte ce même fait; il prétend cependant que le duc, refusant un pareil hommage, le fit rendre par un procureur, qui mordit le pied du roi et renversa Sa Majesté par terre.

Dans un dénombrement fourni par le baron de Bénac, le 10 septembre 1541, il est dit que le seigneur de Visquer, pour ledit lieu, fait hommage au baron de Bénac; qu'il est obligé de le suivre à la guerre et de porter un panneau ou guidon, en armes, à cheval. L'acte ajoute : « Tenu aussi, à « chacun seigneur baron nouveau ou dame de Bénac, à son « avénement à ladite baronnie, de se trouver à pied à l'entrée « des limites de ladite baronnie, et de prendre ledit seigneur ou « ladite dame de Bénac par les rênes de son cheval [2], le menant « toujours de la sorte à pied jusqu'au château dudit Bénac, « ayant pour son salaire la robe dudit seigneur ce jour-là por-« tant sur lui, ou de ladite dame. »

Une charte de 1330 exprime d'une manière un peu crue un droit analogue à celui que nous venons de raconter. Elle est ainsi conçue : « Si le seigneur de Sadirac vient à se ma-« rier (*audibe misse nuptiau*), le seigneur de Bordeu est tenu

---

[1] *Normannia*, l. II, c. xxvii.

[2] Jadis, en Espagne, le comte d'Altamira était obligé de rendre hommage à l'archevêque de Santiago le jour où ce prélat prenait possession de son siége. Le comte ou son représentant arrivait solennellement, amenant deux chevaux richement caparaçonnés, et, en présence de toutes les notabilités du pays, il conduisait les chevaux dans la grande salle où se tenait l'archevêque. C'est pourquoi ce palais n'a pas d'escalier, mais une rampe très-douce. Cette redevance, dans les derniers temps, fut convertie en argent. — Je dois cette note à M. Nouguès, député aux cortès et savant auteur espagnol.

« d'aller à la rencontre de sa femme (*sera tengut anar à l'ar-*
« *quoeilhude de sa molher*) et de convoquer le peuple; et, quand
« la dame sera à l'entrée de sa terre, ledit seigneur de Bordeu
« doit descendre de son roncin [1] (*deu debarra de son aroussin*),
« faire la révérence (*far la reverencia*), mettre pied à terre la
« dame, la baiser et lui prendre tous les vêtements qu'elle por-
« tera ce jour-là, jusqu'à sa chemise (*baisar la daune et prener*
« *la peille qui lo jorn portara, entro à la camise*).

« *Item*, si le seigneur de Bordeu tient à lui faire le plaisir
« de lui prêter ses vêtements (*si lo senhor de Bordeu le vol far*
« *lo plaser que lo preste la peille*), il la replacera sur son cheval,
« la conduira au manoir de Monseigneur; là il la déshabillera
« et prendra ses droits (*et aqui despulhar la et prene sus dretz*).
« Le roncin sera donné aux jurats du lieu de Sadirac [2]. »

De notre temps encore, le duc de Hijar, en Espagne, reçoit
solennellement dans son hôtel, chaque année, la robe que la
reine a portée le jour de l'Épiphanie. Ce singulier privilége
fut concédé aux ancêtres du duc par le roi don Juan, en 1441,
en reconnaissance de ce qu'ils lui avaient sauvé la vie.

---

[1] Le cheval de bataille se nommait *roncin*. Il était dû, en général, à chaque mutation de seigneur. (*Ordonnances des rois de France de la troisième race*, t. XVII, p. 2.) L'orthographe a changé : on écrit aujourd'hui *roussin*, qui vient de l'allemand *ross*, cheval, d'où *rosse*, vieux cheval.

[2] Larcher, *Glossaire*, p. 115.

CHAPITRE II.

I. Droits sur les terres. Cens des nobles. *Fadeisos.* — II. *Arciut.* — III. *Capsoos.* — IV. Homme vivant, mourant et confisquant. — V. Taille. Fouage. — VI. Droits sur le commerce. Nomination des marchands. — VII. Foires et marchés. Leude. — VIII. Droit de tast. — IX. Arroade et péage.

I.

DROITS SUR LES TERRES. — CENS DES NOBLES. — *FADEISOS*.

Les nobles n'étaient pas exempts de certaines obligations féodales. Le censier de Bigorre, en rapportant *les devoirs anciens* dus au seigneur, énumère les tributs en argent que les nobles les plus puissants du pays payaient au comte : ainsi, au folio 18, on trouve que B. de Castelbajac payait 200 sous morlàas.

Il est assez remarquable que les principaux barons fussent ainsi assujettis à un cens. Plus tard, nous voyons partout les nobles revendiquer l'exemption de tout impôt. Ainsi une charte d'Omex oblige chaque habitant du lieu à payer au comte, tous les ans, à Noël, 1 denier morlàas, excepté les nobles de l'endroit : « Es tengut de dar au comte, cascun an « en la festa de Nadau, ung diné morlaas, exceptat los nobles « deudit loc. »

Parmi les charges féodales imposées sur les terres, les unes affectaient plus particulièrement les biens nobles, les autres les biens roturiers.

On lit dans le Livre vert de Bénac l'état des seigneurs qui doivent donner au seigneur de Castelloubon les *fadeisos*.

Que signifie ce mot? Il est traduit à la marge du cartulaire par «hommage.» C'est évidemment une erreur. On ne rendait jamais hommage pour la même terre en deux endroits différents. Il est dit que Labetdier doit des *fadeisos* à Nulh et à Lugagnan pour la même terre. Il est dit que le seigneur de Villepinte en doit à Lugagnan et à Juncalas. Voici encore une preuve que le traducteur s'est trompé : le seigneur d'Avesac doit les fournir au seigneur de Castelloubon dans les mains du comte, ce qui est incompatible avec les formalités ordinaires de l'hommage. *Fadeisos* vient de *fidentia* : c'est l'obligation imposée à certains nobles d'être cautions de tel ou tel seigneur.

II.

ARCIUT.

L'*arciut* était le droit en vertu duquel le seigneur en voyage pouvait exiger que son vassal lui donnât l'hospitalité. Ce droit féodal, connu en France sous le nom de *gîte*, porte, dans les chartes du Midi, des noms divers : «Arciut, archif, «arceut, arcentum seu prandium, arcentum comestionis, co-«mestio, convivium, magistratus, magistragium, commeatus «discursus, procuratio, receptus, receptio, repparium, hos-«pitalitas, albergimentum, albergata, aubergade.»

Le mot *albergade, aubergade*, se retrouve fréquemment dans le vieux censier de Bigorre. Il tire son étymologie de l'allemand *herberg*, ou de l'italien *albergo*, ou de l'espagnol *albergue*, «héberger,» et il a servi d'origine au mot français *auberge*. Plusieurs coutumes de nos contrées, et notamment celle de Bigorre, font surtout usage de l'expression *arciut*, archif, «la-«quelle diction, dit Marca (p. 124), explique le latin *receptio*,» *arceber* en langage pur béarnais, signifiant *réception*.

Le mot *receptio* est employé dans la charte de fondation

de l'abbaye de Saint-Sever, en Gascogne, et de l'abbaye de Larreule, en Bigorre. Le mot *repparium* se lit dans un acte de vente consenti par Alain d'Albret, père de Jean, roi de Navarre. Il est remarquable que, dans les chartes de nos contrées, on trouve toutes sortes d'expressions, excepté celle de *jus gisti,* si usitée ailleurs.

En général, en Bigorre, le mot *aubergade* signifiait l'hospitalité complète : «Aubergada, ut vulgariter loquar, hospita-
«litas [1].»

Le mot *arciut* voulait dire quelquefois *repas.* L'acte d'hommage rendu, le 3 octobre 1443, par noble Pierre de Béarn, seigneur de Pujol, à Pierre, évêque d'Aire, porte que le seigneur donnera, chaque année, au prélat un arciut ou dîner :
«Promittens eidem domino episcopo dare unum arciutum
«seu prandium quolibet anno.»

Chopin rapporte que les premiers rois de France avaient anciennement acquis le privilége d'être nourris par les évêques lorsqu'ils faisaient leurs tournées dans les provinces. Ce n'était d'abord qu'une civilité, une politesse; «mais elle se tourna
«bientôt, dit Mézeray, à la fin de la vie de Clotaire, en un
«droit nécessaire, de sorte qu'on l'exigeait d'eux avec rigueur
«quand ils la refusaient.» Ces refus devinrent une source abondante de procès. Les comtes, les vicomtes, les évêques, les abbés, ne manquèrent pas de réclamer ou d'usurper l'albergue, à l'imitation du roi.

Les priviléges du pays restreignent souvent l'abus de ce droit de gîte. Le for de Bigorre porte que le comte n'en jouira que dans six endroits, désignés dans la charte. Le for ajoute que, si le comte acquérait quelque autre gîte, il ne pourrait y être accompagné que par ses invités ou ceux de son hôte.

[1] Charte de donation faite, en 1278, à l'hôpital de Notre-Dame de Vic-Fezensac.

Dans les monastères, il ne pouvait amener avec lui personne sans l'agrément du supérieur.

Le duc d'Aquitaine céda, vers 1080, au vicomte Centulle et à ses successeurs, les douze gîtes qui lui étaient dus en Béarn. Les vicomtes de Lavedan acquirent l'arciut dans plusieurs localités. Une charte de 1303 porte que, lorsque le seigneur se rend à Ost ou à Xeust, on est tenu de lui faire des lits pour lui et sa compagnie, «far lheyt et lheyts «à lui et à sa companhie,» et de donner de l'avoine à ses chevaux.

Le seigneur stipulait quelquefois le droit d'albergue pour lui et pour les personnes de sa maison. On lit dans le Livre vert de Castelloubon (folio 33) : «*Item* le prieur de Saint-«Orens doit donner à manger aux députés de Castelloubon «lorsqu'ils viennent chercher l'œilhade et même quand ils ne «font que chasser. *Item* la maison de Saint-Orens doit donner, «une fois chaque année, au seigneur de Castelloubon, un «souper d'une heure quand il va chasser, et il pourra y pas-«ser la nuit s'il le désire. On devra lui faire lit aussi quand «il ira à Boo pour affaires, pourvu cependant que le viguier «de Cagos ait fait prévenir trois jours d'avance le prieur ou «le sacristain du prieuré de Saint-Orens.»

Le Livre vert de Bénac cite les divers lieux où le vicomte de Lavedan percevait l'arciut. Ce droit fut tantôt converti en une redevance; tantôt aussi il fut conservé en nature, même dans les derniers temps. Un arrêt du parlement de Toulouse, du 11 mars 1623, contraint les habitants de Beaucens à fournir logement et à donner lit honnêtement à ceux que le seigneur envoyait vers eux, conformément au censuel de 1297.

Les évêques jouissaient de l'aubergade non-seulement lors de leurs visites pastorales, mais encore en passant devant certains châteaux. Catelan[1] raconte que l'évêque de Cahors avait attaqué devant la justice le seigneur d'Espanel, pour qu'il fût tenu de l'héberger avec trente chevaux, sans fixer la durée de l'hébergement. D'Espanel prétendit ne devoir qu'une collation en passant. Il fut condamné, par arrêt du parlement de Toulouse du 16 mai 1651, à deux repas et une couchée.

L'évêque de Tarbes recevait 50 livres tournois chaque fois qu'il visitait l'abbaye de Saint-Pé, et rien ne lui était dû s'il ne la visitait pas[2]. Les évêques se montraient souvent sévères contre ceux qui leur refusaient l'albergue. Le for de Béarn leur défend d'interdire les églises des abbés lays qui ne veulent point acquitter l'arciut; mais il leur permet d'user contre eux de monitoires et de censures ecclésiastiques.

Les simples abbés des monastères cherchèrent à suivre l'exemple des évêques et à obtenir les mêmes priviléges. On lit dans le cartulaire de Saint-Pé: « A la maison de Péré, au bout
« du pont de Nay, la terre et toutes les dépendances doivent
« l'arciut à l'abbé avec six hommes à cheval et trois hommes
« à pied. Le cheval de monseigneur l'abbé de Saint-Pé aura
« une quartère d'avoine (demi-hectolitre), et les autres six che-
« vaux suffisante et bonne nourriture, etc. Fut fait ledit arciut
« par monseigneur Raymond Améric de Basillac, abbé dudit
« monastère, l'an 1433, et le 11 novembre a été retenu à
« Nay[3]. »

L'origine de l'albergue fut quelquefois le prix d'un service rendu. Le cartulaire de l'église d'Auch rapporte qu'un nommé Raymond obtint du comte de Fezensac la ville et l'église de Vic, sous la promesse d'un repas tous les ans, « annuum cen-

---

[1] L. III, c. XIII.
[2] *Cartulaire de Saint-Pé*, p. 399.
[3] Voir ma *Monographie de Saint-Pé*. p. 30.

« sum, scilicet convivium. » D'Olive [1], rapporte que la Somme de Toulouse de 1297 dit que « Montégut a l'albergue an-
« nuelle de bailler à manger une fois l'an, vers carême-pre-
« nant, au seigneur de l'Ile avec trois chevaliers et quatre
« écuyers. »

L'hospitalité, jadis gracieusement offerte aux rois et aux grands seigneurs, était devenue une hospitalité forcée, une charge très-onéreuse. Les nobles qui avaient usurpé ce droit féodal en abusaient. Dans le cartulaire de Saint-Pierre de Chartres, publié par Guérard, le vidame déclare qu'il renonce « aux mauvaises coutumes qu'il avait tyranniquement établies « sur les terres de l'abbaye, et entre autres au droit de gîte. »

Des évêques amenaient avec eux une suite si nombreuse, que le concile de Latran, en 1179, la réduisit, en fixant le nombre des chevaux à quarante pour les archevêques, à vingt pour les évêques, et proportionnellement pour les autres ecclésiastiques.

Le droit d'arciut était très-répandu dans nos contrées; lorsqu'un monastère en était exempté, la charte de fondation ou d'affranchissement faisait mention de la dispense. Ainsi, dans une donation faite en 1230 par un seigneur de Talazac, en Bigorre, à l'abbaye de la Casedieu, l'exemption de l'arciut pour le monastère est formulée par les mots: « sine omni grava-
« mine de arciut. » Le comte d'Armagnac, dans l'article 11 des coutumes de Fezensac, promit de ne point demander d'autres arciuts que ceux qui seraient dus pour des fiefs tenus de lui.

III.

CAPSOOS.

Le droit de lods et ventes payé à la vente d'un héritage

---

[1] *Questions notables*, l. II, c. v.

censier était connu dans les coutumes sous différents noms : sous le nom d'*honneur*, sous celui de *gants et ventes*, sous celui d'*accordement*. En Bigorre on le nommait *capsoo*.

Il était de règle dans tout le comté que le roi et les seigneurs étaient en possession de prendre lods et ventes de leurs terres et de leurs fiefs. Les possesseurs de fiefs élevaient des difficultés. Ils disaient que le fief diffère de l'emphytéote, qui est un titre de roture. C'est un héritage tenu du souverain à foi et hommage, «feudum a fide;» il doit donc, par sa nature, être affranchi des capsoos.

C'est sur le peuple que ce tribut pesait d'une manière onéreuse. Lorsqu'il obtenait des priviléges, il cherchait à se faire accorder la diminution ou la suppression de ce droit. D'après l'article 34 de leurs fors, les habitants de Lourdes ne payaient que 6 deniers pour les lods d'une vente d'hérédité, de quelque valeur qu'elle fût. Le payement était à la charge de l'acquéreur.

Dans les priviléges concédés à la vallée de Baréges, le 20 décembre 1404, par Centot, comte de Bigorre, il est dit (art. 3) qu'en achats ou ventes de biens, les habitants ne seront tenus de payer capsoos, c'est-à-dire lods et ventes.

En 1701, la vallée fut intimée d'avoir à acquitter ce droit au fermier des domaines de Pau; elle résista, fit valoir l'ancienne exemption, prit fait et cause pour les individus poursuivis et gagna son procès.

Tandis que le comte ou le roi faisaient souvent abandon de ce droit, de simples seigneurs et des abbés se montraient jaloux de le conserver. On lit, à l'article 6 d'un dénombrement du 25 septembre 1619, que les lods et ventes sont dus à l'abbé de Saint-Savin. Quelques villages très-voisins de l'abbaye, comme Soulom, devaient cependant au roi les capsoos.

IV.

HOMME VIVANT, MOURANT ET CONFISQUANT.

« L'Église ne meurt jamais, dit Boutaric [1], et par là le
« seigneur est privé des droits dus à la mort du vassal ou
« de l'emphytéote. L'Église ne délinque pas : car le crime des
« ecclésiastiques ne lui est jamais imputé; et par là le seigneur
« justicier est privé de toute espérance de voir ordonner, à son
« profit, la confiscation des biens. L'Église ne peut aliéner, et
« par là le seigneur est privé pour toujours des droits de lods,
« quint et requint, qui lui sont dus à chaque changement de
« main. »

Pour remédier à cet état de choses, on inventa la fiction de
« l'homme vivant et mourant » pour la communauté, et même
« confisquant, » c'est-à-dire dont la faute entraînait les confiscations. C'est ainsi que s'exerçait le droit seigneurial sur les mainmortables. Il existe un grand nombre d'arrêts du parlement de Toulouse de l'année 1774 relatifs à « l'homme vivant,
« mourant et confisquant, » nommé par les communautés et
conseils de Barberust, Gazost, Geü, Ousté, Ourdis, Saint-Créac, Justous, Arcisac-Avant, Juncalas, Baréges, etc.

Lorsque les seigneurs accordaient le droit de vendre, ils
avaient soin de défendre les ventes en faveur des églises et
couvents, ou bien ils réservaient expressément leurs droits :
« Item quod habitantes dicti loci possint vendere, dare, alienare
« omnia bona sua mobilia seu immobilia cui voluerint, excepto
« quod bona immobilia non possint alienare ecclesiæ, religionis personis . . . . . nisi salvo jure nostro [2]. »

[1] *Matières féodales*, p. 479.
[2] *Priviléges de Montouané.*

V.

TAILLE. — FOUAGE.

« La taille primitive, dit M. Chéruel dans son excellent « *Dictionnaire des institutions de la France*[1], était un droit féo-« dal que les seigneurs prélevaient sur leurs serfs....... « Charles V établit le premier, en 1369, 1374 et 1377, des « tailles permanentes sous le nom de *fouages,* parce qu'on « évaluait les propriétés d'après le nombre des feux. » Philippe le Bel fit faire, en 1300, une enquête sur la valeur du comté de Bigorre. Ce document fait connaître la division du pays en sept vigueries et le nombre des feux de chacune d'elles. Le revenu total des terres nobles est évalué à plus de 64,000 sous morlàas.

La taille était surtout odieuse parce qu'elle n'était pas égale pour tous. La noblesse et, dans les derniers temps, de nombreux offices de judicature procuraient des exemptions, ce qui aggravait la charge des roturiers, taillables à merci.

En Bigorre, la taille fut toujours modérée, et souvent même ne pesait pas sur la terre. La communauté de Sassis en Baréges prétendit changer les usages, et imposer la taille sur le fonds, bien que de tout temps elle eût été imposée sur le bétail. La vallée entière protesta contre une pareille innovation. Elle présenta requête à Mgr de Ris de Faucon, intendant en Guyenne, tendant à ce que défenses fussent faites, tant à ladite communauté qu'à toutes autres de la vallée, de changer l'usage du taillable sur les bestiaux. Cette requête est approuvée par ordonnance de l'intendant, rendue à Pragnères le 26 août 1681.

Dussaulx, dans son *Voyage en Baréges en 1782*[2], rapporte

[1] T. II, p. 1198.
[2] T. I, p. 86.

qu'un Barégeois, M. Dupont, lui disait : « Le rôle des imposi-
« tions se fait de temps immémorial sur des morceaux de bois
« qu'ils appellent *totchoux,* « bâtons. » Chaque communauté a
« son totchou, sur lequel le secrétaire fait avec un couteau
« des chiffres romains dont eux seuls connaissent la valeur.
« L'intendant d'Auch, qui ne se doutait pas de nos usages,
« m'ordonna, en 1784, de lui apporter nos anciens registres.
« J'arrive, suivi de deux charretées de *totchoux*. Les commis n'y
« purent rien comprendre; l'intendant me semonça avec beau-
« coup de hauteur, et me fit des menaces despotiques. »

Six ans après, au même jour et à la même heure où il avait été menacé et privé de sa place par l'intendant, M. Dupont fit au comité des finances de l'Assemblée constituante, le 23 septembre 1790, un rapport tendant à la suppression des intendants.

Ces intendants n'étaient pas, en général, très-populaires. Voici un fait honorable qui m'a paru mériter d'être sauvé de l'oubli. Il regarde le diocèse de Cominge; mais jadis ce diocèse embrassait une partie des Hautes-Pyrénées. Un intendant, en 1640, aggrava la taille. L'évêque, Mgr de Choiseul, réclama une exemption pour les communautés de Saint-Bertrand et de Valcabrère. Sa demande fut accueillie; mais le ministre le pria de désigner les lieux sur lesquels cet impôt devait être rejeté. L'évêque ne voulait pas servir les uns en portant préjudice aux autres; il répondit généreusement qu'il ne pouvait désigner que lui-même, et que cette charge devait être mise à son article [1].

---

[1] *Glossaire*, au mot *Cominge*, p. 453.

VI.

DROITS SUR LE COMMERCE. — NOMINATION DES MARCHANDS.

La féodalité était peu favorable au commerce. Au lieu d'exciter son essor, elle l'entravait par des droits de péage et autres.

Le seigneur ne comprenait guère d'autre industrie que l'industrie agricole et pastorale, qui retenait ses sujets dans ses terres. Les châteaux qui nous sont restés du moyen âge sont très-modestes, et attestent que le luxe n'était point parvenu jusqu'à nos montagnes. Le commerce se bornait aux objets de première nécessité.

On n'était pas libre de se faire marchand, il fallait être nommé par le seigneur ou par son lieutenant.

Les communes affranchies cherchèrent à obtenir la faculté de désigner elles-mêmes les marchands qui devaient les approvisionner. Ces concessions furent d'abord très-restreintes. Le comte, dans les privilèges de Lourdes (art. 39), n'accorde aux juges du lieu le pouvoir de faire et de créer «faciendi et creandi» des bouchers, des boulangers et autres marchands qu'en l'absence du seigneur et de son lieutenant.

Les rois de France comprenaient mieux l'utilité de favoriser le commerce, et se montrèrent plus faciles à faire octroi aux communautés du droit de choisir elles-mêmes leurs commerçants.

Nous retrouvons la concession de ce privilège dans plusieurs chartes communales. Ainsi la vallée de Baréges avait obtenu le pouvoir de tenir des boucheries et d'ouvrir même un débit de boissons dans la maison commune.

VII.

FOIRES ET MARCHÉS. — LEUDE.

Au moyen âge surtout, nos populations rurales avaient besoin d'un centre où il fût facile de se réunir à jour fixe pour régler leurs affaires et acheter leurs provisions. Autrefois, les foires et les marchés de Bigorre avaient une importance qui n'est pas encore entièrement perdue. Les grands marchés de Tarbes et de Lourdes sont toujours renommés. La foire de Maubourguet dure environ quinze jours. Le droit de leude, perçu sur les foires et marchés, produisait au seigneur un revenu considérable. Garcie Arnaud conféra, vers 1032, à Sance, duc de Gascogne, le titre de protecteur de Saint-Pé, et lui fit don, pour contribuer à la construction de ce monastère, de la troisième partie de ses droits sur le marché de Lourdes.

Dans le vieux censier d'Arrens (folio 139), on lit que le château neuf appartient au comte, quoique Bertrand de Coarrase retienne tous les profits et émoluments du château, «los profeycts et esmolumens,» ainsi que la leude du marché d'Argelès, «ensemps ab la leude deu marcat d'Argelès,» parce que le comte lui a tout cédé pour le temps que cela lui plaira, «lo comte loc a dat per tant cum à lui plaira.»

L'exemption du droit de leude était un avantage fort recherché. Cette exemption était parfois accordée, mais à certaines conditions. Elle était limitée, par les priviléges de Montoussé, aux habitants de la commune pour le marché du lieu. Un règlement de Jean, roi de Navarre, comte de Bigorre, rappelle l'ancien privilége, accordé aux habitants d'une seule rue de Lourdes, celle du Bourg-Vieux, de ne point payer de leude au marché de Tarbes : «Los habitans deu Borg Vieilh «de Lorde no an accostumat de pagar leude.»

Les seigneurs favorisaient les marchés afin d'en tirer de plus grands profits. Plusieurs coutumes, notamment celles de Montoussé, défendaient de vendre les denrées dans les maisons particulières, et exigeaient qu'elles fussent portées et exposées en plein marché. Quelques chartes expliquent que le motif de cette prescription était de faciliter la vérification de la qualité des marchandises.

VIII.

DROIT DE TAST.

Les seigneurs eurent quelquefois, en Bigorre, le droit de « tast; » *tasta* dans l'idiome du pays veut dire *goûter*. Ce droit seigneurial fut exercé dans certaines localités par les consuls chargés de la police des marchés, et voici comment il est réglé par les statuts de la ville de Luz : « D'ores en avant, les se-« conds consuls prendront une pinte de vin de chacune charge « de vin qui se déchargera en ladite ville de Luz pour le droit « de goût, nommé communément de *tast*, et semblablement, « quand ils seront requis de bailler prix à une vache qui se « rendra sur la place, prendront une livre de chair seulement « pour le droit et seront tenus de faire jurer celui qui la « portera s'il sait qu'il y a danger. »

Les règlements de nos vallées, notamment ceux d'Arrens (art. 20), s'occupent avec soin de faire jurer aux bouchers que les animaux mis en vente ne sont pas morts de maladie, « sous « la pignore de 13 livres 10 sous et de la confiscation de la « viande. »

IX.

ARROADE ET PÉAGE.

L'*arroade* et le *péage* étaient devenus des charges gênantes pour le commerce et onéreuses pour les populations. Rien cependant de plus légitime dans l'origine. Le seigneur était chargé de l'entretien des routes. Les corvées commandées à cet effet se nommaient *arroades*. Plusieurs chartes ont soin de préciser le nombre des prestations dues par chaque habitant.

Les *péages* avaient aussi pour objet, primitivement, de subvenir à l'entretien des routes et des ponts. Plusieurs ordonnances de nos rois durent intervenir pour empêcher de multiplier les droits de péage, que les seigneurs créaient à l'infini. Loiseau raconte les ruses de quelques seigneurs péagers qui, pour avoir plus de profit en confisquant les marchandises, plaçaient à dessein loin des routes leurs bureaux de perception, afin que les marchands fussent tentés de passer sans acquitter les droits, et qu'on pût leur faire payer cher cette infraction.

Les nobles et les ecclésiastiques se firent exempter du droit de péage. Divers priviléges étendirent cette exemption à des communes. L'article 28 du for de Lourdes accorde aux habitants, à titre de donation et de franchise, « donationem et « libertatem, » de ne payer aucun péage, « pedagium, » dans toute l'étendue du comté de Bigorre. Les habitants de Cieutat jouissaient de la même faveur dans les terres du vicomte d'Asté, et les habitants de Baréges dans celles de toute la vallée.

CHAPITRE III.

I. Droits sur les récoltes. Champart. Mayesque. Souquet. — II. Fournage. — III. Droits sur les animaux. Comptable. — IV. OEilhade. — V. Bladage. — VI. OEufs. Casadure. Fémade. Fénage. — VII. Carnal. — VIII. Chasse et pêche. Animaux nuisibles.

I.

DROITS SUR LES RÉCOLTES. — CHAMPART. — MAYESQUE. — SOUQUET.

Le seigneur ne réclamait pas seulement des droits sur le commerçant; il en percevait encore sur les propriétaires, qui n'avaient pas ainsi la liberté de jouir de tous les profits de la terre.

Je ne parlerai pas de son privilége de «champart» (*campi pars*), qu'il avait à peu près partout, de prendre sa part de la récolte; je citerai le droit de *mayesque* et de *souquet*.

Le seigneur avait le droit d'empêcher les propriétaires de vendre leur vin certains mois de l'année, pendant lesquels il vendait le sien. Ce privilége prohibitif fut introduit par Centulle, dans le mois de mai; de là viennent les noms de *mayade, mayenque, mayesque,* employés indifféremment dans les chartes locales. Henri, roi d'Angleterre, avait défendu aux habitants de Bordeaux de vendre leur vin à pot et à mesure depuis la Pentecôte jusqu'à la Saint-Michel [1].

D'après le Livre vert de Bénac (folio 580), les habitants de Castelloubon ne pouvaient vendre ni acheter pain, vin, viande, ni aucune sorte de comestibles hors de la taverne du seigneur,

---

[1] De Lurbe, *Chronique de Bordeaux*, 1422.

durant le temps où il avait le droit de la tenir ouverte, c'est-à-dire de la fête de Pâques à celle de la Pentecôte.

Le « souquet » ou « soquet » (*vetitum vini*) était un droit seigneurial sur le vin vendu en détail, qu'on ne pouvait vendre que certains jours et sous certaines conditions. Ce mot vient de *souche* ou *cep*. C'était le huitième de la mesure.

Des lettres patentes de Gaston, comte de Foix et de Bigorre, concédées le 3 mars 1438, permettent aux habitants de Luz d'établir un impôt sur le vin qui entrerait et se débiterait en détail audit Luz, et de tenir le « droit qui est le souquet. » Ce titre est conservé aux archives de la ville, avec les actes de confirmation de tous les comtes de Bigorre jusqu'à Henri IV, qui approuva le privilége en 1597, à condition de « tenir ré-« parés les murs et portes du bourg. »

II.

FOURNAGE.

Le droit de fournage eut une origine très-légitime, et devint par l'abus très-odieux à nos montagnards.

Les paysans se servaient de pierres ou de machines à bras pour broyer les blés. Saint Orens passe pour avoir bâti le premier moulin à eau dans une petite vallée du Lavedan.

Les seigneurs, seuls propriétaires des cours d'eau, étaient seuls en position d'établir des moulins dont la construction devait être primitivement difficile et coûteuse.

Le chaume, que l'ardoise et la tuile ont fait de nos jours presque entièrement disparaître, couvrait jadis la maison des pauvres habitants des campagnes : un four était cher à construire et faisait craindre des incendies.

Aussi, lorsque le seigneur mit à la disposition des populations groupées autour du château son moulin et son four, il leur rendit service; mais ce service n'était pas gratuit et donna lieu facilement à des exactions. Cette faveur devint bientôt une charge, et le moulin seigneurial devint obligatoire. Il fut défendu de bâtir d'autres moulins ou d'aller moudre ailleurs. Le droit de mouture fut arbitrairement fixé. Le four banal fut imposé aussi, avec défense de faire cuire le pain autre part; l'obligation de se soumettre à cette banalité se nomma *fournage*.

Cette obligation rigoureuse fut souvent adoucie en Bigorre par des priviléges locaux et par des chartes de concession ou de transaction. Une sentence arbitrale rendue au mois de mars 1321[1] entre l'abbé et les habitants de Saint-Savin décide que le moulin de l'abbé ne sera obligatoire que pour ceux qui n'en auraient pas. Les possesseurs d'usines avaient la faculté d'en user pour eux et pour leurs parents jusqu'au quatrième degré. Si l'abbé ne pouvait pas faire moudre dans les vingt-quatre heures, il était permis d'aller ailleurs en payant la pugnière. Enfin, il était permis, pour les grains achetés hors de Saint-Savin, de les faire moudre où l'on voulait.

Le for de Lourdes (art. 38) accorde aux habitants de la ville la faculté de construire des fours dans chaque maison et d'y faire cuire le pain, sans rien payer au seigneur.

Dans une charte postérieure, il est expliqué que l'habitant qui n'avait pas de four chez lui ne pouvait s'adresser qu'au seigneur. S'il avait recours à un voisin, il devait payer le droit de fournage.

Les moulins, qui étaient si rares sous la féodalité, parce que le seigneur ne souffrait guère dans ses terres que le moulin banal, s'étaient tellement multipliés dans nos montagnes, qu'en 1708, lorsqu'on demanda la taxe sur les moulins, on en comptait soixante-neuf à Luz et cent soixante et dix-huit dans la petite vallée de Baréges.

[1] *Glanages*, t. XXII, p. 236.

III.

DROITS SUR LES ANIMAUX. — COMPTABLE.

Des droits seigneuriaux nombreux s'exerçaient en Bigorre sur les animaux.

Nous citerons d'abord le droit appelé *droit de comptable*, dont le vicomte de Lavedan jouissait sur les habitants de Beaucens, qui étaient obligés d'aller compter et dénombrer au seigneur, à chaque fête de Pâques, tout leur bétail, d'en affirmer par serment le chiffre exact, et de payer, à la Toussaint, savoir : pour chaque bœuf, vache, cheval ou jument, 12 deniers morlàas; pour chaque âne ou ânesse, 6 deniers, et pour chaque brebis, mouton, chèvre ou pourceau, 1 denier. Les habitants refusèrent, au XVIIe siècle, de payer cette redevance; ils y furent condamnés par sentence arbitrale, confirmée par arrêt du parlement de Toulouse, du 13 septembre 1632, rapporté par d'Olive[1].

IV.

OEILHADE.

Le droit d'*œilhade*, du mot *oïs, ovis, aüeille,* « brebis, » était un de ceux auxquels nos seigneurs tenaient le plus dans les régions surtout de la montagne, où l'industrie pastorale était presque la seule ressource du pays. Ce droit d'œilhade, si souvent cité dans le Livre vert de Bénac, consistait à prendre un mouton et une brebis dans chaque maison. On mettait à part la moitié du troupeau, et le seigneur avait le choix sur l'autre moitié.

D'après plusieurs actes rapportés au Livre vert, actes passés entre le vicomte de Lavedan et les communautés de diverses vallées, en 1313, les habitants devaient au seigneur le dixième

---

[1] *Questions notables.* l. II, c. IV, p. 204.

agneau; si l'agneau ne convenait pas, 8 sous morlàas; s'il n'y avait que neuf brebis dans le troupeau, 2 deniers et 1 maille; s'il n'y en avait que cinq, rien n'était dû.

Un arrêt du parlement de la chambre des comptes de Navarre condamna, au xviie siècle, les syndics de la communauté de Saint-Lézer à payer à la ville de Vic-en-Bigorre, comme engagiste du roi, le droit d'œilhade, de deux années l'une, sur le pied d'une brebis sur dix.

Il était nécessaire, comme on le voit, de fixer des limites bien précises à cette charge. Les pasteurs ne négligeaient aucune occasion pour en conquérir l'exemption. Ces exemptions étaient accordées comme de grandes faveurs, tantôt pour une commune spéciale, tantôt seulement pour une partie de commune. Les archives de Bagnères-de-Bigorre[1] conservent un acte de reconnaissance du 19 mai 1429, par lequel les habitants de la ville déclarent devoir à Jean de Foix, comte de Bigorre, le droit d'œilhade, à l'exception des habitants de deux rues, la rue du Bourg-Neuf et celle du Bourg-Vieux.

V.

BLADAGE.

Le droit de *bladage* est différemment expliqué par les auteurs anciens. Des jurisconsultes l'ont défini : « Droit seigneu-« rial établi en argent et en volailles sur un fonds pour baux « et reconnaissances par-dessus la censure annuelle. »

La Bigorre est un des pays du monde où l'on mange le plus de volailles. Aussi les seigneurs ne manquaient pas de stipuler des redevances de poules et de coqs. On connaît l'expression « rouge comme un coq; » elle vient de ce que le coq livré au seigneur devait être grand et rouge.

---

[1] Liasse III, n°s 2, 5, 6.

Le vœu du bon Henri, que le paysan eût chaque dimanche la poule au pot, ne fut pas exaucé. Le comte de Bigorre, devenu roi de France, au lieu de donner des poules à nos montagnards, s'en fit donner par eux. Un dénombrement de Saint-Savin, de 1609, oblige l'héritière de la maison de Sédirat à payer au roi une poule par an, à la Toussaint.

VI.

OEUFS. — CASADURE. — FÉMADE. — FÉNAGE.

Lorsque le seigneur ne prenait pas la poule, la vache ou la brebis, il en prenait les œufs, le lait ou le fumier.

On trouve dans plusieurs chartes la mention de redevances d'œufs. Le capcasal appelé *Coc d'Armagnac* faisait à l'abbé de Saint-Savin une redevance de 140 œufs.

Dans un pays de pâturages il n'est pas étonnant que le droit de *casadure* ou de redevance de fromage (*caseum*) fût fort répandu. Anciennement des concessions s'acquittèrent en fromage; cela même résulte de titres assez récents. On lit dans un document du 24 avril 1614, conservé aux archives de Cieutat : « Chacun peut conduire son troupeau sur les mon- « tagnes, moyennant un fromage en partant et un au retour. »

Plusieurs dénombrements de seigneurs énumèrent des droits de casadure. Dans un de ces dénombrements, à la date du 24 novembre 1616, il est dit que le roi se réserve à Saint-Savin « les fromages qui se feront ou pourront se faire du lait « qui se traira en un jour, audit temps, du bétail paissant ès « dites montagnes. »

Dans certains pays la dimension du fromage était fixée. M. Michelet[1] cite le droit de Cologne qui disait : « Pour la « table de Monseigneur deux fromages d'une grandeur telle

---

[1] *Origines du droit*, p. 236.

«que, mettant le pouce au milieu du fromage et tournant avec
«le dernier doigt, on puisse à peine atteindre au contour du
«fromage. »

Un droit précieux pour les nobles propriétaires de vastes domaines, c'était le droit de *fémade,* qui consistait à obliger chaque pasteur à conduire, certaines nuits, son troupeau sur le champ seigneurial pour l'engraisser de son fumier. Plusieurs chartes fixent le nombre des nuits où ce droit pouvait s'exercer.

Le seigneur avait la faculté, en Bigorre, d'après quelques titres anciens, d'envoyer ses chevaux et ses bœufs paître, à garde faite, dans les prés des roturiers. C'est ce qu'on nommait *droit de fénage*. Cette charge parut exorbitante, et le rachat put se faire en argent. Les communautés de la vallée d'Azun s'obligèrent de payer à l'évêque de Tarbes 9 écus petits pour le droit de *fénage*. L'évêque, pour les forcer à remplir leurs engagements, leur refusa les sacrements le 21 septembre 1474. Une transaction eut bientôt lieu entre le syndic de la vallée et Arnaud, évêque de Tarbes.

La communauté de Gaillagos paya pour sa part $14\frac{1}{3}$ sous bons; celle d'Arros, 3 écus.

VII.

CARNAL.

S'il était permis au seigneur d'envoyer des animaux chez ses sujets, il était expressément défendu aux sujets de laisser entrer leurs troupeaux dans les terres seigneuriales. On appelait droit de *carnal* ou *carnaü* le droit de saisir le bétail qui passait dans les lieux investis de ce privilége féodal. Les seigneurs, pour récompenser des services ou pour attirer les populations, avaient fait de larges concessions de dépaissances et d'usages dans les landes et les forêts des Pyrénées. L'usager finit par avoir sur les bois plus de droits que le propriétaire.

C'est bien dans nos contrées qu'on a pu dire avec un vieux poëte :

> Si le pauvre seigneur, pour payer sa rançon,
> Veut s'ayder de son bois, on lui empeschera,
> Criant : «Nous y avons notre usage et paisson;
> «Qu'il se recouvre ailleurs, point il n'y touchera
> «*In diebus nostris* [1]. »

Pour protéger leurs forêts, les seigneurs mirent certaines parties en réserve, et sentirent la nécessité de les mettre à l'abri des animaux qui auraient pu les ravager. Telle est l'origine du *carnal*. Les fors nouveaux, et notamment le for revisé de Béarn, s'occupaient avec le plus grand soin de prévenir les abus du droit de carnal et de déterminer de quelle manière il pouvait s'exercer dans les différents cas. En Bigorre, plusieurs chartes parlent de *carnaü* sans entrer dans des explications. Ainsi, la viguerie de Baréges possédait le privilége de lever carnal sur tout le bétail étranger qui passait à Luz par la rue de Domec, commençant à la porte de Vier et finissant à celle de Tarbes, et l'on payait pour vaches et juments 9 sous bons par troupeau.

Il ne faut pas confondre le *carnaü* avec le droit de *carnalage* [2], droit perçu sur les bœufs et les agneaux tués dans la seigneurie.

VIII.

CHASSE ET PÊCHE. — ANIMAUX NUISIBLES.

Le droit de chasse est le droit féodal le plus connu. Dans un pays couvert de forêts comme la Bigorre, la chasse procurait dans le gibier une abondante nourriture. C'était aussi l'image de la guerre. Comme la guerre, elle enseignait à user de ruse et de stratagème, elle exerçait l'adresse et le courage : elle

---

[1] *Les Bigarrures du seigneur des Accords*, 1583, p. 174.
[2] *Ordonnances des rois de France*, t. XVII, p. x.

habituait le corps à supporter la fatigue et l'âme à braver le danger. Henri IV avait commencé à exercer, en chassant l'ours sur nos montagnes, l'intrépidité qu'il montra plus tard sur le champ de bataille.

Saint Jérôme disait qu'il n'avait jamais trouvé de chasseur qui fût un saint, « venatorem nunquam invenimus sanctum. » Phébus, dans les *Déduits de la chasse,* soutient qu'un bon veneur fuit les sept péchés capitaux, et « aura en ce monde joie, « liesse et déduits, et après aussi aura paradis encore. »

Le for de Bigorre pose d'une manière générale l'interdiction de la chasse et de la pêche, sauf les exceptions peu nombreuses qu'il énumère : « Exceptis monasteriis et militibus in « exercitum euntibus et placitum et cortem servantibus. » (Article 26.)

Le for n'indique pas la peine infligée à ceux qui chassaient sans droit. Cette peine était terrible dans certains pays. Mathieu Paris (p. 372) assure qu'en Angleterre, avant le roi Richard, on crevait les yeux à ceux qui étaient surpris chassant, et on les mutilait d'une manière honteuse. On disait, sous Louis XII, qu'il y avait moins à craindre pour avoir tué un homme que pour avoir tué un cerf ou un sanglier.

En Bigorre, la peine était, en général, arbitraire, mais n'était jamais très-rigoureuse, même quand il s'agissait des oiseaux réservés au seigneur. D'après une charte de 1398, passée à Bramevaque, celui qui dérobait dans la forêt de la Barousse vautours, éperviers ou faucons, devait être pris et amené en prison, « sie pres et amenat en la prison, » et mis en jugement, « et sic tengut d'esta en jugement. »

Le concile de Tours, en 813, avait défendu aux ecclésiastiques d'aller à la chasse et au bal.

Le for de Bigorre accorde le droit de chasse aux monastères. Les abbés quelquefois usèrent personnellement de ce droit seigneurial, et, plus souvent, ils le cédèrent moyennant une redevance. Un titre de 1433, qui stipule l'arciut pour l'abbé de Saint-Pé, ajoute : « Si monseigneur l'abbé mène avec lui ses « lévriers et ses chiens, que tous aient suffisamment à manger; « et s'il a des vautours, faucons ou éperviers, qu'on leur donne « une poule, et cela une fois l'an. » Les ecclésiastiques chassaient en grands seigneurs; la déclaration du 27 juillet 1701 les obligea de commettre un mandataire pour chasser à leur place.

De temps immémorial, les abbés de Bigorre concédèrent aux habitants du pays, sans distinction, la faculté de prendre du gibier ou du poisson; mais ils s'en réservaient une part. Une charte de 1398 porte que nul ne doit être assez hardi pour chasser aucune bête sauvage dans la forêt de la Barousse sans payer le symier, « sans pagar lo semes. »

Le *semme, semer* ou *symier,* dont il est parlé dans les coutumes de Bigorre et de Béarn, était un droit que tout chasseur était obligé de payer au seigneur de la terre où il avait pris une bête sauvage. Ce droit consistait dans la tête, le pied ou un quartier de l'animal.

Charles, fils du roi de France, octroya, le 20 février 1319, aux habitants de Baréges le privilége de chasser les bêtes sauvages, sans se réserver aucun droit [1].

Les habitants de Bagnères ne jouissaient pas de la même faveur. Le 2 décembre 1660, M. le sénéchal de Bigorre envoya par un archer aux consuls de Bagnères un ordre de lire, publier et afficher un arrêt du parlement de Toulouse, portant inhibition et défense de chasser de quelque manière que ce fût, sous peine de 4,000 livres d'amende et du fouet [2].

Un siècle plus tard, le 12 août 1760, les consuls étaient

[1] Archives de Luz.
[2] Registre P, p. 40.

invités à faire chasser, afin que le maréchal de Richelieu, qui était aux eaux des Pyrénées, fût approvisionné de gibier [1].

L'interdiction absolue de toute sorte de chasse parut très-rigoureuse aux Bagnérais. Les consuls obtinrent, le 20 mars 1672, une ordonnance du maréchal d'Albret qui leur permit de faire la chasse de l'ours, du loup et des bêtes féroces, trois ou quatre fois l'an.

Le nombre des loups et des ours était devenu si considérable dans les montagnes, qu'après avoir défendu de les chasser, il fallut payer pour les détruire. Le conseil de Bagnères prit plusieurs délibérations pour offrir des primes à ceux qui rapporteraient aux consuls la patte et la peau d'un de ces animaux dangereux.

Ce qui se fit très-tard à Bagnères se pratiquait déjà ailleurs au moyen âge. Le monastère de Saint-Savin, dans l'acte de fondation, est doté de « l'épaule droite avec sa peau » de tous les sangliers, cerfs et isards pris dans la vallée. De nombreux titres, conservés aux archives de Pau, attestent avec quel soin l'abbé fit reconnaître ce droit chaque fois qu'on voulut le contester. Nous citerons notamment une sentence inédite du sénéchal de Bigorre, à la date de 1649. L'abbé de Saint-Savin se réservait le privilége de garder pour lui tous les éperviers qui venaient à naître dans l'étendue de la vallée de Cauterets; lorsque sans sa permission on chassait ces nobles oiseaux, une forte amende était infligée [2].

L'abbé de Saint-Pé exigeait le quartier droit de devant de

---

[1] Registre Q, p. 509.

[2] « Item disem que tot temps d'assi en daban tos los esparbes qui naichent en « lodit bat de Cautarès sian deudit abbat et de sos successors, ou que nul homes ou « hemnes de lasdites beziaus no serquen esparbes en lodit bat sino que ab vo- « lontat deudit monseignou l'abbat et sos successors... et si l'abbat lo pode probar « que trobar y agossa que aquera personna fosse tengude de pagar LX sos de Morlas « per emendas deusdits esparbes. » (Règlements de Saint-Savin, archives de Pau.)

tout sanglier, chevreuil, cerf ou isard pris dans les dépendances du monastère.

Plusieurs communautés de la Bigorre prétendaient avoir de temps immémorial le droit de pêche et de chasse. Les habitants de la baronnie d'Esparros exposent, dans un titre de 1262 rapporté dans les manuscrits du père Laspale, qu'ils sont en possession de ce privilége depuis des siècles; qu'ils ont été troublés dans leurs usages, ce qui a occasionné plusieurs meurtres. Esquivat, comte de Bigorre, reconnut que leur demande était juste, et il l'accueillit moyennant une légère redevance.

Quelques coutumes accordent à tous les habitants sans restriction le droit de pêche et de chasse. L'article 30 des priviléges des quatre vallées porte qu'il est permis à tout homme du lieu d'aller, en toute l'étendue du territoire, avec armes ou sans armes, chasser, pêcher, prendre oiseaux et bêtes sauvages. Les fors de Maubourguet accordent la même franchise aux bourgeois de ladite ville : «Dam et autreyam als bourgés «de noste predite viele franquessas et libertat que poscan «cassar et pesquar.»

D'après le for d'Azun (folio 18 r°), tout chasseur qui prend cerf ou sanglier doit payer le symier, «lo semme degut,» au baile du seigneur; et, s'il n'acquitte pas ce qui est dû, qu'il comparaisse à la cour, où il sera fait droit contre lui. L'abbé de Saint-Savin donnait 1 écu petit à celui qui prenait un loup, 3 florins à celui qui prenait un ours de deux ans, et 12 sous bons à celui qui tuait un oursin. Le chasseur était obligé d'apporter au monastère la tête et un quartier de l'ours, «portar «lou cap et ue harpe [1].»

On lit dans les statuts d'Arrens : «Pour se conformer à «un usage très-ancien, on continuera de payer 1 liard pour

---

[1] Archives de Pau. — Voir ma *Monographie de Saint-Savin.*

« chaque tête de pie, geai, corbeau et passereau ou moineau;
« 6 livres 15 sous pour chaque prise de loup; 13 livres 10 sous
« pour chaque prise d'ours. On ne paye pas plus pour chaque
« ventrée desdits animaux, quel que soit le nombre des petits.
« Demeure expliqué que les peaux des ours et des loups se
« payent. »

En finissant ce chapitre, nous rappellerons que dans les montagnes de la Navarre française la chasse et la pêche n'étaient punies qu'en temps prohibé. Les états du royaume, pour faciliter le repeuplement des perdrix, défendirent de les chasser pendant deux ans. Cette défense était générale, et s'adressait aux nobles comme aux roturiers. Le gentilhomme reconnu coupable de contravention à ce règlement était privé pendant six ans de l'entrée aux états [1].

[1] Archives de Pau.

CHAPITRE IV.

I. Droits sur les personnes. Domesticité. — II. Droit de guet. — III. *Massipia*.

I.

DROITS SUR LES PERSONNES. — DOMESTICITÉ.

Les droits féodaux qui révoltent le plus nos idées de liberté et d'égalité sont les droits qui atteignaient la personne elle-même. Le vassal devenait l'homme du comte. Le moindre seigneur avait des sujets. Nous avons déjà, en parlant de l'état civil, traité des redevances que la féodalité avait imposées sur la naissance, le mariage et les décès.

Ce n'était pas tout. Les fils du paysan étaient obligés, dès qu'ils avaient un peu grandi, d'acquitter leur dette au château. La domesticité, on le sait, n'avait rien de déshonorant dans les mœurs du moyen âge. Elle était même quelquefois ennoblie par le dévouement le plus généreux. La cour des rois mérovingiens était composée de *fidèles*, de *convives*, qui avaient l'honneur de s'asseoir à la table royale.

Les fonctions les plus recherchées de la vieille monarchie étaient celles de connétable, de grand panetier, de grand queux de France.

Les vicomtes de Lavedan ne se contentaient pas de recevoir chez eux, comme pages volontaires, les fils des nobles, leurs vassaux ; ils exigeaient encore le service forcé des paysans de leur seigneurie. Voici ce qu'on lit dans le Livre vert de Bénac :

« Art. 3. — Les garçons et filles seront tenus, excepté les « aînés, de servir le seigneur un an après qu'ils auront atteint

« l'âge de sept ans, ou de payer 5 sous morlàas, au choix du
« seigneur...

« ART. 11. — Les habitants ne pourront être valets ni ser-
« vantes d'autre personne que le seigneur, s'il veut les prendre
« en les payant ou en leur promettant des gages. »

Lorsque le seigneur était en guerre, tous les garçons et filles étaient tenus, à l'exception de l'aîné, de le servir pendant un an. « Si guerre ave, que los filhs et las filhas delsdits homes « et de lors successors, exceptat lo prumer, sien tengutz de « servir hun an aldiit senhor. » On ne fait pas de distinction entre le service militaire et le service personnel, puisque les filles sont obligées de servir comme les garçons; seulement, en temps de guerre, la faculté de se racheter pour une petite somme ne paraît plus accordée.

En Espagne un vieil usage, continué presque jusqu'à nos jours, obligeait les domestiques à rester toute leur vie chez leur maître, à moins qu'ils ne contractassent mariage. Dans ce cas, le maître leur servait de parrain. Cet usage, fréquent surtout en Galice, établissait entre le maître et les domestiques des devoirs réciproques. Le maître les aidait, les gardait, malgré leurs défauts, et ne les renvoyait jamais, même lorsque des infirmités les empêchaient de travailler. Les domestiques de leur côté se croyaient liés par un lien indissoluble de fidélité, « Considerandose ligados con un vinculo indissoluble de fide- « lidad, » dit un savant auteur, M. Nouguès, qui m'apprend ce fait. Ils se croyaient tenus d'obéir et même de souffrir les corrections manuelles, et ils regardaient les intérêts des maîtres comme les leurs.

Aujourd'hui en France le valet se croit autant que son maître; mais lorsque l'heure de la vieillesse et des souffrances a sonné, il a dans sa vie servi tant de maîtres que nul ne se souvient de lui au moment où il aurait besoin de secours.

II.

DROIT DE GUET.

Un service très-onéreux et que le seigneur réclamait souvent de ses tenanciers et sujets, c'était le *guet* ou la garde de nuit. Les ordonnances des rois durent réglementer le service de la garde nocturne. Il fallait garder les blés depuis le jour où ils étaient entrés dans la grange seigneuriale jusqu'au jour où l'on avait achevé de les battre. Il fallait veiller pour prévenir tout incendie; il fallait quelquefois monter la garde autour de l'appartement du maître pour éloigner de sa personne tout sujet de crainte pendant la nuit[1].

Les seigneurs en Bigorre exigeaient le service du guet, et avaient soin de se réserver ce droit pour les nouvelles maisons féodales qu'ils faisaient élever. Une charte du 1ᵉʳ juillet 1313[2] porte que, si le vicomte de Lavedan bâtit un château à Lugagnan, les habitants du lieu seront tenus de l'y garder et d'acheter les armes jugées nécessaires par deux prud'hommes de la ville, « ab dues prudomes de la viele. »

Les communes rurales et les vallées qui purent obtenir l'octroi de priviléges ne manquèrent pas de se faire accorder l'exemption du guet.

Ces usages féodaux furent adoucis soit par les progrès du temps, soit par les mœurs du pays. Voici ce qu'on lit dans un dénombrement du prieur de Saint-Lézer, en 1541[3] : « *Los de* « *Vic* (ceux de Vic) ont accoutumé, tous les ans, la vigile de « Saint-Lézer, venir avec quatre-vingts hommes armés d'armes « pour faire le guet, et le prieur leur a accoutumé bailler à « chacun une pinte de vin et demi *ardit* (liard) de pain. »

---

[1] Guérard, *Prolégomènes du Polyptyque d'Irminon*, p. 1117.
[2] *Glanages*, t. VI, p. 421.
[3] *Glanages*, t. XXI, p. 140.

J'ai trouvé encore dans les archives de Vic-en-Bigorre que le conseil avait décidé que, la veille de la foire, l'assemblée ferait le guet avec quatre-vingt-quatre hommes précédés d'un tambour et d'un violon.

Les redevances en Bigorre s'acquittaient quelquefois assez gaiement au milieu des danses et au son de la musique. Voici un fait assez étrange, et ce qu'il y a de plus singulier, peut-être, c'est que j'en trouve la constatation dans un arrêt du parlement de Navarre à la date du 15 mai 1746. Le couvent de Saint-Lézer et la ville de Vic étaient fort rapprochés. Il était utile de maintenir la bonne harmonie entre voisins. Avait-elle été jadis troublée? On l'ignore, mais voici l'usage qui s'était maintenu jusqu'à la fin du siècle dernier.

Chaque année les consuls de Saint-Lézer se rendaient sur la place de Vic.

L'un d'eux, genou à terre, offrait aux consuls de la ville treize gâteaux en disant :

> Treize gâteaux nous vous portons [1].
> Dix nous vous en donnons,
> Trois nous nous réservons.
> Paix et bonnes coutumes vous demandons.

Le premier consul de Vic relevait celui de Saint-Lézer, en lui répondant :

> Paix et bonnes coutumes nous vous accordons [2].

La ville faisait ensuite les frais d'un dîner, offert aux consuls de Saint-Lézer. Comme ils auraient pu avoir une suite trop nombreuse, on la limita à sept personnes. Quinze livres

---

[1] Tretze coques que bous pourtam,
Detz que bous en dam,
Et tres que nous reservam.
Patz et bounes coustumes que bous demandam.

[2] Patz et bounes coustumes que bous accordam.

étaient imposées pour les frais de ce banquet annuel. « Après
« le dîner, porte l'arrêt, on joue deux parties au truc, et si
« les consuls de Saint-Lézer gagnent la partie d'honneur, ils
« emportent les cartes au bout d'un bâton, en dansant; si,
« au contraire, les consuls de Vic gagnent la partie, ceux de
« Saint-Lézer mettent les capes[1] en signe de deuil, et ceux
« de Vic les conduisent tambour battant jusqu'au bout de la
« ville, et là, après une danse en rond, chacun se retire. »

III.

MASSIPIA.

Les vieilles coutumes de Bigorre punissaient sans doute les
attentats aux mœurs avec une extrême sévérité, mais les nobles
ne respectaient pas toujours la pudeur, ainsi qu'on a pu en
juger lorsque nous avons raconté le droit qu'avait un seigneur
de prendre lui-même tous les vêtements, jusqu'à la chemise, à
certaines dames assujetties à ce mode peu décent de rendre
hommage.

Nous avons consacré deux ouvrages spéciaux à deux questions curieuses : les *Massipia*[2] et le *Droit du seigneur*[3].

Nous allons refaire nos deux ouvrages épuisés, et compléter
nos recherches par des documents nouveaux que nous avons
eu l'heureuse chance de nous procurer.

Les *massipia!* j'ai traité le premier ce singulier sujet.

Les chemins de fer aujourd'hui ont rapproché les peuples.
Chaque saison ramène en foule les étrangers aux eaux ther-

---

[1] Strabon parle du manteau d'étoffe rude et de couleur noirâtre que portaient les Gaulois. Ce manteau, ou cape brune, s'est conservé chez nos montagnards. Paulin écrivant à Ausone et Fortunat en parlent. Sulpice Sévère le mentionne aussi. (*Histoire religieuse de la Bigorre*, p. 27 et 28.) Cette cape se met encore dans les enterrements, en signe de deuil.

[2] *Les Massipia*, Bordeaux, 1851.

[3] *Essai sur le Droit du seigneur*, Paris, Charavay, 1855.

males que la Providence a cachées comme un trésor dans les flancs des rochers, jadis inaccessibles, de la vallée de Baréges. Et souvent il arrive qu'on entend dire par des louangeurs du temps passé : « L'étranger nous apporte son or, mais il nous en-« lève notre innocence ; la civilisation nous a donné des routes, « mais ces routes ont rendu accessibles à tous les vices nos « sublimes solitudes, antique refuge de toutes les vertus. »

L'ignorance est toujours un mal et ne peut jamais produire un bien. Si dans nos montagnes, avant l'invasion des lumières florissaient des mœurs patriarcales, il faut convenir que ces mœurs étaient parfois, sous certain rapport, trop ressemblantes à celles des patriarches.

Prenons pour exemple les *massipia*. Cet usage, aussi immoral que peu connu, se conserva très-tard dans les vallées du Lavedan.

Et d'abord donnons la définition des *massipia*. Nous la trouvons dans Larcher. « Les *massipia*, dit-il, étaient des concubines « autorisées, par une coutume abusive et criminelle, dans le « pays de Lavedan, du moins chez les gentilshommes, pour en « jouir et leur rendre d'autres services, moyennant une récom-« pense en fonds de terre ou en argent [1]. »

Larcher ne recherche pas l'origine du mot *massipia*. L'analogie entre *mancipa* et *massipia* est évidente. Juvénal[2] emploie *massiparius* pour *manciparius*. Le *mancipium* était primitivement le pouvoir du *pater familias* : « habere in mancipio. » Plus tard ce mot s'est appliqué au sujet même du pouvoir en question. On trouve souvent dans Plaute *mancipium* pour dire une fille de plaisir, toujours prise parmi les esclaves et les affranchies.

Dans le moyen âge le mot *mancipa* est employé pour signifier

---

[1] *Glossaire*, lettre M, p. 299. (Archives des Hautes-Pyrénées, à la préfecture.)
[2] *Satire* XI, v. 147.

« courtisane, servante[1]. » Diverses chartes du pays appellent *massip* un jeune domestique.

Voici un acte authentique dont nous donnerons le texte, et que nous traduisons littéralement : « L'an 1462 et le 27 du « mois d'avril, dans le lieu de Beaucens, que ce soit chose « connue à tous que certaines conventions ont été faites entre « Augé de Carassus, de Beaucens, d'une part; et Augé d'Abadie, « de Visos en Baréges, d'autre part, au sujet de certains ar- « rangements relatifs à une fille dudit Augé de Carassus, nom- « mée Gailhardine, que ledit Abadie de Visos prend pour le servir « pendant l'espace de quatre ans, aux conditions suivantes :

« Et premièrement, si par aventure ledit Augé d'Abadie ne « peut avoir d'enfants de ladite Gailhardine pendant lesdits « quatre ans à partir de la fête de Toussaint prochaine, il « sera tenu et obligé de payer à ladite Gailhardine et à son « ordre, la somme de 9 florins de 10 sous et un lit garni suivant « les us et coutumes de la terre de Baréges.

« *Item*, fut convenu que, si ledit Augé avait des enfants de « ladite Gailhardine pendant ce temps-là, il doit lui donner « le nécessaire suivant les us et coutumes de la terre.

« *Item*, fut convenu que, si par aventure ledit Augé et la « femme qu'il a présentement se séparaient par la mort, ce qu'à « Dieu ne plaise! en ce cas ledit Augé soit tenu de prendre « pour épouse ladite Gailhardine et de la faire héritière de tout « ce qu'il possédera après sa fin.

« *Item*, fut convenu que, si quelque empêchement survenait « à l'une desdites parties, l'une serait tenue de l'avouer à l'autre

---

[1] *Mancipia, meretrix*. « Constituimus ne aliquis tenens stupres recipiat meretri- « cem publicam seu *mancipam*, nisi duntaxat una die, scilicet in singulis septi- « manis die lunæ. » (*Statuta massil.* l. V, c. xiii.) — « *Mancipia*, servi homines. » (*Capitul.*) — « *Mancipia*, serva. » (*Præceptum Lotharii regis*, an. 856, dans Mar- tène, t. I, col. 146.)

« et l'autre à l'autre, devant leurs seigneurs et amis, d'après les
« conventions ci-dessus écrites, et le premier payement sera de
« suite de 14 florins et d'un lit garni de bonne qualité, à
« l'estimation des amis, et le reste selon l'usage du pays, c'est
« à savoir d'abord à la Toussaint, et le second payement de
« 15 florins ensuite, jusqu'à ce que ladite somme soit entière-
« ment payée.... . . »

Cet acte a-t-il été inventé? Je ne le crois pas. Larcher indique avec soin les sources où il prend ses documents. Il a trouvé le texte dans les registres de Pierre de Burg, notaire de Villelongue au xv° siècle; il le reproduit sans commentaire. Larcher était exact. J'ai vérifié moi-même, dans des maisons particulières, des chartes qu'il avait copiées, et tout était reproduit avec autant de fidélité que d'intelligence.

Larcher possédait la confiance des états de Bigorre, et son travail était commandé dans un intérêt public. Il n'aurait pas osé compromettre sa position en affirmant faussement qu'il avait copié un acte qui n'aurait pas existé dans les registres, alors faciles à vérifier.

Larcher enfin était étranger au pays; il lui fallut du temps pour apprendre à lire des pièces écrites dans l'idiome local, et il n'aurait pas su imiter la langue bigorraise du xv° siècle.

Ce contrat indique-t-il un fait bizarre, accidentel, ou bien un usage répandu dans la contrée? Tout semble annoncer que les *massipia* étaient acceptés par les mœurs du pays. Pour rédiger ces conventions étranges, c'est à un notaire qu'on s'adresse. En cas de difficultés, c'est au seigneur que les parties contractantes devront soumettre leur différend. Enfin on s'en réfère aux us et coutumes de la terre de Baréges.

Larcher ne cite pas d'autre contrat aussi formel, aussi complet; mais il fait mention de plusieurs stipulations de même nature. Il rappelle notamment un acte passé le 14 septembre 1476, par Guillaume de Sérélo, notaire, dans lequel il est convenu entre noble Jourdain de Casaubon et Amanibe de Minbièle, assistée de son père et de son oncle, que ladite Amanibe servirait ledit Casaubon *carnaumentz et totz autes services*, « char« nellement et pour tous autres services, » et que ledit Casaubon s'obligeait de son côté à lui donner 50 florins de 9 sous bons, s'il venait à prendre femme ou s'il mourait avant elle.

J'ai longtemps cherché des documents pour confirmer l'opinion de Larcher. Après bien des recherches inutiles, j'en ai trouvé un très-curieux dans un livre où je ne m'attendais guère à le rencontrer.

Voici ce que dit Guyot de Pitaval[1] (je copie) : « En l'an 1297, « on fit, dans le comté d'Armagnac, un mariage pour sept « ans entre un gentilhomme et une demoiselle de la même « condition. Ils se réservaient la liberté de prolonger le mariage « au bout de sept ans s'ils s'accommodaient l'un de l'autre. Il « était porté dans ce contrat que, s'ils se séparaient au bout de « ce temps-là, ils partageraient par moitié les enfants, mâles « et femelles, qu'ils auraient mis au monde; si par hasard le « nombre se trouvait impair, le surnuméraire tombait en par« tage à l'un des deux, par la voie du sort. Ce contrat de mariage « pour un certain temps est dans la Bibliothèque du roi. Bien « des gens voudraient que ces mariages-là fussent autorisés[2]. »

---

[1] *Esprit des Conversations agréables*, par M. Guyot de Pitaval, Paris, 1731, t. II, p. 315.

[2] Je dois dire que j'ai fait rechercher cet acte de 1297 aux Archives de l'Empire. M. de Mas-Latrie n'avait connaissance de l'existence d'aucun titre analogue dans le riche dépôt qu'il connaît si bien. Rien n'a pu être découvert, malgré des investigations faites avec autant de science que d'obligeance. M. Léopold Delisle, de l'Institut, a bien voulu, de son côté, faire compulser les manuscrits de la Bibliothèque impériale. Il me répond : « Je crains bien que le contrat de mariage de l'an « 1297 ne soit une invention de quelque plaisant du XVIII siècle, ou du moins « qu'il n'ait été mal interprété par Guyot de Pitaval. Dans tous les cas, je n'en ai

Le comté d'Armagnac touchait à celui de Bigorre. Le voisinage entraîne les analogies de mœurs. Les *massipia* devaient être plus en usage au xiii° siècle qu'au xv°; mais nos registres de notaires ne remontent pas si haut et les chartes de cette nature sont devenues d'autant plus rares, qu'on a dû tenir fort peu à les conserver parmi les papiers de famille, lorsque les mœurs se sont épurées à mesure que l'ignorance devenait moins grossière.

L'acte que nous reproduisons offre cette particularité remarquable qu'on pouvait contracter un mariage subsidiaire en ajoutant à l'épouse légitime une concubine pour un temps déterminé, avec la promesse d'une survivance éventuelle.

D'où peut venir cet usage local? Nul auteur ne l'a connu, nul n'a donc pu chercher à en expliquer l'origine.

Les *massipia* en Bigorre offraient, en général, trois caractères :

Le concubinat consacré solennellement;

Une femme achetée pour des services conjugaux;

Une union temporaire et limitée.

Le caractère d'un concubinat légalement reconnu se retrouve chez les Romains. Dans les premiers temps il était permis, à Rome, à toutes sortes de personnes, d'avoir une concubine « quæ uxoris loco sine nuptiis in domo esset[1]. » Le concubinat entre deux personnes libres est nommé *licita consuetudo*. Constantin le premier défendit aux gens mariés d'avoir des concubines. Justinien dit bien que cette défense existait

---

« pas la moindre connaissance, et le banal renvoi que l'auteur fait à la Bibliothèque
« du roi ne fournit aucun moyen de contrôler son assertion. »

J'avoue que cette anecdote isolée me toucherait peu, mais, rapprochée des *massipia*, que Guyot ne connaissait pas, elle me paraît ajouter une grave présomption de plus à la sincérité de Larcher.

[1] L. 144, *De verborum significatione*. l. 1, § 4; l. III, ff. *De concubinis*.

dans l'ancien comme dans le nouveau droit; mais par l'ancien droit il entendait la loi de Constantin. Ce fut Léon le Philosophe qui prohiba le concubinat pour toutes sortes de personnes; mais, pendant des siècles, nous voyons, dans les mœurs romaines, des concubines, reconnues et approuvées, porter le nom de *injusta uxor sed legitima*, par opposition à l'*uxor perfecta et legitima*.

Le second caractère, d'un prix payé par l'homme à la femme pour l'aliénation de sa personne ou pour don de sa virginité, n'a rien non plus d'extraordinaire.

On sait qu'à Rome la forme du mariage la plus ancienne et la plus solennelle était celle du mariage « per coemptionem [1]; » c'était la plus honorable pour la femme. Dans ce mode de mariage, le mari achetait sa femme et payait à son beau-père une sorte de dot, qui était le prix de l'aliénation. La femme ainsi mariée était appelée *justa uxor, tota uxor, mater familias*.

Dans le droit germanique nous trouvons le *morgengabe*, « matutinum donum, » dit Grégoire de Tours, présent du matin, que le mari faisait à la femme le lendemain des noces.

Le troisième caractère d'une union temporaire et limitée se rencontre dans les usages des diverses tribus. Strabon, Dion, saint Jérôme, s'accordent à faire un triste tableau de la licence des mœurs celtiques. D'après O'Connor, la polygamie était permise chez eux; d'après Darrick, ils changeaient de femme une ou deux fois par an; d'après Campion, ils se mariaient pour un an et un jour. Dans les Hébrides et autres îles, l'homme prenait la femme à l'essai pour un an; si elle ne lui convenait pas, il la cédait à un autre.

---

[1] « Quippe cum tribus modis contraherentur nuptiæ, usu, coemptione et confarreatione; per coemptionem uxor in viri familiam transit, quare mater familias dicta, quæ in mariti manu et mancipio sit. » (Alexandri ab Alexandro *Genialium dierum libri sex*. Parisiis, 1570, p. 58 recto.)

M. Delpit, dans son livre sur le droit du seigneur[1] dit dans une note : « Les chrétiens d'Orient se servaient très-souvent, malgré les prescriptions de l'Église, d'un mariage temporaire fort usité chez les musulmans sous le nom de *metaah*, et que les chrétiens appelaient mariage *alla carta*, c'est-à-dire par une promesse écrite et autorisée par le cadi. Dans ces contrats, l'homme s'obligeait à prendre une femme pour un certain temps et moyennant une somme convenue[2]. »

Dans les Pyrénées, de nos jours encore, nous avons des Bohémiens qui conservent le mariage de la cruche cassée. Au milieu des parents et des amis rassemblés, une cruche est jetée en l'air, et le mariage dure autant d'années qu'elle a laissé de débris en tombant. C'est ce qui a fait dire à un poëte béarnais :

> U bieilh toupi quous sert de curé, de noutari.
>
> « Un vieux pot leur sert de curé, de notaire. »

Ainsi donc ailleurs nous trouvons bien des traits épars de ressemblance avec les *massipia*, mais où trouverons-nous une analogie parfaite ?

D'où cette étrange coutume du Lavedan peut-elle venir ? Des Romains ou des Celtes ? C'est avec les mœurs patriarcales qu'elle nous paraît avoir le plus de rapport.

L'exemple des patriarches autorisait la polygamie chez les Hébreux. Les rabbins prétendent qu'avant le déluge chaque homme avait deux femmes. Les Israélites permettaient d'avoir, à côté de la femme légitime, une femme de second ordre. Aussi Abraham, à côté de Sara, avait-il Agar et Cethura. David avait sept femmes et dix concubines. Salomon eut jusqu'à sept cents femmes et trois cents concubines.

---

[1] *Réponse d'un campagnard à un Parisien, ou Réfutation de M. Veuillot sur le droit du seigneur*, p. 266.

[2] D'Herbelot, *Bibliothèque orientale*, p. 473 et 581.

Presque tous les hérétiques ont attaqué le mariage. Les uns, comme les Nicolaïtes, voulaient la communauté des femmes; les autres, comme les Maronites, voulaient, en prescrivant une continence impie, éviter de remplir le monde. Les uns disaient qu'il fallait imiter le Seigneur en restant chaste toute la vie; les autres soutenaient que l'on pouvait vivre comme on voulait en obéissant à tous les instincts de la nature.

Nos vallées reculées ont été souvent le refuge des hérésies persécutées ailleurs. Les erreurs et les préjugés étaient plus vivaces dans les montagnes, parce que les lumières de la civilisation y arrivaient plus lentement.

Ne pourrait-on pas trouver l'origine des *massipia* dans la réminiscence de quelque hérésie qui aurait voulu faire revivre les mœurs patriarcales?

Nous n'oserions admettre cependant, après y avoir réfléchi, une telle conclusion.

Nous avons parlé des bâtards des nobles; nous allons parler du droit du seigneur: ces licences de mœurs s'accordaient aussi bien, au moyen âge, avec les idées de nos gentilshommes montagnards, qui se croyaient tout permis, qu'elles paraissent révoltantes à une époque où le vice est loin d'être abandonné, mais où la raison publique repousse tout ce que la morale défend.

CHAPITRE V.

I. Le droit du seigneur. Controverse. Lettre inédite de M. Dupin. — II. Ce droit a réellement existé en Europe et notamment dans les Pyrénées. — III. Il n'a jamais ni nulle part été érigé en loi. — IV. Il n'a pas été exigé par des seigneurs ecclésiastiques. — V. Origines et caractère de ce droit prétendu.

I.

LE DROIT DU SEIGNEUR. — CONTROVERSE. — LETTRE INÉDITE DE M. DUPIN.

Le droit du seigneur doit-il figurer parmi les redevances que la tyrannie féodale imposa aux serfs de la Bigorre?

Ici s'élève une difficulté qui ne tient pas seulement à l'histoire spéciale des Pyrénées, mais qui intéresse encore l'histoire générale de l'Europe au moyen âge. Son importance sera une excuse pour la longueur des développements dans lesquels je crois devoir m'engager.

Le droit du seigneur a-t-il jamais existé? A-t-il été autorisé par la loi, la coutume ou l'usage?

Cette double question, souvent traitée légèrement par les hommes du monde, avait été rarement l'objet de l'attention sérieuse des savants, lorsque tout à coup, il y a quelques années, elle fut soulevée au sein de l'Institut; elle eut le don de passionner un instant les esprits, et la presse lui donna un grand retentissement.

Les passions politiques envahirent le domaine paisible de l'histoire. On écrivit beaucoup dans un sens et dans l'autre. Nul ne put se vanter d'avoir converti ses adversaires. La lutte s'est affaiblie, mais la controverse dure toujours. Le dernier mot n'est pas dit encore. C'est une solution à chercher.

Il eût été décent peut-être de ne pas faire tant de bruit sur un pareil sujet; mais puisque la question est posée, il faut la résoudre. Je vais l'examiner avec la froide impartialité du magistrat, qui ne se décide qu'à la vue des titres et après avoir mûrement pesé les preuves et les objections.

M. Bouthors a fait paraître un livre intitulé *Coutumes locales du bailliage d'Amiens*. En 1854 M. Dupin aîné rendit compte de ce savant ouvrage à l'Académie des sciences morales et politiques. Dans son rapport, M. Dupin commence par faire une appréciation très-juste du moyen âge, longtemps trop négligé et peut-être trop méprisé. Il rend hommage aux précieux travaux des bénédictins de Saint-Maur, qui sont venus bien tard et qui ont disparu trop tôt. Il se félicite que, depuis quelques années, le moyen âge soit revenu à la mode; il développe les progrès des études historiques en France et fait une intéressante analyse de l'œuvre de M. Bouthors.

Cependant voici un passage qui a soulevé des tempêtes et que nous croyons devoir reproduire textuellement.

« M. Bouthors, dit M. Dupin, n'a relevé que les dispositions « qui lui ont paru essentielles ou qui se distinguent par leur « singularité, par exemple le droit du seigneur d'exiger le « tribut de la première nuit des noces, et *est ledit droit appelé* « *droit de culage*. . . . .

« Que les amis posthumes de la féodalité ne viennent pas « dire que ce sont là des fables ou des exagérations inventées « par les adversaires de l'ancienne aristocratie seigneuriale! « On peut contester certains récits, qui ne se trouvent que dans « des chroniqueurs crédules, ou dans quelques écrivains pas-« sionnés; mais quand de *tels faits sont écrits* DANS LES LOIS, où « *ils sont qualifiés* DROITS, *quand le texte de ces lois est authen-« tique et qu'il est produit,* le rôle officieux de la dénégation « devient impossible.

« *Ce qu'il y a de plus scandaleux, c'est que les seigneurs, même
« ecclésiastiques, prétendaient à l'exercice de ce droit.* J'ai vu, dit
« Boerius [1], juger dans la cure de Bourges, devant le métro-
« politain, un procès d'appel, où le curé de la paroisse pré-
« tendait que, de vieille date, *il avait la première connaissance
« charnelle avec la fiancée,* laquelle coutume avait été annulée
« et changée en amende.

« C'est ainsi que, pour la représentation du même droit, les
« officiers de l'évêque d'Amiens se contentaient *d'exiger de toutes
« les personnes nouvellement mariées une indemnité pour leur per-
« mettre de coucher avec leurs femmes* la première, la deuxième et
« la troisième nuit de leurs noces [2]. Mais un arrêt du parle-
« ment, du 19 mars 1407, leur interdit l'exercice de ce droit [3].
« Ce même auteur cite plusieurs autres exemples. »

Ces paroles empruntaient une grande importance au caractère du magistrat qui les avait prononcées. Le 2 mai 1854,
M. Allouri, dans le *Journal des Débats,* disait, en parlant de
l'ouvrage de M. Bouthors, que « la savante et curieuse analyse
« de M. Dupin suffisait pour faire apprécier les renseignements
« qu'on pouvait puiser dans ce livre sur les droits des seigneurs
« et sur les mœurs de ces siècles, que l'on ne craignait pas
« aujourd'hui de proposer en exemple au nôtre. »

C'était mettre le moyen âge en cause et jeter la pierre à
ses apologistes.

M. Louis Veuillot, rédacteur de *l'Univers,* combattit de la
manière la plus piquante l'opinion soutenue par M. Dupin.
Il prétendit énergiquement que le droit du seigneur *n'avait
existé ni toujours, ni quelquefois, ni partout, ni quelque part.*

L'ardeur de la réfutation provoqua l'attention du public et

---

[1] Décision 297.
[2] Bouthors, t. I, p. 469.
[3] Laurière, *Glossaire du droit,* t. I, p. 308.

de la presse sur cette question, tout à coup rajeunie. Pour la traiter à fond, M. Louis Veuillot lui consacra un volume de 467 pages. Voici ce qu'il cherchait à y démontrer : « Le droit « du seigneur, tel qu'on le suppose, n'a jamais existé. Tout ce « qu'on dit est pure invention, pur mensonge, pure ignorance. « Tel qu'il a existé réellement il a été une chose légale, naturelle, « innocente; il existe encore plutôt corrompu que purifié. »

Le livre de M. Veuillot obtint un grand succès, car, ainsi qu'on l'a dit, il était sérieux comme une histoire, entraînant comme un roman, amusant comme un pamphlet, mordant comme une satire, vigoureux comme une revanche.

L'ouvrage de M. Bouthors, présenté au concours sur les antiquités nationales, remporta une médaille à l'Académie des inscriptions et belles-lettres.

Le regrettable Berger de Xivrey, rapporteur de l'Académie, traite, en passant, la question du droit du seigneur et n'hésite pas à la résoudre comme M. Veuillot. « Ce droit[1], dit-il, dont « les modernes se sont beaucoup plus occupés que ceux qui le « payaient et ceux qui le percevaient, était donc une taxe et un « symbole, rien de plus. Enfin l'intention d'introduire dans « les coutumes qui régissent des peuples un moyen sournois « de satisfaire légalement d'impudiques désirs aurait été une « idée qu'il n'est pas permis de supposer au régime féodal. »

Au moment où la lutte était le plus animée, j'osai intervenir dans la question par quelques articles insérés dans un journal sérieux, le *Droit*, et par une brochure intitulée *Essai sur le droit du seigneur, à l'occasion de la controverse entre M. Dupin et M. Veuillot*.

Le savant qui a le plus approfondi la question, mais qui, en réfutant les vivacités de langage de M. Veuillot, les a dépassées

---

[1] *Séance annuelle de l'Académie des sciences et belles-lettres*, 1854, p. 86.

peut-être, M. Delpit[1], semble m'accuser de n'en avoir pas dit assez; je ne veux pas lui reprocher d'en avoir dit un peu trop.

Voici ce que m'écrivit M. Dupin, dans une lettre autographe en réponse à l'envoi de mon opuscule :

« Je vous remercie de m'avoir envoyé votre brochure. Si
« M. Veuillot avait discuté de cette manière, je n'aurais pas
« eu à me plaindre; mais il a procédé par l'injure, de manière
« à mériter qu'on lui dise :

Tant de fiel entre-t-il dans l'âme des dévots!

« Je n'entends soutenir de controverse avec personne sur cette
« question *en soi*. Je ne l'ai point créée. Je l'ai trouvée dans un
« livre dont j'ai rendu compte comme d'un fait dont j'étais le
« narrateur et non l'inventeur.

« Vous-même convenez avec bonne foi qu'un assez grand
« nombre d'auteurs ont aussi présenté le fait comme ayant
« existé. A ceux que vous citez il faut ajouter Merlin, qui certes
« ne manquait pas de science.

« Maintenant, si ces auteurs se sont trompés, réfutez-les; ré-
« futez Boerius, Dalloz, Chateaubriand, Laurière, Merlin, etc.

« Je ne répliquerai pas pour eux; mais je trouve que
« M. Veuillot a passé toutes bornes envers moi, en me prenant
« corps à corps, comme si j'avais entrepris *à priori* d'accuser
« le clergé du fait allégué par ces auteurs. J'AI DIT SEULEMENT
« QU'ILS AVAIENT DIT.

« Le fait même dans les auteurs qui l'ont historiquement
« affirmé n'est pas imputé *au clergé,* mais seulement à quelques
« ecclésiastiques *seigneurs de fiefs,* qui, trouvant le prétendu
« droit *attaché à la seigneurie,* l'ont allégué en nature pour
« l'avoir en argent, ce qui a rendu nécessaire de le supprimer

---

[1] *Réponse d'un campagnard à un Parisien*, ou *Réfutation de M. Veuillot sur le droit du seigneur*, in-8°. Paris, 1857.

« même sous cette forme. Le reste du clergé est parfaitement
« désintéressé... Paris le 3 avril 1855. »

M. Dupin ne semble-t-il pas reculer après s'être trop avancé? Quand même il n'aurait dit que ce que d'autres avaient dit, est-ce qu'il ne retirait pas de l'ombre des allégations qui sans lui y seraient restées? Est-ce qu'il ne leur donnait pas le poids de sa science, l'autorité de son nom?

Mon opinion était trop modérée pour plaire aux hommes de parti, mais elle était basée sur des documents trop sérieux pour ne pas obtenir des adhésions dont je suis fier. Après avoir reproduit les pièces que j'ai publiées, M. Henri Martin, notre célèbre historien, s'exprime ainsi : « L'existence du droit
« du seigneur était donc ce qu'on peut appeler de notoriété
« historique; il manquait des preuves directes; on voit que ces
« preuves ne manquent plus [1]. »

Qu'on m'excuse de citer une lettre que m'écrivait M. Laferrière, l'auteur de l'*Histoire du droit,* sans en rien supprimer, pas même des expressions trop flatteuses qui ne me sont précieuses que comme témoignage d'une extrême bienveillance.
« J'ai lu, dit il, votre dissertation, qui contient les observations
« les plus judicieuses sur la question et donne en même temps
« des documents d'un haut intérêt. Nulle part la question sou-
« levée par M. Veuillot n'est traitée avec autant de justesse et
« de lucidité : vous avez dit le dernier mot à cet égard. *Pas de*
« *loi, pas d'usage autorisé par l'Église, mais des actes particuliers*
« *et des chartes locales constatant le fait érigé en droit : voilà bien*
« *la vérité.* »

Cette approbation de mes idées m'a excité à compléter mon travail. J'ai fait faire des recherches à l'étranger; j'en ai fait moi-même dans nos archives, et je crois pouvoir apporter

---

[1] *Histoire de France,* 4ᵉ édition, t. V, p. 568.

dans une question qui semblerait épuisée quelques documents nouveaux.

II.

CE DROIT A RÉELLEMENT EXISTÉ EN EUROPE ET NOTAMMENT DANS LES PYRÉNÉES.

« Le droit du seigneur est un non-sens qui ne peut être
« employé, dit M. Anatole de Barthélemy. Il y a une foule de
« droits du seigneur. Chacun portait un nom spécial. Le privi-
« lége de s'emparer, pour la première nuit des noces, de la
« femme de son vassal serait un privilége sans nom déterminé. »

On parle pour être compris. Lorsqu'une expression est consacrée par l'usage, il faut bien l'accepter, et M. de Barthélemy lui-même a intitulé son article : *Le Droit du seigneur* [1].
C'est une dénomination honnête, qui a prévalu dans le monde
sur des noms divers et grossiers, qu'on retrouve dans les vieux
livres.

Je ne croyais pas qu'il fût nécessaire d'expliquer ce que l'on
doit entendre par *droit du seigneur*. Cependant, rejetant la définition vulgaire, Louis Veuillot veut trouver à des mots expri-
mant l'abus le plus infâme l'origine la plus sainte. L'Église,
suivant lui, avait exigé que les trois premières nuits des noces
fussent consacrées au Seigneur; c'était le droit du *seigneur* Dieu.

Sur un sujet ancien il faut se méfier de ceux qui croient
voir le contraire de ce que les yeux les plus exercés avaient vu
avant eux. Quel que soit le nom, examinons la chose. Peut-
on dire, avec M. Veuillot, que le droit du seigneur n'a existé
« ni toujours, ni quelquefois, ni partout, ni quelque part;
« que c'est pure invention, pur mensonge, pure ignorance? »

Par honneur pour la mémoire de nos pères, j'aurais voulu
pouvoir dire que l'éminent publiciste avait raison, et je dois

---

[1] *Revue des questions historiques*, t. I, p. 95. 1866.

démontrer qu'il s'est trompé. En voulant trop prouver, souvent on dépasse le but que l'on se proposait d'atteindre. En matière historique, comme en toute chose, il faut dire la vérité. Pour la trouver, il faut la chercher de tous les côtés et ne pas affirmer d'avance qu'elle ne peut se rencontrer que là où l'on désire la découvrir.

M. Veuillot a écrit d'admirables choses sur la sainteté du mariage, sur la pompe, la révérence, l'honneur dont l'entourait l'Église du moyen âge. Il a voulu puiser dans cette législation religieuse un argument contre M. Dupin.

Ne pourrait-on pas lui répondre que, si le respect du mariage semble exclure la possibilité de l'existence du droit du seigneur, le mépris des saintes règles et des désordres tels que les *massipia* rendent vraisemblables toutes sortes d'abus ?

La croyance populaire à l'existence d'un droit féodal étrange, impie, ne se serait pas si généralement répandue et n'aurait point persisté si vivement jusqu'à nos jours, si elle n'avait eu pour base que la pure ignorance et les inventions des détracteurs posthumes de l'aristocratie féodale.

Au moyen âge l'assujettissement personnel du vassal envers le seigneur dont il devenait l'homme avait été poussé si loin, qu'il excita les réclamations de l'Église, chargée de défendre les principes de la fraternité chrétienne. Dumoulin et nos vieux jurisconsultes protestèrent contre cette sorte d'esclavage, vieux débris de l'ancienne servitude, si dégradante pour la nature humaine.

Le pouvoir seigneurial avait, dans certains lieux, dépassé toutes les bornes. Or quelle est la puissance humaine qui, se sentant la force de tout faire, n'a quelquefois l'audace de tout oser ? Les excès des amis de la liberté à une époque de civilisation n'ont-ils pas égalé les excès de la tyrannie féodale au moyen âge ?

Il serait étrange que le droit du seigneur n'eût existé nulle part et qu'on en retrouvât des traces partout.

En Belgique, le savant jésuite Daniel Papebroek parle du *jus primæ noctis* en termes très-positifs; il dit que la loi chrétienne a fait disparaître l'abus odieux et païen qui accordait au seigneur la première nuit de la nouvelle mariée[1].

En Allemagne, Jacob Grimm dit formellement que le maire doit être invité à toutes les noces, puis il ajoute : « Quand les « convives se seront retirés, le nouvel époux laissera coucher « le maire avec sa femme, sinon il la rachètera pour cinq « schellings et quatre pfennings[2]. »

J'ai fait faire des recherches dans les bibliothèques et les archives de Berlin par un savant allemand. Sans faire après lui de l'érudition facile en citant des auteurs peu connus en France, j'en arrive à la conclusion : « Il est évident que le droit du « seigneur n'a jamais été reçu en Allemagne comme un droit, « mais qu'il a été pratiqué quelquefois *per nefas*[3]. »

En Russie ce droit a-t-il existé? Voici ce que dit Evers, dans son *Ancien droit des Russes*[4] : « Abolition du droit princier. Une « nouvelle preuve remarquable de l'activité politique de la « grande-duchesse Olga se trouve ainsi rapportée : Dans ce « temps-là (en 964), Olga abolit le droit princier; elle ordonna « de n'accepter du fiancé qu'une martre noire. Non-seulement « le prince, mais encore le boyard la recevaient du sujet[5]. »

---

[1] « Quamvis enim lex christiana fœdum avitæ gentilitatis abusum sustulerit, quo « primus concubitus domino deferebatur, remansit tamen jus certi nummi. . . » (Daniel Papebroek, *Acta sanctorum aprilis*, t. III, p. 822. — Delpit, p. 64.)

[2] *Antiquités du droit allemand*, p. 384. — G. Keyseler, *Antiquitates selectæ*, Hanoveræ, 1720, p. 484.

[3] « Es steht fest dasz das fragliche *jus* in Deutschland nie als Recht fixirt gewesen, « sondern nur *per nefas* hie und da zur Anwendung gebracht worden ist. »

[4] Evers, *Das aelteste Recht der Russen*, p. 70.

[5] Schlosser, l. V, p. 127.

LOIS FÉODALES. 393

« Tatichtcher ¹ dit, en parlant de cette ordonnance, qu'on
« ne peut savoir d'une manière sûre ce que c'était que le droit
« princier. Il présume que cela concerne l'usage des anciens
« peuples selon lequel la première nuit des fiancées serves
« appartenait au seigneur. »

Evers, après avoir dit que le droit du seigneur a été exercé
ailleurs, même en France, parle de l'impôt substitué plus
tard à l'odieux usage, et nous apprend qu'en Russie la redevance due par le fiancé au seigneur de sa fiancée serve est
encore appelé aujourd'hui « don de martre, » *Mardergabe*, en
russe, дань.

La vieille tradition de l'origine de ce rachat de la première
nuit des noces existe toujours dans la petite Russie, notamment à Kiev.

En Italie, Laurière prétend que des seigneurs du Piémont
exercèrent ce droit, connu sous le nom de *cazzagio* ².

L'avocat Rastelli rapporte que les comtes d'Acquasana soulevèrent l'indignation de leurs vassaux, en exigeant le maintien du droit très-inique, nommé *fodero*, en vertu duquel
les prémices du mariage étaient réservées au seigneur ³.

L'abbé Ghilini raconte le même fait dans les termes les
plus précis ⁴.

Nous parlerons plus loin de l'Angleterre. Occupons-nous ici

¹ En russe Татищеръ.
² Laurière, *Glossaire du droit*, t. I, p. 307.
³ « Trà le altre gravezze se mantevano in possesso d'una legge iniquissima, detta
« del *fodero*, in virtù della quale erano obbligate tutte le novelle spose di dare al
« conte padrone le loro primizie. » (Sincère Rastelli, *Il Fodero o sia jus sulle spose
degli antichi signori*, Paris, 1788, in-12.)
⁴ « No potevano piu soffrire il disonesto e tirannico vivere de' conti di Acqua-
« sana, loro signori, li quali non contentandosi di riscuoter da' loro sudditi li carichi
« ordinarj, volevano anche ricoverare i personali, dalle divine ed humane leggi
« prohibiti, e goder le primizie delle virgini che andavano a marito. » (*Annali di
Alessandria* da Giralomo Ghilini, Milano, 1666, in-folio, p. 36.)

de l'Espagne, dont les mœurs se rapprochent le plus des mœurs des vallées pyrénéennes.

Un savant magistrat espagnol, M. Nouguès, en publiant une traduction de mon livre[1], l'a enrichie d'une dissertation historique, plus digne d'être traduite que mon modeste essai. C'est un travail curieux. J'aurais voulu pouvoir n'en retrancher que les expressions de sa trop courtoise amitié pour un admirateur de son talent et de son érudition; mais je dois me réduire à n'en citer que des passages : « Nous ne croyons pas, « dit il, devoir nous borner à une simple traduction; nous allons « y ajouter quelques notes historiques relatives à notre pays, et « compléter ce tableau d'un abus qui malheureusement ne s'est « pas renfermé dans les Pyrénées, mais qui a franchi la frontière « et est venu souiller une de nos plus belles provinces. En faisant « cette addition, nous procéderons avec impartialité, nous imi- « terons M. de Lagrèze, qui regarde comme une vérité historique « que ce qu'on a mal à propos nommé un droit ne fut qu'un « abus et non une règle générale; que si quelquefois on a osé « l'invoquer et le constater par écrit, ce ne fut qu'en vertu du « désordre qui régnait dans ces temps où le pouvoir royal était « destitué de force et d'énergie.

« Dans les époques tourmentées que nous venons de traverser, « on a prétendu faire retomber sur les seigneurs la honte de « certains droits et de certaines redevances du moyen âge. Nous « qui n'avons l'intention de flatter personne, ni le désir de cacher « aucune vérité, nous dirons à quoi se réduisait en Espagne « cette humiliation du genre humain, cette prostitution revêtue « de légalité. C'est avec raison que s'étaient alarmés des hommes « qui, considérant la famille comme la base de la société, s'in-

---

[1] « Ensayo historico juridico sobre el titulado *Derecho del señor*, escrito por « M. Gustavo Bascle de Lagrèze, traducido por el Dr Dn Mariano Nougues y Secall, « auditor de guerra, Madrid, 1858. »

« dignaient de la pensée qu'il y eût eu un temps où le lit con-
« jugal fut déshonoré avec apparat et solennité.

« Nous nous empressons de dire que nous n'avons trouvé
« aucun document duquel on puisse faire résulter que le droit
« du seigneur fut connu en Aragon. Comment, en effet, eût-il
« pu exister dans un royaume où les chevaliers étaient les com-
« pagnons du roi, où régnait une justice à laquelle auraient pu
« immédiatement recourir ceux qui auraient été menacés d'une
« pareille infamie? En Aragon il y eut des vassaux; il y eut des
« seigneurs qui montrèrent dans certaines occasions une dureté
« excessive, mais jamais ils n'osèrent porter atteinte à la pudeur
« des nouvelles épouses, parce que toujours, parmi nous, la
« femme reçut une espèce de culte. Le droit de viduité, qui
« lui était accordé comme une représentation de l'époux défunt,
« était incompatible avec toute profanation du lit conjugal.

« La Navarre non plus ne fut pas souillée de cette infamie.
« Les vilains, qu'ils fussent hommes du roi, d'une abbaye ou
« d'un noble, payaient des redevances; la plus pénible était celle
« du travail, la corvée; mais aucune n'avait rien de dégradant
« pour la dignité humaine. Nous ne trouvons dans les annales
« de cette nation, qui fut réunie à l'Aragon jusqu'à la mort
« d'Alphonse le Castillan, rien qui nous révèle un pareil
« outrage à l'union la plus sainte, à l'union qui assure à la
« société sa perpétuité et qui est pour l'homme la plus solide
« base du bonheur de la vie.

« Dans la Castille non plus nous ne trouvons pas de vestige
« de ce droit honteux. Les seigneurs castillans ont pu faire
« preuve de violence et d'orgueil, ils ont pu commettre des
« excès; mais nous ne croyons pas que chez eux, comme dans
« d'autres pays, l'impudicité ait été organisée de manière à
« immoler l'honneur de la jeune fille à la déplorable nécessité
« de la prélibation. Loin de voir ce droit établi, nous le trou-

« vons indirectement combattu par la loi. Dans les *Siete Par-*
« *tidas*[1] on lit un article (le 9ᵉ) qui dispose que le seigneur
« qui couche avec la fille ou belle-fille de son vassal, ou qui
« la sollicite pour un tel déshonneur (crime qu'on nommait
« *félonie*), perdait la propriété ou le domaine direct du fief,
« qui dès ce moment revenait à jamais libre au vassal comme
« par droit d'hérédité.

« Cette loi nous peint l'état des coutumes espagnoles, et
« montre clairement que, tandis que d'autres peuples courbaient
« la tête sous le joug d'une féodalité immorale et brutale, dans
« notre pays le seigneur perdait ses droits lorsqu'il se rendait
« coupable d'infraction grave aux règles de l'honnêteté. En un
« mot, parmi nous régnait la justice, qui voulait qu'on rendît
« hommage à la pudeur et que l'égalité s'établît entre le seigneur
« et le vassal, en ce sens que, si l'un commettait un acte d'im-
« moralité préjudiciable à son suzerain, il perdait ses droits
« à sa protection, et que, si l'autre commettait des excès contre
« son sujet, il perdait à son tour sur lui tous ses droits de
« seigneurie.

« C'est en Catalogne seulement que nous avons trouvé cette
« plante exotique à notre patrie. C'est là seulement, dans quel-
« ques contrées, qu'a existé cette coutume barbare, heureuse-
« ment abolie par le roi puissant qui eut à peine entendu les
« plaintes de ses sujets opprimés et outragés qu'il s'empressa
« de prendre des mesures réparatrices. Dans cette antique prin-
« cipauté se trouvaient des vassaux nommés *de remenza*, dont
« la condition était si dure que leur patience s'épuisa et qu'ils
« furent poussés à s'insurger contre leurs seigneurs. Don Ferdi-
« nand le Catholique interposa son autorité; il obligea les
« opprimés et les oppresseurs à le prendre pour juge, et il

---

[1] Partida cuarta, tit. XXVI.

« prononça, le 11 avril 1468, une sentence arbitrale portant
« l'abolition de tous les mauvais usages, *malos usus*, qu'il rem-
« plaça par une redevance de 6 deniers pour chacun. Les
« mauvais usages qu'énumère la sentence sont ceux-ci : *Remenza
« personal, Intestia, Cugucia, Xorguia, Arcia, Firma de esposa
« forzada.*

« Don Jérôme Pujades, dans sa *Chronique universelle de Cata-
« logne*[1], explique ces usages. La *remenza* était l'assujettissement
« à la glèbe, ou l'impossibilité d'abandonner la terre du seigneur
« sans se racheter préalablement ; c'était la défense de vendre
« les biens immeubles ; c'était l'obligation d'obtenir une per-
« mission pour se marier. Le prix de cette concession était de
« 2 sous pour les pauvres non mariés, et du tiers du patri-
« moine pour ceux qui possédaient des biens-fonds, pour les
« veufs et les veuves.

« L'*intestia* était le droit de prendre la troisième partie des
« biens de ceux qui mouraient intestats s'ils laissaient une
« femme et des enfants, et, s'ils ne laissaient que des enfants,
« le seigneur prenait la moitié.

« Le droit de *cugucia* consistait à partager par moitié avec le
« mari la dot et la fortune de la femme coupable d'adultère. Si
« le mari se taisait, le seigneur s'appropriait le tout. Le mot
« *cugucia* vient de *cugus*, c..., épithète appliquée au malheu-
« reux mari déshonoré par l'infidélité de sa femme.

« *Xorguia* ou *exorguia* était la succession du seigneur aux
« biens dont les fils auraient joui si le défunt ne fût mort sans
« enfants.

« L'*arcia* était le droit de prendre pour nourrice de ses enfants
« la femme de ses sujets, avec ou sans payement. C'était aussi,
« selon Solsona, l'indemnité exigée du vassal lorsque la mé-
« tairie brûlait par sa faute.

[1] L. VI, c. CLII.

« Passant ensuite à l'explication de la *firma de esposa forzada*,
« Pujades s'exprime ainsi : « C'était la plus grande iniquité qu'on
« puisse imaginer, parce qu'elle s'exigeait de cette manière : lors-
« qu'un sujet se mariait, le seigneur, pour prix de son con-
« sentement ou de la signature au contrat, se réservait de passer
« la première nuit dans le lit de la mariée, avant que le futur
« époux l'eût touchée. Si le seigneur ne voulait pas user de ce
« droit, dès que la mariée s'était mise au lit, il lui passait le
« pied par-dessus, en signe de seigneurie. » Cela résulte évi-
« demment de la sentence que nous avons rapportée. On lit à
« l'article 9, après la prohibition de l'*arcia*, ces mots : « *Ni tam*
« *poch pugan la primera nit que lo pagés pren muller dormir ab*
« *ella, o en señal de señoria, la nit de las bodas, apres que la muller*
« *sera colgada en lo llit pasar sobre la dita muller.* » Ce qui veut
« dire : « Le paysan qui prendra femme ne pourra dormir la
« première nuit avec elle, et, en signe de seigneurie, la nuit
« des noces, lorsque la femme sera entrée dans son lit, le sei-
« gneur pourra passer sur elle. »

« Nous devons avouer que François Solsona prétend que ce
« droit n'était autre chose que le tiers des lods qui revenaient au
« seigneur pour mettre son seing à l'acte des conventions matri-
« moniales, où le vassal obligeait son bien afin d'assurer la dot
« de l'épouse. Mais, comme répond très-bien Pujades, lorsqu'on
« s'en tient aux termes de la sentence, quelque difficulté qu'on
« éprouve de croire à une pareille turpitude, les expressions
« de la décision arbitrale ne laissent aucun doute sur son
« existence ; si elle n'eût été bien certaine, le roi ne l'aurait
« pas anathématisée dans une déclaration aussi formelle.

« C'est avec douleur, avec un sentiment vraiment pénible que
« nous retrouvons aussi cette abomination dans la péninsule ;
« mais elle est reléguée dans un coin du royaume et n'a pu
« s'étendre bien loin. Nous ne la voyons qu'à l'extrémité des

« Pyrénées, comme une exportation exotique, comme une
« plante tirée d'un sol étranger. Si une telle infamie se fût
« rencontrée dans une autre partie de ses États, Ferdinand le
« Catholique, qui a réuni toutes les couronnes des Espagnes,
« n'aurait pas manqué de l'abolir ailleurs, comme il l'a abolie
« en Catalogne. »

Je n'irai pas pousser mes investigations chez les peuples sauvages. On prétend cependant que le droit du seigneur subsistait en faveur des grands chez quelques peuples de l'Indoustan [1].

Si partout en Europe on trouve quelque vestige du droit du seigneur, on sera moins difficile pour admettre les preuves de son existence en France.

J'ai fait faire des recherches aux Archives de l'Empire; elles ont été faites avec cette parfaite obligeance qui distingue les savants chargés de la garde du plus précieux dépôt des monuments inédits de notre histoire. Le seul document que l'on ait mis à ma disposition est un acte de vente d'un terrain situé à Crèvecœur, consentie, en 1606, par Anne Léon de Montmorency, au sieur Varin, chirurgien [2]. J'y copie la clause suivante : « A la charge par ledit Varin de faire la barbe et
« les cheveux dudit seigneur et de ses gentilshommes, deux fois
« l'an, à savoir aux vigiles de Noël et de Pâques; et, en cas qu'il
« y aurait fille de chambre ou servante pucelle demeurant
« audit château, icelui Varin chirurgien sera tenu, le jour
« que ladite fille sera mariée, lui faire le poil de son cou; et,
« à faute de faire la barbe dudit seigneur et de ses gentils-
« hommes et poil du cou de ladite fille, icelui Varin sera
« tenu payer la rente audit seigneur. »

---

[1] Hamilton, *Account of the East Indies*, dans le VIIIe volume de la *Pinkerton's Collection of travels*, 17 vol. in-4°. — *Notices sur quelques ouvrages écrits en patois par Gustave Brunet*, p. 172.

[2] Archives de l'Empire, T, 144, 8, section administrative.

Dans le *Conte des vilains de Verzon*, par Estout de Goz, on lit les vers suivants :

> Se vilein sa fille marie
> Par dehors la seignorie,
> Le seignor en a le culage,
> iii sols en a del mariage,
> iii sols en a; raison por quei?
> Sire, je l'vos di, par ma fei,
> Jadis avint que le vilein
> Ballont sa fille par la mein
> Et la livront à son seignor.

Ce conte, publié par un savant très-distingué[1], a été déjà l'objet de nombreux commentaires que je ne puis pas m'arrêter à discuter.

J'avais cru trouver quelque chose de positif dans le *Droit de nopçage*, publié en tête de *l'Historial du jongleur*[2]; mais si l'éditeur, en publiant ce livre avec des caractères gothiques, a soin de dire que les initiales, vignettes et fleurons sont imités des manuscrits originaux, il ne dit pas où sont ces manuscrits. Je les ai cherchés vainement, et ils ne se trouvent ni dans la Bibliothèque impériale, ni dans la riche collection de M. Didot.

Ce conte, admis comme authentique, surtout à l'étranger, me paraît donc plus que suspect. Le texte eût été décisif. Le sire de Montguisard, « qui ne craignait de sitôt prendre « un bain dans la poix bouillante, » imaginait des redevances « qu'il n'eût été au pouvoir de chrétien d'acquitter. »

---

[1] Léopold Delisle, membre de l'Institut, *Études sur la condition de la classe agricole en Normandie*, p. 668.

[2] *L'Historial du jongleur*, Chroniques et légendes françaises publiées par MM. Ferdinand Langlé et Émile Morice, ornées d'initiales, vignettes et fleurons, imités des manuscrits originaux. Imprimé par Firmin Didot, Paris, 1829.

LOIS FÉODALES.

Voici un dialogue que je copie (p. vii) :

« *Le prieur*. Tu vas ouïr le plus dur et ce qui cause surtout
« mes ennuis... Au temps passé, les pères du sire de Montgui-
« sard avaient par fief le droit d'assister aux noces de leurs
« vassaux et hommes liges avec un page, deux lévriers et six
« chiens courants, le tout pour être bien et dûment hébergé et
« festoyé entre deux soleils, ce qui s'appelle, ès titres et chartes,
« *droit de nopçage*; mais depuis la mort de son très-honoré père,
« le sire de Montguisard l'entend expliquer et lever autrement,
« à savoir : qu'il prétend que ledit droit consiste à passer une
« heure seul avec l'épousée avant qu'elle entre au nuptial lit.

« *Marcouf*. Ah! oui; est-ce ce qu'on appelle en France le
« droit de... ?

« *Le prieur*. Justement. » Il ajoute que les vassaux sont si
malcontents du glossaire de monseigneur, qu'ils rompent leurs
bans à foison pour aller se marier sur les domaines du comte
de Saint-Saens, où ils n'ont rien de semblable à redouter.

Il n'existe aucun document législatif relatif au droit que nous
recherchons; mais, après avoir analysé longuement les *Établissements de saint Louis*, l'abbé de Velly[1] ajoute : « On est étonné
« du silence de Louis sur un usage barbare, qui prouve bien
« la corruption des mœurs dans les anciens siècles; sans doute
« qu'il fut ignoré dans ses domaines ou que le religieux prince
« ne se crut pas assez d'autorité pour entreprendre de l'exter-
« miner dans les lieux où il était établi. Les seigneurs avaient
« imaginé le droit de prélibation, qu'on nomma depuis *mar-
« quette* : c'était celui de coucher la première nuit avec les nou-
« velles épousées leurs vassales. Le savant Papebrock nous
« apprend que, de nos jours, les seigneurs l'exigent encore de
« leurs serfs dans quelques provinces du Pays-Bas, de la Frise et

---

[1] *Histoire de France*, t. VI, p. 210, édition de 1758.

« de la Germanie. On voit par plusieurs monuments que cette
« coutume honteuse fut usitée dans toute sa rigueur jusques en
« France, où la religion semblait anciennement avoir fixé le
« siége de son empire. On lit dans un titre de 1507, article
« des revenus de la baronnie de Saint-Martin, que le comte
« d'Eu a droit de prélibation, audit lieu, quand on se marie. »

Les lois françaises sont muettes sur cet odieux abus du pouvoir seigneurial ; cependant en tête du tome XVII des *Ordonnances des rois de la troisième race*, on lit (p. xxi) ces paroles bien remarquables de la part d'un homme comme le marquis de Pastoret : « Il était un autre droit, si honteux qu'on rougit
« même de le rappeler. Une redevance pécuniaire fut substituée
« presque partout à l'obligation imposée par la plus absurde
« tyrannie aux époux que venaient d'unir la religion et la loi. »

On aura beau chercher, a-t-on dit encore, dans les vieux jurisconsultes, on ne saurait rien trouver. C'est une erreur ; j'ai cherché et j'ai trouvé. Boutaric, après avoir parlé du droit de marquette établi par le roi Even, dont nous parlerons, ajoute : « J'ai vu des seigneurs qui prétendaient avoir ce droit,
« mais qui a été, ainsi que bien d'autres de cette espèce,
« sagement proscrit par les arrêts de la cour[1]. »

M. Dupin invoque l'opinion de Merlin. Merlin copie dans son Répertoire Garsan de Coulon, qui cite Laurière, Du Cange et Carpentier.

Irai-je rechercher dans chaque province des vestiges de ce droit? On assure qu'il fut surtout en vigueur dans le Limousin[2] et dans la Bretagne. Voici ce qu'on lit dans Fléchier[3] : « Il y a

---

[1] Boutaric, *Traité des droits seigneuriaux*, p. 650.

[2] Béronie, *Dictionnaire patois*, Tulle, 1820, p. 139. — Gustave Brunet, *Notices sur quelques ouvrages écrits en patois*, p. 172.

[3] Fléchier, *Mémoires sur les grands jours d'Auvergne*, in-8°, p. 157 et 158. Hachette, Paris, 1856. — Voir encore le *Recueil des arrêts, déclarations de la Cour des grands jours*, publié à Clermont, en 1666, in-4°.

« un droit, qui est assez commun en Auvergne, qu'on appelle
« le *droit de noces*. Autrefois on ne l'appelait pas si honnête-
« ment; mais la langue se purifie même dans les pays les
« plus barbares. Ce droit, dans son origine, donnait pouvoir
« au seigneur d'assister à tous les mariages qui se faisaient
« entre ses sujets, d'être *au coucher* de l'épousée, de faire les cé-
« rémonies que font ceux qui vont épouser les reines de la part
« des rois... M. de Montvallet trouvait que les anciennes cou-
« tumes étaient les meilleures. Lorsque quelque belle villa-
« geoise allait épouser, il ne voulait pas perdre ses droits; et
« comme on le tenait assez redoutable sur ce sujet, et qu'on
« craignait que la chose ne passât la cérémonie, on trouvait en-
« core plus à propos de capituler et de lui faire quelque présent
« considérable. Quoi qu'il en soit, il faisait valoir ce tribut et il
« en coûtait bien souvent la moitié de la dot de la mariée. »

J'arrive aux Pyrénées. Voici un titre ancien, un titre original, un titre non suspect, que j'ai publié en 1855 et qui
depuis lors a été bien des fois examiné, vérifié, commenté. C'est
un dénombrement présenté en 1538 par le seigneur de Louvie
dans les montagnes d'Ossau. Il s'arrogeait le droit de prélibation sur quelques serfs du village d'Aas, d'où dépend l'établissement thermal des Eaux-Bonnes. Je traduis littéralement et je
copie en note l'original[1] : « *Item*, lorsque quelques-uns des dites
« maisons ci-dessus désignées viendront à se marier, avant de
« connaître leurs femmes, ils seront tenus de les présenter pour

---

[1] « Item, que quant auguns de tals maisons qui part dessus seran desclaradas sè
« mariden, d'aban que conexen lors molhers, son tenguts de las presentar per la
« prumere neyt a nostre dit senhor de Lobie per en far à son plaser, o autrement
« lo balhar son tribut.

« Item, si ben cascun enfant que enyendren, lo son tenguts portar certane somme
« de diners, et si advien que lo prumer nascut sie enfant mascle, *es franc*, per ço que
« pourra star enyendrat de las obras deudit senhor de Lobie en ladite prumere
« neyt de sos susdits plasers. »

« la première nuit audit seigneur de Louvie pour en faire à son
« plaisir, ou autrement ils lui payeront tribut.

« *Item*, s'ils viennent à avoir quelque enfant, ils sont tenus
« de porter certaine somme de deniers, et, s'il arrive que ce
« soit un enfant mâle, *il est franc*, parce qu'il peut être en-
« gendré des œuvres dudit seigneur de Louvie dans ladite
« première nuit de ses susdits plaisirs. »

Cette pièce originale est signée de Jean de Louvie et soumise à la vérification des procureurs généraux des souverains de Béarn. Ces procureurs généraux vont-ils se récrier contre une prétention inouïe, odieuse, exorbitante? Ils se bornent à tout approuver, sauf les droits du suzerain, qu'ils réservent pour le roi.

Ce dénombrement du seigneur de Louvie est confirmé par celui du seigneur de Bizanos, village qui touche à Pau. M. de Barthélemy, qui n'a pas vu les titres que nous avons dans nos mains, donne un passage de cette dernière pièce, en ajoutant : « Je citerai le texte original dont M. de Lagrèze n'a donné « que la traduction »(p. 108). J'avais dit que je copiais littéralement l'original, et j'avais dit vrai. Il y a deux dénombrements du seigneur de Bizanos, l'un du 2 février 1538, en béarnais, et l'autre en français, du 12 septembre 1674; c'est ce dernier texte que j'avais donné; ici je reproduis exactement les deux :

« Item, cum en temps passat anxi que es botz et fama en
« lodit loc et senhoria sous sosmes dequet temps eran en sub-
« jection et los senhors de tal los predecessors deu denombrant
« en dret, auctoritat, preheminence, totas quales vegadas qui
« se fazen sposaliciis en lodit loc de Bizanos, de dromir a son
« plaser ab las nobias la prumera noeyt plus prochane de las-
« dictes sposaliciis, et per so que enter sos predecessors et
« sosdits sosmes tal dicte subjection fo convertit en autre tribut,
« au moyen de que luy es en possession de haber, prener et re-

« ceber, et sosdits sosmes son tengutz et an usat et acostumat
« ly balhan et portan en sa maison, totas vegadas qui fen spo-
« saliciis, une poralha o ung capon et une spalla de moton et
« dus paas o una fogassa et duas scudelas de bibaroo. »

Voici le texte de 1674. « Item, temps passé lesdits soubmis
« estoient en telle subjection, que les prédécesseurs dudit dé-
« nombrant auoient droit, toutesfois et quantes qu'ils prenoient
« femme en mariage, de coucher avec l'espouse la nuit plus
« prochaine des nopces ; ce devoir a esté pourtant conuerty
« par sesdits prédécesseurs en cest autre, sçauoir : que lesdits
« soubmis sont tenus et obligés, chaque fois qu'il se fait des
« nopces dans ledit lieu, de lui porter une poule, un chapon,
« une épaule de mouton, deux pains ou un gateau, et trois
« écuelles d'une sorte de bouillie, vulgairement *bibaroue*. »

On a cherché, depuis la publication de mon livre en 1855, à trouver quelque moyen de détruire les conséquences évidentes de ces documents ; on s'est dit : peut-être ne sont-ils pas bien réguliers ; il y a eu tant de faussaires au moyen âge, on a falsifié ou fabriqué tant de chartes ! On peut citer, il est vrai, la donation de Charlemagne, les fausses Décrétales, une grande partie du Décret de Gratien, etc. mais tous ces raisonnements tombent devant l'aspect des pièces ; celle de Louvie est un cahier in-folio de trente-cinq pages revêtues des signatures originales et offrant tous les caractères de la plus irrécusable authenticité. Les deux titres de Bizanos sont également inattaquables.

« Les dénombrements, dit M. de Barthélemy, périmaient
« faute d'exécution quand ils n'étaient pas vérifiés. » Nous donnerons la vérification faite par les procureurs généraux ; elle existe en due forme.

Les documents produits sont, dit-on, du xve siècle, en dehors du moyen âge, et n'offrent pas un caractère respectable d'ancienneté.

Il n'y a pas de dénombrement en Béarn antérieur à 1558 ou 1556, et dans quelle autre charte le seigneur aurait-il pu inscrire ses prétentions odieuses et impies? Le peuple faisait constater ses franchises, mais le seigneur n'avait pas besoin d'un titre écrit pour faire établir ses droits, et il se serait bien gardé de consigner sans nécessité dans un acte des prétentions révoltantes.

Si le droit du seigneur a existé dans les vallées du Béarn, je n'hésite pas à penser qu'il a existé dans celles de la Bigorre. M. Laferrière[1], confondant Ossau en Béarn avec Ossun en Bigorre, a fondé sur cette erreur de nom une dissertation ingénieuse pour faire ressortir les différences qu'il croit remarquer entre les mœurs bigorraises et les mœurs béarnaises.

En Bigorre je n'ai pu découvrir, comme dans la vallée d'Ossau et à Bizanos près de Pau, des titres clairs et précis. Je ne tirerai pas cependant de cette absence de documents des conclusions en faveur de la Bigorre, comme celles que M. Laferrière en tirait en faveur du Béarn.

Rien de plus rare que d'oser constater, par acte public destiné à paraître devant la justice, l'abus de la force contre la sainteté du mariage. Mais de si détestables abus n'ont pu se produire sans laisser quelques souvenirs, quelques ressentiments dans la mémoire populaire.

Or, en Bigorre, les traditions orales confirment les titres que nous avons mis au jour. Je ne veux pas rappeler toutes celles qui ne reposent que sur des paroles incertaines. Ainsi, par exemple, une opinion généralement répandue accuse le seigneur de Baudéan, près de Bagnères, d'avoir impitoyablement exercé ce droit.

---

[1] *Histoire du droit*, t. V, p. 454.

Mais voici un fait qui me paraît mériter d'être raconté; j'en ai recueilli les détails sur les lieux mêmes :

Une jeune fille de la vallée d'Aure aimait depuis longtemps un jeune homme dont elle était adorée. Elle hésitait cependant à couronner son amour; c'est qu'elle frémissait à l'idée que le jour du mariage, au lieu d'être la réalisation d'un rêve de bonheur, serait pour elle un jour de désespoir et de honte. Le seigneur du village l'attendait dans son castel, comme l'aigle attend sa proie, pour exiger le plus horrible tribut, celui de sa pudeur virginale. Elle essaya vainement de le fléchir par ses larmes.

Au fond de la vallée s'élève une chapelle toujours en grande vénération dans nos montagnes, la chapelle de Notre-Dame-de-Bourisp. La jeune fille va s'agenouiller au pied de l'image de la divine protectrice de l'innocence et fait vœu de lui offrir la plus belle génisse de son troupeau, si le ciel daigne la préserver du déshonneur qui la menace.

Le jour de la noce est arrivé. Déjà le cortége nuptial s'achemine vers la sainte chapelle, lorsque la cloche du village interrompt tout à coup son carillon joyeux pour faire entendre un glas funèbre. Un long cri est répété par les échos : le seigneur vient de succomber à une mort soudaine. La jeune fiancée, ainsi délivrée de ses terreurs, se hâte d'acquitter l'offrande promise à la Vierge.

J'avais lu ce fait dans l'édifiante monographie de Notre-Dame-de-Bourisp par le baron d'Agos. J'ai été étonné des souvenirs profonds que cette scène a laissés dans le pays. On eût dit qu'elle venait de s'y passer depuis peu de jours.

Chacun me donnait des détails précis. La fille était du village de Soulan; elle se nommait Loubet et se mariait dans la maison Bordes. C'est en arrivant au pont de Bayen qu'elle entendit sonner l'agonie du seigneur. Noguès de Vielle prit la génisse en gazaille moyennant une redevance annuelle exactement payée à Notre-Dame-de-Bourisp jusqu'en 1789. Enfin la clochette de la vache, déposée sur l'autel comme un *ex-voto,* y demeura pendant des siècles; elle y était il n'y a que quelques années. Elle existe encore, mais transformée en ustensile de cuisine.

On peut sans doute, en les prenant isolément, discuter un à un les témoignages des auteurs les plus graves, les textes des titres les plus précis, les récits des traditions les plus respectées; mais il y a un tel ensemble de preuves que ce faisceau de documents divers est irrésistible et défie toute critique sérieuse.

III.

LE DROIT DU SEIGNEUR N'A JAMAIS, NI NULLE PART, ÉTÉ ÉRIGÉ EN LOI.

Ceux qui soutiennent avec M. Veuillot que le droit du seigneur n'a jamais existé en réalité me semblent dans l'erreur; mais je crois que M. Dupin se trompe également lorsqu'il prétend que « de tels faits sont écrits dans les *lois,* où ils sont « qualifiés *droits;* que le texte des lois est authentique et qu'il « est produit. »

La législation romaine aussi bien que la législation française regardent comme nulle, comme impossible toute clause qui blesse les bonnes mœurs. Nos jurisconsultes anciens étaient unanimes sur ce point. Belordeau[1] dit « que les œuvres pro-« mises au patron ne lui doivent pas être faites si elles sont « déshonnêtes. » D'après Despeisses[2], « tous les droits seigneu-« riaux qui sont contraires aux bonnes mœurs doivent être « rejetés, *nonobstant* que les sujets ou vassaux s'y soient expres-

---

[1] Belordeau, *Épitome ou Abrégé des observations forenses*, l. I, t. III de ses Œuvres, édit. de 1750.

[2] Despeisses, *Traité des droits seigneuriaux*, part. 3, art. 43, p. 243.

« sément obligés. » — « Les fiefs, dit Chopin[1], sont déchargés des
« devoirs et services incivils et honteux envers les seigneurs,
« car l'on a présumé que ces charges exorbitantes de vasselage
« ont été autrefois extorquées par terreur ou par crainte. » Enfin
d'Olive dit « que les cours de justice s'étaient toujours réglées
« par les maximes de l'honneur, par les préceptes de la vertu,
« par les lois du christianisme pour défendre aux seigneurs
« d'exiger de leurs vassaux des droits honteux et ineptes, tels
« que *le droit de marquette, de jambage.* »

Peut-on supposer qu'il se soit jamais rencontré un législateur au monde qui, trahissant ces règles sacrées, ait érigé en principe l'attentat à la pudeur, la profanation de la famille, la réhabilitation de l'adultère, l'abus le plus infâme de la force et de la puissance[2] ?

Ce législateur a existé, dit-on, et un grand nombre d'écrivains ne cessent de citer Even, roi d'Écosse. Ce prince, non content d'avoir choisi pour ses plaisirs cent concubines parmi la noblesse, voulut propager par ses lois l'immoralité dans toutes les classes. Il permit à chacun de prendre autant d'épouses qu'il pourrait en nourrir. Avant le mariage, le roi pouvait violer la pudeur des filles nobles, et les nobles celle des filles du peuple. Le roi Milcolomb, cédant aux prières de la reine, abolit cette loi impie et permit aux nouvelles mariées de se racheter en payant $\frac{1}{2}$ marc d'argent, d'où viendrait le mot *marquette*. Ce récit se trouve dans Buchanan[3], et il est répété par Skenatus[4]. Cet auteur seulement donne au mot *marquette* une étymologie que la décence ne permet pas de discuter.

---

[1] Chopin, *Coutume d'Anjou*, l. II, c. xxv. — Voir Balde, Maréchal, etc.
[2] Papinien disait : « Quæ facta lædunt bonos mores nec facere nos posse creden-
« dum est. »
[3] *Histoire d'Écosse*, l. VII.
[4] Titre XXXI du livre *De regia majestate Scotiæ*.

M. Veuillot ne s'est guère servi que de l'arme du ridicule pour faire justice du conte de Buchanan. La seule invraisemblance d'une telle fable suffirait, lorsqu'on y réfléchit, pour démontrer sa fausseté; aussi est-elle aujourd'hui généralement rejetée par les esprits sérieux [1].

Mais examinons le fameux passage dont on a fait tant de bruit. Buchanan invoque-t-il quelque document authentique à l'appui de ce qu'il avance? Non, il ne parle que d'après un *on dit*, « fertur. »

Cet auteur est-il par lui-même bien digne de foi? Qui oserait le soutenir?

Vers la fin du XIIIe siècle, Édouard Ier, roi d'Angleterre, entreprit de révoquer en doute l'indépendance de l'Écosse, alléguant que ce royaume n'était qu'un fief de la couronne d'Angleterre. Dans le but d'établir cette prétention et d'abolir la mémoire du passé, il s'empara de toutes les archives, qu'il fit disparaître ou détruire. Les chroniqueurs voulurent, plus tard, remplacer par des traditions douteuses l'absence des annales authentiques.

Buchanan fit paraître une histoire écrite d'un style qui ne manque ni de pureté ni d'élégance; « mais, dit Robertson [2], « au lieu de rejeter les absurdités des anciens chroniqueurs, « il s'attache à les embellir; il donne des grâces à la fiction, à « ces vieilles légendes qui n'avaient auparavant que de la « rudesse et de l'extravagance. »

Tout ce qui est relatif à Even doit être abandonné à la crédulité des compilateurs de chroniques équivoques, et l'exis-

---

[1] Voir Georges Corner, *On the customs of english boroughs*, 1853.

[2] « But instead of rejecting the improbable tales of chronicle writers, he was at « the utmost pains to adorn them, and hath clothed with all the beauties and graces « of fiction those legends which formerly had only its wilderness and extravagance. » (*The History of Scotland*, by W. Robertson, Edinburgh, 1804, vol. I, p. 6.)

tence même de ce roi est regardée comme fabuleuse par les meilleurs critiques anglais.

Voilà donc à quoi se réduit ce terrible argument emprunté à une loi imaginaire. Qu'importerait d'ailleurs que, dans un moment de démence, un petit tyran écossais, prêchant l'immoralité à ses sujets par l'exemple et le précepte, eût promulgué la polygamie et le mépris de la pudeur? Est-ce que son code, antérieur à l'ère chrétienne, aurait passé dans les mœurs religieuses du moyen âge? Est-ce que le code immoral des Mormons a pu franchir de nos jours, même dans la libre Amérique, les étroites limites de la vallée d'Utah et les bois du Lac Salé?

IV.

LE DROIT DU SEIGNEUR N'A PAS ÉTÉ EXIGÉ PAR DES SEIGNEURS ECCLÉSIASTIQUES.

La loi civile n'a jamais reconnu l'existence du droit du seigneur; la loi religieuse dès lors n'a pas eu à s'en occuper, même pour le flétrir, et c'est ce qui explique le silence des conciles sur cet abus infâme de la force, abus tellement honteux qu'il se cachait dans l'obscurité et fuyait le grand jour. Si M. Dupin n'avait pas affirmé que des ecclésiastiques, comme possesseurs de fiefs, avaient réclamé comme un droit légitime la violation des règles morales les plus vulgaires et les plus sacrées, je n'aurais pas même cru nécessaire de rechercher si une pareille monstruosité s'était jamais présentée.

Les plaisanteries antireligieuses sont passées de mode. On aime aujourd'hui à discuter sérieusement les questions sérieuses. L'Église, tant diffamée par la philosophie du xviiie siècle, a été noblement vengée par la science contemporaine. Nos économistes, nos jurisconsultes, nos archéologues, nos écrivains les plus éminents, ont éloquemment fait ressortir son influence morale, politique, judiciaire, artistique et scientifique sur la société du moyen âge. Nul, aujourd'hui, n'oserait avancer que l'Église a été si profondément ensevelie dans les ténèbres de l'ignorance qu'elle eût laissé s'éteindre jusqu'à la dernière lueur du plus simple sentiment de moralité. Nul n'oserait soutenir que, par oubli des saintes maximes, ou par une tolérance impie, elle avait favorisé ou souffert la profanation infâme du sacrement de mariage. Les conciles veillaient avec fermeté au maintien du célibat ecclésiastique et de la foi conjugale. Le prêtre qui aurait donné le scandale d'offense envers les bonnes mœurs pouvait être séquestré de la société pendant des années entières, et celui qui se rendait coupable du crime d'adultère était quelquefois privé de recevoir la communion, même à l'heure de la mort[1].

Le clergé, très-puissant au moyen âge, a pu quelquefois dépasser les bornes de sa puissance légitime; mais, comme l'a très-bien fait observer un savant distingué : « Lorsqu'on exa-
« mine la conduite des différents pouvoirs de la société pen-
« dant le moyen âge, loin d'avoir à regretter que l'autorité
« de l'Église ait été aussi grande, on trouve à chaque instant
« la preuve que sa domination fut moins onéreuse pour le
« peuple que celle des rois et des seigneurs laïques[2]. »

On ne saurait ajouter la moindre importance à quelque infraction individuelle et rare aux rigides préceptes de chasteté ecclésiastique imposés par le christianisme. Le prêtre est homme, et par conséquent faillible. Lorsqu'il fait mal, souvent il fait plus mal encore que les autres : « corruptio optimi pes-
« sima, » disait saint Augustin. On ne peut reprocher à une institution la violation des vertus qu'elle commande. Qui ne sait l'histoire de ce juif qui, à l'aspect des désordres déplorables de la cour de Borgia, se convertit, convaincu qu'une religion

[1] *Dictionnaire des Conciles*, par Allets, édition de l'abbé Filsjean, p. 440.
[2] Guérard, *Cartulaire de Notre-Dame-de-Paris*, t. 1.

qui restait forte et vénérée, malgré l'infamie de ses ministres sur la terre, devait nécessairement avoir ses racines dans le ciel[1] ?

Cependant ce n'est pas sur parole qu'il faut accepter une accusation historique portée contre des hommes revêtus d'un caractère sacré. Il faut des preuves; il faut que ces preuves soient examinées de près pour vérifier si la calomnie ne se serait pas glissée sous les apparences de la vérité.

Le regrettable M. Ampère a parfaitement expliqué comment se sont formées certaines erreurs admises en histoire et en archéologie. Il s'exprime ainsi : « Un mot pris dans un sens « plus absolu que celui qu'il avait dans la pensée de l'auteur, « les formules remplaçant et faussant, par leur exagération « tranchante, une assertion vraie, mais d'une vérité d'à peu « près, qui n'est point la vérité géométrique ; cet *à peu près* « qu'on outre et qui devient alors positivement faux, le temps « enfin consacrant cette fausseté qu'il a faite : voilà comment « bien des préjugés historiques se sont établis. »

Où sont les preuves à l'appui de l'opinion si légèrement renouvelée par M. Dupin?

On produit un arrêt du 19 mars 1409, rendu contre le chapitre d'Amiens. Cet arrêt avait-il été supposé? On l'avait soutenu ; le texte est retrouvé, il faut l'admettre sans difficulté.

On lit dans l'Encyclopédie de Diderot, au mot *culage* : « L'évêque d'Amiens exigeait aussi un droit des nouveaux « mariés, mais c'était pour leur donner congé de coucher avec « leurs femmes les première, seconde et troisième nuits des « noces. Ce droit fut aussi aboli par arrêt du 19 mars 1409. »

---

[1] Voir la seconde nouvelle du *Décaméron*. Je ne crains pas de citer Boccace, parce qu'en censurant les vices attribués à quelques moines il n'a jamais attaqué la foi ni l'Église, ainsi que l'ont très-bien démontré Bottari, Ginguené, Hoffmann, etc.

Montesquieu parle en termes un peu légers de l'indemnité imposée aux nouveaux époux par le clergé. « On ne pouvait « pas, dit-il, coucher ensemble la première nuit des noces, ni « même les deux suivantes, sans en avoir acheté la permission. « C'étaient bien ces trois nuits-là qu'il fallait choisir, car pour « les autres on n'aurait pas donné beaucoup d'argent. »

Ces plaisanteries de Montesquieu, le soin de Diderot de placer les prétentions du chapitre d'Amiens sous un mot grossier, donnaient à penser ce qu'on n'osait pas dire encore. On le dit ensuite *à peu près;* on finit par outrer cet *à peu près.* C'est ainsi que quelques écrivains, comme M. Lebas, allèrent jusqu'à soutenir « qu'il est indubitable que des abbés et des « évêques, entre autres celui d'Amiens, exercèrent ou s'attri- « buèrent les droits honteux de prélibation. »

Cette affirmation fut accueillie sans examen et répandue par Chateaubriand, Merlin, Dalloz, etc. Lorsqu'une erreur est introduite dans un ouvrage sérieux, il ne faut pas compter le nombre de fois qu'elle a été répétée, il faut rechercher son origine.

Il ne résulte d'aucune procédure, d'aucun arrêt, d'aucune charte du moyen âge, que des évêques et des chapitres aient jamais revendiqué des usages contraires aux règles de l'Évangile ou de la morale; seulement ils ont réclamé une indemnité pour permettre aux nouveaux mariés de se réunir immédiatement après la réception du sacrement.

Pourquoi exigeaient-ils ce droit? D'après un auteur[1], ce furent des évêques du temps de saint Louis qui, se fondant sur l'exemple du jeune Tobie, défendirent aux nouveaux mariés d'habiter ensemble les trois premières nuits de leurs noces.

---

[1] *Collection des meilleurs mémoires sur l'histoire de France,* par C. Leber, t. II, p. 28.

Cet auteur se trompe. Cette défense ne remonte pas seulement au temps de saint Louis, mais au IVe siècle. Elle n'a pas été faite par quelques évêques du moyen âge, mais par un concile où siégeait saint Augustin. Elle est écrite dans le 13e canon du quatrième concile de Carthage [1]. On lit dans dom Calmet [2] : « Autrefois les mariés, dans plusieurs églises, « communiaient le jour de leurs noces et s'abstenaient, la nuit « suivante, de l'usage du mariage. »

Les nouveaux mariés voulurent plus tard obtenir des dispenses et les réclamèrent à l'évêque. Quelques évêques exigèrent une indemnité, à laquelle, depuis des siècles, tous ont renoncé.

Malgré cette renonciation plus ou moins spontanée, mais générale et ancienne, il paraîtrait que cette pratique pieuse de consacrer à Dieu la première nuit des noces s'est longtemps conservée dans certains lieux [3].

Quel rapport peut-il exister entre cet excès de dévotion, qui aurait fait une loi de la continence aux nouveaux époux, et l'excès d'immoralité qui aurait fait un droit aux prêtres de l'adultère le plus infâme ?

Et pourtant c'est ainsi que la mauvaise foi ou l'ignorance ont donné à la plus sainte pratique l'explication la plus révoltante !

Voici cependant un fait qu'on a souvent reproduit, fait unique, rappelé par M. Dupin, qui cite un fameux passage des Décisions de Boerius. Ce fait est-il authentique ? Quelle confiance méritent le livre et l'auteur ?

---

[1] « Sponsus et sponsa cum benedictionem acceperint, eadem nocte pro reverentia « ipsius benedictionis in virginitate permanere jubeantur. »

[2] *Dictionnaire de la Bible*, t. IV, au mot *Noces*.

[3] Dom Calmet (*loco citato*) ajoute : « Cette pratique est encore dans quelques « lieux, comme je l'ai appris. »

J'ai lu attentivement assez de pages de l'in-folio de Boerius pour être convaincu qu'un homme sérieux ne saurait ajouter foi à toutes les anecdotes scandaleuses et obscènes qui ont été ramassées à plaisir dans ces Décisions judiciaires, où l'on n'aurait dû guère s'attendre à les rencontrer [1].

Mais quel est donc ce Boerius ? C'est aujourd'hui un auteur si peu connu, que des membres de l'Institut eux-mêmes se sont trompés en traduisant son nom [2].

Boerius était le président Bouhier. M. Louis Veuillot a cru affaiblir l'impression que pouvait faire ce passage de Bouhier en le dépeignant « comme un homme de robe farci de mauvais « latin. »

Les présidents à mortier de nos anciens parlements, quoique « gens de robe » et écrivant dans un latin quelquefois un peu reprochable, ne sont pas aussi légèrement traités par tout le monde que par l'incisif rédacteur de *l'Univers*. Si M. Veuillot eût mieux connu les ouvrages de M. Dupin, je crois qu'il aurait trouvé le moyen de parfaitement expliquer les erreurs de l'ouvrage de Bouhier, sans attaquer la mémoire de l'auteur dont le livre porte le nom.

M. Dupin, qui avait beaucoup lu et qui faisait un piquant usage des extraits de ses lectures, n'a dit qu'un mot pour juger l'ouvrage du président Bouhier. Il a rappelé un passage de Dumoulin, qui nous raconte comment des jeunes gens se plurent, pour grossir l'in-folio du vieux président, à y insérer,

---

[1] Il serait difficile de traduire en français tout ce que Bouhier débite en latin. Ainsi, à la même page où se trouvera l'anecdote du curé, on lit celle-ci : « Esse in « partibus Siciliæ quod die nuptiarum ultimus qui sponsam cognoscebat erat ipse « sponsus. » (*Decisiones*, p. 625.)

[2] M. Lebas traduit ce nom par *Boëce*. M. Veuillot plaisante cet auteur d'avoir attribué le conte du curé de Bourges à Boëce, « où, dit-il, personne n'en avait « vu si long. » Nous dirons à M. Veuillot qu'il y en a bien long dans un Boëce (*Scotorum historia*, p. 260), où il est même question du droit de marquette.

à son insu, des assertions hasardées, qui ne provenaient nullement de Nicolas Bouhier[1].

Et voilà comment un récit apocryphe, tiré d'un livre suspect, a pris, pour ainsi dire, les apparences d'une vérité historique, à force d'avoir été accepté et répété par de nombreux auteurs!

Et d'ailleurs que prouverait le procès de Bourges? Qu'en fouillant dans les livres on n'en a trouvé qu'un seul, d'origine fort suspecte, où l'on ait conté qu'un prêtre avait été assez ignorant pour s'imaginer que l'indemnité payée de vieille date par les nouveaux mariés avait une cause honteuse, tandis que nous avons prouvé qu'elle en avait une très-licite.

Mais, parmi tous les monuments écrits de l'histoire du moyen âge, a-t-on jamais découvert un reproche sérieusement adressé par des contemporains à un seul ecclésiastique, pour avoir réellement exigé un droit qui devait soulever d'indignation tous les cœurs honnêtes? Et c'est sur l'autorité d'un livre isolé, rempli d'intercalations apocryphes et posthumes, qu'on bâtirait une accusation contre l'Église, qui, à l'époque féodale, luttait avec tant d'énergie contre le débordement des mœurs!

Picqué, le conventionnel, dans sa première édition du *Voyage dans les Pyrénées françaises*, raconte qu'à certains jours de fête les moines de Saint-Savin avaient le droit d'obliger les jeunes filles du lieu à venir les servir au monastère. C'est une pure invention. Il n'est resté trace de cet usage dans aucun titre, dans aucune tradition, et nous avons ailleurs raconté les sages et sévères mesures prises dans ce couvent pour y maintenir la règle et y empêcher les désordres. Il faut l'avouer, der-

---

[1] Dumoulin *(Inextric. labyr. dividui et individui*, part. III, p. 255) dit : « Multa « in Decisionibus Boerii ad augendum librum inserta sunt, quæ non sunt ex sen-« tentia Nicolai Boerii jam senio confecti, sed allegationes juvenum. » (*Lettres sur la profession d'avocat et Bibliothèque des livres de droit*, par Camus, édition augmentée par M. Dupin, 1818, t. II, p. 277.)

418   HISTOIRE DU DROIT DANS LES PYRÉNÉES.

nièrement un document présenté par don Ramon Barros Sibelo a excité l'attention de la royale académie archéologique de Madrid[1]. Ce document, dont l'authenticité n'est pas contestée, reproduit une plainte des hommes d'Aranja, qui disaient que les fermiers de Castello Torto étaient forcés de laisser aller, contre leur gré, leurs femmes deux ou trois fois l'an dans la ferme du monastère.

Le juge accueillit leur réclamation en ces termes : « Et quant
« à l'obligation imposée aux femmes d'aller servir, deux ou trois
« fois l'an, le fermier de Castello Torto de la manière susdite,
« comme ce service et cette coutume ne sont pas convenables
« et pourraient avoir des conséquences mauvaises et contraires
« à l'honnêteté, j'ordonne que ladite coutume ne soit pas suivie,
« que dorénavant les femmes d'Aranja se dispensent de ce service
« envers le monastère, attendu que ce devoir n'est fondé sur
« aucun titre, sur aucun privilége certain. »

On a cru retrouver dans cette pièce quelque chose de ressemblant au droit du seigneur. Le texte, sérieusement examiné, repousse cette interprétation. Il porte non pas que cette coutume a eu des conséquences honteuses, mais qu'elle pourrait en avoir. Il porte encore que cet usage ne reposait que sur un

---

[1] En este documento aparece una queja de los omes de Aranja, concebida en estos terminos : « Et otro si que levaban los grangeros de Castello Torto sus mugeres « contra su voluntad para facer fueros en ladita granja no sabian cuales, y que las « tenian alla dos o tres dias, y que me pedian que yo supiese por losditos privi-« legios y por cuantas partes pudiese cuales fueros eran tenidos a facer losditos « omes de Aranja y que ellos los farian. »

El juez, fallando sobre este particular, dijo : « Et otro, si en razon de las mugeres « que eran tenidas de ir servir duas veces en el año al grangero de Castello Torto « en la manera que dicha es, fallo que tal servicio é tal fuero que non es honesto « é por mal é deshonestidad que se podria ende seguir, mando que tal fuero que se « non faga, que las mugeres de la rivera de Aranja no fagan este fuero e servicio « al dito monasterio de aqui en adelante, pues non fue mostrado ante ninguna « carta, ningun privilegio, ningun recaldo cierto por que lo debiesen facer. »

abus. Dans un temps où les seigneurs forçaient les serfs à les servir, il n'est pas étonnant que le *grangero*, le fermier du couvent de Castello Torto, en montrant son zèle à énumérer complaisamment tous les droits du monastère, ait eu l'idée d'y en ajouter quelques-uns de douteux, comme l'obligation imposée aux femmes de venir au couvent, peut-être pour en réparer le linge. Le juge repoussa une prétention qui lui parut mal fondée et peu convenable.

On a cru trouver également quelque indice suspect dans une étrange coutume qui voulait que, tous les ans, le jour de la Minerva mayor, c'est-à-dire de la Fête-Dieu[1], les portes du cloître de Saint-Martin de Santiago fussent ouvertes à toutes les femmes. Les portes s'ouvraient aussi ce jour-là à tous les hommes, et cette invasion de la foule dans le couvent était plus propre à satisfaire la curiosité populaire qu'à plaire aux bons religieux.

Voici ce que M. Veuillot raconte dans son livre (p. 260): «Ayant rencontré à la Bibliothèque impériale M. le comte « Léon de Laborde, membre de l'Académie des inscriptions, je « lui demandai par quel hasard malheureux lui, ou quelque « autre savant comme lui, un de ceux qui ont tout à la fois de « l'érudition, du bon sens et de l'esprit, n'avait pas eu la cu- « riosité de vérifier un peu ce point d'histoire et la bonne pensée « d'écraser cette infecte sottise. «Que voulez-vous, me répon- « dit-il en riant, je pensais que cela n'avait pas été très-sérieux, « mais je croyais qu'il y avait eu des *malheurs*. J'ai vu même

---

[1] J'avoue que j'ai été assez embarrassé pour comprendre comment en Espagne on appelait *functiones de Minerva* les fêtes du saint sacrement. L'explication m'en est donnée par M. Nouguès. Le temple de Minerve, à Rome, a été transformé en église, et les dominicains y exposaient le saint sacrement avec une solennité toute particulière. Telle est l'origine de la locution espagnole. On a dit: C'est une fête digne de la Minerve; puis: C'est une fête de la Minerve. Le couvent et l'hôtel de la Minerve sont bien connus des Français qui vont à Rome.

« des prêtres disposés à admettre qu'en effet il y avait eu des
« *malheurs*, et que parmi tant de traits de barbarie attribués
« au moyen âge, celui-là pouvait s'être rencontré. »

Je n'hésite pas moi aussi à conclure : *il y a eu des malheurs*,
comme dit M. le comte de Laborde ; il y a eu de mauvais
usages, *mali usus*, comme disent les jurisconsultes espagnols,
mais il n'y a jamais eu de loi pour autoriser de pareilles in-
famies ; il n'y a jamais eu de seigneurs ecclésiastiques qui aient
osé demander à la justice la sanction d'un scandale en contradiction avec toutes les règles de l'Église.

V.

ORIGINES ET CARACTÈRE DE CE DROIT PRÉTENDU.

Si dans les Pyrénées, si en Espagne, si ailleurs nous trouvons la trace irrécusable du droit du seigneur, où pourrions-
nous découvrir l'origine de cet odieux abus usurpant le titre
et les apparences du droit ?

C'est une question pleine de mystère, et si nous avons osé
l'aborder, nous n'avons pas la prétention de l'avoir résolue.

Pujades, l'auteur espagnol que nous avons déjà cité, trouve
l'explication facile et croit avoir deviné le mot de l'énigme.

Il rapporte que, « lorsque les chrétiens cherchèrent à recon-
« quérir les terres usurpées par les Maures, ils excitèrent leurs
« frères qui gémissaient sous la servitude sarrasine à s'insurger
« contre les ennemis de la foi. Plusieurs restèrent sourds à cet
« appel ; plusieurs promirent leur concours, mais différèrent
« l'exécution de leurs promesses ; quelques-uns eurent la fran-
« chise d'avouer que la crainte paralysait leur bonne volonté,
« parce qu'ils redoutaient que, si leur cause ne triomphait pas,
« on leur fît expier leur révolte par une aggravation de ser-
« vitudes et d'impôts, ou même par la perte de la vie.

« Grâce à Dieu, continue Pujades, la terre fut recouvrée et

« les Maures vaincus. Tomich, François Calza et d'autres au-
« teurs disent que les vainqueurs, irrités du refus des chrétiens
« qui avaient plus craint d'offenser les Maures que d'offenser
« Dieu, résolurent de punir ces serfs en leur infligeant les ser-
« vitudes dont ils avaient eu peur, ou en maintenant celles dont
« ils n'avaient pas eu le courage de se libérer. C'est pourquoi,
« en rendant francs et libres ceux qui les avaient aidés, ils
« laissèrent les autres gémir dans le dur servage où ils se trou-
« vaient sous la domination des Maures. Ceux que l'on châtia
« ainsi furent connus en Catalogne sous le nom d'hommes *de*
« *remenza.* »

L'opinion de Pujades, qui attribue aux Arabes l'introduction des *mauvais usages*, n'est pas isolée; elle a été soutenue
par quelques écrivains et attaquée par d'autres.

« Si l'hypothèse mise en avant par Pujades était vraie, dit
« M. Nouguès, la même cause aurait produit les mêmes effets
« dans toute la péninsule; et il n'en existe pas de trace. D'ail-
« leurs il serait plus croyable qu'un peuple voluptueux eût ravi
« des jeunes filles pour peupler les harems, que de supposer
« qu'il eût organisé un tribut honteux qui ne se percevait que
« de loin en loin. »

Pour un fait qui s'est produit plus ou moins souvent dans
les diverses parties de l'Europe, il faut chercher une cause
plus générale.

Le droit du seigneur a dû prendre naissance du temps où
le maître regardait l'esclave comme sa chose; il est devenu plus
rare lorsque le serf a commencé à reprendre quelque liberté,
et c'est avec le servage qu'il a fini par disparaître. Polydore Virgile[1] cite Hérodote, qui parle d'un peuple chez lequel les jeunes
filles, avant d'être mariées, devaient être présentées au roi afin

---

[1] *De rerum inventione*, l. I, § 18 : « Adymarchidæ virgines nupturas regi exhibent;
« quæ illi placuerit eam devirginat. » (Hérodote, Leyde, 1715, p. 276.) — Miot,

qu'il en usât suivant son caprice. Si l'on en croit Suétone, Helvius Cinna, tribun du peuple, aurait avoué qu'une loi avait été préparée pour permettre à César, en vue d'avoir des enfants, d'épouser les femmes qu'il voudrait et tout autant qu'il en voudrait [1]. Lactance nous apprend que l'empereur Maximin avait introduit une ordonnance qui défendait de se marier sans sa permission et sans lui réserver les premières fleurs de l'hyménée [2]. Qui ne sait, sans citer d'autres exemples, que, dans certaines villes de la Grèce, les jeunes filles se prostituaient aux prêtres de Diane et de Vénus huit jours avant le mariage? Si donc il fallait chercher à ce prétendu droit, qui n'est qu'un abus de la force, une origine positive, je n'hésiterais pas à lui attribuer une origine païenne.

Evers [3] s'exprime ainsi : « Ce n'est pas de la constitution « féodale qu'on pourrait faire dériver un pareil droit, parce « qu'il existait antérieurement à toute constitution féodale et « qu'il était fondé sur le pouvoir presque illimité du chef de « tribu. Droit et impôt, nous ne trouvons sous ce double carac- « tère cet ancien usage que là où il reste des vestiges du pou-

---

traducteur d'Hérodote, ajoute : « N'a-t-il pas existé chez nous-mêmes, longtemps «après l'établissement du christianisme, des institutions qui obligeaient les «nouvelles mariées à faire hommage de la première nuit de leurs noces à leur «seigneur? » (*Histoire d'Hérodote suivie de la vie d'Homère*, nouvelle traduction par A. T. Miot, Paris, 1822, t. I, p. 217.)

[1] M. Delpit (p. 275) traduit Suétone en parlant de la loi d'Helvius, et dit qu'elle aurait permis à César de *se servir de toutes les femmes.* Suétone (l. 1, c. lii et non xlviii) dit qu'on proposait de permettre à César : «*ut* uxores, liberorum quærendo- «rum causa, quas et quot vellet, ducere liceret. » Au lieu de *ut*, certaines éditions portent *uti*, mais l'examen du reste de la phrase empêche de confondre cette conjonction avec le verbe *uti*, «se servir. »

[2] «Maximianus Galerius postremo hanc induxerat morem, ut nemo sine ejus «permissu uxorem duceret, ut ipse in omnibus nuptiis prægustator esset. » (Lactance, *De mortibus persecutorum*, p. 38.)

[3] Evers, *Das aelteste Recht der Russen*, p. 71. Evers, savant allemand, a professé le droit dans des provinces de l'empire de Russie.

« voir des chefs de tribus, et la féodalité conserva beaucoup de
« traces des relations du chef avec ses sujets. Le chef en effet
« considérait comme des sujets tous les membres de la tribu.
« Il exerçait seul le droit en question. En jouissait-il sur tous
« les membres de la tribu, ou seulement sur les descendants
« de la classe esclave qui fut reçue peu à peu dans la commu-
« nauté ? Il faudrait de profondes recherches pour répondre à
« cette question. Ce qui paraît certain, c'est que ce n'était pas
« un droit de prince régnant, mais de chef de tribu, et il con-
« serva ce caractère après la fondation de l'État. Les droits
« personnels des chefs survécurent aux modifications politiques.
« Aussi l'abolition du droit princier par Olga ne peut être con-
« sidérée comme une loi générale et n'a pas pris place dans
« le code de Jaroslaf; très-vraisemblablement Olga se bornait,
« dans sa famille et dans ses terres, où les chefs respectaient
« sa volonté, à faire une ordonnance qui substituait un prix
« fixe à un droit odieux. Du reste l'abolition d'un usage ré-
« pugnant aux sentiments de la femme et aux principes de la
« religion s'explique facilement par le caractère d'Olga, qui
« était chrétienne. »

Si la féodalité en France n'a pas su détruire partout cet odieux abus de pouvoir, il ne faut pas du moins lui imputer de l'avoir créé. C'était en effet une violation des règles religieuses et politiques de l'époque. L'Église, en défendant l'adultère, n'a jamais admis d'exception à cette règle. Les plus anciennes lois françaises [1] dépouillent de leur fief le gentilhomme qui séduit une demoiselle confiée à sa garde, ou le vassal qui corrompt la femme ou la fille de son seigneur. C'était un axiome incontestable du droit féodal que « le sire ne doit « pas moins au vassal que le vassal au sire [2]. »

---

[1] Voir les *Établissements de saint Louis*, l. I, c. L.
[2] Velly, *Histoire de France*. t. VI, p. 211, édition in-12 de 1758.

On lit dans le Décret de Gratien une pièce fameuse, connue sous le nom de *Epistola Filiberti*. Elle nous a transmis la formule du serment que prêtait le vassal. Six obligations étaient imposées au vassal; par la quatrième il jurait de ne point tromper le seigneur[1] en touchant sa femme ou en faisant dans sa maison quelque chose de déshonnête. Le contrat était synallagmatique et prescrivait au seigneur des devoirs réciproques sous ce rapport. « Dominus quoque fideli suo in eis omnibus vicem « reddere debet. » Pendant tout le moyen âge, ces principes n'ont pas souffert d'altération. On lit dans la *Somme rurale* de Bouteiller (p. 176) : « Si le seigneur couchait avec la femme « de l'homme féodal, sachez que l'homme féodal doit à tou- « jours être exempt de son seigneur. » Il en était de même de l'autre côté des Pyrénées, et nous avons déjà cité la loi des *Siete Partidas*.

En résumé, je crois que quelques petits tyrans de quelques petits villages ont pu abuser de leur autorité pour imposer un honteux tribut sur le mariage comme sur tout; je crois que, si l'Église et la justice n'ont pu réprimer toujours ces actes honteux, elles ne les ont jamais tolérés.

La loi, retrempée aux sources pures du christianisme, n'a jamais été complice de l'immoralité, et le clergé n'a jamais pactisé avec les violateurs impudents du sacrement du mariage.

La féodalité n'est pas en cause. Le moyen âge était une époque d'ignorance : il y a eu des désordres déplorables;

---

[1] Le texte se sert d'une expression bizarre, *Cucurbitare dominum*, « id est, porte le *Lexicon juris*, ipsius uxori vim inferre vel verbis stuprum suadere. » On a traduit *cucurbitare dominum* par « citrouiller le seigneur. » L'expression latine, qui du reste se retrouve dans d'autres documents, est métaphysiquement empruntée au cornichon plutôt qu'à la citrouille. Les cornichons, comme le mot l'indique, offrant une apparence cornue, on pourrait traduire *cucurbitare* par « cornifier. »

c'était une époque de foi : il y a eu des vertus sublimes. Les désordres provenaient de la faiblesse humaine; les vertus, de la puissante influence de la loi divine.

Notre siècle a des lois bien sages pour protéger les mœurs publiques; mais est-il tellement exempt de tout acte odieux d'immoralité privée qu'il puisse jeter la pierre aux siècles précédents?

PIÈCES JUSTIFICATIVES.

CHARTES ET COUTUMES.

I. Fors et coutumes d'Azun. — II. Fors et coutumes de Guizerix. — III. Coutumes de Maubourguet. — IV. Priviléges d'Ibos. — V. Priviléges de Lourdes. — VI. Acte public relatif aux *massipia*. — VII. Pièce relative au vote des femmes. — VIII. Pièce relative au droit du seigneur. — IX. Préambule d'un contrat de mariage. — X. Statuts de la faderne de Juncalas.

Les savants (il n'y a guère que les savants qui liront cette partie de mon ouvrage) me tiendront compte du nombre de documents inédits que je publie. Malgré mes efforts pour trouver la meilleure leçon, des fautes m'auront sans doute échappé. L'orthographe, en Bigorre surtout, est une invention moderne. Les mêmes mots s'écrivent différemment dans les chartes de deux communes voisines et souvent dans la même charte. J'ai trouvé des copies d'un même acte faites par des notaires, avec tous les caractères d'authenticité désirables, et elles diffèrent essentiellement entre elles. J'ai ordinairement donné la préférence à la plus ancienne. La langue parlée en Bigorre se modifiait selon les temps et les lieux. Des copistes, en croyant bien faire, rajeunissaient quelquefois le style. D'autres, par ignorance, dénaturaient les textes devenus difficiles à lire par leur vétusté.

Au premier abord on s'étonnera peut-être que je donne des textes sans les accompagner de traduction et de notes. On voudra bien se souvenir que mon livre n'est que le commentaire des coutumes pyrénéennes et qu'il contient, mêlée à mes explications, la traduction de tous les passages qui m'ont paru les plus dignes d'être cités.

I.

FORS ET COUTUMES D'AZUN[1].

In nomine Domini, amen. Cum sia causa clara, liquida, notoria e manifesta, que en lo pays d'Asuu aya foos e costumas autreyats ab antich per lo senhor e per los autres qui son vienguts apres, confermatz per lo pople d'Asuu, per tots conservatz e gardatz, e segons la sustancia de aquets la amministrasioo de la justicia que s'aministra en la cort d'Asuu usat; e cum losditz foos fosan posatz, scriutz e designatz en papee, loquau era consumit e gastat; e cum aixi medex aia en lodit pays d'Asuu augunas cartas d'ordenansa, feytas per tot lo pays e confermadas per lo senhoo a conserbatioo de justicia; suus asso tot lo pople d'Asuu, o la maior

---

[1] Cette vallée d'Azun forme aujourd'hui le canton d'Aucun, arrondissement d'Argelès, département des Hautes-Pyrénées. Le cahier contenant les fors et diverses chartes relatives aux affaires du pays est écrit sur cinq peaux de parchemin. Ce précieux manuscrit du xve siècle a été récemment retrouvé dans la vallée, et, grâce à M. l'archiviste Magenties, il a été déposé aux archives de la préfecture de Tarbes. Je l'ai, je crois, déchiffré le premier, et je regrette de n'avoir pu m'aider d'une autre copie. C'est donc un document tout à fait inédit et ignoré que je publie. Les calligraphes dans les Pyrénées semblent avoir été en retard d'un siècle. Les paléographes distingués auxquels j'ai montré le manuscrit y ont tous reconnu l'écriture en usage au xive siècle dans le reste de la France. Je reproduis fidèlement le texte. Le dialecte des hautes montagnes diffère de celui de la plaine, et celui que l'on parlait au xive et au xve siècle est aujourd'hui quelquefois difficile à comprendre.

part e la plus sana, congregatz e aiustatz en lo loc aperat lo *Hoom d'Aucun*, on la cort d'Asuu, se acostuma de thie, congregat e aiustat lodit pople en lodit loc, lo dia qui se conda lo xxix deu mes de jun, l'an m cccc xcvii, balhan et requeran a mi Arnaut deu Troc, deu loc de Marsoos, notari public per la autoritat imperiau, que los ac botassi en bona forma en pergami per que se trobe tot ensemps e aya melhor permanensa e durada. Era lodit poble ensemps aquera begada per recebe bayle un aperat Iohan de Membiela, deu loc de Gees.

Secse l'entroït deusdits foos e la scriba de aquetz.

Bertran de Cardelhac, senhor de Cardelhac e de Burbes, cavalher de nostre senhor lo rey, e Iohan de Laas, lexenciat en leis, perseguidor deus caas maladets, cosselher de nostre senhor lo rey e reformadoo en la senescaquia de Begorra per la magestat reyau sober la correctioo deus officiees, reformadoo deudit pays de Begorra e destinadoo a totz los officiees e a totz los lochstenens de nostre senhor lo rey e a totz los sues subjex e habitadors de ladita nostre terra de Begorra, salutz e sencera delectioo. Feyta que soen es acostumada la gran querelha deusdits subjecx de Begorra cometut per la reyau magestat e publicat daban etz. Sober asso que auguns senescals qui son de present ni seran per temps abieder, jutges, bayles, castelaas, procurayres, notaris, commissaris, sirbens e tots los autres officiees deu rey, tant granas opresoos e tropas deusditz subjex que an portadas e iacturas per que la reyau magestat, que es font de justicia e de pietat, a conexensa e dolense, e scootan las querellas miserables deusdits subjex sues, trameto a nos reformadoos soberditz aldit pays de Begorra que las queremonas e opresoos deusdits subiechs aven remedi opportuu. E per so, nos reformadoos dessusdit e per lo offici de ladita commissio ayxi cum a nos sembla milhoo, e stan e sober las causas dessusditas tant cum podem sercam bertat que es comparada a la honor e extimatioo de dreit deu rey e utilitat deusditz subjex, aus officiees e aus sirvens de Begorra soberditz ordenam per la forma e maneyra que apres sen sec.

I. Au senescauch e a totz los autres officiees cum fasan dreyt et justicia.

Tot primeramens que lo senescauch, iutyes e totz los autres officiees de Begorra, que son de present ni seran per lo temps abieder, las glesias de Diu e las personas e marcadarias e lo gens de la terra e peregrinatioo e totz los bons fideus e marcadees qui per Begorra passan, garden justicia; que opressioos, enjurias, molestas, ayxi cum en lor e en cascun de lor sera possible, a bona fe tencan e deffenan; que a mals homes e a maufaytoos deudit pays purgaran e getaran a tot lor poder, e que los maufaytoos soberditz da qui en la no receberan degudamens, e per so ordenam que publicamens per tot Begorra de las partz deu rey sian cridatz totz maufaytoos e bannits que negun d'asi en d'abant, sus la pena destremar e de prene totz los bees e causas, si a taus maufaytoos receben; que si fen lo contra los lors bees de taus recebedoos sian applicatz au fisch de nostre senhor lo rey de Fransa, e que los officiees dessusditz e cadauns de lor serquen bertat; que si neguna persona deudit pays de Begorra ha auguns daquetz malfaytoos e bannits receberan, que los soberditz officiees deu rey e cadaun de lor e que aquets e cadaun de lor per lo sagrament que an feyt a nostre senhor lo rey de Fransa, sian costreyts sus la pena que poden encorre contre nostre senhor lo rey e que aquetz taus recebedoos punescan en totz los lors bees segons los lors meritz, e aquets bees a nostre senhor lo rey sian aplicatz ayxi cum justicia saperthe de taus recebedos que sapian si deben recebe per los a taus maufaytoos e banitz.

II. Au senescauch cum tienca las sisas.

Item, can au senescauch de Begorra ordenam en tau forma que las suas sisas thienca en los lochs de Begorra, a lasquaus sizas sian los iutges ordinares e de crim, e lo procurayre deu rey e l'avocatz de las causas fiscaus, e totz los autres officiees reyaus de ladita senescausquia de Begorra, que aian a estaa e estaran en lasditas sizas, losquaus officiees a consell deudit senescauch que totz los negocis sues studien e ordenen et fasan ordenar que en baganau no pausen a negun ni a neguna en enquesta, sino que acoselhatz, e temperadamens he amoderadamens que no usen sino que prumer sia feyta leyau enformatioo.

III. Que negun no sia delent per lo senescauch.

Item mes, lo soberdit senescauch que fassa son loctenent un bonhomme e sufficient ha exarsir aquet office que no sia negun defalhiment dabant las sizas alsditz querelhans e popularis sian finitz.

IV. Can deben remeter a la cort de parlament.

Item, que las causas fiscaus per lodit senescauch o son loctenent audian en las causas en lasquaus tocan al patremoni de nostre senhor lo rey no en pecio deudit pays nascut sino que taus sian que adaquetz perthienca deu dreyt de ladita ordenansa e conexensa de aquetz empero segont que per nostre senhor lo rey sera ordenat, que deu patroo sue loquau ha tanta qualitat que pot conexe segont las ordenatioos reyaus en lo caas que losdits iutyes sa prosmen que segont las ordinatioos reyaus deu patremoni deu rey no poden conexe, o en lu en conexensa lasditas causas remetan a la cort de Fransa sober aquetz ladita cort certifique ayxi cum saperthiera.

V. Que per notari ordinari se scriban totas las causas de ladita cort.

Item, mes que totas las causas fiscaus que dabant lo senescauch en la sua cort biencan e bieran que per notari ordinari de la-rendament deus notaris ordinaris qui son de present ni seran per temps abieder se scriban, e no per autres notaris sino que agosan commissio de rey, lasquaus comissioos balhan per scribe e cometudas au quau bolen empero segont qui alu a la reyau magestat sera cometut.

VI. Que thiera las sisas moderadamens lodit senescauch.

Item, lodit senescauch las suas sisas thienca temperadamens e moderada, so es assaber deus degutz benens enter las siza e sizas enter los bayles que en la fii deu libe de la siza sua fassa publicar a las autras sizas e sian aperats.

VII. Que lodit senescauch thienca saget.

Item mes, lodit senescauch aya saget autentic en loquau sia l'arma de Fransa, e que en conferencia deudit saget scriut atau es lo saget deu rey cum lo de la senescauquia de Begorra, mendre lo saget deu senescauch, e son loctenent, on sageren las letras qui de lor per rasoo de lor offici gessiran.

VIII. No fassan per lo sirvent otra lestatut.

Item, que lodit senescauch e lo tesauree de Begorra e totz los autres officiees deu rey per lor segrament no fassan ni creen auguns sirbentz reyaus, otra lo nombre he statut per nos reformadoos soberditz, sino que augun daquetz moria o se contenga a depausar per los sues meritz.

IX. Lo iutye deus apells no se entremeta de las condempnatioos.

Item mes, au iutye deus apells ordenam que lodit iutye de apells e son loctient de las apellatioos de las causas fiscaus e condempnatioos o amendas eredescan a la sententia de sinquanta liuras de tornes, segont las emendas reyaus; no se entremetan daqueras si lo caas era dedens lo terme de dus mees au temps dada la sentensia que remetan a la crampa de parlament a Pariis per lor deguda a determenar.

X. Que donen copia al thesaurer.

Item mes, per virtut deu segrament per lor feyt que de las sentensias e condempnatioos e emendas dessusditas, que donen copia au tesauree de Begorra et fassan e trametan.

XI. Que no prencan las appellatioos no degudas.

Item, sober las apellatioos feytas e fasedoras sober las condempnatioos e sentensias fiscals dedens ladita sentencia, sinquanta liuras de tornes compten sos[1] deusquaus poden conexer, en acqueras studien lasditas apellatioos no perfeytosas ni degudas la reffusen e aqueras no prenca, sino que siau causas degudas e iustas.

[1] Il y a évidemment dans le texte omission du chiffre des sous qui composaient la livre.

XII. Que no prencan dedens la sententia sixanta sos de tornes de la appellatioo.

Item mes, las appellatioos feytas deu senescauch e deus iutyes e de totz loos officiees deu rey dedens la sentensia sixanta sos de tornes petits no receban, sino per iustas causas los prencan, e si aquets se conthec que prencan en aquets posedescan a sentensiar e de plaa e adaquetz actes, e que aquetz no sentensien e las partidas affer nabetz proces e scripturas.

XIII. Item a la ennebitioo deu senescauch e iutyes de la appellatioo.

Item mes, a la ennebitioo deu senescauch e deus iutyes en la causa de la appellatioo no procedescan sino que prumer sia feyta dita appellatioo e greus a luy feyta fee e enformatioo.

XIV. Que determenen breumens la appellatioo.

Item, que la causa fiscau o fiscaus anexadas per las appellatioos o diladoos baganaus periclitan no sentensien mes daqueras breumens fenescan, e aqueras appellatioos loncas dilatioos degudas prevedescan a determenar.

XV. Que lo senescauch thienca las sizas a lochs deguts.

Item mes, en audiensa sua tenca tant per las causas fiscaus, tant per totas las causas privadas, en los lochs solempnes de la senescauchia de Begorra, en los acostumatz de thier las sizas deu senescauch, que los procurayres e auocatz deu rey e totz los autres priuatz poscan aver copia deus dreyts, e que per los dinees e baganaus contenga, e que los despens e trabaylls no fatiguen.

XVI. Que lo iutye ordinari no fasa loctenent sino que fos lo caas que agossa a gesii deu pays.

Item mes, al iutye ordinari en tau maneyra ordenam que et son loctenent bote sufficient absausiee sue offici exersii fassa un tan solamens can e per causa iusta e naturau a la senescauquia dita de Begorra se contenca absentar, e no per autra causa.

XVII. Que thienga las sisas moderamens.

Item mes, a las sisas suas tenca degudamens e no trop se coeyte ni auta pauc tart asigne, mes ha competent spasi entre la una sisa e l'autra asignada; tienca las suas sisas la hora deguda, que no encorra ab las sisas deu senescauch cum lodit iutge ayxi a estaa en las suas sisas.

XVIII. Que negun no pausen en prebentioo sies que prumer fassan enformatioo.

Item mes, que negun home ne neguna persona no pausa ni pausaa, no li fasa en prebentioo o en autra enquesta, sino per iusta causa e leyau causa e enformatioo leyau prumer precedent.

XIX. Que lo iutye no participe ab lo bayle ni notari, sus pena de periuri.

Item mes, lodit iutye e son loctient garden que en las condempnatioos ho gadayns no participen en neguna forma ab los bayles, ni ab los notaris de lasditas causas de lasquaus an conexe dessus con mentioo e indignatio de la reyau magestat, e sus la pena de perjuri si lo contra fasen ni acceptavan.

XX. Que lo iutge use contra los criminoos tant cum posca.

Item mes, au iutge deu crim en tau maneyra ordenam que lodit iutye criminoos modere, e que per temps tenca, tant cum posca, contra los criminoos iusticia exercii e bertat sercat diligentement sober los exces per las partidas e autres dreyts e remedis segont la qualitat iustamens e deguda; asso sercan que negun home no seguesca per negun frau, ni malabolensa, ni per pregarias, ni per prechs, dauguns crims enquistaa sentensian convement als ulhs per pasaa los criminoos abans dotenca e lo garde ab bonas fermansas, e no lo tenca trop en la carce, stan mes celadamens e breu los expedesca, que parten sententia consona e iusta e d'arrasoo.

XXI. Que lo iutye o son loctient besite per totz los lochs de Begorre.

Item, que lo iutye o son locthient que au plus mielhe que una begada en l'an que per totz los lochs de ladita senescauquia besite sus los exces diligentmens e deguda que se enforme sober aquetz.

XXII. Que lo tesauree aia copia deus libes.

Item mes, ordenam que en los dararagieys de las sentencias deu patroo de las causas fiscals conseilhat e de lor coselh lexan ditas que audit patroo ho destreytamens bos ennebim que totz los privilegis, libertatz e ordinatioos a los e aldit pays de Begorra per lodit rey de Fransa e compte de Begorra e autres predecessoos e antecessoos nostres, concentits e autreyatz, deusquaus leyaumens per testimonis e per scriut publichs e autras letras e autres leyaus ensenhamens, ayxi cum son que bos los observetz e fasatz a totz los autres observar, ayxi cum de nostra boluntat dessusdit precedex las costumas et usatyes, e possibles, en negun sober asso autra expectatio, a bos mandam e pregam que contra losdits privilegis, libertats, usatyes e costumas d'arrasoo, si negun ni ave ac exceptat ho ennouat ho exceptar augen en deguna forma permetatz en dampnatye ni en greu deusdits querelhans soberditz e suplican, e si autra causa acceptada ho ennovada trobatz a l'estatz de davant bos lo tornetz e lo fasatz tornaa, sies derisioo en contra las letras enpetradas, lasquaus fen testimoni davant la ciutat de Genoa, lo viii dic deu mes de gener, en l'an de Nostre Senhor Diu Jesu Christ m ccc lviii; e donc per so per la auctoritat a nos e cadaun de bos mandam que las causas contengudas en las letras de nostre s^{or} lo prince dessusditas, tencatz e compliatz degudamens de punt a punt, e las seguit diligentmens, ayxi cum sera daraso. Dadas a Tarba, lo diu a xviii deu mes de nobembre, en l'an m ccc lxvii. Feyta collatioo ab l'originau per my Pey de Martha, notari.

Item, en apres de las soberditas ordanansas es aytal :

XXIII. Que no fasan fer executioos sino per los sirbens reyaus.

Item, per los servidoos reyaus ordenam que deu nombre e ordinatioo executioos fassa fer e no per autres; que los subiechs no sian agrauats pér costatges e despens, ho sia per cubiditat, de levar celaa o saget quan tremeten letras excecutorias contra los fermees, ne no aiusten los fermees per recebe causioos comppiada asi madex per los sues commissaris agrauar en la accio deu celari mes los fermees los paguen, ne aquets sentencia en neguna maneyra en lo degut agravar.

XXIV. Que una letra de executioo fassan sober una biela sies plus.

Item, contra los deutoos de una biela tots ensemps una tant solamens letra fassa, e una tant solamens excecusioo trameta, qui de tertz en tertz los bees deus deutoos subbaste, e fassa en la tersa subbastatio, bene sus la pena deu sue gatye estrema de laquau ordinatio nostra los bayles arrendadoos que las baylias en Begorra a requesta de lor encludin lexam la execusioo sober los deutes sues, en losquaus son tiencuts, e seran thiencuts au thesaure deu rey de Begorra per nostre senhor lo rey fer per lodit thesaure segont que ha acostumat.

XXV. Que lo tesaure pague lo gatye aquetz que prencan lo gatye e no per autra maa.

Item, au senescauch, e aus iutyes e au patro, castelaas, e a totz los autres officiees deu rey, qui gatges deben prene de nostre senhor lo rey per la maa deu thesaure, los lors celaris e gatyes page entegramens, sies deguna dilatioo e sies tot frau, conclusioo, a cascun en pecunia condada, los termes acostumats, sus la virtut deu segrament per lui prestat.

XXVI. Que no arrendent los peadges aux bayles.

Item, que deus bayles e arrendadoos deus lochs no arrenden lo peatge ni negun de la companhia no araubas deus gatges dessusdits.

XXVII. Que no faran lo contra de las causas dessus e dejus scriutas, sus la pena de estre punits.

Item, totas las causas e senclas aquestas susditas en seguin sus la pena de periuriis e en conexensa de la reyau magestat los que faran lo contra e de paga ebitar.

XXVIII. Los castelaas can selari deben prene per lor saryantaria.

Item, ordenam en tau maneyra aus castelaas per lor e per lor saryantaria, per los deutes fiscaus e privatz, no prencan sino que tres soos tornes per dieta; si autre sirvent reyau empero en las mesmas ordinatioos nomentatz son en las letras excecutorias no en la excecutioo seran ab los castelaas acompanhatz ho ennexatz, receban lo celari acostumat, si en las letras de las commissioos ho executioos no son nomenats prencan arre.

XXIX. Can deu prene una castelania can es feyta rebellio en aquet loc.

Item mes, que si los castelaas de Begorra al loc ho aus lochs on es feyta rebellio tremetan tans sirvents per prene los mausfaytoos, ho aquetz qui fen la rebellio, cascun castelaa prenca per la dieta v sos de tornes.

XXX. Que lo bayle no tienca iutyament della sua cort.

Item, aus bayles en tau maneyra ordenam que cascun bayle, a requesta de las partidas, ayxi medex que per aquero qui demana per leys e clamoos, contumacias o per lo sue dreyt de la baylia, ho de la sua cort, iutyament no tenga beguee, sus la pena de perjuri.

XXXI. Per tot castelaa e sirbent e bayle reyau cant deu recebe en lo loc hon sta.

Item, als castelaas, e bayle, e sirbens reyaus executioos fasen en las o en los lochs en losquaus stan, ho fen mansioo, receban per lo sue celari solamens u diner de Tholosa.

XXXII. Que lo bayle no prenca de hun home sino que una ley.

Item mes, que losdits bayles de hun home o femna per un feyt e crim no prencan sino que una ley ho amenda.

XXXIII. Que tots los notaris iuren bee exersii l'offici.

Item mes, ordenam aus notaris que totz e sencles iuren als

quatre santz Evangelis, de totz los instruments per lor retenguts au meys enter viii dias a xv dias au plus auplee scribiran en los lors libes, sus la pena de dus marchs d'argent, aplicadoos a nostre senhor lo rey e sus la virtut deu segrament feyt, e asso ha hevitar trops perills que solen vier tropas vegadas.

XXXIV. Que negun notari ordinare no thienca dietas dedens la sua porta.

Item, que negun notari arendador ordinari no recebera dietas dedens la sua porta deu sue ordinari per rasoo de comissioo que au sue ordinari spere mes que sia content deu degut de la sua scriptura, sino que a requesta de partida aia fora lo sue loc propio de la sue mayso en laque thie l'ordinari sue e labets dabant part asso requerim, no deu recebe sino los despenz moderatz ho v sos de tornes per la dieta sies plus, e las scripturas.

XXXV. Que los notaris no arrenden clamoos negunas de las baylias.

Item, losdits notaris ordinaris en neguna forma no arrenden clamoos ne contumacias deu sue ordinari a hebitar suspicio de frau, mes ladita contumacia depux que bayles sian arrendatz, e que de la festa de la nativitat de sent Iohan Babtista prosimar bient en darer, asso entegramens sia observat.

XXXVI. Que los bayles no aian part en los emolumens deus notaris.

Item, losdits notaris ordinaris no aian part en larendament deu bayle en las clamoos ne contumacias; ne los bayles no aian part en los emolumens deus notaris ordinaris.

XXXVII. Que lo notari ordinari fasen execusioo receba tant cum un sirbent.

Item, que si los notaris ordinaris ban a las execusioos fasen per auguns deutes deguts, prencan, cum un sirvent reyau, per dietas si ban ayxi cum un siruent acabat en gran soma de deute o dautres grans senhoos ho universitat aperats, e labets cadaun deus notaris receban v sos de tornes per taxa per la dieta.

XXXVIII. Que los notaris fasan leyaux informatioos.

Item, los notaris ordinaris can enformatioos faran segon la nostra ordinatioo fasen aqueras sober auguns exces, fasen leyaumens e sies de frau e de engan; que lo contrari no fasan sus la pena de este faus, e asso per lor o per autres sufficients leyaus lors sustituits, losquaus sustituits empero que ayan e sian examinatz e sufficientmens savis per lo senescauch e per los jutges de Begorra, ho per lo patroo per commissioo deu senescauch, e que aquetz que iuren au senescauch, he aus iutges, o au patroo dessus, bee fideumens lo offici exersii, e presten sober asso dabant l'offici exersescan causioos.

XXXIX. Que no metan enquesta sus negun sino que prumer sia feyta enformatio.

Item, mes losdits notaris negun home no metan en neguna enquesta sino que prumer sia feyta enformatio leyaumens e diligentmens vista per lo senescauch o per son loctenent, e per los iutges ordinaris e de crim, e per lo patroo, e degudamens senhada per lor.

XL. Que tot notari ordinari fasen comissioo prenca atant.

Item, que si augun notari ordinari o no ordinari arrendador o no arrendador, fora lo suc loc deu sue arendament fasen commissioos, prenca v sos de tornes per la dieta ab las scripturas degudas tant solamens.

XLI. Que lo notari per negligencia prenca per son celari atant.

Item, que lo proces no feyt iames augun per negligencia o per no sufficiensa deu notari aunullen; que si asso fe conthec que per negligencia daquets notaris e no per las partidas, e bien se aya a tornar lodit proces aus despens de taus notaris, si per lor negligencia e desideri aparia notable; si beramens daquetz es negligencia e desideri fossa tollerable, que tant solamens ayan la meytat deu selari de las suas scripturas.

XLII. Que lo notari prenca competent celari per la scriptura e que sia citada partida e metuda en contumasia.

Item mes, que losdits notaris receban competent celari per las scripturas loos degudas ho dietas, e que no fasan fer exsecutioo per las causas susditas entroo que per lo senescauch o per augun deputat per luy, e los iutges o lors lochsthiens, taxadas seran presens las partidas o leyaumens sitadas e metudas en contumacia e labets empero sies de frau.

XLIII. Que los notaris no fasan enformatioos sober los proces losquaus saperthie aus iutes deus lochs.

Item, que los notaris ordinaris negunas enformatioos sober los proces deusquaus la conexensa saperthe aus iutyes de ladita biela o deus lochs, en losquaus los exces son cometuts, sino que lo senescauch o los iutyes deu rey ordinaris e de crim, per causa de leyau conexensa daquesta maneyra los exces a luy prenen aperaa si los notaris dessusditz contra aquesta ordinatioo nostra o forma en enquesta a negun no pausen ni pausar no fasan sober aquets exces; la lor conexensa perthienca als iutyes de lasditas bielas e deus lochs en losquaus losdits exces son cometutz, losditz notaris ayan lors despens e los dampnatyes restituescan aus accusats.

XLIV. Que los notaris no metan en enquesta sus auguns exces deusquaus la conexensa saperthe aus iutyes daquet loc.

Item, que si conthe que los iutges o bayles d'augun loc per rasoo de exces deusquas la conexensa aquetz aperthien los accusatz ho delaatz daran ha aquetz sentencian o condnempnan ho absooben losditz notaris alsdits asoltz ho condempnatz autra vegada en aquesta sober las causas dessusditas, pausa no persomescan ne daquets sober las causas dessusditas, dassi en dabant no los enmolescan.

XLV. Cantz sirventz deben anar.

Item mes, ordenam en las causas dessusditas al nombre exces

sober montam de lordizem ad mitigaa, so es assaber que en la ciutat e bila de Tarba e aluy semlant bon LIV sirvents e mes XXII nestreman daquets e deus autres en legim deliberatioo sober aquets agutz diligens entroo a XXXII milhoos, e per semlant maneyra ordenam en cascunas bilas de Begorra he aqueras atant cum sirbens deu rey e per sencles bielas poscan sofrir de aquetz.

XLVI. Que negun sirvent no bena lo gatye per son selari.

Item mes, aus sirbens losquaus instituim en lo offici de la saryantaria remancha en tau maneyra ordenam, prumeramens que cascun sirbent reyau lo gatye que aura penherat per rasoo dauguna executioo no sia ta ausart de bener enpenhaa per si madex ni per negun autre, ni alienar mes aquet gatge que portee aus marchadees, o aquet auquau lodit gatge sera prees a son instancia, e asso sus la pena de perde l'offici e x liuras de tornes petitz, a nostre senhor lo rey applicadoos, e levadoos daquetz sirbens deu rey, tantas quantas vegadas contra aquesta maneyra de ordenatioo nostra faran.

XLVII. Que negun no sia ausart de murmurar contra los sirbens.

Item, que negun no sia ausart de dise palauras desonestas contra los sirbents sus augun gatye penheratz per lui a la instansia de partida e si affe que sia conegut o trametut.

XLVIII. Que negun sirbent no sia ausart sus la pena susdita.

Item, que negun sirbent no sia ta ausart de usar lo offici de saryanteria entroo per tant que a nos sera vist sufficient e confermat per nos de l'offici o aura obtencut de nos, sus la pena dessusdita.

XLIX. Que degun sirbent no sia ausart de compellir sino que ab lo bayle o son loctenent.

Item, negun sirvent de si madex no sia ta ausart de penherar o compellir o compellisioo neguna fer, sies deu bayle ho son loctenent ho de II sirbent sies en lo loc en loquau a lu saperthiera de penherar, si aqui sta e no sia negligent e asso sus la pena dessusdita exceptat deus deutes fiscaus.

L. Que los gatyes nos benan entroo los dias passatz.

Item, los gatyes prees e prenedoos per los sirbents en las terras en lasquaus sian prees que sian tiencutz per xiv dias condan al dia qui seran prees, abans que los benan, e fenitz aquetz xiv dias que sian benutz en aquet medex loc en loquau son prees alenquant si lenquant es aqui, e sino que la porte au plus prosmaa loc dedens la baylia on es lenquant, e sian benuts aqui per so qui sera darrazo, e lo pretz deu gatye que sia pagat au benedo aquet au quau a la instancia sera feyta la execusioo a la satisfaccioo deu deutoo.

LI. Que lo bayle no compellesca negun mandament sino que beya lo sirbent.

Item, que negun bayle no compellesca augun mandament a la requesta d'augun sirbent sino que persaunaumens lo requeresca affer la execusioo, e asso bolem ha ebitar peresa daugun sirbent qui per ensufficiens passan e labets las letras deu bayle per fer la execussioo cometudas adaquetz.

LII. Que los sirbents no demanden lo celari adaquetz qui ban compellir.

Item, ordenam que los sirbens no demanden lo celari adaquetz sober losquaus fen la execusioo, sino que de lor boluntat sia mes aquet atau a la instancia sera feyt que pux apres lodit celari e totz los despens recubrara al deu deute aysi cum sera de rasoo.

LIII. Cant sirbentz deben trameter per fe executioo.

Item, mes ordenam que per xx liuras de tornes e daqui en bat tremetan solamens un sirbent affer la executioo per aquetz, e per L liuras II sirbents deu rey trametan, e per C liuras IV sirbents ha compellir o a executa trametan sies plus, sino que en la causa en laquau rebellioo se fassa en aquera trametan proo sirventz ayxi cum a desobediens feyts a nostre senhor lo rey o sos gens per nom de lu, segont la discretioo deu senescauch o intyament de regioo sera vista affer.

LIV. Cum se deu gouvernar lo sirbent per deute fiscau.

Item, ordenam que en los deutes fiscaus los sirbents qui fassan la execusioo ades de present sies demoraa xxiv dias, que benan lo gatye en autra maneyra los deutes privatz, ayxi cum es de costuma, per los dias per losquaus feen benditioo de bees mobles e no mobles, los gatyes sues lexen au temps degut e no fasan execusioo suus aquets lors selaris.

LV. Can deben leuar los sirbents per lega.

Item mes, per coelhe los sirbentz ordenam que, si un sirbent ab tropas letras de citatioo, ho de penheras portaa fasen exsecutioo contra trops, per cascuna lega prenca tan solamens vi dinees de tornes.

LVI. Suus que deben fer exsecutioo los sirbents reyaus.

Item mes, ordenam que negun sirbent per deutes d'augun no fasan exsecutioo en los boeus deu camp ni en las raubas ni lheyt nuptiaus de la molher, ni en los instrumens deu camp, ni en los bestimens deu coos, ni en las armas deus homis de necesitat, au losditz deutoos mes que si an autrees bees mobles e immobles sober aquetz fasan la exsecutioo aquetz deutoos.

LVII. Que negun sirbent no sia ausart de penherar sino que aya titol.

Item mes, ordenam que negun sirbent no sia ta ausart ne persomesca de exersii l'offici de saryanteria ni usar loquau a nos no aya poder segont las nostras ordenansas, abans sia thiencut de pagar L liuras a nostre senhor lo rey.

LVIII. Que lo sirvent porte un basto ab las floos de liis.

Item, que cascun sirbent de nostra ordenansa porte un basto ab las floos de liis de present en l'offici de la sue saryanteria can aquera use.

LIX. Que cascun sirbent reyau mustre las lettras deu sue offici.

Item, que cascun sirbent reyau presente sies de neguna aministratioo can la excecusioo fassa e sia thiencut de mostrar las letras de la sua saryantaria, si sober asso es requerit.

LX. Que los sirbents fasan la execulioo a la hora competent.

Item, que losditz sirbentz deu rey las letras de las citatioos lasquas an affer, o sian per deutes fiscaus, o sian per deutes privatz, presenten e demostren a la hora competent e deguda, complir lo mandament au bayle deu loc en loquau la excecusioo o sitasio averan affer ayxi cum saperthiera.

LXI. Suus quins bees deu fer la execusioo lo sirbent.

Item, cum se contenga de fer la excecusioo per los deutes privatz per los sirbentz reyaus, prumer faran sober los bees mobles, e si los bees mobles defalhent, sober los bees immobles fassa fer la excecusioo empero ab subbastatioo leyau daban metuda o feyta segont que per la costuma deus lochs es acostumat de fer, et si lodit home met soos bees en quatorzena loqui sera compellit qui dedens la quatorzena ne deu porta mes greu e passada la catorzena, que fassan exsecutioo deguda sober los bees.

LXII. Que negun sirbent reyau per lo sue celari no demanen a negun privat procurar ni pausar en enquesta.

LXIII. Quant deu leuar lo sirbent acabat.

Item, que lo sirbent reyau lo dia que ba affer la excecusioo de tres sos de acabat.

LXIV. Que lo bayle deu fer balhar conexensa de sa cort a tota persona.

Item mes, deu fer lo bayle balhar dreta conexensa de la sua cort a tota persona qui la requeresca, sies neguna contradictioo.

LXV. Que lo bayle deu seguir la remessio de un home citat en autra cort.

Item mes, si un home de son baylatge apera un autre o autra persona he dessenhoresca la cort d'Assuu sua e que l'apere a Tarba o en autra cort, deu seguir la remissioo lo bayle e la deu tornar a la sua cort entroo la conexensa de lxv sos de Morlaas, reservat lo crim si lome era criminoos, e asso aus despens daquet que laura aperat fora la justiciaa de so senhor e iutyament de sa cort.

LXVI. Que lo bayle deu observar foos et costumas.

Item mes, nos deu observar ordenansas e no taucar cum es de paa e de vii e de carn e totas autras ordenansas de plaa qui son acostumadas de fer en la terra d'Asuu.

LXVII. La ordenansa deu paa.

Item prumeramens, per lo paa que tota paacosera per cartera de froment tres bl. e lo bren, e si lo bayle lo troba enfalhent daquet e de la ordenansa que laya trencada, que la posca penherar per v sos de Morlaas, sies tota dilatioo per los v sos de Morlaas que auem acostumat de leuar trenta blancs, segons lo foo de Begorra e nostre de antiquitat.

LXVIII. La ordenansa deu bii.

Item, la ordenansa deu vii, que tot taberne deu bayliatye que aya a dar a tasta lo vii aus tastadoos deputatz deu loc abans que no bena deu bii ni non preste, e que los tastadoos lo sian thiencutz de anar tastar, sies tot dilay, si lo taberne los requerex, e que los tastadoos poscan dar pretz au bii dus iaques mes que a Lorda nos bena, e que lo bii ac balha e que lodit bii que sia nascut de Lorda en bat e bee budar lo cartoo e bee empleada, e quen fassa ab gatye o ab argent que balha lo tertz mes; e si lodit tabernee gabanhaba lo bii depux que fos tastat ni dat prets, que lo tastadoo o tastadors la podossan arre tastar e baxar lo prets, per la forma qui los semla, segont la balor deu bii; e si lodit taberne bolera de tant bii cum dara au tastadoo o tastadoos entroo a la mesura de i carto amiey cart ab cartoo degut que hi posca mete autante aygua sies prejudici; e si lodit taberne fe contra ladita ordenansa que lo bayle lo posca penherar per v sos de Morlaas, sies tota requesta; e si negun conplanhent ho complanhenta biera au bayle que lodit tabernee no bole fee bii ab argent o ab gatge qui balha lo tertz mes e ayxi medex que naya affe lo tabernee ab gatge, qui bailha lo tertz mes e fasen lo contra dasso contra la ordenansa dessusdita, que lodit bayle sia thiencut de fer balhar lo bii al complanhent o complanhenta ab l'argenst o ab lodit gatge audit tabernee de penherar per v sos de Morlaas.

LXIX. La ordenansa de la carn qui lo masere benera.

Item mes, tot masere que fassa carn que bena cum a Argeles e quen fassa liura et meya liura, e cartoo de liura, e mey cartoo de liura, ab gatye qui balha lo ters mes o ab argent ab pees dreyts e degutz; e si lodit masere non bole fer ab gatye e ab argent ayxi bee ab la un cum ab l'autre, que encorra en tau bayle en v sos de Morlaas en tantas quantas begadas requerit ne sera per partida; si per l'aventura no trobaba los pees degutz contra la ordenansa, que lodit masere encorrossa las penas a la ordenansa, deu senhor, en lo caas que los pees no fosan degutz segont que la ordenansa conthe.

LXX. Que lo bayle sia thiencut de thier cort a la hora deguda.

Item mes, que lodit bayle sia thiencut de thier cort a la hora deguda, e si no ha fe, que los poples o sian manatz per lo bayle o per lo beguer que sen poscan anar en la lors hostaus o deliurar los negosis sies preiudici lor en profieyt deu bayle. Laquau hora es aquesta con lo sorelh se còoga al pic de la Scolia en la cort d'Assuu; e si per abentura neguns manatz ho citatz degudamens no son comparens ni arres per lor, que lo bayle e los iutyes no son thiencutz de demorar losdits manatz o citats de ladita hora en darre.

LXXI. La cort d'Arras.

Item mes, a la cort d'Arras depux que passa la hora ha aguierden en Dabantaygua, que no son thiencutz lo poble de demorar lo bayle o sian manatz o citatz aban, sen poden anar enta lors hostaus e fer lors negocis sens preiudici ni profieyt deu bayle; e si per abentura los manatz o citatz degudament no eran comparens dedens ladita hora o lors procurayres, que lo bayle ni los iutyes no son thiencuts de demora.

LXXII. Ha iv feyras en Azuu.

Item mes, abem en foo e costuma, de totz temps mes del monde, iv ferias l'an gaudir: de Nadau, de Sent Thomas entroo al tretz dia de Thofaniaa e de Pascas deu divendres de beasens entroo a pasculhas passat e mes las ferias destiu per tot lo mes dagost passat que son en nostres foos, priuilegis e costumas de ara e ed tot temps, per que debem este pasifichs e quetz tot home e tota femna dedens aqueras ferias e las ferias de Pentacosta tres dias dabant e tres dias darre.

LXXIII. De benda de terra.

Item mes, en nostre foo e costuma, e libertatz, e privilegis, de ara e de totz temps, que un home o una femna que bena i terrens de terra ho pocessioo quinha que sia, o la cambia per autre, o la done, e lo senhor, qui que sia, ho lo bayle per nom deu senhor, qui que sia lo senhor, que naya a despulhar lodit benedor, ho cambiador, o de quinha que conditio que sia o questresporte e que no a enbestii lodit crompado o cambiadoo de la un a l'autre o donador o prenedor, ab los deguts deudit senhor, so es assaber de entratges quada v sos de Morlaas, e si es benda deu benedoo de xii floriis i per los capsootz aldit senhor, bolem que, si lodit senhor no met la maa en la bend o donatioo o cambi quinha que possessioo que sia, que nos deu thier meyx que lodit senhoo no hi meta la maa.

LXXIV. Que si un home se clama de un autre.

Item mes, abem en foo e en costuma e en nostre usatge, de ara e de tost temps mes, que si un home se clama de un autre en tau bayle, que si lome ne fe ley o fasa mete per ley sus augun argent ab certa ley, que lo bayle noy ha plus haffer sino que la partida qui es pleyada ferme au pley que lo bayle naya plus affer.

LXXV. Que negun sirbent no fasse compellir sino que ab lo bayle.

Item mes, que si negun sirbent condau o reau o de quinha

forma que sia, que no deu penherar sino que ab lo bayle, ni compellir o que per xxi dia lo bayle no deu lexaa portar negun gatye fora la baylia.

LXXVI. Que lo bayle tienca cort.

Item mes, que lo bayle deu thie corte de tertz en tertz para observar iustitia de partidas que lo requeran.

LXXVII. Per deute fiscau no deu portar greu per greu.

Item mes, que negun deute fiscau cum son questes, e sees, e leys conegudas, que no deu auer greu per greu mes que lo penhere e que meta los gatges a lenquant, e bena los gatges per bia de enquant, e que nul autre greu no deu portar.

LXXVIII. Lo cassadoo cum se deu gouvernaa en sa casso.

Item mes, per un casado o de trops si prenen servi o sanglaa, que lo bayle deu recebe lo semee degut per lo senhoo daquet on se aperthie la baylia; si lodit casadoo lo presenta lo semmee degut, e que si affe, que lo casadoo no deu portar plus greu, e si no lac presenta degut que encorra en la ley que sapertienca de dreyt.

LXXIX. Que lo bayle ni lo beguee no deben penherar si la partida ferma.

Item mes, abem en nostre foo e en nostra costuma e de nostres priuilegis, de ara et de iame, que un home que se clame de un autre e que lo fassa penherar, se lome ferma e ensenhorex la cort abans que lo bayle e lo beguee no ayan taxat lo gatge, que no deben penherar entroo per sentencia sia condepnat.

LXXX. Quinha ley mayoo deu lhevar lo bayle.

Item mes, que lo bayle no deu lheuar neguna ley mayo, sino que per plaga on aya pagera e porte ley mayoo, e que sia probada, o per caas criminau, o per fundament de terra, e que la ley sia coneguda.

LXXXI. Que lo beguee no deu penherar sino que lo bayle lac mane.

Item mes, que deguna ley, o capsootz, o una entrada, o una ley appartienca au bayle e au beguee que si paga au bayle, que lo beguee no lo deu penherar sino que lo bayle li asigne, e que si ab lo bayle se acorda que lo beguee no lo deu penherar sino que lo bayle li asigne, e mes que lo begue no pot penherar segont nostre usatye, ni manaa per deguna causa sino que fos per asignatio de son tertz que lo bayle lo fassa o autramens per mandament deu bayle; e si lo beguee aiorna o mana per son auctoritat o penhera, que sino que sia per asignatioo deu bayle o que lo bayle lac mane penherar que lome no deu portar greu.

LXXXII. Que lo beguee no deu leuar sino que la cort deu bayle.

Item mes, que si lo bayle fe e a un pleyt en taulat en sa cort de un home o de trops, e que la questioo no bienca adefinitiva sententia abans bienca en a cort ab lo bayle, que lo beguee no pot demandar aldit home sino que lo tertz de la cort que aura feyt ab lo bayle que lo bayle la asigne al home.

LXXXIII. Que lo beguee no pot penherar per son tertz.

Item mes, avem foo e costuma en nostres priuiletges, de ara e de tos temps, que lo beguee no deu penherar ni prene son tertz sino que lac asigne lo bayle, car lo bayle e lo begue deben auer tres condes l'an, e lo bayle lo deu asignar son tertz dreyt o pagar lac, e que si lo bayle lac asigna, que deu mandar al home que pague au beguee, car ec la ha asignatz e per lo bayle ne aquitat lo que lo bayle li aura mandat, que lo beguee lo posca penherar e fer pagar.

LXXXIV. Que lo beguee deu meter un gatge a lencan.

Item mes, abem en nostre foo e costuma e en nostres priuiletges e usatges, de ara e de tost temps, que lo beguee deu mete a lenquant los gatges penheratz per lo bayle e per lo beguee los enquans deu beguer de XII blancs miey blanc, e los capsoos de lenquant daquet qui fe mete los gatges a lenquans de XII florins I blanc.

LXXXV. Que lo bayle no deu mete los gatges a lencant.

Item mes, que si lo bayle mete los gatyes a lencant, los encantz que sian deu beguee, e lo capsootz de la partida qui fassa mete los gatges a lencan en la forme soberdita en necitat que lo beguee no y sia.

LXXXVI. Que prumer filh o filha deu heretar.

Item mes, en nostre foo e en nostra costuma, de ara e de tost temps, mes que un home qui tienca bees linatyaus o paternaus, cum son hostaus, bordas, camps, prats, pocessioos, e que acquetz que tienca de son pay e de sa may, o de l'un o de l'autre, que los filhes o filhas quas iames seran engendratz que aquet o aquera pocedesca loos bees linatyaus o paternaus, e pux apres en defalhiment daquet o daquera e lor linatge, lautre o autra qui sera apres engendrat o engendrada, sies contradictioo deus autres qui apres seran engendratz mes, que ayan las autres las partidas deus bees, segont la facultat deus bees de l'hostau.

LXXXVII. Que tot home poscar fer hereter en soos bees aquet lo qui a lui plasera.

Item mes, que si un home o femna que aya en son temps gadanhat o adquisit una pocessioo ho tropas, cum son hostaus, bordas, vinhas e bergers, camps, pratz, he autras pocessioos, que si Diu lo da filhs o filhas o de tot, que lo pay e la may poden fer lor hereter aquet o aquera o quaus a lor semlara ni sera vist de tots los bees gadanhatz e adquesit; poden fer hereter la un de lors filhs o filhas qui a lor plasera, ho a un autre que a lor no tancos ni fos de las sanguinitat, segont nostre foo e nostra costuma e nostres priviletges de ara e de tost temps del mon.

LXXXVIII. Can deu pagar per prenhedat de baca.

Item mes, de una gasalha de bacas si la baca grossa ha feyta prenh un home a un autre o que lac agossa benuda que lo qui la presa la baca en gasalha o laura crompada jura sus los iiii santz Evangelis de Diu Iesu Christ que en sa maa no es stade leyada ladita baca, que lo qui aura feyta la gasalha o lac aura benuda que pague aldit crompadoo o aquet qui aura presa la gasalha i franch, per la prenhedat de la baca e per bima i flori, segont lo foo e la costuma de la terra.

LXXXIX. Per prenhedat de gega quan deu pagar.

Item mes, per una gega que si negun la feyta en gasalha ho la benuda e que laya feyta prenh si gossa jurar lo qui laura presa o crompada sus los iiii santz Evangelis que en sa maa no ses leyada e per la prenhedat que pague lo que l'aura metuda o benuda ii floriis, e per portra que pague i franc.

XC. Per prenhedat de olhas e de crabas.

Item mes, ayxi medex per medexa forma que las bacas que si negun que aya benudas olhas o crabas per preyntz per cada oolha xii bl. per la prenhedat, e per craba ix bl. per la prenhedat, e ayxi ac abem acostumat de tost temps iames.

XCI. Can deu lheuar lauocat en la cort.

Item mes, auem en nostre foo et costuma, de ara e de tost temps, en la terra d'Assuu e de Begorra, en las cortz deus bayles, que un auocat quan allega per un autro que per la prumera cort, lodit auocat que receba tan solamens v sos de tornes sies plus, e per totas las autres cortz tan cum avocara, per aquet homi o femna, per cada cort, xviii dines morlaas sies plus.

XCII. Per una obligansa feyta.

Item mes, de una obligansa qui ayan feyta dus o tres o quatre homes o de qui en sus que per una ley al bayle sian quitis si lo caas es atau que ley hi aya lo bayle e per una excecussioo quitis; e si son citatz en autra cort fora lo bayliatge don son ab una citatioo que lo bayle no deu ni pot lhevar sino que tant cum per un home.

XCIII. Per los despens de i testimoni citat cant deu recebe.

Item mes, segont lo foo e costuma de las cortz deu senhoo

mayoo que i testimoni citat fora lo baylatye per los despens e destachs feyts qui avera feyts per anar e per tornar a son hostau, receba per lega vi dines tornes tant solamens sies plus, sino que voluntat fossa deu qui laura citat de dar lon mes.

XCIV. Si auguu prepara gatges dauans greu.

Item mes, en nostre foo e costuma, que si un home qui deya dar certa quantitat d'argent ha un autre, que si lo deutoo prepara gatges dabant greu, e que lo gatge balha lo tertz mes que lo crededoo lac deu prene per la soma qui deu prene deu deutoo, e si lo crededoo fase greu queu se passe.

XCV.

Item mes, em en nostre foo e costuma que si lo bayle deu prene daugun home, que si lo deutoo prepara gatges per augun argent que lo bayle deya prene, que si lo deutoo lo prepara gatyes dauant greu e que los gatges o lo gatge balha o balhan lo tertz mes que lo bayle lac deu prene, quin que gatge se sia, que lo deutoo lo prepare audit bayle e lo bayle no sen deu prene autre gatge, sus la pena de este perjurii.

XCVI. Item mes que no deu portar mes greu per greu.

Item mes, em nostre foo e costuma de ara e de toz temp, que si augun es obligat per neguna cautioo ho autre deute que partienca au senescauch de Begorra ho a sa cortz, que per aquera obligansa qui lome auera feyta no deu portar plus greu, sino que fasan la exsecutioo deguda ayxi cum per deute fiscau ni en aquet capito saperthe.

XCVII. Item per un arbe frutee si las arramas penen en autra part.

Item mes, em en nostre foo e costuma de tost temps mes del mon, que si un arbe frutee sia plantat en una terra, e que las arramas del arbe pena enta autre terra, que lome de qui la terra sera ni las arramas del arbe penen en so terra, que deu frut que l'arbe lebara no deu tocaa, sino que tant cum ne podera atenhee ab la maa e de aquet frut la meytat, e l'autra meytat de aquet qui fera l'arbe frutee, e si aquet de qui sera l'arbe abat la fruta, que la meytat deu fruit de las arramas que sian de aquet de qui sera la terra e que non deu podar las arramas sino que no podos passar.

XCVIII. Per un notari si ha a gardar sos libes a requesta de partidas.

Item mes, en nostre foo e costuma, per los senhoos mossen Iohan Rochis, cavalher, e per mossen Iohan de Laas, lesensiat, que si augun notari es requerit per augunas partidas de mostrar los libes de la sua notaria o d'autre, si et los ha per augunas cartas gardar que recebe lo notari v sos torne e apres la scriptura si ascribe a.

XCIX. Per una donatioo per fondament de terra lo bayle quant ha a lhevar.

Item mes, abem en nostre foo e costuma que si de una pocessio de terra fe donatioo un home ha un autre, que lo bayle no y ha a demandar arre sino que lantrada, e que se laude en sa maa e quen despulhe al qui fe la donatioo e quen meta en corporau pocessioo a la autra partida.

C. Si lo bayle pot aresta sies de mandament deu senhoo mayoo.

Item mes, abem en nostre foo e costuma de tos temps mes del mon, que lo bayle no deu ni pot arestar ha una persona sies de mandament deu senhoo mayoo, mandament scriut e sagerat deu saget de la cort de senescauch de Begorra o deu compte.

Après diverses chartes copiées dans le même cartulaire, on lit à la fin :

Losquaus foos e costumas e cartas susditas io Arnaut deu Troc, habitant deu loc de Marsoos, clerc e notari public per la auctoritat imperiau, a la requesta de tot lo poble d'Assuu o la mayor partida e la plus sana, congregat e aiustat en lo loc aperat *lo Hoom d'Aucun*, a la receptioo deu bayle qui entraba per la begada, so es assaber Iohan de Menbiella deu loc de Gees, a mi feyta de treslatar, copiar los sosditz foos e costumas et cartas susditas en la forma susdita laquau requesta, et requisitio a mi feyta per lo susdit poble.

Son testimonis dasso maeste Bernat de la Lobera, maest Guillem Dabesin deu loc de Marsous, notaris, e maeste Borthomiu de Sastrada deu loc d'Arrens, notari. E fo feyta ladita requesta lo xxix jour deu mes de jun en lo susdit hoom d'Aucun, l'an m cccc xcvii, et io susdit deu Troc que a la susdita requesta per mon offici seguin la sillaba deusdits foos, costumas e autre cartas susditas de mot a mot visitadas e consultadas au plus de tot mon poder no defferin en neguna causa de la sillaba deusdits foos e costumas et de lasditas cartas ab lo susdit fidelitat au segrament qui thient a mon offici, hey feyt lo susdit instrument tal per la forma que dessus conthe, e per maior fermessa de bertat mon senhau acostumat hi e pausat.

II.

FORS ET COUTUMES DE GUIZERIX[1].

In nomine Domini, amen. Noverint universi et singuli presentes pariter et futuri, quod existens et personaliter constitutus anno et die infrascriptis, mei notarii publici et testium infrascriptorum presentia, et apud locum Castri Noui Manohaci, Auxis diocesis, vi-

---

[1] Guizerix ou Guizerits, commune des Hautes-Pyrénées, arrondissement de Bagnères-de-Bigorre, n'a qu'une population de 400 à 500 âmes. Elle faisait partie des quatre vallées qui ont appartenu, à certaines époques, à la Bigorre. L'original des fors, retenu, le 5 avril 1405, par Bernard de Velin, notaire à Castelnau-Magnoac, ne se retrouve plus. Une copie en forme, composée de 8 feuillets, écrite sur parchemin, signée G. Bergier, notaire, qui délivra cette grosse, le 14 février 1553, existe encore aux archives de Guizerix, et c'était sur cette pièce que j'avais fait mon travail. M. Alcide Curie Seimbre, ancien sous-préfet, fort versé dans l'étude des chartes pyrénéennes, a eu l'extrême obligeance de me confier une copie authentique des fors, collationnée par un conseiller du roi, rapporteur référendaire en la chancellerie près le parlement de Toulouse. C'est cette copie, écrite sur papier timbré, revue et collationnée encore par M. Curie, que nous reproduisons littéralement ici. On remarquera que les mêmes mots sont souvent écrits de différentes manières. Nous avons cru ne pas devoir corriger l'orthographe.

delicet nobilis et potens vir, dominus Iohannes de Labartha, miles, dominus locorum de Monte Cornelio, de Guiserco, de Bello Podio et de Organo, et senescallus Aure et Manobaci pro inclito principe et domino nostro domino comite Armanbaci, audita et intellecta supplicatione verbothenus proposita per consules et alios singulares predicti loci de Guisrico, dicendo quod, cum ipsi consules una cum bajulo dicti loci sint judices in pertinentiis dicti loci, in omnibus causis civilibus et criminalibus in dicto loco et ejus pertinentiis emergentibus, habentesque eorum consuetudines scriptas, usus et libertates quibus usi sunt a tanto tempore citra quod de contrario memoria hominum non existit; ac tamen quod a casibus fortuitis dictas eorum consuetudines descriptas amiserunt, supplicando eidem et quasdam consuetudines scriptas in quodam papiro abstractas a consuetudinibus predicti loci Castri Novi, in cujus castellania predictus locus est situatus, vellet eis concedere aprobare et illis in posterum uti permittere. Quibus lectis et datis ad plenum intelligi per honorabilem virum magistrum Guillermum Nepotis, in legibus baccallarium, judicem terre Aure et Manobaci, habita debita et matura deliberatione consilii, de sua certa scientia et gracia speciali, dictas consuetudines eisdem consulibus nomine universitatis et dicte sue universitati dedit, concessit, aprobavit, omologavit, et laudavit, voluit et consenciit ut illis utantur et secundum illas judicent, justiciam ministrent, mandando michi notario infrascripto ut eisdem consulibus nomine universitatis dicti loci de Guisrico retinerem instrumentum seu instrumenta eis necessaria et opportuna. Tenor vero dictarum consuetudinum sequitur et est talis.

Senseguen se las costumas del loc de Guiseritz.

1. Lou prumier article es que en lodit loc de Guiseritz sian elegitz, cascun an, tres cossos per la communitat deudit loc segon que es acostumat, losquals juren en la man deu senhor ho de son baile lou prumé digmenge apres Touz Sanctz, losquals cossos ensems ab lo bayle ou la major partida deusdits cossos ayan poder. coma juges ordinaris deudit loc et de sas pertenensas, de ausir, de

terminar, coneysse et diffinir totas causas et negocis, eu lodit loc ou sas apertenensas, emergem et emerger poden, tant civils cum criminaus, et tota juridiccion hauta, bassa et moyena, meri et mixti imperii a lor autreyada per lodit senhor.

II. Item, que lo senhor deudit loc ni sos officiers no fassan ne poscan far, ny metre tailhas, aubergas, ny autres carx, ni prenguan prest ni servici sino de voluntat deus habitans deudit loc.

III. Item, que lo senho deudit loc ni sos successors las suas gens ny officiers no prenguan en lodit loc degun habitador deudit loc, otra sa volontat, pan, bin ny carns de deguna condition que sian, fees, pailhas, ortalicias, frutz, quenhz que sian, ni deguna autra causa, et si fasian lo contrari, que sian punitz las gens ou officiers segon la ordenanza delsdits cossos.

IV. Item, que los habitans deudit loc et los que hy habitaran en futur pouscan da et vendre et aliena toutz los bees mobles et no mobles liberalamente a qui lor plaira, exceptatz que los no mobles no poscan aliena a persona prohibida de dreict.

V. Item, que lo senho deudit loc ny sos officiers no prenguan degun habitado deudit loc, ny pres no lo detenguan, ny soos bees ab tant que bailhe fremensas de estar a dreict, sino que tan que deguos prene mort ou mutilation de membre et sos bees degossan estre encorrutz au senho, et quant se endeviere losdits cossos feicta diligent inquisition et information, segon lo merit de la causa et segon forma de dreict conescan et ordenen, ny per negun crim, degun habitado deudit loc no sia menat fora la juridiction deudit loc, au sia detengut et encarcerat a la ordenansa dels cossos.

VI. Item, que a la denunciation de augun no fasen partida contra augun habitado deudit loc de Guiseritz sobre aucun crim, quenh que sia, no sia procedit en deguna maneyra sino precedent informacion ou que lodit criminos fos trobat fasen lo crim et lo crim fos de tau natura que emportes pena corporala.

VII. Item, quan lo baile se cree nouellement es tengut de jura, en presentia de deus cossos que en lodit son offici ben et degudament se portara, et las costumas et libertatz gardara et observara bertaderas relations et expleictz fara.

VIII. Que lo baile deudit loc ni autre officié no cite ne posca cita degun habitant deudit loc per ung feict, sin que una betz en ung dia et de ters jorns en ters jorns, et en cas que lo fassa, que lo citat no sia tengut de compary ne en deguna ley per la contumacia, sino que per los cossos fossa ordenat.

IX. Item, si augun habitant deudit loc de augun autre se clamo ou rencura per augun deute et aquet deute en la cort deusdits cossos, present lo baile, lodit deute confessa, ly sian datz quatorze jours de terme a pagua, dens los caus aya paguat, ou autrement acourdat ab lo cresedor, en deguna ley, lodit deute no sia tengut au senho sino en dus dines tholozas per la scriptura, clamo et confessio, en dus autres, et si lo deute es neguat, sia procedit entro la sentencia segon justicia, et lo bengut sia condempnat en vingt dines tholosas au senho per la ley.

X. Item, que de la clamo simpla ou de un pleict lo senho ne prenera sino una ley de vingt dines tholosas pausat que tropas coneyssensas ho ordenansas hy sian feictas.

XI. Item, que chascun defailhent a la court deusdits cossos au jorn a la assignation sera punit en vingt dines tholosas au senhor per la contumacia, sino que aguos leal defensa sobre la cau sera audit.

XII. Item, que degun habitado deudit loc no sia punit en deguna pena ny ley ordinaria, ny extraordinaria, pecuniaria, ny corporau, sino que en la maneyra que los cossos jutgaran.

XIII. Item que negun sirvent ou officie deu senho no prengua degun salari de degun habitant deudit loc per lebar las rendas, leys, contumacias, et autres dreictz deu senhor deudit loc, et si degun au seruido biolentament estrema lo guatge audit seruent en dets sos tholozas sia punit, applicados au senho.

XIV. Item, que en lodit loc no sia metut ban en deguna maneyra en las pocessios ou autres bees deus habitans deudit loc ab tant que lodit habitado balhe ou offresca de balhar fremansas de estar a dreict a la coneyssensa deus cossos, et si era metut, que sia lebat sens deguna pena.

XV. Item, que degun habitado deudit loc no sia questionant en lodit loc ny apertenensas per lodit senho, sos officiés, en degun cas, sino que los consols sian presents, et conegut et jutgat sus aquet per els et sus la forma de la question et tortura, et que tant sie questionat et torturat coma aus cossos sera vist fasedo, autrament no.

XVI. Item, que cascun habitant deudit loc posqua fe bosc deffenut et bedat en sa possession, segon la ordenansa deus cossos, regardada la quantitat de la terra et deu negocii la qualitat, et cascun que trencara ou dara dampnatge en lodit bosc sera punit en vingt dines tholosas, satisfeicta partida lesida et autrament punit de la ordenansa deus cossos.

XVII. Item, que si degun habitant deudit loc moris sens hereté leyau que per dreyta linha deben succedy et no aya feict testament, que los cossos ensemps ab lo bayle prenguan toz sos bees et los tenguan en lor man per ung an et un dia, feict enventari sufficientement, et si dedens lodit terme no si es mostrat hereté, losdits bees et heretaige sia la meytat au senho et l'autre meitat a la voluntat deusdits cossos.

XVIII. Item, que lo senho deudit loc ny sos officiés no poscan fe ordenansa ny mettre en lodit loc statut, ordenansas, constitucios en deguna maneyra ses voluntat deus cossos, et si se fasia lo contrari, que degun habitant deudit loc no sia tengut de tenir ny observar losdits estatuts, ordenansas, ny costumas.

XIX. Item, que los cossos deudit loc ho lor messatgé poscan, de lor propria auctoritat, culhir et levar collectas, tailhas en lodit loc fasedoras, et los habitans deudit loc de quinha condition que sian compelli et penhera, et los gatges preses vene et encanta aliena ayssi cum lor sera vist fazedo.

XX. Item, que cascun que tenga faus pés ou fausa mesura et ab aquera ben a plus que sia statuit et ordenat per losdits cossolhs en lodit loc de Guiseritz et sas apertenensas, que sia punit en lx sols tholozas au senho, et que no use de ung an dequet offici, et los pés et mesuras coma faussas sian mesas au pilloret.

XXI. Item, si degun demanda x sols tholosas en la cort deusdits cossols et voilha refferi lo jurament au reu[1] et estar sobre aquera petition a son sagrament, si lo reu aquo revoqua que sia per confessat et a satisfe las causas demandadas, sia condempnat sino que lo reu voilha lo jurament defferi à l'actor, et si a fe et lodit actor reloga a prene lodit jurament que per la maneyra susdita lodit actor sia connegut et de la demanda lou reu sia absol, et en xx dines tholosas per la ley au senho sia condempnat.

XXII. Item, que cascun habitado deudit loc puosca de sa propria auctoritat, en lodit loc et sas pertenensas, tot layron notari en son hostau et en totas sas autres possessios ou deffora, en cas que fuga ab lo furt, et si naffra lodit layron ho lo occis, que no sia tengut en deguna pena si en autra maneyra no podia tie las causas panadas, ni podia aretie[2]. Lou layron deu jour ou aquel que rapina si an lo furt ho rapina fugiva, ho si se deffende ab armas et probat per testemonis lo furt ho la rapina, deu estre cresut lo desraubat de las causas que a perdusas a son sagrament.

XXIII. Item, que los maseres sian tengutz de bene bonas carns et sufficientas à lastimation deus cossos, et si an vendudas carns corrompudas, no vendables et no sufficientas, que lasditas carns sian presas per lo bayle et cossos, ou foragitadas ou aux paubres distribuidas am plasé deus cossos, et qui las ben sia punit en x sols tholosas, la meytat a la villa et l'autre meytat au senho.

---

[1] Défendeur.

[2] Après le mot *aretie*, on lit à la suite du corps de l'acte la ligne suivante, qui a été barrée : « Et si lo feris et sanc ne ges pausat que no sia leyau en vingt sos « tholosas applicados au senho sia punit lo layron. » On a mis en marge, de la même écriture, ces mots latins : « Presens clausa est nihil, ideo hic vacat. »

XXIV. Item, que lo taberné sin tengut de bene bon bin et sufficient segon lo pays aforat que sia per lo baile et cossos, et sy y metia aygua ou autrament lo corrompia, que sia punit en x sols tholosas, divisidors la meytat au senho, et lautra meytat a la viella, et lo bin confiscat au senhor, et pot lo taberner foragitar los bevedors quan auran begut lo vin, de iour ou de neyt, de la taberna, sens deguna pena, et si lo bevedor au mandament deu taberné no ne vol salhir de lostau, que pague dus sos au senhor et cossos.

XXIV. Item, que degun taberné no venda bin en la taberna a gens deudit loc depuys l'*Ave Maria* sera toquada, sus pena de cinq sols au senhor et cossos aplicados.

XXVI. Item, que degun habitant deudit loc no estonca ne demore en la taberna despuis ladita hora per béure, sus ladita pena de v sols applicadors coma dessus.

XXVII. Item, que lo senhor deudit loc perpetualament aya per agradable tot aquo que per lo baille ho son loctenent ho officiers, quinhs que sian, deudit senhor sera feict a utilitat deus habitans deudit loc, et enmoable se persevera aysy cum si per lodit senhor en sa propria persona fossa feict en tant quant toqua lo officii exercissi daquet sino que sia apellat sus aquo legitimamens.

XXVIII. Item, lo pay en lodit loc no sia penhorat ne molestat en deguna maneyra per los deutés ny excés de son filh, ny lo filh per lo pay, ni la molhé per los deu marit, ny lo marit per los de sa molhé, sino que en acquo fossan obligatz.

XXIX. Item, si degun contra autre en lodit loc maliciosament tiré cotet pausat que no ferisce, ny fassa senhan de enbasye ne de feri, en v sols tholosas applicadors au senhor sia punit; et si fe senhan de feri en deguna maneyra se irruis contra degun maliciosament am lo cotet treyt, en x sols tholosas applicadors au senhor sia punit; et si lo feris et sanc ne gés pausat que no sia leyau, en xx sols tholosas applicadors au senho sia punit, feicta prumé clamo per acquet que aura prés lo domatgé et no én autra maneyra, sino que aquo sia feict en presencia deu baillé et labets sia punit sent de clamo en v sols tholosas applicadors au senhor; et si lo plaguat moria, acquet qui aura feict sia punit segon forma de dreict, et qui no a bees que passé pena corporau a la ordonansa deus cossos.

XXX. Item, que degun delinquent en deguna maneyra no sia tengut en deguna ley pagua sino que prumé sia convengut et jutgat per losdits cossos satisfeict prumerament a partida lesida.

XXXI. Item, si aquels que playdaran ou la ung sian paubres, ho las causas que playdeyaran sia de petite valor, losdits cossos sommariament et de plan scriuta la petition a la sentencia, poscan las causas entre lasditas partidas paubras sentencriaument defferi, et si la causa la cau se playdeyra entre lasditas partidas es de petite valor, que sia leyssada à l'arbitré deusdits cossos pausat que las partidas sian poderosas per playdeyar.

XXXII. Item, que de causa encartada[1] no sia tengut degun habitant deudit loc bailhar libeu.

XXXIII. Item, si degun habitant deudit loc crompa dedins lo loc ho sas pertenensas deguna possession ho honor, que lo baile posca lausa la venda susdita audit crompador ou alz sos, laquau laudation sia tengut de far tant tost que sia requerit, et si la recusa de fe, lodit crompador se posca metre en possession sans de pena.

XXXIV. Item, que cascun habitant deudit loc posca teni gasalha en lodit loc et sas pertenensas bestia de quinha condition que sia en la maneyra que so acordara ab partida, sens degun carc de forastatgé que no pague ne degun autre carc.

XXXV. Item, que si degun home molherat sia trobat ab femna maridada ou no maridada, ho home no molherat ab femna ma-

---

[1] Cause inscrite au rôle.

ridada, en hóstau ou autre loc suspeités entrams nudis ho la ung ou autrament que aparisca que cometut ayan lo crim, et que lo home aya treitas las braguas, ho en tota autra maneyra, que per dus ou tres testimonis dignes de fe se trobé lodit crim estré cometut, que a tals homes carceren[1] en la villa, ho paguen LX sols thol. au senho.

XXXVI. Item, si degun home fornicado fama maridada tre deudit loc de Guiseritz et acquera en autra part ab consentiment et voluntat de ladite femna la transporta, lodit fornicado en LX sols tholosas applicadors au senhor sia tengut, et no remens au marit, parens ou enfans de ladita femna, ho heretes, sia tengut de emmenda à la coneyssensa deus cossos ; et si la femna no es maridada et entrams son solutz, lodit homi sia tengut de contrase ab ela matrimoni juxta la maneyra deius scriuta en lo segond article contenguda, et si contrase lo matrimoni no vol, en LX sols tholosas au senhor sia punit, et no remens aus parens et amicz de ladita femna en amenda a la coneyssensa deus cossos, regardada la condition et la qualitat de las personas.

XXXVII. Item, si degun en lodit loc ho en sas pertenensas forsa ou desflora deguna femna, ou a mau son grat carnaument la conoys, si esta ferm per testimoniis dignes de fe ho autrament per effusion de sanc, berberation, ho autres senhaus legitimz, ho per presumptions violensas, si entrams son engans et solutz aquels que aquo auran feict sian tengutz de prené en molhé ladita femna, et si ladita femna no lo vol prene per marit que lo sian tengutz de da CC sols tholosas per marida ; et si lo home bau plus que aquera femna, que la sia tenguda de dota a coneyssensa deusditz cossos, et si l'home reffusa de fer aquo ho ladita femna esta de mas valo que l'home, sia punit lodit home segon dreit a la coneyssensa deus cossos.

XXXVIII. Item, que si degun feris autre ab lo punh ses que no gesca sanc, sia punit en V sols tholosas au senhor, et si sanc ne gés,

[1] Le mot *carceren* est écrit très-lisiblement. N'est-ce pas une erreur du copiste qui aura mal interprété le mot *corren* écrit peut-être en abrégé dans l'original?

en x sols tholosas, et si feris ab baston ho ab autra causa sino que y entrevenga plagua leyau, ho mutillation de membre, en xx sols tholosas, feicta la clamo, autrement en v sols tholosas sia punit.

XXXIX. Item, si degun home ou femna maliciosament tira augun ou auguna per los peus pagué au señhor v sols tholosas, feicta la clamo per aquet que aura pres lo dampnatgé.

XL. Item, si degun habitant deudit loc aya panat deguna causa no puyan la valor de xii dines tholosas, en x sols au senho sia punit, si es foran ou la causa monta plus de xii dines tholosas sia punit segon forma de dreict, a la coneyssensa deus cossos.

XLI. Item, si degun en lodit loc apera augun lebros [1], traido, layron, ou cocut, ou femna maridada puta, sino que probe so que aura dict, en sols x tholosas sia punit, la meytat au senhor, l'autra meytat aux cossos, et no remens emmenda competenta de la paraula injuriosa que aura dita sia tengut à la conneyssensa deus cossos.

XLII. Item, si degun au baille, cossos, autres officiés fasen lor offici fe ny ditz degune offensa, injuria, ou paraula enjuriosa, en x sols tholosas sia punit, la meytat au senhor et l'autra aux cossos; et qui romp lo saget ou autre senhau metut en la porta, en x sols tholosas cum dessus sia punit; et si los feris ab la man ho ab autre arnés et no gesca sanc, en xxx sos cum dessus applicados sia punit; et si ne ges sanc, pausat que no sia plagua leyau, en lxv sos applicados cum dessus; et si es feicta plagua leyau ou mutillation de membré, arbitri deusdits cossos sia punit hotra pena leyau, satisfeict d'abant tout au dampnatgat, a la coneyssensa deus cossos regardat la persona et la qualitat deu cas.

XLIII. Item, que cascun haben borda ho maison en lodit loc puesca mudar ladita borda ou maison de sa propria auctoritat sens de licencia deu senho fuizan [2] aqui ou se volera.

[1] Lépreux.
[2] *Fuizan*, fuyant.

XLIV. Item, que los cossos deudit loc ab lo conseilh et consentment ab lo bayle poscan fe estatutz penaus et no penaus, de la cau pena en lodit statut pausadora sia la meytat deudit senho et l'autra meytat deudit loc, et los soberditz statutz revoca, muda, corrigir et annulla totas et quantas betz lor semblara bist et fasedo, sens de licencia deu senhor ny de son bayle.

XLV. Item, que los susditz cossos poscan coneysse de totz exces cometutz per la familia deu senho exceptat sos filhs naturaus, et son juge ordinari, et las sententias dadas executar sens deguna contradiction a lor coneyssensa et ordenansa.

XLVI. Item, que los fiuaters tenens possessions et terras au fiu de senhor deudit loc ou d'autres, et que lo fiu esse paguat sia deneguat, losditz fiuates sian cresutz a lor sagrament, lo cau feict et prestat en presentia deusdits cossos, sian liberatz.

XLVII. Item, si lo percuray deudit senhor de las sentencias et ordenansas dadas per losditz cossos se apera et cay de la causa et bencut en l'appel, sia tengut de paguar los despens a partida apellada sens deguna contradiction.

XLVIII. Item, los cossos deudit loc de lor propria auctoritat fassan et poscan far et constituir huca[1] publica et aquela destituir quant lor semblera, laqual huca jure en las mas deus cossos de ben et degudament exerci son offici et de estre obedient aus mandamens deus cossos.

XLIX. Item, si degun en lodict loc sia penhorat a la requesta de degun cresedo son degudament, ho lo deuté de sa propria auctoritat a son cresedo balha gatges mobles, lo cresedo los es tengut de tie quinze jours; losquaus passatz, si no son sobuts[2], los pot balhar a l'encantado deudit loc per los enquanta et bene, et que anen de tres en tres dias a lenquant et a tant livra lo hom y aura dict en losditz gatges, et que acquera lo ters jorn a tant cum

---

[1] Valet commun.
[2] Sobe, conserver une chose vendue à faculté de rachat.

venda, balha et tengua valor et fermetat, ayssi cum per lodit deuto et penherat fossa personalament feicta, citat que sia lo deuto a beze bene sufficientament; et si los gatges eran inmobles, so es a saber : maisos, vinhas, pratz ho autras possessios, que lo cresedo sia tengut de tie et serva per trenta dias; losquaus passat, si entretant no son sobutz, lodit cresedo feyta prumer requesta deuto si el la vol sobe los posca fe encanta a l'encantado deudit loc et losdits gatges bene a lenquant publicament en lodit loc per l'encantado, a hauta botz, per tres dias de festa, a qui on aura amas de gent, et que de castrina perconisation se aretengua public instrument; et ayssy fasen, que au ters iour ladita causa sia valhada en aquet que mes y aura dict, come plus offrent, et ayssi metys aus cossos deudit loc et que la susdita vendition valha et tenga aquera fermetat ayssi cum per lo deuto era feicta personalment et de sa propria auctoritat, et que lodit encantado aya et prengua per chascuna proclamation de bees mobles ung dine tornes et de bees immobles ung dine tholoza, exceptat de las causas que venera per los cossos et per las coeitas de la viela en lasquallas deu penhera et enquanta franquament, cum ausditz cossos sera vist fasedo.

L. Item, si degun habitant deudit loc sia compellit per lo baile ho autre officie per los cams ou baratas deffora deudit loc feictas ho comeses, ou aucunes causas, que los gatges deussusditz deudit lodit bayle ou officie tie en la man de la cort per quatorze dias en loc segu; loscaus passatz, si entretant losditz gatges no son soubutz, per lencantado publiquament sian venutz ayssi coma dessus es dict; et si degun losdits gatges per biolensa a l'officie estrema, en x sos tornes au senhor sia punit.

LI. Item, que negun habitant deudit loc ne de las pertenensas no sia tengut de segui ab armaduras ne en augun maneyra lodit senho ne las suas gens de fora la terre de Maignoac, per causa de guerre, sino que per ung iour en lo cau (tornar) posca de jour cla a sa mayson en que demora, sino que sia de sa propria volontat.

LII. Item, que si a degun obre de son logue ou affanatgé lo loguade lo recusa a pagua, et per causa de maleva ou autrament, que los cossos deudit loc sens deguna querelha au senho fasedora et sens deguna pena encorredora lo poscan et fassan en tal maniera que lo obre sia paguat de son tribailh.

LIII. Item, en tems de guerra quan conviera la villa guarda per paor deus ennemicz ou autrament, de neyt ou de jour, losditz cossos poscan manda per fe manda las gens deudit loc ayssi cum a lor sera vist fasedor, et los revelles a la gueyta manda, et cascun defailhent penhera en v sos tornes petitz ausditz cossos applicadors liberaument; sian punitz de pena ayssi coma ausditz cossos meilho sera vist fasedo.

LIV. Item, que negun habitant deudit loc no sia tengut de pagua degun carceratge si per augun cas és prés au senhor deudit loc ny deguna exaction autra.

LV. Que predicta acta omnia et singula licet prout superius sunt expressata dictus dominus Ioannes de Labartha, miles et dominus dicti loci de Guiserico, pro se et ejus ordinio[1] et successoribus universis, data, grata et firma in perpetuum voluit et concessit; et hoc fecit dictus dominus Iohannes de Labartha, dominus dicti loci de Guiserico pro se et successoribus suis de gratia speciali et propter amorem quem habet erga habitatores dicti loci de Guiserico qui nunc sunt et qui pro tempore futuro erunt, et predictas consuetudines modo et forma superius scriptas et concessas promisit tenere et servare, et non contra facere, dicere nec venire per se nec aliquam aliam personam interpositam, nec contra facienti, dicenti seu venienti consentire ullo modo, ullis temporibus in futurum, et hoc totum sub expressa ypotheca et obligatione omnium bonorum suorum mobilium et immobilium presentium et futurorum, cum omni refectione dampnorum, gravaminum, sumptuum et expensarum curie litis et extra ac etiam interesse, et sub omni juris et facti renunciatione ad hec necessaria qualibet pariter

---

[1] *Ordinium*, race. *Ordo* signifiait souvent testament.

et cauthela; renunciavit inde dictus dominus Ioannes de Labartha, dominus dicti loci de Guiserico, exceptioni dictarum consuetudinum modo predicto, dictis consulibus et aliis habitatoribus et universitati dicti loci de Guiserico non datarum et non concessarum, et exceptioni omnium aliorum premissorum non ita factorum, non promissorum et non conventorum modis et formis jam dictis et hic scriptis. Mandavit insuper et promisit predictus dominus Ioannes de Labartha, dominus dicti loci de Guiserico pro semet et ejus ordinio, predictis consulibus presentibus pro seipsis et hominibus quibus supra stipulantibus, quod non veniet contra predicta vel aliqua de predictis per se nec per alium seu alios in judicio vel extra judicium, cum scripto vel sine scripto, occulte vel manifeste, nec modo aliquo qui dici possit seu etiam cogitari. Imo promisit et mandavit esse bonus, verus et firmus et legalis guirens et facere nunc et semper bonam, firmam et legitimam guirentiam ab omnibus personis ibi aliquid in futurum contradicentibus. Et hoc totum sub consimilibus ypotheca, obligatione et dampnorum defectione quibus supra. Et predicta omnia et singula tenere, complere, et observare et non contra facere per se vel aliam personam extraneam vel privatam, occulte vel manifeste, predictus dominus Ioannes de Labartha, dominus dicti loci de Guiserico, juravit et ad sancta Dei quatuor Evangelia ejus manu dextra a se gratis corporaliter tacta; necnon predictum instrumentum consuetudinum predictarum dictus dominus Ioannes de Labartha, dominus dicti loci de Guiserico, suo sigillo corroborare et sigillare promisit pro majori securitate premissorum. De quibus omnibus universis et singulis predictis dicti consules dicti loci de Guiserico nomine que supra petierunt et requisiverunt sibi fieri et retineri publicum instrumentum per me notarium publicum infrascriptum; quod et feci. Acta fuerunt hec apud dictum locum Castri Novi Manhoaci, die quinta mensis aprilis, anno ab incarnatione Domini millesimo quadringentesimo quinto, illustrissimo principe et domino nostro domino Karolo, Dei gratia Francorum rege, regnante, et inclito principe et domino nostro domino Ioanne, comite Armanhaci, dominante, et reverendissimo in Christo patre et domino Philippo, miseratione divina Auxis archiepiscopo, presidente, in presentia et testimonio venerabilis et discreti viri magistri Guilhermi Nepotis, in legibus baccallarii, judicis Aure et Manhoaci pro dicto domino nostro comite Armanhaci; Vitalis de Aspello, receptoris Manhoaci; Iohannis de Clauso loci Castri Novi Manhoaci, et Ioannis Cavalerii, servitoris dicti domini Ioannis de Labartha, habitatorum, testium ad premissa vocatorum, et mei Bernardi de Velino publici auctoritate dominorum de capitulo Tholose notarii, dicti loci Castri Novi Manhoaci habitatoris, qui de premissis requisitus presens instrumentum retinui, in modum predictum scripsi, grossavi et in hanc formam publicam manu mea propria redegi, et facta primitus diligenti collatione cum originali hic me subscripsi et signum meum auctenticum apposui in fidem et testimonium omnium et singulorum premissorum. B. DE VELINO.

Et ut nemini vertatur in dubium et ad securitatem omnium premissorum et roboris firmitatem habendam et obtinendam, dictus dominus Ioannes de Labartha, miles, dominus dicti loci de Guiserico, sigillum suum armorum huic presenti instrumento consuetudinum predictarum in illis in pendenti apponi fecit, in loco Castri Novi Manhoaci, die septimo mensis madii, anno Domini millesimo quadringentesimo quinto, in presentia domini de Ripperia, Guilhermi de Debesia, Oddetti de Carrola, Bertrandi Fabri, Vitalis de Bodraco et Raymondi de Maseriis, dicti loci Castri Novi Manhoaci habitatorum, et mei B. Velino, notarii.

Presentes sue judicature fuerunt vise, perlecte ac visitate per me Guilhermum Nepotis, judicem vallis Aure ac Manhoaci, scrutatorem sive reformatorem totius domaynii et repertum per me cousules dicti loci de Guiseritz illis usos fuisse pristinis temporibus et nunc utuntur. Ideo hic me subscripsi in testimonium premissorum. Actum in Castro Novo Manhoaci, die septima mensis decembris, anno Domini millesimo quadringentesimo octuagesimo. Guilhermus Nepotis, judex et reformator predictus.

Le présent doble a été extrait de son propre original, script et signé par feu Me Bernard Velin, notaire, quant vivoit, de Castelnau

Magnoac, par main d'autruy à moy notaire royal soubssigné, contenant le présent huict fulhes scriptes e faite deue collation avec ledit original. En foy de ce dessus, me suis soubssigné, le xiiii de febvrier 1553. G. Bergier, nre signé.

Collationné par nous consul du roy, référendaire de la chancellerie près le parlement de Toulouse.

III.

COUTUMES DE MAUBOURGUET[1] (1309).

In nomine Domini, amen. Conegude cause sie aus presens e aus abiedors que nos Bernard, per la gracia de Diu compte d'Armagnac e de Fezensac e de Rhodez, e senhor de la terre d'Aibere, donam e autreyam, per nos e per nostres successors, a la vielle e au locq e aus pobladors de la vielle nostre de Maubourguet, franquesses, fors e perdurables costumes.

Aqueres que dejus se seguen.

I. E la prumere franquesse es que nos prediit compte autreyam aus pobladors de la nostre vielle predite de Maubourguet e aus lors presens e abiedors lo perchoo de la carrere deus bosc tro lou buad per ung diner de Simonatge, cascun an, que hom lo sees de Simonatge.

II. Ab ayso que uz dam e uz autreyam a tots los presens e aus abiedors per nos e per nostres successors, que nos sian tenguts de dar, ni de prestar, ni de malevar per dever si no bolen.

---

[1] Maubourguet, chef-lieu de canton dans les Hautes-Pyrénées. Ses coutumes datent de 1309. J'en ai trouvé une copie ancienne. Elle différait beaucoup de celle que Larcher a mise dans ses *Glanages*. J'ai consulté les archives de la mairie de Maubourguet, j'y ai vu deux copies signées par des notaires. L'une, la plus ancienne, faite en 1684, est évidemment la meilleure; c'est la leçon adoptée par Larcher. L'autre, faite le 13 août 1790, reproduit toutes les fautes d'une copie conservée aux archives de Pau.

III. En apres los dam e autreyam que, si augun home se clame de nulh bezin de la vielle de Maubourguet, ni de cap de hom, ni de fons de terre que sie en territori de la vielle de Maubourguet, ni en la desmarie de las gleyses de la avantdiite vielle, qu'en deu clamar e fermar dret en nostre maysoo e deus autres senhors qui apres nos seran, e que deu estre judjat et destremiat per los jutges de la vielle de Maubourguet.

IV. E sobre ayso que dam e autreyam que, si lo senhor ni autre home ere clamant de nulh home de la vielle de Maubourguet, que dens las cadenes fasse dret com debra e que sia jutjat e destremiat per los jutges de la vielle de Maubourguet.

V. E sobre ayso que dam e autreyam als borges de la vielle de Maubourguet que totz los embars pusquen provar sens batalhe, ab testimonis locals de la vielle per gaarda dels jutges, ho ab ung jutge de la vielle de Maubourguet.

VI. E dam e autreyam a la vielle de Maubourguet que, si negun home hi bien per besin estre, e sera mustrat en besiau per besin, e apres aura estat un an e un die sens nulle reclamation, qu'om deu emparar com besin e adjudar en senhor defener.

VII. E sobre tot ayso dam e autreyam aus borgès de Maubourguet expleict a lors obs e a lors bestials e vet pastenc en las herbes, en las aigues, e vet pastenc e usatge franquament.

VIII. E sobre tot ayso dam e autreyam aus borgès de Maubourguet que nulh home fora la terre ne tregua blat de la vielle, de la festa de sent Johan Baptiste entro la festa de Tots Sancts, sino a fare per cambi de sau.

IX. E sobre tot ayso que los dam e autreyam que ni senhor ni autre besin draps de lheyt no pusca treyar de maysoo.

X. E encares los dam e autreyam per lors franquessas que, si augun home estrani ho augun aute home ho femne de la vielle amenave en son guisonage a la vielle de Maubourguet, que en la vielle de Maubourguet ly home nou a mort ho pres pare si nulh home de fora ave tort a besin de la vielle d'embarcs ho dautes domatges que l'agos feyt qu'el senhor ni nulh bezin no lo poiran capturar.

XI. E encare autreyam exemption, per ares e a james, a totz los pobladors, de pagar augun capso de augune vente que se fara en nostredite vielle de Maubourguet.

XII. E sobre tot ayso dam e autreyam qu'el senhor ni nulh besin no meten tota sorte de gens estranjes de la viele de Mauborguet que domatge pusquen aber la vielle e la senhorie.

XIII. E encare dam e autreyam que nulh senhor ni aute hom no deu tener nul hom estrani dens los dex, si no es proado ho layrou clare e manifeste, entro que sie enquestat per los borgès si fermera dret ho non.

XIV. E encare dam e autreyam aus borgès de Mauborguet que totes las causes que beneran puscan guisar de senhor et de besin, e quel crompador ag age en loc saub.

XV. E plus dam e autreyam aus borgès de Mauborguet que, si nul home cabalgan debanave a borgès ni a borgeze cum tab sin sere en la carrere per embarcx, ne sie penherat.

XVI. Encare dam e autreïam per for als avantditz borgès que toutes lors terres e lors possessions lasquaus tenen a fius puscan en totes causes miliorar, saub lo fiu au senhor.

XVII. Que uz autreyam plus qu'en senhor qui pot tier taberne de sos biis en caresme bii agre, ni bii poucyrit, ni magoulent non deu vene.

XVIII. E uz dam e autreyam que si nulh hom estrani fase barat a augun borges dens las cadennes, que no podos provar la sobre si no ab besins stagjans en las cadenes.

XIX. Encare los autreïam e dam que si augun borgès ave

batalhe fermade en maisoo del senhor e si estrege s'en vol ab lxv soos que done al senhor, et si la batalhe fazé que ere vencut ab lxv soos que donne al senhor deu guarie.

XX. Encare dizem que, tres betz l'an, si ob an avem nos debem ost far e nos quets ag debem manar leyaument per ix dies d'abant e apres que deben eixssigab paa par ix dies; la prumere que ey de Pasques entro Sant Johan Baptiste; la seconde de Marterou, entre Nadau; la tierce de Nadau entro entrado de caresme, et que deu este far de cade maysoo ung hom, si hi es sauf que a la vielle gardar ne debenir armager per garde dels jutges, e nulh hom si armanza ses tres loyal que no agot que y a cinq soos lo senhor per ley; e si la ost anave en las parts deusdis dobs la vielle de Maubourguet, la ost de Maubourguet no es tengude exssi quent en autre de die que la ost de badage passade la vielle de Maubourguet; e si anave per la ost debat Mauborguet per lo mett conbent entre quels dessus no sien passado, et sils convient portar esculz ni garniment, lo senhor los deu aver s'aucuns he on cap dats de la terre ab sos companhoos qeus deu tremette ab qui anem et tornen enbeguer deu senhor qui deu portar las nostre sothoner ab nos.

XXI. E quels autreïam que nulh hom dens la viele de Mauborguet que sie besin estadjant no deu estar prees si dret pot fermar.

XXII. E si autreïam que, si lo senhor ere de clam de nulh besii terretientz de la vielle, no deu destreme per dar segurance, mez que deu far jutjar sober sas causes; e que monam e establim que dretz pees, dretz marx, dretz libres a razon del marc de Tholose ten que hom en la vielle que dretz mesures e dretz canes; e qui no a fara si provat lere, cinq soos y a de ley lo senhor; e si la cane ere uzade ni abracade per vielhesse lo travers d'ung ditt no ya ley lo senhor aquere bedz, mes que deu este pergade, e tot hom qui fauce mesure tiera per bone cinq sols de ley y a lo senhor.

XXIII. E que dizem que sy nulh home prene layroos ma ais bestidz de layronnes a qui pourtes s'en prener he arredar lo layroo a son senhor, lo cortz deu livrar au senhor qui fasse jutgar.

XXIV. E que establim que si home molherat ere prez dab femne maridade, ni femne maridade ab hom molherat, que deven en camise corre las carreres despulhatz per tote la vielle.

XXV. E que dizem que si nul hom ferive autre en la gleysa, ni en forn, ni en molin deu senhor e clamant ny ave autre qui a cinq soos de ley lo senhor.

XXVI. E si aute hom y entrava de force per adjudar ey ferme maliciosament e clamant nom de senhor, que na lo senhoo LXV soos per ley.

XXVII. E dam per for que si nulh hom donave assaut a la maysoo de son besin e per force y entrave, el senhor de la maysoo ne fasse clam quant provat ag aura, que y a lo senhor de la maysoo XVIII soos per ley en cascun, e lo senhor LXV soos en cascun; e lo senhor de la maysoo se mest en defense ey y fasse plaga, ni autre domatge, no deu ley.

XXVIII. E si autre hom de la viele se voule despoblar dam lo senhor no age dabant agut clam ban de si e ad lo senhor lo deu guisar entro en loc segur.

XXIX. E que dam per for que entro tres dies d'avant jutjament besin de la vielle ne donne ley ni fidance sino a fare que eus jutges conogussen que mal defortz fasse, o quel jutjament fosse clamat per turbe.

XXX. E que dam per for que, si nulh hom aucisé son besin en vielle, dadz CCC soos aus parents per ley et LXV soos au senhor, e que gesque del contat de Begorre per totz temps aus parens que deven perdonnar estant fore la terre si lon deu punir : e si acquestes leys no bol accomplir tot quant agos sos de senhor encose e cors metut fos lo mort, que las causes encorregudes deu dar lo senhor au parent deu mort la meytat si plus no monten de ccc soos ; e si lo murtrè per orgulh sarmabe en sa maysoo, per cade neyt a ses senes de las avantdittes leys en age lo senhor lxv soos, e si autres l'emparave fortuitament sobre aqued age la ley cade die de lxv. soos. E si lo murtrè s'armaze a la terre e possessions deus parens deu mort lo poden aucise que no de son leg ni no eussen de la vielle.

XXXI. E que dam que si nulh besin aucisé autre besin e el allegabe aucuns pei prez no mademens e que no podos provar per la cals besins, que non deu trene ni de la vielhe non eysiss mes garde de prodhoms qui sol honorans parens deu mort.

XXXII. E si besin a autre faict tale de fog, lo senhor y a lxv soos de ley, e que deu far adoubar lo domatge a daquest qui l'aura prez per garda des prodhoms tant quant causera adverar sobre son segrament.

XXXIII. Nulh hom no deu albergar en maysoo de borgès de Mauborguet sens sa voluntat.

XXXIV. E que dam per for que, totz ans, se cambiaran jutges e la besiau, quets alague deu senhor quel fasse jurar.

XXXV. E que dam per for que si nulh hom plague de plagua leyal autre la ley deu plagat sie cl soos e la deu senhor lxv soos, si ez provade legalament per testimonis o per un jutge jurat qui leyaument l'aye menade e gardade.

XXXVI. A totz borgès de Mauborguet dam franquesses que nos deven sosia del contat de Bigorra.

XXXVII. E si nulh borgès fermade batalhe dab autre la batalhe deu estre aus deez de la vielle de Mauborguet.

XXXVIII. E si nulh hom ferive autre hom en for, ni marcat, la ley deu senhor es xx dinés e la deu ferit autres xx dinés, e lo jutjament qui deu estar feyt y es comprez sens nulh autre dretz.

XXXIX. Encara dam e autreïam alz borgès de nostre predite vielle de Maubourguet franquessas et libertats que pusque cassar e pescar per tote nostre senhorie d'Aribere.

XL. De totes las causes abantdittes bolem que nostres predits borgès, e pobladors, e per ayso tote la terre de la desmarie de las gleizes de l'avantditte vielle de Maubourguet pusquen jouir e usar cum son estenudes so que nos devantdit compte d'Armagnac, de Fezensac e de Rodez, e senhor d'Aribere, dam, e autreïam, e juram aus sants Evangelis los avantdits fors e costumes tots temps estre saubadz per nos e per nostres successors en la maniere que son estenudes segon los uz e la costume de la vielle de Maubourguet; e si nulh senhor darré nos las contestave, los prodhoms deven las provar per segrament leyaument, sees batalhe, per de nostre convent deven provar totz los hestatz e lors termes e los dex qui ayso per leyautat fara e de deu gazarda naura. En testimoni de local cause e a major credence, nos prediit compte pausam nostre saget pendent ac present costumè.

Quod est actum XII calendas decembris (20 novembre), anno Domini millesimo trecentissimo nono.

Ici Larcher reproduit l'extrait des priviléges de Centulle, comte de Bigorre. A la suite se trouve la confirmation de ces fors par Centot, comte de Bigorre, par Henri IV et par Louis XIV. Avant les deux dernières ordonnances, on lit que la copie de fors « a été tirée à son original, trouvé dans les « archives de Lectoure, écrit en une peau de parchemin usé, « dûment collationné..... à la requête des consuls de la ville « de Maubourguet de rivière et par les gardes des archives, « sans y avoir rien ajouté, et les vides des interlignes n'ont « pu être remplis à cause de la vieillesse du parchemin. « Lectoure, le 15 avril 1596. Signés... »

IV.

PRIVILÉGES D'IBOS[1].

Karolus, Dei gratia Francorum rex, notum facimus universis presentibus et futuris, quod nos de registris nostris extrahi fecimus litteras formam que sequitur continentes :

Karolus, Dei gratia Francorum rex, notum facimus universis, tam presentibus quam futuris, quod cum dilecti et fideles nostri Arnaldus Guilhelmi, comes Pardiaci, consiliarius noster, et Bernardus, vicecomes Ripariæ, quondam senescallus noster Bigorræ, dilectis nostris custodibus, juratis et universitati ville de Ibotio in Bigorra, et eorum successoribus in perpetuum ; nostra et carissimi ducis Andegavensis, germani et locumtenentis nostri in partibus occitanis, auctoritate concesserit libertates et franchisias que sequuntur :

I. Primo, quod dicta villa de Ibotio in manu et de proprio domanio nostris, et successorum nostrorum Franciæ regum, perpetuo remanebit, nec eadem villa jurisdictioque et imperium, quam et quod ibidem habemus, et habebunt dicti nostri successores, extra manus nostras et dictorum nostrorum successorum, ponentur, nec, quidquid accidat futuris temporibus, transportabuntur in manibus alienis.

II. Item, quod de quibuscumque causis et forefactis civilibus et criminalibus, quas et que in dicta villa de Ibotio et pertinentiis ejusdem, moveri, fieri et perpetrari, qualitercumque contigerit in perpetuum, cognoscetur, et fiet justitie complementum in eadem villa et per bajulum nostrum, custodesque et juratos ipsius ville et pro emendis ibidem emergentibus, videlicet de et pro capite hominis per legem puniendi, LXV solidi Morlanorum, et pro plaga

[1] Ibos, à 7 kilomètres de Tarbes, n'est plus qu'un simple village. C'était, au moyen âge, une ville. Ses fors furent copiés par l'archiviste Larcher, qui les a insérés dans ses *Glanages*, t. I, p. 253.

seu vulnere legali et fundo terræ, quinque solidi Morlanorum levabuntur, nostris juribus applicandi; absque hoc quod pro quocumque crimine, alia bona committentis crimen nobis applicentur, sed ad suos heredes pertineant et etiam devolvantur, dictos custodes, juratos et universitatem ac singulares dicte ville de Ibotio ab omni juridictione bajuli et judicum quorumcumque ville et civitatis Tarviensis penitus eximentes.

III. Item, quod omnes et singuli habitatores dicte ville de Ibotio pro quibuscumque mercibus seu mercaturis suis, cujuscumque conditionis existant in tota Bigorra, seu aliquo loco, vel parte terre Bigorre, pedagium et gabellam solvere minime teneantur, sed per eandem terram cum suis bonis et mercaturis ire et redire libere valeant, ab omni pedagio et gabella quitti et liberi penitus et immunes.

IV. Item, remiserunt et quittaverunt, nomine nostro et dicti germani et locumtenentis nostri, dictis custodibus, juratis et universitati quindecim libratas Morlanorum annui reditus, quibus nobis annis singulis tenebantur ratione cujusdam territorii, quod quondam fuit heremum et terra inculta; considerato et attento, quod pro landis, heremis et terris incultis nobis annis singulis septingentos solidos Morlanorum solvere teneantur, et ultra hoc specialiter decem solidos Morlanorum in festo Omnium Sanctorum pro territorio supradicto.

V. Item, quod bajulus noster dicte ville de Ibotio, vel ejus locum tenens, qui nunc est et pro tempore fuerit in perpetuum, omnes redditus, feuda, deveria et debita quecumque nobis in dicta villa et pertinentiis ejusdem competentia et competitura colligere et recipere pro nobis et nostro nomine tenebitur a personis que talia debent vel debebunt in futurum, et ad hoc erunt obligati, vel per dictam villam ad ea solvenda ordinati, abque hoc quod dicti custodes, jurati et universitas, vel singulares dicte ville ad ea colligenda vel recipienda de cetero teneantur.

VI. Item, dictis custodibus, juratis, et universitati et singularibus dicte ville de Ibotio, et eorum cuilibet, nomine nostro et dicti nostri germani et locumtenentis, remiserunt, quittaverunt et perdonaverunt omnia crimina et delicta per eos et eorum singulos totis elapsis temporibus quomodolibet facta, commissa et perpetrata, tam contra nos, quam alios, ac omnem penam, offensam et emendam, corporales, criminales et civiles, quas propter hoc quomodolibet incurrisse potuerunt : omnes informationes, processus, banimenta, relegationes; penarum seu multarum indictiones seu declarationes contra ipsos et eorum quemlibet factos vel inchoatos per quoscumque officiarios regios, vel alios, abolendo, cassando, revocando, et penitus anullando, nec non confirmando omnia privilegia, omnesque singulas coustumas, libertates, franchisias et usatgia dicte ville, quibus uti consueverant hactenus et usi sunt; et premissa omnia suprascripta confirmaverit dictus germanus et locumtenens noster prout in suis litteris in filo cerico et cera viridi sigillatis super hoc confectis vidimus, latius contineri. Nos autem premissis consideratis et actentis, nec non vera et humili subjectione, quam prefati custodes, jurati et universitas, erga nos zelo devotionis accensi, ad nostre majestatis apicem semper habuerunt et habent indefesse, prout facti nobis experientia reseravit, prefatas concessiones, privilegia, franchisias, libertates, remissiones, quittancias, et omnia alia suprascripta, auctoritate regia et de gratia speciali, laudamus, approbamus, ratifficamus, et tenore presentium litterarum, eas et ea dictis custodibus, juratis, universitati et singularibus dicte ville de Ibotio confirmamus, ex ulteriori nostra gratia concedentes ac volentes, quod eisdem remissionibus, quittanciis, privilegiis, franchisiis et libertatibus, modis et formis superius declaratis, sepedicti custodes, jurati, universitas et singulares dicte ville, et eorum successores, perpetuo, pacifice et quiete uti et gaudere valeant, ac etiam gaudeant et utantur. Quocirca senescallo nostro Bigorræ, ejusque justiciariis, et officiariis regni nostri presentibus et futuris, damus his præsentibus in mandatis, quatenus dictos custodes, juratos, universitatem et singulares dicte ville de Ibotio, nostra presenti gratia uti et gaudere pacifice perpetuo faciant et permittant : secus facta ad pristinum statum et debitum reducentes. Quod ut perpetue stabilitatis robur obtineat, presentes litteras sigilli nostri munimine fecimus roborari, jure nostro in aliis, et alieno in omnibus semper salvo. Datum Parisiis, mense octobris, anno Domini m ccc lxxvii, et regni nostri xiv°. Sic signatum, per regem, ad relationem consilii : Maulone.

Et nos presens extractum tanquam originale valere, et eidem, ut originali, fidem ubique adhiberi volumus et jubemus : et ut robur obtineat perpetuum, eidem nostrum fecimus apponi sigillum, nostro in aliis, et alieno in omnibus, jure salvo. Datum Parisiis, mense aprilis, anno Domini m ccc lxxxv, post Pasca, regni vero nostri quinto. Sic signatum supra plicam. Extractum de registris de precepto gentium computorum, et est collatio facta. De Montagu. Registrata in camera computorum Parisiis, registro de quo fit mentio inferius de manu Reginaldi Radulphi et expedita ibidem die et anno inferius scriptis de manu supradicti Reginaldi Radulphi. Arnaldus Raymondeti. Registratus in quodam registro   , in quo similia ac plura alia privilegia et dona facta per dominum regem in ducatu Aquitaniæ registrantur. Scriptum in camera computorum domini regis, Parisiis, de precepto dominorum ibi, die xxi^a aprilis post Pascha, anno Domini m ccc lxxxv. Radulphi visa. Collatio facta est cum carta originali sana et integra signata in pendenti sigillo magno regio in cordulis ciriceis et cera viridi sigillata, visa per magistrum Johannen Burneti, procuratorem gardiarum ville Tarvie, et Arnaldi de Langlade ad hoc curie auctoritate vocatum ad gardiarum loci de Yvossio requestam. Actum Tholose in Parlamento, die undecima augusti, anno Domini m" cccc° lxxxvi° (1486). De la Marche.

V.

PRIVILÉGES DE LOURDES[1].

Jean, fils du roy de France, duc de Berry et d'Auvergne, comte de Poitou, d'Estampes, de Boulogne et d'Auvergne, lieutenant de monseigneur le roi en ses pays de Languedoc et duché de Guyenne, savoir faisons à tous présens et à venir, à nous avoir été présenté de par les gardes et jurats de la ville et communauté de Lourde en Bigorre, certaines lettres patentes scellées du sceau de feu notre frère le duc de Lancastre, dernièrement trépassé, soi-disant lieutenant du roi d'Angleterre audit duché de Guyenne, que Dieu pardoint, contenant la forme qui s'ensuit :

Johannes, filius regis Anglie, dux Lancastrie, comes Glocestrie, Lincolnie et Derboye, senescallus Anglie et pro excellentissimo domino nostro rege Anglie et Francie in Aquitania locum tenens, universis et singulis presentes litteras inspecturis, salutem, et presentibus, ad perpetuam rei memoriam, fidem indubiam adhibere. Ex parte fidelium custodum et juratorum ville et universitatis de Lorda nomine et vice antedicte universitatis et singulorum ejusdem petitio coram nobis fuit porrecta, continens quod, cum per predecessores comites ac etiam reges in comitatu de Bigorra dominantes primo fuissent eis concessa certa privilegia, et nihilominus certos eorum foros, franchesias, consue-

---

[1] La ville de Lourdes, aujourd'hui chef-lieu judiciaire de l'arrondissement d'Argelès, était la place de guerre la plus forte de la Bigorre. Son vieux château, conservé encore aujourd'hui au rang de nos forteresses, passait jadis pour imprenable. J'ai copié ces priviléges sur une ancienne copie authentique écrite sur parchemin, qui m'avait été confiée par feu M. Latapie, avocat à Lourdes. J'avais publié ces fors dans ma première édition de la *Chronique de la ville et du château de Lourdes*, in-8°, 1845. Je les ai supprimés dans la seconde édition, pensant qu'ils trouveraient mieux leur place ici. J'ai revu avec soin le texte, qui avait été imprimé, hors de ma présence, avec des fautes nombreuses.

tudines, ac etiam libertates approbatas et confirmatas per eosdem juridice et in debita forma redactas; quorum tenores in quibusdam litteris patentibus in pergamino scriptis, sigillatis in pendente, ut apparebat, sigillo Johannis de Bearnio, capitanei de Lorda, ac gubernatoris patrie de Lorda pro excellentissimo domino nostro Anglie et Francie rege, coram nobis ostensis et exhibitis latius exprimuntur et describuntur particulariter et distincte, prout in quadam rotula seu protocollo cujusdam magistri Dominici de Cazalibus, notarii publici prefati domini nostri regis in comitatu antedicto, asserit prefatus Johannes de Bearnio, capitaneus et gubernator predictus, se vidisse, ac etiam de verbo ad verbum legisse, tenuisse et palpasse profitetur. Tenor quarum litterarum, ubi prefate libertates, consuetudines et fori describuntur, sequitur in hunc modum :

In nomine Domini, amen. Johannes de Bearnio, capitaneus Lorde ac gubernator provincie Bigorre pro domino nostro Anglie et Francie rege, universis presentes litteras inspecturis salutem. Et notum facimus per presentes nos, die infrascripta ac data presentium, vidisse, tenuisse, palpasse ac de verbo ad verbum coram nobis legi fecisse quamdam notam per modum protocolli in papyro, per manus magistri Dominici de Cazalibus, notarii publici domini nostri regis in comitatu Bigorre scriptam, non rasam, non cancellatam, non vitiatam, nec in aliqua sui parte suspectam, sed prorsus omni vicio et suspicione, ut prima facie apparebat, carentem, per gardias, consules et juratos ville de Lorda nobis porrectam; cujus quidem note seu protocolli tenor sequitur sub his verbis :

Philippus, Dei gratia Francorum rex, notum facimus presentibus et futuris nos vidisse litteras infrascriptas sigillatas sigillo dilecti et fidelis consiliarii nostri episcopi Bellovacensis, locumtenentis nostri dudum, formam que sequitur continentes :

Johannes, permissione divina Belvacensis episcopus, consiliarius et locumtenens domini nostri Francorum regis in partibus Occitanis et Xantonie, universis presentes litteras inspecturis salutem et presentibus dare fidem. Notum facimus nos vidisse, tenuisse ac de verbo ad verbum perlegi fecisse litteras infrascriptas tenoris et continentie subsequentis :

In nomine Domini nostri Jesu Christi. Amen. Noverint universi quod nos Guitardus de Marciaco, miles domini regis, senescallus Tolose et Albiensis, ad instantiam et sollicitam requisitionem universitatis et hominum de Lorda, attendentes eorum fidelitatem et constantiam, volentes eis facere gratiam, ut per hoc ad serviendum domino nostro rege Francie promptius invitentur, nomine ejusdem domini nostri regis et nostro, eisdem damus et concedimus, et auctoritate qua fruimur confirmamus, libertates et consuetudines que sequentur, quas quidem consuetudines eisdem concessas invenimus ab antiquo per nobilem virum dominum Centullum[1], quondam comitem Bigorre, sub tenore qui sequitur :

I. Damus et concedimus nos antedictus Centullus antedictis habitatoribus Lorde, quod si aliquis homo habeat querelam alicujus vicini Lorde, de capite hominis vel de fundo terre qui sit in decimario vel territorio Lorde, vel de ecclesiis pertinentibus Lorde, quod vicarius Lorde mandet vel citare faciat illum vel illos de quo vel de quibus fit querela quod compareant coram domino infra tres dies, et, cum venerint, debeant firmare in manu domini, vel tenentis locum, de stando juri, et in crastinum dictus vicarius mandabit eisdem, quod infra alios tres dies veniant responsuri de querela : et consules seu judices Lorde debent judicare illos secundum foros et consuetudines ville Lorde in medio loco burgi : et dominus debet jus facere omni vicino Lorde si competenter firmare potest stare compositioni Lorda.

II. Item damus et concedimus omnibus habitatoribus Lorde, quod ipsi omnia eis debita sine imbargio possint probare sine bello, cum uno judice jurato presente, vel sine judice cum duobus aliis sufficientibus testibus Lorde, et an sint sufficientes arbitrio judicum Lorde relinquitur.

[1] Mort en 1138.

III. Item damus et concedimus omnibus habitatoribus Lorde, quod si aliquis homo intraret Lordam et ostendens se pro vicino, postquam steterit per annum et diem bene et honeste, per habitatores dicte ville defendatur et sit deffensus in omnibus in villa Lorde et per antedictos judices judicetur.

IV. Item damus et concedimus predictis habitatoribus Lorde bonam et pacificam possessionem bona fide et sine fraude in pascuetis ac herbis, ac in aquis et in nemoribus, ac etiam in petris abstrahendis, et dominus Lorde, vel locumtenens, non debet vendere, nec etiam dare in padoentia Lorde aquas, nec herbas, nec petras, nec ligna, nec pascua, nisi sicut unus vicinus Lorde.

V. Item damus et concedimus predictis habitatoribus Lorde, quod homo non abstrahat pannos lecti pro pignore in villa antedicta.

VI. Item damus et concedimus predictis habitatoribus Lorde, quod si aliquis homo, vel femina, duceret aliquem hominem extraneum in guidagio suo in villa predicta, ille homo de Lorda, vel etiam femina, guidet ipsum, et etiam potest ipsum guidare per duos dies in villa antedicta, nisi ille ceperit, vel etiam interfecerit hominem apud Lordam, vel nisi inculpetur de casu de quo debeat per dominum detineri.

VII. Item damus et concedimus predictis habitatoribus Lorde quod si aliquis homo extraneus fecerit malum sive damnum alicui homini vel femine Lorde, vel debeat ei aliquod debitum, dominus, nec vicinus, non ponat ipsum, nec etiam possit guidare, nisi occasione dicti debiti solvendi vel damnum restituendi.

VIII. Item damus et concedimus predictis habitatoribus Lorde quod terras vel possessiones quas tenent in feudum vel etiam liberas possint in omnibus meliorare, salvo jure domini.

IX. Item damus et concedimus predictis habitatoribus Lorde, quod dominus, sive locumtenens, non possit capere hominem extraneum in villa Lorde, nisi esset latro, vel predo manifestus vel tale crimen commiserit, vel de eodem accusatus fuerit, propter quod debeat detineri; de aliis autem, qui non sunt latrones, vel predones manifesti, vel aliis predictis casibus, debent judices, vel custodes, inquirere, et quod faciant de eis jus sicut debent.

X. Item damus et concedimus predictis habitatoribus Lorde, quod omnia que vendentur in villa Lorde personis extraneis possint guidare a domino et vicinis usque dum fuerint in loco salvo, nisi in fraudem domini, vel habitatorum dicte ville, venditio fuerit antedicta.

XI. Item damus et concedimus habitatoribus predictis Lorde, quod si aliquis homo veniret eques Lordam et descenderet in carreria ob reverentiam alicujus hominis vel femine Lorde, tantum quantum moram fecerit secum in carreria per aliquem non pignoretur.

XII. Item damus et concedimus predictis habitatoribus Lorde, quod si aliquis habitator Lorde fecerit debitum, seu barratum, seu contractum, cum aliquo homine extraneo infra villam Lorde, homo extraneus non possit probare solutionem cum homine extraneo nisi cum vicinis Lorde qui interfuerint solutioni, vel cum publico instrumento.

XIII. Item damus et concedimus predictis habitatoribus Lorde, quod si aliquis habitator Lorde habeat bellum cum aliquo et quod firmaverit bellum in manu domini vel vicarii, si vult penitere, det quinque solidos pro pena domino ultra penam sive punitionem cognitam per curiam dicte ville.

XIV. Item damus et concedimus quod de habitatoribus et vicinis dicte ville de Lorda, si necesse fuerit accedant ad exercitum et in servicio domini ter in anno : semel a festo Omnium Sanctorum usque ad festum Nativitatis Domini; secundo a festo Nativitatis Domini usque ad introitum Quadragesime; tertio a Pasca usque ad festum Nativitatis beati Joannis Baptiste, cum pane novem dierum, et debemus eis mandare dictum exercitum per novem dies antea; et talis electio de dictis hominibus Lorde, qui accedunt ad exercitum et servitium domini, fiat competenter ad arbitrium judicum et gardiarum seu custodum dicte ville de Lorda, qui habeant eligere, tam pro custodiendo dictam villam de Lorda, quam pro eundo ad servicium domini et in dicto exercitu, juxta numerum hominum et facultatem ville predicte de Lorda, quod relinquitur arbitrio judicum et custodum dicte ville. Et si exercitus vadat supra Lordam, illi homines de Lorda qui erunt mandati ad electionem judicum et custodum ad eundum in dictum exercitum et servitium domini, non debent exire usque gentes qui morantur infra Lordam, transierint per Lordam, nisi periculum imminens appareat, et si extiterint in partibus inferioribus, homines mandati de Lorda non debent exire usque gentes superiores de vallibus et montanis, transierint locum predictum de Lorda, nisi periculum imminens, ut supra dictum est, appareat : et ipsi tenentur eos sequi in sequenti die, et si necesse fuerit eis portare munimenta, vel etiam scuta, dominus debet eis dare saumerios qui portent illis munimenta.

XV. Item damus et concedimus antedictis habitatoribus quod aliquis habitator Lorde non capiatur per dominum vel locumtenentem Lorde, dum tamen possit firmare stare juri, nisi de tali casu sit inculpatus de quo pena mortis vel corporis sit inferenda.

XVI. Item damus et concedimus quod nullus habitator Lorde tenens domum, propter clamorem vel querelam civilem quam dominus habeat ab eo, non capiatur, nec distinguatur, licet non possit firmare stare juri, sed dominus faciat ipsum judicare super bonis suis per judices predicte ville.

XVII. Item damus et concedimus predictis habitatoribus Lorde, quod si aliquis viator moveat querelam contra aliquem vicinum Lorde, eadem die dictus vicinus faciat jus, et si non faciebat, quod det quinque solidos pro pena domino; et si aliquis homo extraneus habeat questionem vel querelam de aliquo homine Lorde, debet firmare querelam suam per hominem Lorde ad comple--

mentum sue querele, vel committatur juratorie cautioni, si firmare non possit.

XVIII. Item mandamus tenere justas marcas et justas pesas, mesuras, vergas, canas justas; et si aliquis homo Lorde acceperit in marca ultra pondus debitum valorem unius sterlingi, et possit probari, debet solvere quinque solidos pro pena domino; et qui tenebit libram, sive ulnam, vel canam falsam, debet, si probari possit, solvere domino quinque solidos pro pena; et si cana, vel virga, sive ulna, sint breves ratione vetustatis, fraude non adhibita, quam consueverunt per unam polgatam, non debet damnum pati, nec dare quinque solidos domino; et qui tenebit falsam mensuram vini, pomatii, bladi, olei, mellis, vel alterius liquoris ad vendendum, condemnetur in quinque solidos.

XIX. Item damus et concedimus quod omnis homo dicte ville qui inveniet latronem cum furto in manu, quod possit eum capere auctoritate nostra, et quod auferat quidquid inveniet et quod reddat illi cujus est, et quod remittat hominem domino, et dominus faciat illum judicare per judices dicte ville, et predictus dominus faciat recuperare injuriam passo.

XX. Item damus et concedimus predictis habitatoribus quod, si aliquis homo uxoratus in adulterio fuerit deprehensus cum femina maritata, vel etiam cum soluta, aut femina maritata cum homme uxorato, vel etiam cum soluto, dominus faciat ambos spoliatos adulteros currere totam villam.

XXI. Item damus et concedimus predictis habitatoribus quod omnis homo qui invadet vel intrabit in domum vicini sui, omnes illi qui fuerint in tali invasione solvant domino illius quilibet illorum decem et octo solidos; et si clamor factus fuerit domino predicte ville, pro pena quinque solidi sibi dentur, quod solvat ille qui devictus fuerit de invasione pro quolibet qui invasionem predictam, vel si interfuerint faciendam, ultra penam communem et cognitam per judices Lorde; et si ille qui est in domo debite se deffendendo ictum vel vulnus fecerit penam non solvat domino antedictam.

XXII. Item damus et concedimus quod habitatores Lorde pro accusatione nec exactione quam faciant non debent penam domino nisi appellatum fuerit, et etiam victus in causa appellationis solvat penam domino antedictam.

XXIII. Item damus et concedimus predictis habitatoribus Lorde quod, si forte aliquis homo Lorde non scienter nec etiam manu irata dabat damnum ex improviso vel casu fortuito, sicut contingit pluries, vel occidebat aliquem vicinum sine dolo et culpa, et possit probare quod casu fortuito et accidente, sine dolo et culpa, id fecerit per vicinos suos vel alios extraneos, non debet damnum sustinere nec penam solvere domino antedictam, si ille qui sic casu fortuito damnum dederit, vel hominem interfecerit, conetur diligenter componere cum amicis vicinis secundum arbitrium bonorum virorum ville antedicte.

XXIV. Item damus et concedimus antedictis habitatoribus, quod, si aliquis vicinus Lorde frangebat alio vicino plantas suas vel comburebat domum vel molendinum, vel etiam frangebat, dominus habeat quinque solidos in delinquentem, et quod faciat bonum restitui conquerenti secundum bonorum virorum arbitrium dicte ville ultra penam communem et cognitam per curiam antedictam.

XXV. Item damus et concedimus omnibus habitatoribus Lorde quod non teneantur nobis aut nostris successoribus dare nec portare pro deberio, nisi eis placuerit, summas pecunie nec aliqua alia bona.

XXVI. Item damus et concedimus pro consuetudine et donatione libera predictis habitatoribus quod communitas Lorde possit eligere judices quolibet anno in festo Assumptionis Beate Marie, et dominus debet facere eos recipere et jurare, dummodo sint sufficientes.

XXVII. Item damus et concedimus quod, si aliquis homo Lorde vulnerabat alium vulnere legali, quod det lxv solidos vulnerato et quinque solidos pro pena domino, nisi mors, membri mutilatio et corporis debilitas subsequatur.

XXVIII. Item damus et concedimus omnibus habitatoribus Lorde quod ipsi habeant libertatem et donationem ut ipsi non solvant leudum nec pedagium in toto comitatu Bigorre.

XXIX. Item damus et concedimus quod, si quis percutiat alium in foro vel in nundinis cum pugno, vel palma, vel alia leve percussione, percussor solvat domino xx denarios et alios xx denarios percusso pro damno, et statim sine dilatione percussor judicetur pena legitima et judicium sine mora aliqua adimpleatur.

XXX. Item damus et concedimus quod habitatores Lorde debeant et possint a judiciis in curia latis provocare vel etiam appellare ubi consueverunt vel de jure debent.

XXXI. Et nos predictus Centullus, comes Bigorre, damus et concedimus cum bono corde ac etiam libero et cum bona voluntate istas consuetudines et libertates pro nobis et nostris successoribus, omni tempore duraturas; et si aliquis venit post nos dominus et contradicat istis consuetudinibus vel etiam libertatibus, habitatores Lorde possint pro suo sacramento retinere eas sine bello et omnes suas hereditates que sunt infra limites suas, vel etiam messes.

XXXII. Item damus et concedimus predictis habitatoribus Lorde, quod si Dominus seu aliquis homo habeat querelam de aliquo homine Lorde, quod faciat jus per illos dies de quibus superius dictum est et quod judicetur per juratos et judices predicte ville.

XXXIII. Item damus et concedimus antedictis habitatoribus, quod aliquis homo non hospitetur in aliquo hospitio habitatoris Lorde sine voluntate cujus est hospitium.

XXXIV. Item damus et concedimus predictis habitatoribus Lorde quod, quando aliquis vendat hereditatem cujuscumque valoris moventem de fundo domini, emptor et venditor veniant coram domino vel ejus locumtenente et pro laudaminis tantum sex denarios sibi dabit emptor.

XXXV. Item quod nulli habitatori Lorde vel pertinentium ejusdem liceat bladum excudere in eadem villa vel pertinentiis, nisi cum animalibus que dominus dicti loci ad hoc constituerit, cum salario solito, nisi cum animalibus propriis vel habitatoris seu habitatorum ville Lorde.

XXXVI. Item volumus etiam, et de voluntate et consilio ac consensu dicte ville ordinamus quod, quando aliquis homo de Lorda voluerit extirpare vel ad cultum hominum aliquem fundum trahere, quod hoc faciat de voluntate domini vel ejus locumtenentis, et quod partem domino prestet quam solitum est prestare, et quod hoc faciat sine prejudicio pascentorum necessariorum et sufficientium hominibus dicte ville.

XXXVII. Item damus et concedimus predictis habitatoribus Lorde, ut quemcumque castellanum Lorde de novo habebunt, teneatur jurare antedictis habitatoribus foros et consuetudines per nostros predecessores approbatos observare.

XXXVIII. Item damus et concedimus dictis habitatoribus Lorde, quod quisque habitator Lorde possit seu valeat construere et edificare furnum ad decoquendum panem suum proprium in suo habitationis hospitio, toties quoties opus fuerit sive necesse, absque omni pena et nihil aliud domino pro permissione exsolvendo.

XXXIX. Item damus et concedimus antedictis habitatoribus Lorde, quod judices et custodes seu gardie ville predicte de Lorda, in absentia domini et ejus locumtenentis, per se habeant potestatem faciendi et creandi puissonarios, macellarios, pacossarios, mercerios, goucterios, et messegarios, ac quoscumque alios ad generalia ville predicte destinari consuetos, et eosdem, casu quo deliquerint super suis venditionibus panis, vini, carnium et aliarum mercaturarum, vel in eorum officio, corrigendi et puniendi ad eorum arbitrium et juxta conditionem seu genus delicti.

In quorum visionis, detentionis, palpationis et lectionis, ac ceterorum premissorum testimonium huic presenti vidisse seu vidimus sigillum nostrum proprium in pendenti duximus apponendum.

Datum in castro Lorde, die xxiv^a decembris, anno Domini m° ccc° lxxix°.

Quibus quidem privilegiis, foris, franchesiis, consuetudinibus, licet usi fuissent per tempora continua et longissima, et diligente custodia diutius observata, mediante invasione ducis Andegavensis et combustione in parte dicti loci, originalia premissorum amiserunt et combusta una cum multis aliis bonis dicti loci remanserunt; nobis humiliter supplicantes hujusmodi transcriptum, seu litteras superius insertas, transcribi nostra auctoritate et mandato per notarium publicum faceremus, et omnia et singula contenta in eis renovare, concedere et confirmare auctoritate regia perpetuo dignaremur. Nos vero eorum supplicationi annuere volentes in hac parte, ad majorem tamen securitatem et veritatis indaginem informationem recepimus pleniorem per testes fide dignos, juratos, omni exceptione majores, testificantes se vidisse originale predictum in forma debita scriptum et sigillatum, non rasum, nec emendatum, sed potius omni vitio penitus alienum, antedictarum libertatum seu privilegiorum tenuisse et legisse, et prout creditur in predicta notula contenta omnia et singula fuisse in dicto originali predicta, et per eorum depositionem concremato per adversarium nostrum ducem quondam Andegavensem prenominatum et ejus gentes temporibus quibus venerant ad dictum locum, ut premittitur; ac etiam de legalitate antedicti notarii Dominici de Cazalibus et de ejus bona fama plenius informati; attendentes namque predictorum hominum de Lorda fidelitatem et constantiam, quam hactenus erga coronam Anglie habuerant ut per hoc ad serviendum domino nostro regi Anglie et Francie fiant promptiores, nomine ejusdem domini nostri regis atque nostro, eisdem foros et franchesias, consuetudines, libertates omnes contentas in dicta tabula seu prefatis litteris, quas vidimus, ex nostra scientia et gratia speciali, renovamus, laudamus, approbamus, et auctoritate regia perpetuo confirmamus, dictumque transcriptum transcribi mandavimus presentibus et inseri volentes, ac etiam decernentes quod transcripto ejusmodi deinceps et perpetuo in omnibus et per omnia fides adhibeatur plenaria in quibuscumque judiciis ut originalibus privilegiis, et litteris antedictis, presensque transcriptum, ut originales littere dicta privilegia continentes, fidem faciant plenariam et eis penitus pariter et credatur : quibus omnibus et singulis supradictis, et cuilibet premissorum auctoritatem nostram et regiam apponimus pariter et decretum, dantes dictis custodibus, juratis, consulibus universitatis de Lorda autoritatem et potestatem deinceps utendi et fruendi dictis privilegiis et franchesiis sic nostra auctoritate renovatis et confirmatis, forisque et consuetudinibus solitis, et eorum cuilibet, ut antea, tam in judiciis, quam extra, sententiandi, et quomodocumque peragendi; universis et singulis senescallis, judicibus, capitaneis, baylivis et aliis in Acquitania nostris consiliariis, et qui pro tempore fuerint, auctoritate nostra et regia qua fungimur, districte precipiendo mandamus ut prefatos custodes, juratores et habitatores dicti loci et universitatis de Lorda et qui pro tempore fuerint, premissis omnibus et singulis supradictis privilegiis concessis et renovatis, franchesiis, foris et consuetudinibus, prout hactenus usi sint, uti et gaudere faciant et permittant pacifice et quiete, et omnia et singula contenta in dictis transcriptis privilegiorum, prout ibi particulariter exposita sunt, de puncto ad punctum teneant et observent, et ab alio faciant inviolabiliter observare. In quorum testimonium nostrum sigillum presentibus litteris duximus apponendum in pendenti. Datum Bayonna xxi^a die octobris, anno Domini m° ccc° lxxxviii°.

Nous humblement requérant, attendu que n'a guières que ladite ville de Lorde a été mise à l'obéissance du roy nostre sire, et qu'il leur a été promis et accordé par nos très chers et bien aimés messire Robert de Charlus, sénéchal de Carcassonne, chambellan de mondit seigneur et notre capitaine des gens d'armes par nous ordonnés pour la garde, tuition et deffense du pays de Languedoc, et aussi messire Arnauton de Lavedan, sénéchal de Bigorre, de faire, par mondit seigneur et nous, les susdits priviléges et franchises contenus et déclairés ez dites lettres confirmer, comme par lettres patentes sur ce faites peut aparoir que ainsi promis leur a été, lesdites lettres veuillions ratifier, nous avons eu et avons agréable ledit traité et accord fait par les susdits sénéchaux aux susdits gardes, jurats, habitans de la ville et communauté de Lorde : avons octroyé et accordé, octroyons et accordons, de grace spéciale par ces présentes et autorité royale dont nous usons en cette partie, qu'ils jouissent et leur laissent jouir et user de toutes et quelconques les susdites coutumes, priviléges, franchises et libertés, ainsi et par la manière qu'ils ont fait le tems passé et que plus à plein est contenu ez dites lettres. Si donnons en mandement, par la teneur de ces présentes, aux séneschal, trésorier et procureur de Bigorre, et à tous autres officiers et justiciers de mondit seigneur et nostres presens et à venir, ou à leurs lieutenans et à chacun d'eux, si comme à eux appartient, que de notre présente grace et octroi fassent, souffrent et laissent lesdits gardes, jurats et habitans de ladite ville et communauté de Lorde jouir et user paisiblement et perpétuellement, sans les molester, travailler ou empescher, ni souffrir estre molestés, travaillés ou empeschés ores ou pour le tems à venir en aucune manière contre la teneur de ces présentes ; et pour que ce soit ferme et stable chose, nous avons fait mettre notre scel à ces présentes, sauf en autres choses le droit de monseigneur et le nostre, et l'autrui en toutes.

Donné en nostre hostel de Vincennes lez Paris au mois de février, l'an de grace 1406.

Et au repli : Par monseigneur le duc et lieutenant Le Bœuf.

Ces lettres furent scellées d'un sceau de cire verte pendant à lacs de soie verte.

VI.

ACTE PUBLIC RELATIF AUX MASSIPIA[1].

L'an m cccc lxii et lo xxvi deu mes de abril, en lo loc de Beucen, que coneguda causa sia a totz, que cum auguns conbenenses sien entre Augé de Carassus, de Beucen, de una part, et Augé de Abadia, de Bizos en Bareya, de autre part, sober auguns pactes que de una filha deudit Augé de Carassus, Galhardina, laquau prenco lodiit Abadia de Bizos, per serventa per l'espaci de quoate ans ab los pactes qui se seguen :

Et prumerament, que si per abentura lodiit Augé de Abadia no pode aber enfans de ladiita Galhardina dedens losdiits quoate ans, condans de la festa de Marteroo prosmar benens, que sia tengut et obligat de pagar a ladita Galhardina, e a son mandament, la soma de xxix floriis de detz soos et un lhet de pelhe a foo et costuma de la terra de Bareÿa.

Item fo convens, que si lodit Augé ave enfans de ladiita Galhardina dedens aquet terme, los deu balhar per la sufficiensa a foo e costuma de la terra.

Item fo convens, que si per abentura lodiit Augé e la molher qui au present a se separaban per mort, loque no placia a Diu, que en acquet cas lodit Augé sia tengut de prener molher ladite Galhardina, et que lo herede que aquere possede totz sus bees apres sa fin.

Item fo conbens, que si degun empediva biee a deguna de lasditas partidas, que la hun sia tiengut de aboar a l'aute, et l'aute a l'aute, dabant lor senhor et lors amics, en la pay dejus escriute et la prumera paga a qui de present xiv floriis et un lhet de pelhe en bonas diaradas a esgardament de amics, et lo reste

---

[1] C'est le texte de l'acte dont j'ai inséré la traduction page 377.

a foo deu pays, es assaber una Martoroo vacante e autre paga xv floriis, entro que ladita soma sia entierament pagada. Renuntiant... obligant... juran... testis Guilhamat de Boneu, alias Malacama; Bernard Strada, de Luz; Pey de Abadia, des de Loguer; Auger de Vergès, de Vielalonca...

(Extrait des registres de Pierre de Burg, notaire de Villelongue, 1462. Copie faite par Larcher, archiviste des états de Bigorre.)

VII.

PIÈCE RELATIVE AU VOTE DES FEMMES[1].

Coneguda causa sia a totz e sengles, que cum mossenher En Sans de Luus, per la gracie de Diu abat del moustier de Sent Sabii en Lavedaa, foz en porche devant la glisie de Cautarès, e bolos mudar, segun que ed dixo la biela els banhos e la glisia de Cautarès en lo plaa debad la biela de Cautarès, a coste del gave de Cautarès, enta la part debad del casted de Cautarès, e asso segunt que ed dixo, a las pregarias de la major partide de la besiau de Cautarès, e fossen aqui medex presens : Pey caperan de Cautarès, Pey de Peyrehitte, Arnault Espitau, Galhardine del Frexo[2], Maria Casa, Domenge de Casanave, Pey Fontaa, Sanche Sobla, Marie de Condaü, Guilhem Delhom, Johan del Solé, Arnaut Casanabe, Arnaut de Sobia, Marie de Casanave, Guillem Sans de Calestremé, Bernat de Cabarroy, Ramond de Meylogaa, Gualhard Lubre, Bernat de Serres, Pey Sale, Arnaut Guillem de la Sala, Arnade deu Cautaree, Bernat de l'Espitau, besis et bezies de Cautarès, alsquals lodiit mossenher l'abat dixo, que se eds bolen, que ed tos de plasaas per publar audit loc deu plaa de Cautarès que bole que s'obligassen per lor e per

[1] C'est le texte d'un bail à fief à Cauterets, en 1316, passé par Sans de Luus, abbé de Saint-Savin. (Voir plus haut, p. 69.)

[2] On s'étonnera peut-être que presque tous ces serfs aient leur nom orné de la particule *de*. Cette particule dans les Pyrénées n'avait rien de nobilier. Elle indiquait seulement qu'on était *de* telle maison.

tots los successors esser seessaus et fidessos et de servo conditioo, laque mudadz sien o fossen layoos ensemant condicioo, que eds e los predecessores eren e aven estadz estan en la viela qui ara es de Cautarèz. Losquals soberdits besiis et besies de Cautarez ensemps e per sengles, segon que tots dixon, e autreyan, aqui presens no decebudz, ne enganadz, ne destreyts, ne forsatz, ne per promesse, ne deception, ne emmagination de persona del mon a daiso amenatz, mas de lors proprias, bonas, e francas e agradablas voluntadz, de lor certas scientias, totz, exceptat ladite Gualhardina del Frexo, autreyan, proportan, que eds e lors predecessors eren et eren estadz seessaus e questaus deldiit mostier de Sent Savii, de dreyt et de ley, d'entradgie, d'exedo, de compra e de fedexoos e serve condicioo, e autreyen, prometten et venguen que ag seran tot temps mes eds e totz los successoos quauque fossen poblads, layoos en lo plaa, aqui or soberdiit es anxi cum es eren estads estan lassuus en la viela de Cautarez sa en darree.

Actum fuit hoc viii kalendas augusti, anno Domini M° CCC° XVI°, Karolo, egregio comite Marchiæ et Bigorræ, dominante, sede Tarviensi vacante.

VIII.

PIÈCE RELATIVE AU DROIT DU SEIGNEUR[1].

Los procureurs generaux et vist lo precedent denombrement et entan que lodit denombrant dict haber en et sus sous sosmets dret de grillons, fors et autre presous privades, et siberdits haber segrament de fidelitat en los loexs de Lislo et de Loubier-Soubiran et en la bal d'Ossau siberditz; haber dret sur las ayguas, herms et mountanhes et poder bastir molys, nasses, et pesquers, et aqueres, et dret de prohibir de poder pescar et cassar de tote sorte de benai-

---

[1] J'ai cité (p. 403) le dénombrement de Johan de Louvie; voici le texte inédit de la vérification des procureurs généraux.

son et sibien dits; haber dret de mines d'or, d'argent, fer et autres metaux, et d'imposar et enjunguir totes sortes de leys et peines, servici personal et serbitud et autres tributs, subsidis sus las personas de sosdits sosmets en tals drets pretendus et autres appartenent a la haute jurisdiction et supreme senhorie, no assentent ni consentent sie recebut far homadge cum tals drets sien propis a ladite senhorie Subirane, et en cas sie recebut a far homadge, protestant et toquant los autres drets et terras confrontats et situats et limitats, sie recebut a far homadge saub los drets deudit senhor mayor probedit empero lo tot sie verificat, autrement protestan et per servicy personal requeren losdit procurayres lodit denombrant sie tengut far dus homes darmes quant en sera requerit, et per homadge a tot senhor mudan un chibal d'Espagne de valor cent ducats.

Signé : JOHAN DU FAUX, procurayr general.

IX.

PRÉAMBULE D'UN CONTRAT DE MARIAGE[1].

Voici un préambule de contrat de mariage qui m'a paru assez curieux. Je l'ai copié sur Larcher[2].

In nomine Domini, amen. Noverint universi et singuli presentes pariter et futuri, quoniam legalis est ordo matrimonialis et antiqua

---

[1] Les notaires anciens étaient fort prolixes en Bigorre et ils décoraient leurs actes de dissertations savantes, empruntées ordinairement à l'Écriture sainte. Souvent l'acte en patois était précédé d'un préambule en latin, qui devait produire d'autant plus d'effet qu'il était moins compris. Dans un titre de 1317 de l'abbaye de Saint-Savin, archives de Pau, une sentence arbitrale, destinée à mettre des plaideurs d'accord, commence ainsi : *In nomine sancte et individue Trinitatis, Patris et Filii, et Spiritus sancti, amen. Beati pacifici, quoniam filii Dei vocabuntur.* Le préambule que je reproduis est tiré de Larcher (*Glossaire*, lettre M, p. 191). Larcher l'avait copié sur un registre (fol. xxxvii) de Bernard de Ulmo (de Lorme), notaire à Castelnau-Magnoac; ce registre se trouvait dans l'étude de Me Collongue.

consuetudo quod conjugium sive matrimonium cum dote et donatione propter nuptias semper fiat; nam ex concilio Arelatensi scriptum est : « Nullius conjugium sine dote fiat; juxta possibilitatem « fiat dos. » Nam quinque documenta assignantur pro conjugatis. Primum documentum dicitur fidelitatis : debent enim esse fideles inter seipsos quia unum de bonis matrimonii est fides. Osee, I, II : « Desponsabo te michi in fide. » Et ideo apostolus ad Corinthios, VII, inquit : « Nolite fraudari invicem. » Et Aristoteles, in libro Economicorum, ait : « Vir non debet injuriare femine, nec femina viro ; » quia scriptum est ad Hebreos, XIII : « Fornicatores et adulteros judicabit « Deus. » Secundum documentum dicitur honestatis; debent enim quantum possibile est honeste conversari simul in sancto matrimonio, et de hac honestate dicitur (Tob. IX) quod nuptiarum convivium cum timore Domini exercebant. Tertium documentum dicitur unitatis : debent enim esse uniti simul ut res eorum bene se habeant. Sallustius ait in bello Jugurthino : « Sicut concordia parve « res crescunt, ita discordia maxime dilabuntur. » Quartum documentum dicitur exercitationis. Homo enim ad laborem nascitur ; Gen. III : « In sudore vultus tui vesceris pane tuo; » et mulier provida in faciendis ex certis pertinentibus ad ipsam; Prov. XIV: « Sa« piens mulier edificat domum, insipiens vero exstructam destruet. » Quintum documentum dicitur dilectionis : debent enim se diligere maximo amore, nam scriptum est : « Propter hoc dimittet homo « patrem et matrem et adherebit uxori sue. » Nam matrimonium est multiplicatio humani generis, quia in matrimonio tria sunt, scilicet : proles, fides et sacramentum; nam duplex est finis in matrimonio, scilicet : prolis procreande et fornicationis evitande. Ideo per Paulum dicitur : « Qui nolet continere nubet in Christo, « quia melius est nubere quam uri. » Et quia matrimonium est seminarium generis humani et sine eo stare non potest respublica.

Idcirco cum prout ibi dictum fuit et assertum per partes infrascriptas contractum fuit matrimonium inter Dominicum de Sabateriis . . . . .

X.

STATUTS DE LA FADERNE DE JUNCALAS[1].

Sen seguen los estatuts et articles feyts per mossen Pey Bereta, rector de Gérs; mossen Dabadia, rector de Gazost; mossen Johan Lana, rector de Cotdoussan; mossen Johan de la Font, rector deus Vesats; mossen Johan Porta, rector de Geu; mossen Pey Dabadia, rector de Lias; mossen Arnaut Dabadia, rector de Berberust; mossen Arnaut de Pechbiran, rector de Osté; mossen Johan Lavigne, rector de Ordon; mossen Domenge Cabarro, mossen Domenge Forcada, mossen Arnaut de Tramasayguas, mossen Johan de Maups, du lieu de Juncalas, mossen Blasy deu Vergé, mossen Johan Bartha, mossen Domenge Cote, mossen Johan Tramasayguas, du lieu de Cheust, mossen Johan Serra, mossen Manaud du Pont deus Germs, mossen Domenge de Abadia de Ordiis, mossen Pey Domeco, mossen Domenge Casaus, du lieu de Gazost; mossen Laurentz de Carassus, de Ordon; mossen Ramos de Foran, mossen Arnaut de Sassus, mossen Pey de Sobia, mossen Guillem de Sazost, du lieu de Berberust, mossen Pey de Larriu, mossen Pey de Mimbiela, du lieu de Geu, mossen Bernard de Domec arré de... Puchac? mossen Domenge de Fontan de Antalos, mossen Johan Masalen de Justous.

I. Et prumeramente, en l'an de grace mil cinq cens septante sept et lo trezeme jorn deu mes d'aost, los touts assemblats dedens la faderna audit Juncalas, apres aber feyta la dibision, et estat arrestat et apuntat entre losdits rectors et pretres que quiconque jurera ni

---

[1] Juncalas est un village voisin de Lourdes. Mais que signifiait ce mot *Faderne*, qu'on retrouve souvent dans nos vallées et qui évidemment tire son étymologie d'une expression du Nord, *father, fader,* « père ? » C'est ce que je n'ai vu expliquer nulle part. Je reproduis, sans commentaire, ces statuts, qui m'ont paru aussi curieux qu'ils sont inconnus. J'ai copié avec soin moi-même le titre original sur parchemin, titre découvert par M. Magenties et déposé aux archives de la préfecture de Tarbes.

blasphemera lo nom de Diu ni de la Bierge Marie dedens ladite faderne, per penitense a dus genolhs baysera la terre, demandan perdon a Diu, presente tote la assistensa, et pagara dus sous tournes, losquaus seran metuts en las mas deus syndics fadernals per los distribuar aux pobres de Diu.

II. Item, quan Diu nos aura feyt de nos balhar la patz et seran sense guerra au present pays, no sera permetut de portar deguna condition d'armes dedens ladite faderne lo jorn de la assemblade, saub los petits cottetz per lo serbici de taula, a la pena de quoatre sous tornes applicadors a la reparation de ladite faderna.

III. Item, sy a degun tan temerari que, dedens ladite faderne, cerquesse de question a augun autre et que sen seguisse auguna desmentida ou bien u cop de pugn, ou sofflet, ou autre battement, la compagnie aura puissanse de en prener la conexensa et d'aban de sortir de ladite faderna los fara fer patz; e si degun refuso a no boler fer patz en tal cas, sense deguna redemtion per ung an enthier sera foregetat de tota la compagnia, sense esperansa de jouir de auguns biens appartins aux fadernals durant lodit an.

IV. Item, si passat l'an aquet persevera en son opiniatrelat, et no se bol reconciliar abec son fray, abertit quen sia per lo syndic et admonestat, james no aura part auxdits biens fadernals, sinon que benga per lo conselh et contentemens de tota la compagnie.

V. Item, que si pot probar que augun derob augun bien a la compagnie ni que accuse augun secret ni balhe augun conselh a deguna partida per fer pleytejar ni destorbe augun de no lo pas... comme enfractors deu jurament quels an feyt d'estar fidels a la companhia en seran foregetats per ung an, et faran tela reparation anci que sera abisat per la companhia

VI. Item, quan il y aura auguns affers, aus qui losdits affers se presantaran auran puissanse de commandar aus susdits que ajan a mandar tous los caperans chacun en sa parsan a se trobar a ladite faderne lo jorn qui sera per etz abisat e per entendre ausdits affers per y procedir cum de rason; et los qui no si trobaran, mandatz que sien estats per losdits sindics, pagaran cinq sous bons dedens lo termy de quinze jorns, saub leyau excusa et bien probable, et si los sindics no fen lors debers pagaran detz sous bons sense redemtion, losquaus seran a la distribution de la companhia.

VII. Item, tot rector ou becari quan en sa parochia sera feyt un testament, dedens ung mes lo reportara a la companhia, a la pena de cinq sous tornes.

VIII. Item, que ung cop lo mes lo jorn de la assemblade chacun caperan se trobe a la faderne per entendre si y a auguns affers, pena de dus sous tornes si non aya leyau excusa.

IX. Item, quan y aura honors, lo mandador sera tengut de les anar mandar vilatge per vilatge ou los fera mandar per personas seguras et en abertir tous los caperans a tot lo meings, los rectors de chacuna parochia, a la charga que lodit mandador... saub que aja tens de los mandar... en la faderna mandadas que los aje en sera quitti.

X. Item, que tout rector, caperan ou prebender qui no se trobe a las houras abertit que en sien, perdera dus sous tornes, saub leyau excusa.

XI. Item, que tout rector, caperan ou prebender, ousse ut fama de quin estat et condition que sia, poyra testar et leguar per tot la ou bon lo semblara, tant en general que en particulier, saub trente nau obits et messes de fondation, lasqualas seran celebradas per los caperas caperans de ladité faderne.

† Mons. Pey de Barraquot et anxi tous prometen et juran. Presents Bernard de Monet, de Lorda; Jehan de Peyrelas, de Juncalas; habitans, et jo Pierre Begaria, notari deudit Juncalas, habitant.

En foi de tot sodessus mi signet com seg.

NOTE SUR LA MONNAIE PYRÉNÉENNE.

L'histoire monétaire des Pyrénées n'est pas nécessaire à l'intelligence de l'histoire du droit. Cependant, comme nos fors et nos anciens contrats font mention de pièces aujourd'hui fort peu connues, je crois utile de donner ici quelques explications succinctes.

La Bigorre n'eut jamais d'atelier monétaire, tandis que l'on a battu monnaie dans cinq villes aujourd'hui comprises dans le seul département des Basses-Pyrénées, savoir : Morlaas, Pau, Bayonne, Saint-Jean-Pied-de-Port et Saint-Palais.

Les pièces espagnoles étaient peu recherchées à cause des fluctuations de leur valeur. Je n'irai pas essayer d'en donner l'évaluation siècle par siècle. Ce travail, d'ailleurs, a été très-bien fait par don José Yanguas dans son Dictionnaire des antiquités du royaume de Navarre.

Les monnaies françaises, les monnaies baronniales avaient peu de cours en Bigorre; quelques chartes font seulement mention des sous tolosans.

Dans une copie des fors de Guizerix de 1553, en marge des mots où l'on parle de *xx sos tholosas*, on a ajouté de l'écriture du temps : « Que monta xviii sos bos ii ardits, » ce qui veut dire que 20 sous tolosans valaient 18 sous bons et 2 liards.

La monnaie morlane était la plus renommée, la plus ancienne, la plus estimée dans nos régions pyrénéennes. J'ai publié un *Essai sur la numismatique de Béarn;* mais ce livre est devenu très-rare et a besoin d'être refait.

Sans entrer dans de grands développements pour préciser

la valeur des pièces morlanes aux diverses époques, pour indiquer son titre et son poids, pour calculer la valeur du métal selon les temps, je vais me borner à quelques appréciations qui pourront servir à l'intelligence des chartes mentionnées dans mon ouvrage.

Les vicomtes de Béarn, se considérant comme souverains indépendants de la couronne de France, faisaient frapper des pièces d'or et les marquaient à leur image.

La monnaie d'or était peu en faveur, surtout dans les Pyrénées de France et d'Espagne, parce que son prix était conventionnel et que les falsifications étaient redoutées. Rien de plus variable que leur cours dans les marchés. Don José Yanguas fait remarquer que, dans les contrats, on avait soin de bien spécifier combien de sous valait la pièce d'or. Il en était de même en Bigorre. Nous venons de lire, dans le contrat relatif aux *massipia*, qu'il est expliqué que le florin sera de dix sous.

Dans les comptes de Navarre de l'année 1042, il est dit que les maravédis doivent être *mercandantes et corrientes;* les vieux actes portent aussi en Bigorre que la monnaie sera *marchande et courante.*

Énumérons rapidement les principales monnaies qui avaient cours dans nos contrées :

FLORIN D'OR. — Cette monnaie si répandue se nommait *florin*, d'après quelques auteurs, parce qu'elle était marquée au revers d'une fleur de lis; d'après d'autres, parce qu'elle fut dans l'origine frappée à Florence, dont elle continua à représenter le patron, saint Jean-Baptiste.

Les seigneurs de Béarn, comme la plupart des souverains de la chrétienté, firent frapper des florins. J'en possède d'inédits, qui, par un habile arrangement de la légende, imitent les florins d'Aragon, et qui, par l'image d'une petite tour, *castellum,* cherchent à contrefaire en même temps ceux de Castille.

Rien de plus variable, de plus difficile à préciser que la valeur du florin béarnais, si ce n'est peut-être la valeur du florin d'Espagne. La liève de Pamiers évalue le florin de Béarn 18 sous; une charte de Marciac du 21 août 1661, 15 sous 9 deniers; une charte de Ladevèze du 15 février 1482, 13 sous et demi; Lucas l'estime 13 sous 6 deniers. Par sentence de la cour majour de Béarn du 17 novembre 1479, les habitants de la vallée d'Aspe furent condamnés à payer annuellement et perpétuellement au seigneur de Béarn ou à son trésorier, *per souverainetat et reconexence deus drets susdits*, la somme de trente-six florins valant 9 sous jacqùès, ce qui revient à 13 sous 6 deniers. Il serait difficile de donner une estimation générale très-exacte; il faut consulter les actes des divers siècles et des diverses contrées.

On distinguait différentes espèces de florins : florins *à la chambre, à la chaise*, etc. On avait en Béarn le florin *condau* ou *corrable*, estimé 12 sous par Lucas.

Écu. — Henri II, roi de Navarre, seigneur de Béarn et comte de Bigorre, fixa la valeur de l'*escut de la baque* (écu à la vache) et de l'*escut deu soreilh* (écu au soleil) à 24 sous 6 deniers jacquès, celle de l'écu de la couronne à 23 sous 4 deniers, et celle de l'écu vieux (*escut bielh*) à 27 sous.

L'*écu sol*, en 1358, valait 3 livres 5 sous. Henri IV l'éleva à 3 livres 18 sous en 1602, et Louis XIII à 5 livres 3 sous. Lucas estime l'*écu corrable* 24 sous, l'*écu petit* 27 sous, l'*écu petit doré* 27 sous 6 deniers, l'*écu sol* 3 livres, le *quart d'écu* 15 sous, et plus tard 16.

Sol. — On sait combien la valeur du sou a varié en France. Au xviii⁰ siècle, 20 sous du temps de saint Louis auraient valu 9 livres 13 sous 4 deniers; 20 sous du temps du roi Jean, 7 livres; 20 sous du temps de Henri III, 27 sous 6 deniers.

Le *sol morlan* (*solidus* ou *soludus morlanus*) figure dans un grand nombre de chartes. C'était la monnaie la plus usitée en Bigorre. On l'appelait *tarje* en Gascogne, «parce que, dit le père Montgaillard, il portait «autrefois l'empreinte d'un bouclier, *tarja a tegendo.*» Dans quelques vallées pyrénéennes, notamment dans celle de Campan, près de Bagnères, le sou est encore appelé *tarje*.

Le *sol morlan* est évalué par Du Cange 3 sous 6 deniers. Dans un acte d'échange passé en 1301 entre le roi Philippe le Bel et Hélie Galerand, comte de Périgord, on voit que 1,344 livres 9 deniers morlans valaient à cette époque 2,150 livres 9 sous 9 deniers tournois. Sous Louis le Hutin, 52 livres 3 sous de Morlaas valaient 84 livres tournois; c'est ce qui résulte des registres de la cour des comptes. Géraud, dans son Traité des droits seigneuriaux, estime le *sol morlan* 2 sous 6 deniers; la reconnaissance d'Adé, 2 sous 6 deniers; d'autres actes, 2 sous 3 deniers. Presque toutes les lièves de l'évêché d'Aire évaluent le sou morlan 3 sous. Sur ce principe et l'autorité de Marca, le parlement de Bordeaux condamna plusieurs individus de Peyrehorade à payer à l'évêque d'Aire les archifs de sous morlans à 3 sous pièce. Lucas distingue le *sol morlàas* du *sol de Morlàas*. Le premier ne vaut que 2 sous 3 deniers; le second vaut 3 sous. Dans les fors d'Azun que nous publions il est parlé à l'article 65 d'une amende de 65 sous de Morlaas. Une note marginale, de l'écriture du temps, porte que cette somme équivaut à 7 livres 4 sous 5 deniers tournois ou 5 livres 7 sous 3 ardits.

Sol bernez. — Le père Montgaillard assure que le *sol bernez* était marqué d'une vache, qu'il ne valait que 9 deniers avant 1590; alors il fut haussé à 12 deniers tournois.

Le *sol bon* est constamment estimé 18 deniers tournois. Lorsque, dans les anciens actes du pays, il est fait mention simplement du *sol*, on doit l'entendre par *sol bon*, qui, ainsi que le dit le père Montgaillard, était appelé aussi *sol gros*.

Sol jacquès. — Le nom de *jacquès* tire, dit-on, son origine de la ville de Jaca; je crois plutôt que c'est du roi Jacques d'Aragon. Larcher rapporte que le régidor de Camfranc, près de Jaca, lui a dit que, suivant quatre anciens titres, la livre *jacquèze* était composée de 12 sous jacquès, que chaque sou valait 5 sous de France, et le denier jacquès 5 deniers. Lucas l'estime 1 sou 2 bacquettes ou 13 deniers et demi.

Liard. — Le liard se nomme *ardit* dans l'idiome du pays. Pour dire qu'on a ou qu'on n'a pas d'argent, on se sert encore de l'expression *qu'a ardits, qu'ey sens ardits*. Le liard, d'après une charte de la Casedieu, de 1490, ne valait guère que 2 jacquès ou 3 deniers tournois. Lucas l'estime 4 bacquettes ou 3 deniers.

Denier. — On a beaucoup écrit sur la valeur du denier dans les différents siècles et chez les différents peuples. Ceux qui furent comptés à Judas valaient 25 francs chacun. En Béarn, les livres, sous et deniers avaient une valeur triple de celle de la monnaie tournoise.

Lucas distingue le denier morlas, morla ou morlan, et le denier de

Morlaas. Le premier valait 3 bacquettes ou 2 deniers tournois un quart, et le second 3 deniers tournois.

Obole. — L'obole (*obolus, obulus*) est la moitié du denier, selon La Roche, le père Montgaillard et les actes de la Casedieu. Elle est le double de la *pite* et par conséquent la même chose que la *maille*.

L'*obole d'or* est estimée 2 livres 10 sous par Géraud; mais cette évaluation est contredite par plusieurs titres.

Poge, pogeoise, pogès. — J'ai trouvé dans une charte inédite des archives de Pau que le seigneur de Béarn faisait fabriquer à Morlaas cette petite pièce blanche qui valait une demi-obole.

Bacquette. — C'est une petite monnaie de cuivre qui fut introduite par Gaston de Foix en 1465; elle valait le quart du liard ou le seizième du sou.

Blanc. — Un *grand blanc* valait 10 deniers; un *blanc simple*, 5 deniers.

Pélat. — Un *pélat* valait 1 bacquette.

Teston. — Il a valu 14, puis 15 sous tournois.

Franc. — Le *franc* a ordinairement valu 20 sous, «surtout, dit «Cayron, depuis 1549 jusqu'en 1602.» D'après Mézeray, il fut élevé, en 1609, jusqu'à 21 sous 4 deniers.

L'Inventaire du Périgord au trésor de Pau évalue le franc 21 sous 8 deniers en 1371, 1372, 1373. Le *franc de rey* ou de roi valait 20 sous. Le *franc de Béarn* est en général estimé 16 sous; cependant, le 4 avril 1564, les habitants de la vallée d'Aspe baillèrent à ferme la montagne d'Ourdiusse et le passage du port pour 148 francs, comptant 10 sous par franc (*condans detz soos per franc*). Un arrêt du conseil d'État du 4 novembre 1643, rendu en faveur des jurats d'Oloron, leur adjuge annuellement, pour entretenir les ports et chemins, 50 francs béarnais de 15 sous pièce.

Le *franc heyt* était évalué 16 sous. Dans un état en date du 13 mars 1647, portant estimation des biens vendus par Pierre Lafaille, natif de Hagedet et habitant de Pau, il est dit que 110 livres font 137 francs et demi, ce qui porte le franc à 16 sous.

Livre. — La livre est considérée comme poids et comme monnaie.

Les anciens poids de Béarn sont marqués d'une vache clarinée; ils portent le nom de la ville à laquelle ils étaient destinés et la date de leur émission.

La *livre carnassière* pesait en Gascogne 48 onces.

Henri IV défendit, en 1609, de compter autrement que par livre de 20 sous tournois.

La *livre fiscale* est estimée par Lucas 21 sous 8 deniers.

La *livre carline*, connue en Béarn, surtout pour les amendes, valait 6 sous. La *livre morlane* est estimée 3 livres tournois; elle suivait les variations de la valeur du sou.

Nous sommes entré dans ces détails, parce que l'on n'aurait pu les trouver dans les ouvrages des auteurs qui se sont occupés des anciennes monnaies françaises. Nous les avons puisés dans des documents inédits [1].

En étudiant la diversité des monnaies d'autrefois et la difficulté de les évaluer avec exactitude, on apprécie encore mieux les avantages que l'uniformité de système monétaire offre aujourd'hui en France et pourrait offrir à l'avenir s'il parvenait à s'étendre dans toute l'Europe.

---

[1] J'ai consulté aux archives des Basses-Pyrénées :

1° *La deliveration deus estats qui an oppinat degossen aber cors et mise la monede, et que sie cridat que deu oytal jorn de juner 1489 en avant, no ara valor sin cum seq*; cette délibération des états de Béarn fixant le cours des monnaies est datée de Pau, du 3 janvier 1489;

2° *Ordonnance* en béarnais, du 20 mars 1493, *sur les monnaies d'Olit, de Morlàas et autre part;*

3° *Ordonnance de Jean et Catherine sur les monnaies et leur valeur en Béarn*, datée de Pampelune, du 14 août 1494;

4° *Papier terrier rédigé par Lucas, député par le roi pour la réformation de son domaine.* Ce cahier contient un petit discours historique sur le comté de Bigorre et une note précieuse, quoique succincte, sur la valeur des monnaies locales en 1669.

SOURCES BIBLIOGRAPHIQUES.

J'aurais pu multiplier dans le texte les renvois et surcharger de notes le bas des pages. Mais, comme je me suis servi surtout de documents inédits, j'ai préféré indiquer ici d'une manière plus précise et plus complète les sources bibliographiques où je les ai puisés.

1. Archives de l'Empire. — Pièces éparses.

2. Bibliothèque impériale (département des manuscrits). — Collection Doat, 300 volumes in-folio; copies magnifiques. Collection Oyhenart; ces manuscrits sont malheureusement difficiles à lire.

3. Archives du château de Pau. — Ces archives des rois de Navarre, comtes de Bigorre, etc. sont extrêmement riches; elles sont déposées à l'hôtel de la préfecture des Basses-Pyrénées. L'archiviste, M. Raymond, un des élèves les plus distingués de l'École des chartes, les fait parfaitement connaître dans son *Inventaire sommaire des archives départementales des Basses-Pyrénées,* dont il n'a paru encore que deux volumes in-4°; le troisième volume est sous presse.

4. Archives de la préfecture des Hautes-Pyrénées. — Ces archives, où M. Magenties, archiviste, a recueilli beaucoup de documents retrouvés dans les archives communales, et qui auraient pu se perdre sans lui, m'ont fourni des documents précieux, notamment les *Fors d'Azun,* cartulaire du xv° siècle, longtemps égaré dans la vallée et inconnu à tous ceux qui ont écrit avant moi; les *Statuts de Juncalas,* etc.

5. Archives de la ville de Tarbes. — Je n'y ai trouvé qu'un cahier où sont réunies plusieurs copies de *las trobas* et des priviléges de la ville. J'ai cité plusieurs passages de ces priviléges; ils ressemblent à ceux des principales villes de Bigorre, et plusieurs articles sont absolument les mêmes. Malheureusement les anciennes copies conservées dans le cahier sont toutes incomplètes et défectueuses; je n'ai pu trouver un texte digne d'être publié en entier.

6. Archives communales. — La ville de Bigorre a de belles archives, dont j'ai déjà parlé dans les *Documents historiques* publiés par Champollion-Figeac, in-4°, t. III, p. 393. Dans les archives de Lourdes, de Cieutat, de Luz, de Maubourguet et de plusieurs simples villages, j'ai trouvé des documents curieux, ignorés de ceux qui ont écrit avant moi.

7. Manuscrits de Larcher. — Savant paléographe, Larcher fut chargé, par les états de Bigorre, de recueillir tous les monuments écrits relatifs au pays. J'ai pu vérifier son exactitude dans la copie des titres et son habileté à choisir toujours la meilleure leçon lorsqu'il y avait divergence entre plusieurs copies anciennes. Il a laissé deux ouvrages que j'ai cités souvent. La perte, pendant la Révolution, d'un grand nombre de titres originaux a donné à ses manuscrits une valeur inestimable.

Le premier ouvrage a pour titre, *Glanages*; il se compose de vingt-cinq volumes d'une écriture fine, serrée, mais très-lisible. M. Louis Deville en a fait la table des matières. La bibliothèque de la ville de Tarbes possède ce manuscrit unique.

Le second ouvrage était destiné à classer par ordre alphabétique les riches et nombreux matériaux recueillis par le savant paléographe; il avait pour titre : *Glossaire*. Larcher n'a pas achevé son œuvre, et ce qu'il en reste est disséminé. Il en existe plusieurs volumes in-4° aux archives de la préfecture. J'en ai retrouvé un volume isolé aux archives de Condom, un autre chez M. Jubinal, alors recteur à Tarbes.

8. Manuscrits de Laspale. — Le père Laspale était archiviste de Bagnères; il a laissé des papiers et des notes dont j'ai dû la communication à son neveu, le docteur Soulé.

9. Manuscrits des familles. — Plusieurs anciennes maisons de Bigorre m'ont confié de vieux titres importants. J'ai surtout trouvé des renseignements nombreux et d'un haut intérêt dans un magnifique cartulaire intitulé : *Livre vert de Bénac*. C'est un in-folio composé de cent trente-quatre peaux de parchemin; il commence par ces mots : «L'an «M CCCC V, lo ters jorn de gener, fe commensa ac scrivir mossen Ramon «Gaxie de Lavedan, senhor de Castedlobon, lo present sensuau.» Sur la première page, on lit, en caractères modernes : «Ce livre appartient «à très-haute et très-puissante princesse madame Marie-Henriette-«Charlotte-Dorothée d'Orléans Rothelin, princesse de Rohan-Rochefort, «dame vicomtesse de Lavedan et de Castelloubon, marquise de Bénac, «baronne d'Andrest en Bigorre, etc.»

Ce beau cartulaire m'avait été prêté par feu M. Moncaup, juge à Tarbes.

M. Couffitte, notaire à Luz, possédait de vieux registres de notaires, des documents anciens sur la vallée, les statuts sur parchemin de la ville de Luz et une ancienne copie des fors de Baréges. J'ai eu longtemps ces documents à ma disposition; aujourd'hui ils ne sont pas perdus, j'espère; mais, depuis la mort de M. Couffitte, je n'ai pu retrouver les fors de Baréges, dont je n'avais pris qu'une copie imparfaite, et que j'aurais voulu publier d'une manière complète et exacte.

10. Archives de Pampelune. — Les archives de la Navarre nous sont parfaitement connues, grâce à son savant et regrettable archiviste, don José Yanguas, qui en donne l'analyse dans son *Diccionario de antigüedades del reino de Navarra*, 4 volumes in-8°, Pamplona, 1840.

11. Manuscrits divers. — *Histoire de Bigorre*, par Mézière; *Histoire de Bigorre*, par Duco (bibliothèque de Tarbes); *Conférence des coutumes*, manuscrit in-folio (bibliothèque de la cour impériale de Pau).

12. Fors et priviléges. — Statuts municipaux. — Voici où j'ai trouvé les principales coutumes que j'ai eu souvent occasion de citer :

Arrens. — *Statuts et règlements;* ils ont été copiés sur des registres de l'étude de M⁰ Mondaigne, notaire à Aucun.

Azun. — *Fors et priviléges*. Je les publie.

Bagnères. — *Fors et priviléges*. Je ne les publie pas, parce qu'ils ont déjà paru dans les *Essais sur le Bigorre*, t. I, p. 235.

Bigorre. — *Le for de Bigorre*. Il en existe une copie du xvᵉ siècle dans un cartulaire des archives de Pau. Ce for, dont j'ai reproduit presque toutes les dispositions, a été publié plusieurs fois, notamment par Marca, *Histoire de Béarn*, p. 814; par d'Avezac, *Essais sur le Bigorre*, t. I, p. 192; par M. Giraud, *Essai sur l'histoire du droit au moyen âge*, t. I, p. 19.

Campistrous. — *Fors et priviléges*. Larcher, *Glanages*, t. II, p. 248.

Guizerix. — *Fors et priviléges*. Je les publie.

Ibos. — *Fors et priviléges*. Confirmation. (Trésor des chartes, registre CXI, pièce 267.) Je les publie.

Lannemezan. — Simple extrait. (*Glossaire*, lettre L, p. 365.)

Lescaledieu. — Voir ma *Monographie de Lescaledieu*, où je donne la bibliographie de ce monastère, ainsi que les chartes importantes.

Lourdes. — *Priviléges*. Je les publie.

Luz et Baréges. — *Priviléges et statuts*. Je n'ai pu retrouver des copies assez complètes pour être publiées *in extenso*.

Maubourguet. — *Fors et priviléges*. Je les publie.

Montfaucon. — *Fors et priviléges*. J'ai retrouvé à Montfaucon la charte originale; j'aurais voulu la publier, parce qu'elle est souvent citée dans mon livre; mais elle a déjà été imprimée dans les *Ordonnances des rois de la troisième race*, t. VIII, p. 49.

Montgaillard. — *Fors et priviléges* de 1303, en latin. (Larcher, *Glanages*, t. XXII, p. 189.)

Montoussé. — *Fors et priviléges*. Archives de la commune.

Quatre vallées. — Les *Priviléges* des quatre vallées ont été imprimés à Toulouse.

Sarrancolin. — *Cartulaire*. Archives de Tarbes.

Saint-Pé. — *Cartulaire*. Archives de Tarbes.

Saint-Savin. — *Cartulaire*. Archives de Tarbes. Les archives de Pau conservent un cahier des anciens règlements et titres de la vallée de Saint-Savin.

Tarbes. — *Fors et priviléges*. On m'a dit qu'il en existait une copie complète dans les manuscrits d'Oyhenart; je n'ai pas pu me la procurer, et je doute encore de son existence. Je crois que l'original fut brûlé; peut-être n'est-il qu'égaré et finira-t-on par le retrouver par hasard, comme le *For d'Azun*.

Tartas. — *Fors et priviléges*. Archives de Pau.

Quant aux ouvrages imprimés, lorsque j'ai cité, pour abréger, Marca, j'ai voulu désigner son *Histoire de Béarn*, in-folio, 1640. Quand j'ai cité d'Avezac, j'ai voulu parler de ses *Essais sur le Bigorre*, 2 volumes in-8°, 1823. Il serait à désirer que M. d'Avezac, aujourd'hui membre de l'Institut, donnât lui-même une nouvelle édition d'une œuvre de sa jeunesse, très-remarquable lorsqu'elle parut, et aujourd'hui encore fort estimée.

J'ai eu souvent occasion de mentionner les *Fors de Béarn*, in-4°, Pau, 1842. Ce sont les vieux fors traduits et commentés par MM. Hatoulet et Mazure. Cet excellent ouvrage a mérité une mention très-honorable à l'Académie des inscriptions et belles-lettres.

Fors et costumas de Bearn, Pau, in-12, 1552. Ce sont les fors revisés par Henri II et imprimés par Poyvre et de Vingles, imprimeurs du roi.

Noguès a publié deux ouvrages qui m'ont beaucoup servi : *les Coutumes de Baréges,* in-12, Toulouse, sans date (vers 1760); *l'Explication des coutumes de Baréges,* in-12, Toulouse, 1789.

Il ne faut pas confondre Noguès avec Nouguès, qui m'a fourni des documents précieux. Don Mariano Nouguès, député aux cortès, membre de l'Académie royale d'histoire de Madrid, est un des savants les plus consciencieux et les plus estimés de l'Espagne. C'est ce dernier auteur que je cite à la page 216, et c'est par erreur que le texte porte Noguès au lieu de Nouguès.

On m'excusera de citer aussi mes ouvrages. Il y a bien des années que je m'occupe de l'histoire et de l'archéologie des Pyrénées. Si dans mon livre actuel on remarque quelque lacune sur la géographie, sur les événements historiques, sur les monastères du pays, il faut bien que j'explique que je n'en dis rien ou presque rien parce que j'en ai ailleurs beaucoup dit. Je renvoie donc à mon *Histoire religieuse de la Bigorre,* aux *Monographies* de Saint-Orens, de Saint-Savin, de Saint-Pé et de Lescaledieu, à mon *Château de Pau* (1ᵉ édit.).

FIN.

INDEX ANALYTIQUE.

A

Abbés lays, 27.
Absolution donnée au seigneur par le peuple, 42.
Acquêts, 179, 190.
Actes (Forme des), 192. — Préambule d'un contrat de mariage, 496.
Adultère (Délit d'), peines, 312.
Affaires des pauvres, 236. — Affaires sommaires, 236.
Affranchissement, 44.
Ahiton, 171.
Aînesse (Droit d'), 181.
Ajout, 171.
Albergade, 345.
Alberge, 345.
Albergue, 345.
Alep, 309.
Aliénation de biens communaux, 221.
Alleux, 163.
Amende, 269. — Amende honorable, 270. — Amende honorable *in figuris*, 270. — Amende honorable sèche, 270.
Amourredat, 226.

Animaux (Délits commis par les), 321. — Délits commis contre les animaux, 321. — Animaux nuisibles, 368, 369.
Appel, 260.
Arceber, 345.
Arcia, 397.
Arciut, 345.
Arrestation, 277, 318.
Arroade, 356.
Asile, 278.
Asouade, 152.
Assises, 124.
Attentat aux mœurs, 311.
Aubaine, 53.
Aubains, 52.
Aubergade, 346.
Auberge, étymologie, 345.
Autorisation maritale, 222.
Aveu, 242.
Avitins (Biens), 179.
Avocats, 114.
Azun. — Texte des fors et coutumes d'Azun, 428.

B

Bail à cheptel, 231.
Baile, 103.

Bailie, 103.
Baillée de roses, 264.

Baiser de la jeune fille, 8.
Ballades, 327.
Ban, 148, 271.
Bannis, 271, 303.
Bannissement, 271.
Baptêmes, 138.
Baron (Le), 26. — Barons de Bigorre (Les), 25.
Bâtardise (Droit de), 157.
Bâtards en Bigorre (Les), 157.
BAUDOUIN (Étrange hommage de), 341.
BÉARN (Fors de), VIII, 510.
Bégarie, 101.
Bégué, 101.
Bénéfices, 166.
BERTRAND (Saint) dans la vallée d'Azun, 340.
Bési, 56.
Bésie, 56.
Beurre (Redevance de), 340.
Bibliographie; sources bibliographiques, 507.

Biens acquêts, 179, 190. — Biens avitins, 179. — Biens communaux, 222. — Biens lignagers, 179. — Biens paternaux, 179. — Biens de souche, 179.
BIGORRE (Histoire de la), 509, 510. — Lois de la Bigorre, 89. — For de Bigorre, 73.
Bladage, 362.
Blasphème, 289.
Blessure leyaü, 308. — Blessures, 308.
Bohêmes, 303.
Bohémiens, 303. — Mariage à la cruche cassée, 382.
BORDEU (Hommage étrange du seigneur de), 342, 343.
Bornes déplacées, 320.
Bouchers, 302.
Boulangers, 302.
Bourgeois (Le), 49. — Bourgeois noble, 49.

C

Cabarets (Police des), 324.
Cadets, 185, 191.
Cagots, 47, 268.
Calonie ou prix du sang, 305.
Cap de bailliage, 126. — Cap de cartho, 126. — Cap d'oustau, 63.
Capacité de tester, 197.
Capcasau, 170.
Cape bigorraise, 375.
Capsoos (lods et ventes), 349.
Carnal, 364.
Carthon, cartheron, quarteron, 126.
Casadure, 363.
Casal, 168.
Casalaria, 169.
Casau, 169, 170.
Castanie. 279.

Castellaa, 123.
Cens des nobles, 344.
Ceysal, ceysaux, 38.
Chair humaine (Tranche de), 206.
Champ comtal, 221.
Champart (Droit de), 358.
Charivaris, 325.
CHARLEMAGNE à Lourdes, 338.
Chartes parties, XXIII.
Chasse, 365.
Châteaux en Bigorre, 172.
Châtelains ou geôliers, 123.
Chaussure (Legs de) à la reine d'Angleterre, 201.
Chiens de montagne, 322.
Choine. 303.
Chrestiaas. 47.

Citation en justice, 240.
Clergé, 20.
Cloches, 326.
Clous attachés au front, 300.
Combat judiciaire, 248.
Commerçant, 50, 354.
Commerce, 50, 354.
Communauté forcée, 215.
Commune (La), 76. — Commune responsable des crimes, 298.
Composition, 269, 306.
Comptable (Droit de), 361.
Comte (Le), 4; — sa puissance, 6 : — son pouvoir judiciaire, 13.
Confiscation, 272.
Confréries, 50.
Conjurateurs, 242.
Constitutions urbaines, 75.
Consul, titre du comte, 6, 107. — Consuls, 107.
Contrat de mariage, 214. — Contrat de vente, 219. — Contrats et obligations, 203. — Conditions de validité des contrats, 203.

Conventions (Confirmation des), 204.
— Effets des conventions, 203. —
Engagements sans convention, 212.
Convocation des juges, 94.
Correction maritale, 150. — Correction paternelle, 159.
Coups et blessures, 308.
Cour d'assises, 124. — Cour de Bigorre, 125. — Cour de Bagnères, 128. — Cour des chênes, 255. — Cour du noyer, 255. — Cour de Lourdes, 129. — Cour de Tarbes, 125. — Cours des villes et vallées, 130.
Coutumes. — Voyez *For*.
Couvre-feu, 326.
Crimes contre la religion, 289. — Crimes contre l'État, 294. — Crimes contre les personnes, 305. — Crimes contre les propriétés, 318.
Croisades, 43.
Croix devant la signature, 245. — Croix tracée sur la porte, 241.
Cuguria, 397.

D

Débiteur (Condition du), 205. — Excommunication du débiteur, 205.
Démolition de la maison du criminel, 272.
Démons (Commerce avec les), 292.
Détention préventive, 277.
Devoirs des juges, 97.
Dévotion (Fiefs de), 338.
Diffamation, 317.
Dimanche (Célébration du), 291.
Dimension des blessures, 308.
Dîner d'enterrement, 153. — Dîner. redevance, 341, 346.
Divertissements publics, 327.
Domaine comtal inaliénable, 221.

Domesticité obligatoire, 371.
Domicile, 156.
Donations (Approbation des), 193. — Forme des donations, 192. — Irrévocabilité des donations, 195.
Dot. — Dot de la femme, 215. — Dot du mari, 145, 215. — Dot fixée par les exécuteurs testamentaires, 143. — Dot fournie par la veuve au second mari, 216.
Droit. — Histoire du droit, III. — Utilité de l'histoire pour le droit, XXX. — Utilité du droit pour l'histoire, XXX.
Droit d'asile, 278. — Droit des filles

pauvres et honnêtes, 330. — Droit de justice, 95. — Droit de procession, 332.

Droits féodaux, origine, caractère, 335. — Droit du seigneur. Controverse, 384. — A-t-il existé dans toute l'Europe et notamment en Bigorre? 390. — A-t-il été érigé en loi? 408. — A-t-il jamais été revendiqué par des seigneurs ecclésiastiques? 411. — Quelle serait son origine? 420. — Conclusion, 422. — Texte d'une pièce relative à ce droit, 495.

Duel judiciaire, 248.

DUPIN. — Lettre inédite sur le droit du seigneur, 388.

E

Eau bouillante (Épreuve de l'), 245.
Échange, 226.
Échantillon de l'objet volé attaché au voleur, 318.
Élections; mode employé à Macaye, 64.
Émigration, 157.
Empêchements au mariage, 146.
Emprisonnement, 273.
En, 26.
Ena, 26.
Engagements formés sans convention, 212.
Enquêtes, 253.
Entée, 226.
Enterré vif, peine, 285, 305.
Enterrement, 152. — Enterrement (Dîner d'), 153.
Entrade et geyride, 157.
Époux survivant, 187.
Épreuves judiciaires, 245. — Épreuve de l'eau bouillante, 245.

Esclaüs, esclabes, 185.
Étaleurs, vérificateurs des poids et mesures, 300.
État des terres, 161.
États de Bigorre, 70. — Origine des états, 71. — Composition, 77. — Procès-verbaux, 78. — Convocation, 79. — Présence du souverain, 81. — Don au roi, 81. — Titre d'*Excellence* conféré par les états, 82. — Ouverture des sessions, 83. — Droit de présence, 84. — Attributions, 85.
Étranger, 52.
Évêque de Bigorre (L'), 20.
Excellence (Titre d') conféré par les états, 82.
Excommunication, 208, 288.
Excusat, 172.
Exécution capitale, 285.
Expropriation, 178.

F

Fadeisos, 344.
Faderne de Juncalas (Statuts de la), 498.
Falsifications en matières alimentaires, 302.
Faussaire (Peine du), 300.
Faux, 300.
Faux-monnayeurs, 300.

Faux poids, 301.
Faux témoignage, 301.
Fedexoos, 139.
Fémade, 364.
Femme (Condition civile et politique de la), xv, xxi, 66. — Texte d'un acte relatif au vote de la femme, 494.

INDEX ANALYTIQUE.

Fénage, 364.
Féodalité (La) dans les Pyrénées, 1.
Fiançailles, 141.
Fidélité (Serment de), 8.
Fiefs de dévotion, 338.
Filles de mauvaise vie, 329.
Filles pauvres et honnêtes (Droit des), 330.
Firma de sposa forzada, 397, 398.
Foi et hommage, 6.
Foires et marchés, 354.
For. — Fors et coutumes, origines, 73, 74. — Ancienneté, 74. — Changement, 73, 74. — Rédaction, 74. — For général de Bigorre, 73. — Fors particuliers, 76. — Fors d'Azun, 60, 428. — Fors de Guizerix, 454. — Fors d'Ibos, 476. — Fors de Lourdes, 480. — Fors de Maubourguet, 469. — Fors et coutumes de Lannemezan, 337.
Forains, 52.
Formariage, 143.
Fouage, 352.
Fouet (Peine du), 283.
Fourches patibulaires, 282.
Fournage, 359.
Fourquie, 163.
Francau (Droit de), 45, 46.
Fustigation, 283.

G

Gage (Contrat de), 232.
Gants, redevance; mode d'investiture, 341.
Gardes, *custodes villæ*, 111.
Gazaille, 231.
Gendres, 185.
Gentilshommes, 26.
Geyxde, 157.
Gîte (Droit de), 345.
Gualanie, 279.
Guerres privées, 295.
Guet (Droit de), 373
GUIZERIX. — Texte des fors et coutumes de Guizerix, 454.

H

Habitant, *habitator*, 54.
Haute justice, 132.
Hisance, 111.
Homicide involontaire, 308. — Homicide volontaire, 305.
Hommage. — Formalité de l'hommage, 6. — Hommages de dévotion, 341.
— Hommages étranges, 34, 516.
Homme vivant, mourant et confisquant, 351.
Honneur, 161.
Honor, 161.
Hourquie, 163.
Hypothèques, 233.

I

IBOS. — Texte des fors et privilèges, 476.
Imprécations dans les actes, 193.
Incapacité pour succéder, 180.
Incendiaire (Châtiment de l'), 307.
Infanticide, 307.
Information criminelle, 237.
Injures, 317.
Instance (Formation de l'), 236.

Intestats maudits, 196.
Intestia, 397.

Investiture, 223.
Irrévocabilité des donations, 195.

J

Jeux, 327.
Juges, 93, 97, 111. — Juges du pays, 97. — Juges étrangers, 97. — Convocation des juges, 94. — Devoirs des juges, 97. — Élection des juges, 96. — Fonctions temporaires des juges, 96. — Installation des juges, 97. — Négligence des juges, 94. — Nomination des juges, 94. — Nul ne peut être distrait de ses juges naturels, 97. — Vénalité des charges des juges, 94.

Jugements (Exécution des), 265. — Forme des jugements, 256. — Lieu où ils se rendaient, 254. — Spécimen de jugements, 257.
Jugements de Dieu, 245.
JUNCALAS (Statuts de la faderne de), 498.
Jurats, 111.
Justice, 132. — Droit de justice, 95. — Droit de se faire justice, 287. — Justice haute, moyenne et basse, 132. — Officiers de justice, 93. — Origine des justices seigneuriales, 14.

L

LANNEMEZAN (Fors de), 337.
LARCHER (Manuscrits de), 508.
Légitimaires, 185, 191.
Légitime, 185.
Legs, 200. — Legs pies, 341.
Leude, 355.
Ley, 134.
Leyaü (Blessure), 134, 308.
Liberté individuelle, 277.—Liberté sous caution, 277. — Liberté de la propriété, 177.—Liberté de vendre, 220.

Lies et paxeries, 297.
Lignagers (Biens), 179.
Litanies; étymologie de ce mot, 331.
Livre vert de Bénac, 508.
Lods et ventes, 349.
Loi. — La loi en Bigorre, 73, 88. — Promulgation, 137. — Rétroactivité, 138.
LOURDES. — Texte des fors et priviléges de Lourdes, 480.

M

Maîtresses villes, mestressas villas, 126.
Manamenté, 111.
Marchands, 30.
Mardergabe, 393.
Mari battu par sa femme, 152. — Dot du mari, 145. — Puissance du mari, 150.
Mariage, 140. — Célébration, 148. —

Conditions, 142. — Contrat, 214. — Empêchements, 146. — Publications, 148. — Régime de la communauté, 215.—Régime dotal, 215.
Marque (Peine de la), 283.
Massipia. 375. — Texte d'un acte, 493.
MAUBOURGUET. — Texte des fors et priviléges de Maubourguet, 469.

INDEX ANALYTIQUE.

Mayade, 358.
Mayesque, 358.
Médailles (Redevance des), 339.
Meurtre, 307.
Messiers, 111.

Meytadés, 185.
Monnaie pyrénéenne, 501.
Morgengabe, 145.
Municipe romain comparé au consulat du moyen âge, 72.

N

Nantissement, 232.
Noblesse. — Hiérarchie entre les nobles, 24.
Noces (Secondes), 216.

Nore, 185.
Notaires, 116.
Noueurs, *nodatores*, xxii.
Novelins, 171.

O

Obligations et contrats, 203. — Conditions de validité des obligations et contrats, 203. — Effets des obligations et contrats, 203. — Espèces diverses d'obligations et contrats, 204. — Preuves des obligations et contrats, 212. — Extinction des obligations et contrats, 204.
OEilhade, 361.

OEufs, redevance, 363.
Officiers de justice. — Voyez *Juges*.
Ombrière, *umbraculum*, 254.
Once, dimension pour les blessures, 308.
Ordalies, 245.
Organisation féodale et judiciaire de la Bigorre, 116.
Orme (Attendez-moi sous l'), 254.
Ost, service militaire, 10.

P

Pacquère, 31.
Paix et réconciliation forcées, 269, 298, 375.
Paschal de Saint-Savin, 76.
Paternaux (Biens), 179.
Patrouillers, 111.
Patrouillon, 63.
Payement en argent ou en nature, 226.
Paysan (Le), 48.
Péage, 356.
Pec, 180.
Pêche, 365.
Pécule *castrense* et *quasi castrense*, 179.
Peine capitale, 285. — Peines, 267.
— Peines arbitraires, xxv.

Pénitence publique, 146.
Personers, 26.
Pétronille (La comtesse), 201.
Peuple au moyen âge (Le), 36.
Pignorer, 265.
Pignus, 232.
Pilori, 282.
Plague leyaü, 308.
Plaids de la porte, 254.
Plainte en justice, 236.
Pleureuses, 154.
Poignée de foin (Hommage d'une), 336.
Poisson de l'aigle, 336.
Police (Règlements de), 323.
Porcs (Redevance payée en), 46.

Posnarie, 26.
Postels, 282.
Pouvoir judiciaire, 13. — Pouvoir municipal, 72. — Limites du pouvoir seigneurial, 33.
Prêt au seigneur, 206.
Preuves en matière civile et criminelle, 242. — Preuve testimoniale, 251.
Prisons en Bigorre, 274. — Anecdote, 275.
Prix payé en bétail, 226.
Procédure expéditive, 236. — Procédure longue, 236.
Proceres, 24.
Procession (Droit de), 332. — Processions publiques, 330.
Proconsul (Titre du vicomte), 6.
Procureur comtal, 112. — Procureur du roi, 112.
Promulgation des lois, 138.
Propriété du droit de justice, 95. — Liberté du droit de propriété, 177.
Puissance maritale, 150. — Puissance paternelle, 159.
Purgation canonique, 243.

Q

Quarte des biens, 189.
Querela, plainte, 236.
Questal, questaux, 39. — Questal anobli, 45.
Queste, 39.
Queue de la mule de saint Bertrand, 340. — Queue de porc, 311.
Quotité disponible, 189.

R

Rébellion, 294.
Rebuffebaron, 78.
Receptio, 345.
Recommandation féodale, 165.
Réconciliation forcée, 299.
Recupre cempre, 156.
Redevances bizarres, 341. — Redevances de dévotion, 338.
Règlements de police, 323.
Remenza, 396, 397.
Repas — Voyez *Dîner*.
Repparium, 346.
Républiques des vallées, 76.
Responsabilité de la commune pour les crimes, 298. — Responsabilité des parents, 213.
Retrait féodal, 227. — Retrait lignager, 227.
Rétroactivité de la loi, 138.
Robe donnée en titre d'hommage, 342. — Robe de la reine d'Espagne, 343.
Roncin, 343.
Roste, 150.
Roturier (Le), 36.

S

Sacrilége, 289.
Saisie, 265.
Ségue, 149.
Seigneur de Bigorre (Le), 6.
Semme, 367.
Sénéchal de Bigorre (Le), 99.

INDEX ANALYTIQUE.

Sépulture (Élection et droit de), 154.
Serf, 37. — Serfs de l'Église, 40.
Sergent, 120.
Sergenterie, 122.
Serment, 244. — Serment par écrit, 245.
Servage, 37.
Service militaire, 10.
Signature, 194.
Signum, 194.
Soberfos, 155.
Soldures, 4.
Sorciers, 292.
Sortilége, 292, 339.
Soulas, 327.
Souquet, 359.
Sterles, 185.
Substituts de notaire; ce qu'on exigeait d'eux, 119.
Successions, 180. — Incapacité de recueillir des successions, 180. — Successions en ligne directe, 181. — Successions en ligne collatérale, 186. — Successions dévolues aux ascendants, 185. — Successions dévolues à l'époux survivant, 187. — Successions vacantes, 188.
Suffrage universel, 58, 69. — Mode de recueillir les votes, 64.
Symier, 367.

T

Taille, taillable à merci, 352.
Tailluquet, 84.
Talion (Peine du), 287.
Taros, 180.
Tast (Droit de), 356.
Taverne du seigneur, 358.
Taverniers, 324.
Témoins (Preuve par), 251. — Faux témoins, 301. — Témoins pour les actes, 194.
Terres nobles, 172. — Terres roturières, 172. — Terres tributaires, 167.
Testaments (Forme des), 196. — Testaments peu utiles en Bigorre, 197. — Rédaction des testaments, 197. — Spécimen d'anciens testaments, 199.
Testamentum; valeur de ce mot, 197.
Totchoux, 353.
Tourne-dot, 217.
Tradition, symbole, 223.
Traditionis charta; valeur de ce mot, 219.
Tredzi, 146.
Trésorier, 113.
Trêve de Dieu, 296.
Tromperie sur les marchandises, 302.

V

Vagabondage, 303.
Vénalité des charges, 94.
Vengeance personnelle (Droit de), 288.
Vente, 219. — Capacité pour acheter et vendre, 220. — Choses qui peuvent être vendues, 221. — Consentement du mari, 222. — Garantie, 226. — Prix, 225. — Résolution de la vente, 227. — Tradition de la chose vendue, 223.
Vérification des poids et mesures, 301.
Vési, vésie, 56.
Vésiau, 58.
Veuve, 68.

Viatique (Le saint), 332.
Vices rédhibitoires, 226.
Vicinus, 56.
Vicomte avec le titre de proconsul, 6.
Viguerie, 101.
Viguier, 101.
Villes de Bigorre, 78. — Villes maîtresses, 126.
Viol, 202

Violences dans les foires et marchés, 309.
Visquer (Étrange hommage du seigneur de), 342.
Voisin, 44, 55.
Voisinage (Droit de), 56.
Vol, 318. — Vols d'animaux, 319.
Voleur arrêté, 318.
Vulnus legale, 308.

W

Wehrgeld, amende, 269.

X

Xorguia, 397.

TABLE DES MATIÈRES.

Pages.

INTRODUCTION... I-XXXII.

LIVRE PREMIER.
ORGANISATION POLITIQUE ET JUDICIAIRE.

CHAPITRE Ier. — I. La féodalité. — II. Le comte. — III. L'hommage. — IV. L'ost ou le service militaire. — V. Le pouvoir judiciaire........ 1
CHAPITRE II. — I. Le clergé. L'évêque de Bigorre................... 20
CHAPITRE III. — I. La noblesse. Hiérarchie. — II. Les barons de Bigorre. — III. Les gentilshommes. *Personers*. — IV. Les abbés lays. — V. Limites du pouvoir seigneurial........................... 24
CHAPITRE IV. — I. Le peuple. Les roturiers. — II. Les serfs. — III. Les ceysaux. — IV. Les questaux. — V. Les francaux. — VI. Les cagots. — VII. Le paysan. — VIII. Le bourgeois. — IX. Le commerçant...... 36
CHAPITRE V. — I. L'étranger. — II. L'habitant. — III. Le voisin. — IV. La vésiau... 52
CHAPITRE VI. — La femme. Condition civile et politique de la femme au moyen âge dans les Pyrénées........................... 66
CHAPITRE VII. — I. Les états de Bigorre. — II. Origine des états. — III. Le for de Bigorre. Ancienneté des fors. — IV. Constitutions urbaines. Républiques. — V. Composition des états. — VI. Procès-verbaux des délibérations. Convocation. — VII. Lettre de Henri IV. — VIII. Présence du souverain aux états. — IX. Don au roi. Titre d'*Excellence* conféré à Catherine de Navarre. — X. Ouverture de la session. — XI. Droit de présence. *Tailluquet.* — XII. Attributions analogues à celles du conseil général. — XIII. Attributions analogues à celles du Corps législatif. La loi en Bigorre. L'armée...................... 70
CHAPITRE VIII. — I. Magistrats et officiers de justice. — II. Nomination. Vénalité des charges. — III. Magistrature temporaire. — IV. Juge du pays, juge étranger; installation, devoirs des juges............... 93
CHAPITRE IX. I. Le sénéchal. — II. Le viguier. — III. Le baile. — IV. Les consuls. — V. Les juges et les jurats. — VI. Le procureur du roi

et le procureur comtal. — VII. Le trésorier de Bigorre. — VIII. Les avocats. — IX. Les notaires et leurs substituts. — X. Les sergents. — XI. Les châtelains.. 99

Chapitre X. — I. Cour d'assises. — II. Cour de Bigorre. Cour de Tarbes. — III. Cour de Bagnères. — IV. Cour de Lourdes. — V. Cours diverses des villes et vallées. — VI. Justice haute, basse et moyenne... 124

LIVRE DEUXIÈME.

LOIS CIVILES.

Chapitre Ier. — I. De la publication et des effets de la loi. — II. État civil. Baptême. *Fedexoos.* — III. Mariage. — IV. Fiançailles. — V. Conditions pour contracter mariage. — VI. Dot de l'homme. *Morgengabe. Tredzi.* — VII. Empêchements au mariage. Pénitence publique. — VIII. Célébration du mariage. *Sègue.* — IX. Puissance maritale; droit de correction. — X. Enterrements; repas; lamentations; *soberfoos*.... 137

Chapitre II. — I. Domicile. *Recupre cempre. Entrade* et *geyxide.* Émigration. — II. Bâtardise. — III. Puissance paternelle............... 156

Chapitre III. — I. Des biens. État des terres. *Honneur.* — II. Alleu. — III. Bénéfices. — IV. Terres tributaires. — V. Casal. — VI. Capcasal. — VII. Terres nobles et terres roturières. Châteaux. — VIII. Liberté de la propriété. — IX. Distinction des biens.................... 161

Chapitre IV. — I. Des successions. Qualités requises pour succéder. — II. Successions en ligne directe. Droit d'aînesse. — III. Gendres et nores. Sterles et meytadés. — IV. Successions dévolues aux ascendants. — V. Successions collatérales. — VI. Époux survivant. — VII. Successions vacantes.. 180

Chapitre V. — I. Donations et testaments. Quotité disponible. — II. Forme des donations. — III. Irrévocabilité des donations. — IV. Forme des testaments. — V. Spécimen d'anciens testaments.................. 189

Chapitre VI. — I. Contrats et obligations. Conditions de validité. — II. De l'effet des conventions. — III. Diverses espèces de contrats. — IV. Extinction des obligations. Condition du débiteur. Tranche de chair. Excommunication. — V. De la preuve des obligations. — VI. Des engagements formés sans convention.............................. 203

Chapitre VII. — I. Contrat de mariage. Régime dotal. Régime de la communauté. Dot du mari. Dot fournie par la veuve à son second époux. — II. Tourne-dot.. 214

Chapitre VIII. — I. De la vente. — II. Capacité pour acheter et pour vendre. — III. Des choses qui peuvent être vendues. — IV. Tradition. Investiture. — V. Prix de la vente. — VI. Garantie. — VII. Résolution de la vente. — VIII. Retrait lignager et retrait féodal........ 219

TABLE DES MATIÈRES.

Chapitre IX. — I. Gazaille. Bail à cheptel. — II. Du nantissement. — III. Des hypothèques................................ 231

LIVRE TROISIÈME.

LOIS DE PROCÉDURE CIVILE ET D'INSTRUCTION CRIMINELLE.

Chapitre Ier. — I. Introduction d'instance. — II. Information criminelle. — III. Citation. — IV. Preuves : aveu, serment, conjurateurs. — V. Ordalies. Épreuves de l'eau bouillante. — VI. Combat judiciaire. — VII. Preuve testimoniale................................ 235
Chapitre II. — I. Jugement. Lieu où il était rendu. — II. Forme de la sentence. — III. Appel................................ 254
Chapitre III. — Exécution des jugements. Saisie. Expropriation......... 265

LIVRE QUATRIÈME.

LOIS PÉNALES.

Chapitre Ier. — I. Des peines en Bigorre. — II. Amende. Composition. — III. Amende honorable. — IV. Bannissement. — V. Confiscation. — VI. Démolition de la maison des coupables. — VII. Emprisonnement. Prisons. — VIII. Excommunication. — IX. Exposition publique. Pilori et carcan. — X. Fouet. Fustigation. — XI. Marque. Langue percée. — XII. Peine capitale. — XIII. Peine du talion. Vengeance permise contre les nobles................................ 267
Chapitre II. — I. Crimes contre la religion. Sacrilége. Blasphème. — II. Célébration du dimanche. — III. Commerce avec les démons......... 289
Chapitre III. — I. Crimes contre l'état. Rébellion. — II. Guerres privées. Trêve de Dieu. *Lies et paxeries*. Paix et réconciliation forcées. — III. Faux. Fausse monnaie. Faux témoignage. — IV. Faux poids. Falsification. Tromperie. — V. Vagabonds. Bohèmes................ 294
Chapitre IV. — I. Crimes contre les personnes : meurtre. Infanticide. Incendie. Homicide involontaire. — II. Coups et blessures. — III. Attentat aux mœurs. — IV. Adultère. — V. Diffamation. Injures........... 305
Chapitre V. — I. Crimes contre la propriété : vols. — II. Déplacement de bornes. — III. Délits commis contre les animaux ou par les animaux.. 318
Chapitre VI. — I. Contraventions de police. Règlements. — II. Cabarets. — III. Charivaris. — IV. Cloches. Couvre-feu. — V. Jeux et divertissements publics. — VI. Filles de mauvaise vie. — VII. Processions..... 323

LIVRE CINQUIÈME.

LOIS FÉODALES.

Chapitre Ier. — I. Origines des droits et usages féodaux. — II. Redevances de dévotion. Charlemagne dans les Pyrénées. Médailles de Saint-Savin. Beurre de Saint-Bertrand. Dîner des cordeliers. Tarif des legs pies. — III. Redevances bizarres. Beaudouin. Raoul. Le seigneur de Visquer. Le seigneur de Bordeu.................................. 335

Chapitre II. — I. Droits sur les terres. Cens des nobles. *Fadeisos*. — II. *Arciut*. — III. *Capsoos*. — IV. Homme vivant mourant et confisquant. — V. Taille. Fouage. — VI. Droits sur le commerce. Nomination des marchands. — VII. Foires et marchés. Leude. — VIII. Droit de tast. — IX. Arroade et péage................................. 344

Chapitre III. — I. Droit sur les récoltes. Champart. Mayesque. Souquet. — II. Fournage. — III. Droit sur les animaux. Comptable. — IV. OEilhade. — V. Bladage. — VI. OEufs. Casadure. Fémade. Fénage. — VII. Carnal. — VIII. Chasse et pêche. Animaux nuisibles........ 358

Chapitre IV. — I. Droits sur les personnes. Domesticité. — II. Droit de guet. — III. *Massipia*... 371

Chapitre V. — I. Le droit du seigneur. Controverse. Lettre inédite de M. Dupin. — II. Ce droit a réellement existé en Europe, et notamment dans les Pyrénées. — III. Il n'a jamais ni nulle part été érigé en loi. — IV. Il n'a pas été exigé par des seigneurs ecclésiastiques. — V. Origine et caractère de ce prétendu droit........................ 384

PIÈCES JUSTIFICATIVES.

CHARTES ET COUTUMES.

I. Fors et coutumes d'Azun............................... 428
II. Fors et coutumes de Guizerix.......................... 454
III. Coutumes de Maubourguet.............................. 469
IV. Priviléges d'Ibos..................................... 476
V. Priviléges de Lourdes................................. 480
VI. Acte public relatif aux *massipia*................... 493
VII. Pièce relative au vote des femmes.................... 494
VIII. Pièce relative au droit du seigneur................. 495
IX. Préambule d'un contrat de mariage.................... 496
X. Statuts de la faderne de Juncalas.................... 498

Note sur la monnaie pyrénéenne............................ 501
Sources bibliographiques.................................. 507
Index analytique.. 513

a

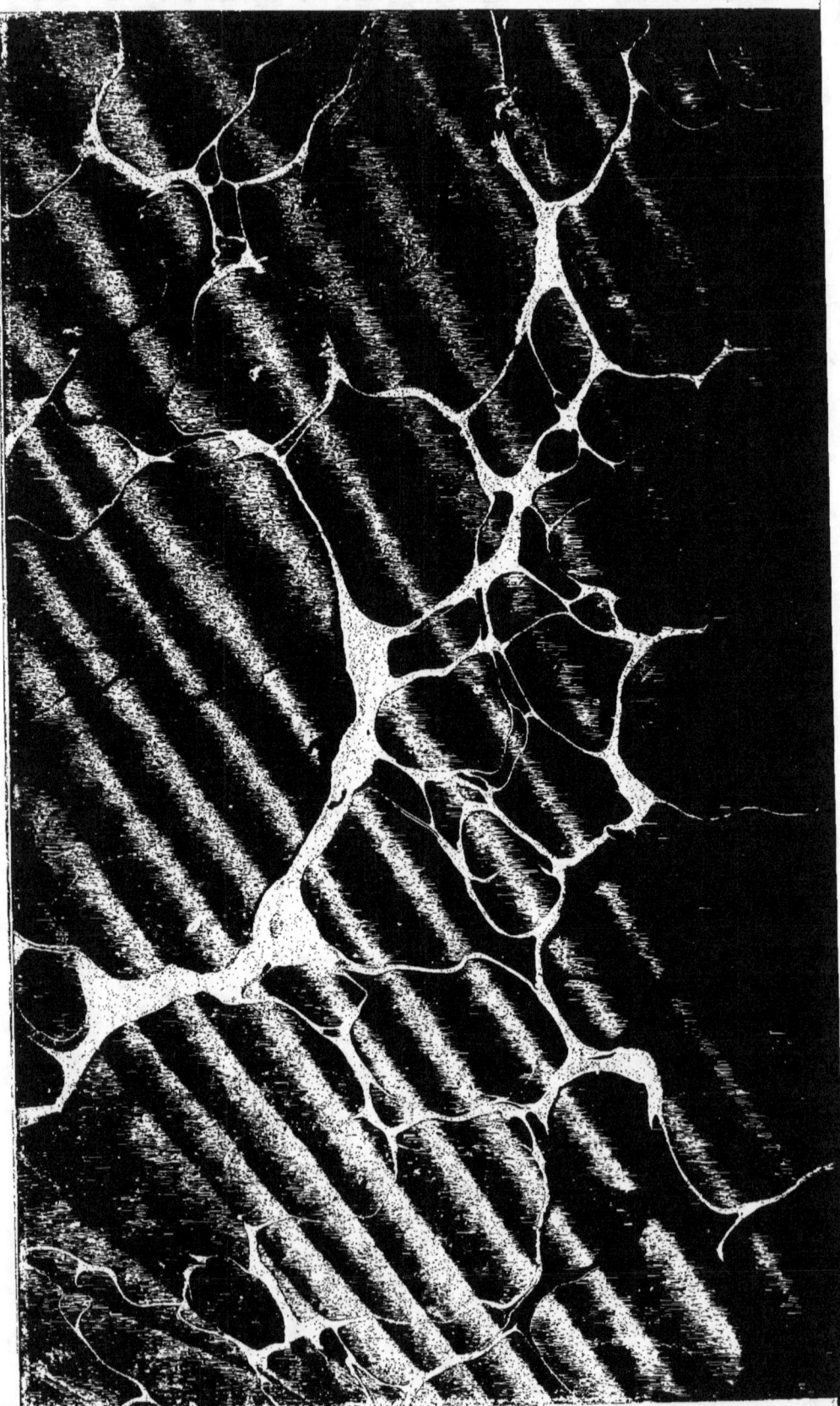

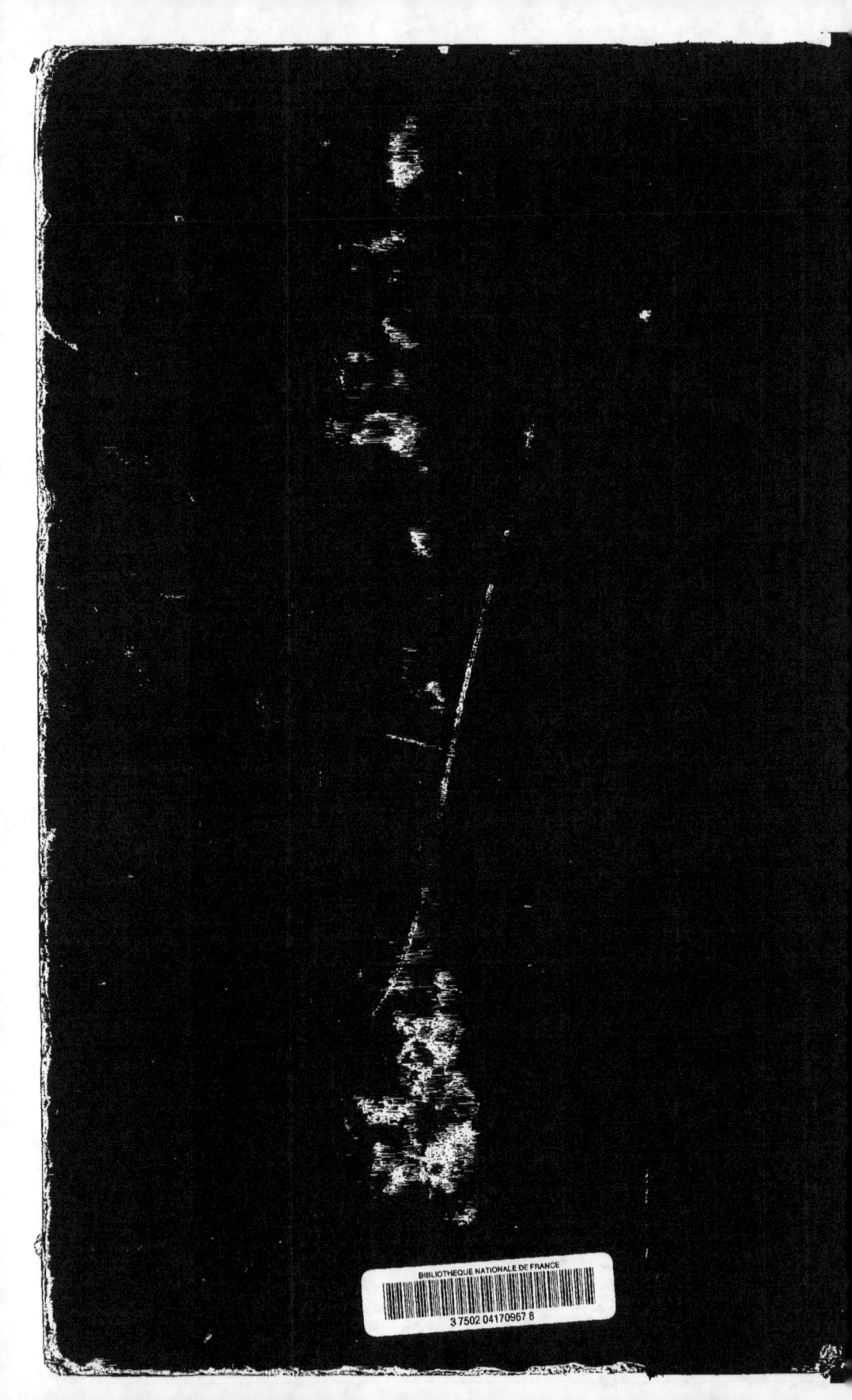

www.ingramcontent.com/pod-product-compliance
Lightning Source LLC
Chambersburg PA
CBHW060508230426
43665CB00013B/1439